KB264206

韓國
大學教育의 犧牲

-대학교육 한계의 교육사회학적 이해-

韓國 大學敎育의 犧牲

-대학교육 한계의 교육사회학적 이해-

韓駿相 著

머 리 말

한국의 현대식 대학교육은 해방 이래 "아메바"처럼 증식되어 왔다. 1945년 12월 말 현재, 한국사회에 존재해 있었던 고등교육기관은 약 20개 미만이었다. 20개의 고등교육기관에서 가르치던 교원은 753명이었다. 학생은 줄잡아 8,000명 미만이었다. 이들만이 한국사회를 이끌어 나갈 것 같은 지도자교육을 받고 있었던 셈이었다. 한마디로 이들에게는 미래의 지도자라는 꿈이 있었을 것이다. 그러나 해방 이후 40여 년이 지나는 동안 꿈은 변색되고 있었다. 왜냐하면 1980년대의 지성인들에게는 "꾸밈"만이 남아있게 되었기 때문이었다. 영재답게 보여 줄 장식품을 갈구하는 인재들로 변신하게 되었다. 변신의 모습은 양적으로 부각되기 시작했다. 예를 들어 1981년 현재, 고등교육을 받는 721,026명의 학생들(전문대학 포함)이 23,422명의 교원들의 지도 아래 221개교에서 출세하기 위해 공부하고 있다. 결국 40년 동안 고등교육기관수는 11배가 늘어났다. 교원 역시 31배가 증가되었다. 학생수도 101배나 늘어나게 되었다. 40년 동안 한국 교육사에서 자취를 감춘 고등교육기관도 있었다. 또한, 새로 탄생한 대학기관도 있다. 한마디로 해방 이래 사회·정치적 처방에 면역이 생긴 대학교는 끈질기게 생존할 수 있었다. 처방에 약한 학교는 스스로 제품에 꺾일 수밖에 없었던 셈이었다.

"바이러스"처럼 번식한 한국의 고등교육은 어쩔 수 없이 한국 고등교육의 현실을 잠식시키고 있었다. 한마디로 한국의 고등교육은 해방 이래문제투성이의 화신으로 부각되어 왔던 것이다. 문제를 풀어나갈 때마다 침전되어진 또 다른 문제 때문에 한국 고등교육은 중병을 앓아야만 되는 것 같았다.

왜 한국의 고등교육은 문제스러워야 되었는가? 한국의 고등교육은 국가와 사회의 발전과 무관하다는 말인가? 한국 교육계에는 고등교육의 문제를 골똘하게, 또 끈덕지게 연구하는 교육자, 교육학자, 교육전문 관리들이 없다는 말인가? 대답은 이렇게 표현되어야 할 것이다. 그럴 리 없다와 정말 그럴 리 없다로 응답되어야 했었다. 그럴 리 없음을 보여 줄 수 있는 많은 증거들이 있다. 그런 증거들 가운데 몇몇 인상적인 것들이 있었다. 인상적인 것들 가운데서 대표적인 것은 김종철, 한기언 및 김란수 등의 저작이었다. 김종철의 「한국 고등교육 연구」(1979)는 한국 고등교육의 발전, 문제, 해결책을 행정학적인 입장에서 일목요연하게 입증하고 있다. 고등교육관계 학자들의 고등교육정책 수립에 관한 행정적 집념과 노력도 뚜렷하게 보여주고 있다. 그러나 고등교육이 당면해야만 했던 문제의 근원에 대해 시원스런 해답을 주고 있지는 않은 것 같았다. 한기언의 「대학의 이념: 대학의 전통과 개혁의 지표」(1979) 역시 한국 대학교육의 새로운 철학적 지표를 제시하고 있다. 한기언은 「교육학적 대학」의 필요성을 한국 고등교육계에 역설하고 있었다. 그러나 한국 교육학계는 괴이하리만큼 한기언의 주장에 냉담해 왔던 것 같았다. 마지막으로 김란수와 그의 동료들이 저술한 「한국 고등교육개혁의 방향」(1973)은 1980년대의 한국 고등교육계를 전망하면서, 미래의 한국 고등교육이 개선해야 될 일들을 체계적으로 제시한 연구물이었다. 예를 들어 한국 고등교육기관의 유형과 기능을 정립해야 되는 일, 고등교육의 적정규모를 고려해야 되는 일, 고등교육의 질적 향상에 관한 일, 대학원교육의 강화에 관한 일, 대학끼리의 협동체제에 관한 일, 재정적 지원체제에 관한 일 등, 총 24가지 고등교육 개혁안을 제안한 바 있었다. 24가지 제안 가운데 몇 가지나 1980년대의 한국 고등교육을 위해 고등교육

정책 수립 관계자들에 의해 참고 되고 현실화 되었었는가? 과연, 고등교육관계 기관이나 학자들의 학문적 노력과 희생이 한국 고등교육의 개선을 위해 얼마만큼이나 귀중한 것으로 인식되었었는가?

결국 현재의 한국 고등교육 현실은 "그럴 리 없다"를 보여 주려던 학자들의 노력을 "그럴 리 없어야 했었는데…" 하는 식으로 처리해 놓고 있다. 고등교육관계자들 스스로 불쾌한 변신 속에서 자탄하도록 강요하고 있는 것이다.

본 연구는 "그럴 리 없었어야 했는데…"에 대한 미진한 부분을 교육의 사회학적인 안목으로 논의한다. 한국의 고등고육이 문제스럽지 말아야 되었는데도 불구하고, 문제스럽게 나타나도록 만들어 놓아버린 원인들을 교육의 사회학적인 안목으로 논의하게 된다.

도대체 교육의 사회학적 안목이 무엇이냐고 묻는 독자들이 없을 리 없다. 본 연구자에 의해 파악된 교육의 사회학적 안목이 선배·동학·후배들에게 욕스럽게 될까 봐 두렵기까지 하다. 왜냐하면 본 연구에서는, 한국 고등교육의 문제점에 대한 근원을 밝히기 위해 교육의 사회학적 안목을 이렇게 촌스럽게 기술할 수밖에 없었기 때문이다. 즉 궁극적으로 한국사회에서 고등교육이라고 자연스레 불려 왔거나 불리고 있는 현상들을 한번 학문적으로 의심하려고 하는 입장을 교육사회학적 안목이라고 진술해 보았다. 본 연구는 소위 한국 고등교육에서 문제라고 지칭되는 것들과, 문제스럽다고 간주되는 것들이 도대체 어떤 식으로 그렇게 변형·성숙되어 왔는가를 파악해 보려고 한다. 독자들이 의심한다는 말을 꼭 부정적인 입장으로 받아들였었다면, 그것은 본 연구자의 의도와는 상치된다. 왜냐하면 본 연구자는 의심의 의미를 이렇게 제한시켜 활용했기 때문이다. 의심을 한국 고등교육의 문제가 전개된 과정이 "과연, 그래서 그랬구나!" 하는 식의 감각을 짜 맞추는 과정으로 이해했기 때문이다.

본 연구는 3부로 구성되어 있다. 각 부는 독자들의 편의를 위해 분리되어 읽혀질 수도 있다. 편의상 독자들의 이해를 위해 특수한 역사적 교육관계 사건과 예는 중복된 채 제시되기도 한다. 그러나 결코 똑같은 어귀와 내용으로 반복되지는 않는다.

제1부는 본 연구의 문제제기에 해당되는 부분이다. 제1부에서는 고등교육과, 국가 및 사회발전과의 관계를 어떤 식으로 규정할 것인가에 대한 간단한 논의가 진행된다. 또한 제1부에서는 대학교육은 사회발전을 위해 무엇을 강조하고 있는가 하는 문제도 논의된다. 고등교육과 국가·사회발전, 고등교육의 속성과 기능에 대한 논의는 대학교육을 파악하는 네 가지 서로 다른 대학관을 기술하면서 보다 구체화된다. 즉 고전주의적인 학문 전당으로서의 대학관, 기업주의형의 대학관, 사회정치화(혹은, 정치, 사회화) 대학관, 지위집단형성형 대학관 등 네 가지 서로 다른 대학관들을 논의하면서 각 대학관이 유별나게 강조하는 대학교육의 구체적 기능을 진술하게 된다. 결국 제1부는 대학과 대학교육에 관한 네 가지 형식과 속성을 구체적으로 기술하는 셈이다.

제2부는 경험적 연구결과들을 필요에 따라 통계적으로 집약하여 기술하고 있다. 그러나 몇몇 통계학적인 수치나 분석(예: 중다상관관계분석, 행로분석)을 제외하면, 대부분은 백분율, 빈도수 등의 결과를 평이하게 다루고 있다. 따라서 최소한의 수학적 상식만 있으면, 본 연구의 경험적 결과를 이해하는 데 큰 지장이 없을 것이다. 특히, 제2부는 경험적 결과를 구체적으로 진술하기 위해 각 항목별로 기존 연구결과들을 분석해 놓고 있다. 한국 고등교육계에서 수행된 200여 종의 고등교육관계 자료들이 가능한 한 충분히 분석되고 있다. 따라서 한국 고등교육관계 자료들을 이해하는 데 필요한 독자들의 노력을 경감시켜 줄 수도 있다. 제2부에서는 이미 진술한 네 가지 대학관들이 각기 중요하게 여기는 서로 다른 기능들(예: 학업성취, 사회성 태도 함양, 정치사회화 정도, 사회적 지위추구욕 등)을 경험적 자료로서 분석·논의한다. 물론 필요에 따라 한국 대학의 이념, 속성, 한국 정치현실에 대한 학생들의 반응도 분석되고 있다.

제3부는 제2부에서 미진하게 밝혀 놓은 것들을 심화시키는 작업으로 구성되어 있다. 왜냐하면 제2부에서는 본 연구의 경험적 결과들이 많은 사람들의 기대를 어긋나게 해주고 있었기 때문이었다. 한국대학교육은 국민들에게 실망을 안겨 주고 있었기 때문이다. 즉 현재의 대학교육은 대학생들에게 특별한 영향력을 거의 행사하지 못하고 있었기 때문이었다. 따라서 한국의 대학은 그 기능과 속성을 무엇이라고 주장하든 현실적으로 대학생들에게 그러한 기능들을 인식시킬 수 있는 실제적 방법들을 배워야만 된다는 결론까지 가능하게 되었다. 왜 한국 대학교육은 국민들에게 기대 이하의 역량을 촌스럽고 무기력하게 보여 주고 있는가? 이에 대한 논의가 제3부의 핵심을 이룬다. 심층적 논의를 위해 제3부에서는 한국 교육사에 나타난 제한된 사료를 활용한다. 즉 미군정 시작부터 1950년대 중반까지를 일반 교육관계 사료(史料)를 동원하여 중점적으로 분석하였다. 따라서 제3부는 이론적으로 깔끔하지 못할 수도 있다. 제한된 사료의 활용과 깔끔하지 못한 분석 때문에 본 연구는 개설적인, 혹은 탐색적인 성격을 스스로 노출시키고 있다.

그럼에도 불구하고, 결과는 이렇게 끝맺어 두어야 될 것 같았다. 즉 한국 대학교육기관의 생성을 둘러싼 고등교육관계 개혁가, 기업주의적육영가들, 대학생 집단의 이해관계가 한국 대학교육의 아메바적인 증식과 팽창을 방조시켰다고 주장할 수밖에 없었다. 그러나 이 가운데서도 특정소수의 기업주의적 대학육영가와 사회·정치적 개혁가, 교육전문가들이 합동으로 전개시켰던 대학의 증식은, 한국 대학성장사가 가질 수 있었던 시대적 창작품이었음에 주목할 필요가 있었다. 결국 한국 고등교육기관은 현대적 모습을 갖기 시작할 때부터 국민의 희생과 고통 및 불행에는 둔감하게 대처하도록 유도 받았던 셈이었다.

대학교수 역시 국민들이 겪을 수 있는 희생을 감소시키기 위한 대학육성에 최선을 다했다고만은 볼 수 없었다. 왜냐하면 미군정기에 나타났었던 교수사회의 사상적 갈등은 어느 사회집단 못지않게 부정적으로 부각되고 있었기 때문이었다. 예를 들어 국립서울대학교설치령에 대한 교수들 사이의 갈등(참고: 김종철, 1979. 한국교육십년사 간행회, 1960) 역시 한국 고등교육사에 크게 부각되어 있다. 교수들의 연구 역시 한국 고등교육의 희생과 불행을 감소·제거하는 데 적극적으로 공헌했던 것만은 아닌 것 같았다. 왜냐하면 "보이지 않는 압력 하에 이루어지는, 정부 및 외국 원조기관에서 얻은 연구비에 의해 진행되어 왔던 대학교수들의 연구들은 대학의 학문연구풍토의 조성에 도움이 될 수는 없었고, 도리어 일부 교수들은 청부학자로서 진리탐구와는 관계가 없는 사람으로서 비난의 대상이 되는 일이 허다"(이규환, 1975, p.304)했었기 때문이었다. 한마디로 국민들의 고통경감과는 별로 관련이 없는 사회적 처방에 열성적이었던 셈이었다. 대학교수의 교수기능(teaching function) 역시 제대로 발휘되어온 것 같지 않았다. 왜냐하면 미군정 초기, 각 대학에서 교수직을 갖게 된 교수들 가운데 90%가 해방 이전에는 교직경험이 전무했었기 때문이었다(참고: Werth, 1949, p.309).

그러나 제3부에서는 국민들이 경험할 수 있는 불행과 희생에 대해 대학교수가 어떤 식으로 대처, 혹은 방조했는지에 대해 구체적인 논의를 삼가했다. 왜냐하면 본 연구자 역시 대학에서 학생들을 가르치는 사람 가운데 하나이기 때문이다. 단지 후학들의 연구들을 기대할 뿐이다.

본 연구의 방법론에 관한 것은 부록 I에 제시하였다. 각종평론, 학설이 주장해 놓고 있는 가정들을 경험적으로 밝혀보기 위해, 본 연구에 동원된 몇 가지 연구기법에 관한 진술이 부록 I에서 다루어지게 된다. 예를 들어 측정도구, 변인들에 관한 기술(description), 표집방법 등이 다루어진다. 제2부의 경험적 분석을 위해 사용되었던 질문지와 그 통계적 분석결과는, 본 연구의 정확한 이해와 후속적 연구를 위해 부록 II에 제시되었다. 또한, 한국 대학교육에 관한 평론

들의 분석결과(요약)와 각 대학(교)의 설립목적과 이념에 대한 분석
결과(요약)는 부록 Ⅲ, Ⅳ에 제시되었다.

마지막으로 제3부에서는 한국 대학에 관한 이론적·경험적·문헌
자료 적인 논의에서 나타난 결과들을 바탕으로 결론을 다루었다. 결
론은 간단했다. 한국의 고등교육, 특히 대학교육은, 해방 이후부터
오늘날까지, 국민들이 경험할 수밖에 없었던 불행이나 희생, 또는 그
에 따르는 고통, 고난의 장소·억제·제거에 둔감했거나 무력할 수
밖에 없었다고 진술될 수 있었다.

1945년 해방 이래 한국의 대학교육은 대학교육을 둘러싼 여러 이해
집단 사이의 갈등 속에서 양적으로만 비대하게 증식·팽창될 수밖에
없었다. 결국 한국 대학교육의 양적인 발전은 국민들의 불행과 회생을
바탕으로 하여 이루어졌다는 점에서 한계를 가질 수밖에 없었다.

한국의 대학교육은 무엇인가가 달라져야 한다. 대학교육에 관계된
모든 사람들, 즉 국민들, 문교(교육)정책가, 교육자, 대학운영가, 대
학교수, 대학생들은 각자 나름대로의 수준과 차원에서 신중히 한국
대학교육의 방향을 모색해야 할 것이다.

본 연구를 가능하게 해준 여러 사람들의 고마움을 잊을 수 없다.
한국정신문화연구원의 손인수 교수님, 이돈희 교수님께 감사를 드린
다. 이돈희 교수님은, 본 연구자가 연세대학교 이외의 고등 교육기관
에 봉직하고 있는 교육학 관계 학자 가운데 처음 공식적으로 연구관
계를 맺은 학자이었다. 본 연구자는 이돈희 교수님의 행정적 후원 아
래, 본 연구의 일부가(참고: 한준상, 1982) 한국정신문화연구원의 재
정적 후원 때문에 가능했었음을 새삼 감사하게 여긴다. 본 연구가 성
공리에 끝나게 행정적으로 도움을 준 정신문화연구원 김회복 연구원
에게도 감사한다. 본 연구가 가능하도록 연구실의 난방용 기계·연료
와 도서관의 편의를 도모해 준 연세대학교의 학문적 분위기 조성에
도 감사한다.

본 연구자의 은사이자 친구인 미국 Los Angeles의 University of

Southern California 고등교육학과 교수 Dr. Bill Maxwell에게 감사한다. Bill은 고등교육현상을 어떻게 연구해야 되는지에 대해 가르쳐 준 은사이다. 또한, 교육의 사회학적 안목을 어떻게 고등교육현상과 접목시킬 수 있는가를 만날 때마다 제시해 준 동학이었다. 본 연구자는 1981년 여름 Bill과 먹었던 가장 맛없었던 U. S. C.의 Brunch (아침과 점심의 혼합)를 기억한다. 본 연구자는 이 때 보여준 Bill의 생리적·심리적·학문적 참을성을 다함께 기억해 낼 수 있다. 결국 본 연구는 Bill이 보여 준 학문적 참을성을 악동처럼 성급히 깨어놓아 버린 셈이 되었다. 후회감마저 든다. 그러나 본 연구자는 본 연구가 완성되면 가장 먼저 Bill에게 연락하기로 약속했었다. 연세대학교 교육과학대학 교육학과 은사님과 선배님께도 감사드린다. 특별히 한국 고등교육의 개선을 위해 진지한 선견을 갖고 계신 김란수 교수님, 한국 고등교육을 이해할 수 있는 체계적인 진면목을 잘 간직하고 계신 이형행 교수님께 죄송스러운 느낌마저 들고 있다. 폐와 누가 되더라도 이해해 주실 홍웅선, 심치선, 최정훈, 오기형, 김인회, 이종성, 오인탁, 이성호 교수님들의 격려를 학문하는 채찍으로 삼아야 한다고 미루어 짐작해 본다. 본 연구의 자료수집에 차질이 없도록 도와준 교수님들께 감사드린다. 즉 송명순, 이종목, 박종주, 허작, 이영석, 황인창, 이해성, 최기영, 정영수 교수님께 감사드린다.

본 연구자의 아내 승연에게도 감사한다. 어쩌면 본 연구는 본 연구자의 아내 때문에 더욱더 빠르게 진행될 수 있었을는지도 모른다. 본 연구자의 아내가 외국의 병석에 누워 있을 때, 본 연구자는 본 연구를 계속해냈다. 어느 날, 아내는 자기 자신이 쓴, 한 쪽짜리 수필이 게재된 어느 신문 한 쪽을 보내 왔다. 본 연구자의 가슴을 아프게 만들기 시작했다. 본 연구자를 한 30분쯤 멍청하게 만들기까지 했다.

    또한, 어느 토요일 아침 내 조그만 창가에서 까치가 울었을 때의 그 반가움과 기쁨, 이 번잡한 L. A.생활에서 믿겨지지 않았던, 참으로 향

기로운 일이었다. 나는 그날 아침 까치를 보기 위해 창밖으로 몇 십
분씩 시선을 주고 있었으며, 그 한나절 가슴을 설레며 전화벨 소리와
우편함이 나의 온 신경을 맴돌게 했었다.”(미주동아, 1982. 9. 8., p.7)

　그렇지만, 곧 본 연구자는 본 연구의 원고를 다시 쓰기 시작할 수
밖에 없었다. 본 연구자는 그렇게 할 수밖에 별다른 재주를 갖고 있
지 못했었기 때문이었다. 본 연구를 답서로 아내에게 보내야 할 것
이라고 몇 번이나 생각하곤 했었다.
　어머니와 두 아들놈에게도 감사한다. 첫째 놈은 지독히도 공부를
못해 준다. 미국에서 온 지 2년째가 되는데도, 성적은 기대 이하이
었다. 우, 양, 양, 미, 양, 우, 미, 미이었다. 도덕과 체육과목만이
‘우’를 받았다. 즉 비인지적 교과만 성적을 잘 받은 셈이었다. 이상
한 일이었다. 본 연구자는 첫째 놈에게 말썽 부릴 만큼 부리라고 늘
허가해 주는 편이다. 따라서 도덕은 ‘가’나 ‘양’이 되어야 마땅할 것
같았다. 그러나 편하게 생각하기로 했다. 담임선생님이 교수집 아들
이라고 특별히 고려하는 것이라고 미루어 생각해 버리기로 했다. 공
부는 못하지만, 본 연구자가 책을 읽는 동안 첫째 놈은 자기 나름대
로 책을 읽었다. 이점, 고마울 수밖에 없다. 참을성에 있어서는 대학
생 이상 가는 모양이다. 어차피 대입학력고사와 졸업정원제 때문에
제 아비를 욕할 큰 놈에게 지금부터 미안해 버리기로 했다. 둘째 놈
은 두 살배기다. 그러나 걱정한 만큼 본 연구자의 책을 찢어 놓지는
않았다. 고맙다. 어머님은 언제나 고맙다. 저녁 굶지 말라고 야단하
신다. 이 야단 때문에 가끔 막국수로라도 저녁요기를 매우는 습관이
나마 길들이게 되었다.
　마지막으로 온갖 허드렛일을 해 준 연세대학교 교육과학대학 교육
학과학 생들에게 고마움을 표한다. 원고교정, 정서, 조사하기, 도서
정리, 편지하기, 자료정리하기, 손님대접하기 등 온갖 잡일을 요구해
도 내색 없이 열심으로 본 연구자를 도와 준 대학원 학생들에게 고

마음을 전한다. 김동환, 김영란, 백승관, 엄기형, 이영희, 장인영, 전우경, 정선이, 정정화, 정환규 등의 학문적 정진을 기대한다. 나는 믿는다. 이들이 우리 세대 이상으로 자신과 국가를 생각하며 갈등, 정진할 것을 나는 굳게 믿는다.

연세대학교 교육과학대학 연구실에서
한준상

차   례

제1부 韓國 大學敎育과 社會

　대학교육은 국가발전에 기여하는가? 과연, 국가발전에 대한 대학교육의 기여도를 묻는 것은 타당한가? 한마디로 대답하기는 어렵다. 왜냐하면 논자에 따라서 대학의 국가기여도에 대한 질문은 문제의 제기로서 적절 혹은 부적절할 수도 있기 때문이다. 대학교육의 국가발전 기여도에 관한 문제제기가 부적절하다고 판단하는 사람들은 몇 가지 이유를 제시한다. 첫째, 모든 교육은 국가발전을 위한 사회적 현상으로 인지되고 있다고 주장한다. 둘째, 교육과 관련된 일련의 형식과 제도는 교육의 국가발전 기여도를 극대화시키기 위한 사회적 장치로서 받아들여지고 있다고 주장한다. 이들에 의하면 "교육은 나라를 떠받들고 뒷받침하는 기간산업 중의 기간산업"(참고: 이규호, 1982, p.10)으로 판단되고 있는 셈이다. 이규호의 논지에 의하면, 교육활동은 검증여부에 구애받지 않고, 국가발전의 원동력이 되는 셈이다. 따라서 교육활동 그 자체가 국가발전에 기여하고 있다는 논지는 어느 정도 타당한 것으로 판단될 수 있다.

　대학의 국가기여도 여부에 관한 문제제기가 부적절한 질문이라고 판단하는 사람들은 국가발전에 관한 대학교육의 기여도를 인정하는 사람들인 셈이다. 국가발전에 관한 대학의 기여도를 수긍하는 사람들은 대학교육이 사회 투자적 동기에서 실시되고 있다는 점을 강조하고 있다 (참고: 크리스챤 아카데미, 1982). 사회 투자적 동기에 입각한 대학교육 실시를 주장하는 사람들은 대학교육의 경제성장 기여와 경제성장에 따른 사회발전을 상정한다.

1. 經濟成長과 大學敎育의 神話

　경제성장을 위한 대학교육 기여론자들은 세 가지 관점에서 경제성장에 대한 교육의 기여도를 지적한다. 첫째, 교육은 공학적 기술진보를 촉진시킨다고 판단된다. 즉 기술진보는 경제성장의 결정인자이다. 특별히 대학교육은 기술진보를 촉진시킬 수 있다고 판단된다. 결국 대학교육은 경제성장의 결정인자로 간주된다. 둘째, 교육은 노동력의 상당한 부분에 유용한 산업기술을 제공한다. 따라서 기술·기능중심의 일반적 노동력을 생산하는 교육은 경제성장의 중요요인으로 간주된다. 셋째, 교육현상은 일련의 산업행위이다. 산업 확충 요인으로서의 교육은 경제성장의 한 부분으로 판단된다. 결국 기술진보를 위한 교육요인, 유용한 노동력 확충을 위한 교육요인, 산업형태의 한 부문으로서 교육산업 요인은 개별적 혹은 종합적으로 국가발전과 경제성장에 기여한다고 판단되는 것이다.

　각 부문에 관한 긍정적인 연구결과들은 다양하게 학계에서 논의되고 있다. 한국생산성본부(1967)는 기술진보요인이 경제성장에 미치는 영향을 연구한 바 있었다. 한국생산성본부의 연구에 의하면, 한국의 기술진보는 1960년 이후부터 나타나기 시작했다. 예를 들어 1960년 이전의 기술진보들은 연평균 －0.59%였었다(1956~1961년). 반면, 1960년부터 1966년까지의 기술진보율은 연평균 7.0%이었다. 결국 한국생산성본부는 1950년대와 1960년대 이후의 자료를 토대로 경제성장에 대한 기술진보의 기여도를 약 5.6%로 추계하였다.

한국생산성본부의 추계 속에는 두 가지 가정이 숨어 있었다. 첫째, 고급인력의 우선적이며, 집중적인 양성은 기술진보, 외국기술의 차용·도입을 가능하게 만들었을 것이다라는 가정이 숨어 있었다. 다시 말해서, 이·공계 대학교육은 기술증진 및 획득을 가능하게 만들었을 것이다라는 가정이 내재되어 있었다. 둘째, 상경계 대학교육은 효율적인 관리기술·기법을 전파시켰을 것이다라는 가정도 내재되어 있었다. 따라서 일반적 노동인력의 질적 개선은 기술진보를 가능하게 만들었을 것이다라는 가정이 한국생산성본부의 연구 속에 침잠 되어 있었다.

노동력 확충을 통한 교육의 경제성장 기여도에 관한 연구들도 교육계에 회자되기 시작했다(참고: Tolley, 1973. 한국개발연구원, 1975). Tolley의 연구나 한국개발연구원의 연구는 Denison(1966)의 계측방법을 활용했다. Denison의 계측방법은 투입, 산출 사이의 잔여 차를 기술진보로 처리한다. Denison의 추계방식에는 기술진보가 외국자본 도입, 경영관리 기술도입, 인적 자원개발, 교육 등의 복합적 요인에 의할 것이다라는 전제가 내포되어 있다.

Tolley(1973)는 1962년부터 1963년까지의 1년간과 1968년부터 1969년까지의 1년간에 나타난 한국 경제성장 요인에 관한 연구를 시도했다. 연구문제는 단순했다. 즉 왜 한국은 성장하였는가라는 질문이 Tolley의 연구문제였었다. Tolley에 의하면, 1962~1963년부터 1968~1969년까지, 한국의 실질 국민총생산은 2배로 증가했었다. 그렇다면 성장을 위한 생산성 향상요소도 2배로 증가했겠는가 하는 의문에 대한 해답이 Toney가 행한 연구의 주요주제를 이루고 있었다.

Tolley는 경제성장을 위한 인적 투입과 성장사이에는 상당한 잔여 차가 있음을 포착했었다. 그 잔여 차는 약 45~65%라고 판단되었었다. 45~65%에 달하는 잔여차는 경제생산성의 향상요인과 고도생산성 산업에로의 자본전이로부터 파생되는 소득증가 요인으로 양분되어 해석될 수 있었다.

Tolley는 경제생산성 향상요인으로서의 인력자원 투입에 의한 경제성장을 두 가지 측면으로 갈라놓았다. 즉 노동의 양적 증가와 노동의 질적 개선의 두 측면으로 대분 했다. Tolley에 의하면, 노동의 양적 증가는 경제성장을 위해 약 10% 정도 기여했다. 반면, 노동의 질적 개선은 경제성장에 약 5% 정도 기여했다고 판단되었다. 한마디로 Tolley는 노동의 질적 개선을 한국교육의 효과로 간주했었던 것 같았다.

따라서 Tolley의 연구는 교육과 경제성장의 관계에 관해 두 가지 점을 시사하고 있다. 첫째, 한국 경제성장에 있어서 실질 국민총생산의 증가율은 경제생산성 향상증가율과 꼭 일치하는 것은 아니다. 둘째, 그럼에도 불구하고 노동의 질적 개선에 관한 교육의 기여도는 무시할 수 없다는 시사점을 제공받을 수 있었다.

한국개발연구원(1975)은 교육비, 교육수요 형태 및 교육이 경제성장에 미치는 기여도를 분석한 바 있었다. 한국개발연구원에 의하면, 60년대에 있어서 교육이 한국의 모든 기업의 성장에 미친 기여도는 약 40%였던 것으로 판단되고 있었다. 그러나 한국의 기업 가운데 제조업 부문에 관한 교육의 기여도는 약 5~6% 정도의 수준에 머물러 있다고 판단했었다.

교육투자에 의한 경제성장 기여도에 관한 연구들도 교육학계에서 논의된 바 있다(참고: 이영기, 1971. 최종진, 1973. 한국개발연구원, 1975). 각 연구들의 결과들을 종합·요약하면, 한국 경제성장의 약 15~40%정도가 교육투자에 의해 유도되었다고 판단된다. 예를 들어 이영기(1971)는 국민소득, 분배 국민소득 중의 노동소득, 참여 노동력인구, 교육경비, 교육투자의 수익률과 경제성장 사이의 관계를 측정했다. 관계측정은 Schultz(1960, 1963)의 계측방법을 활용했다. Schultz의 모형은 투입과 산출 사이의 잔여 차를 교육의 효과로 판단하는 특징을 갖고 있다. 이영기의 연구에 의하면, 교육투자율은 국민소득 증가(1962~1968년)에 약 14.8% 기여한 것으로 나타났다.

최종진(1973) 및 한국개발연구원(1975)의 교육투자와 경제성장과의 관계에 관한 연구는 Denison의 모형을 이론적 근거로 삼고 있다. 즉 투입과 산출 사이의 잔여차를 교육을 포함한 기타 요소(외국자본, 관리기술, 인적 자원 등) 사이의 복합적 결과로서 판단하는 Denison의 모형을 활용했다. 최종진은 학교교육 투자가 한국의 경제성장(1955~1970년)에 약 **22.61%** 정도 기여하는 것으로 판단했다. 반면, 한국개발연구원은 한국경제성장(1960~1970년)의 약 **40.81%**가 교육투자의 결과라고 판단했었다.

경제성장에 관한 교육산업 확장의 기여도에 관한 연구(참고: 이영덕, 김신복과 이상주, 1976)에 의하면, 1953년부터 1971년 사이의 한국의 교육산업 성장률 (B)은 연평균 **6.0%**이었다. 17년 간 국민총생산의 성장률 (A)은 연평균 **7.8%**이었다. 국민총생산 성장률과 교육산업 성장률의 비율(C)은 연평균 **1.9%**이었다. 따라서 교육산업의 경제성장 기여도($\frac{B \times C}{A} 100$)는 연평균 **1.4%**로 추계되었다.

결국 기술진보를 통한 경제성장에 대한 교육의 기여도, 유용한 노동력확충을 통한 교육의 기여도, 교육산업 확충을 통한 교육의 경제성장 기여도 측정에 관한 연구결과들을 종합하면 두 가지 결론이 나온다. 첫째, 경제성장에 대한 교육의 기여도 비율과 경제성강의 정도는 일정하지 않다. 둘째, 그림에도 불구하고, 교육이 경제성장에 기여한다는 점을 부인하기는 어렵다라는 결론이 나온다. 물론, 기존 연구들이 교육의 수준별에 따른 구체적인 경제성장 기여도를 세분하지 않았다는 연구상의 한계를 갖고 있었던 것도 주목될 필요가 있었다.

경제성장에 대한 학력수준별 기여도를 밝히는 열은 경제성장에 대한대학교육 기여론자들의 입장을 이해하는 데 도움을 줄 수 있었다. 예를 들어 대한상공회의소(1973)는 교육수준별 교육투자와 경제발전 사이의 상관관계연구(1962~1971년)를 시도한 바 있었다. 대한상공회의소의 연구는 Harbison과 Myers(1964)의 교육투자와 경제발전관계에 대한 분석방법을 활용했었다. 대한상공회의소의 연구결과에 의하면, 초등교육과 GNP 사이에 높은 상관관계가 나타났다(r=.9566). 이는 고등교육과 GNP 사이의 상관관계계수(r=.6748)보다도 높은 것이었다. 중등교육과 GNP 사이와 상관관계계수(r=.9789) 역시 고등교육과 GNP 사이의 상관관계계수보다 높았다. 한마디로 각 수준별로 교육투자와 경제성장 사이에는 높은 상관관계가 유지되고 있었음을 시사 받을 수 있었다. 그러나 상관관계계수의 크기는 고등교육 부문에서 가장 낮았음에 주목할 필요가 있었다.

대한상공회의소는 고등교육의 전공부문별 투자와 GNP 사이의 상관관계계수도 산출했었다. 예를 들어 이공부문 전공학과의 진학률과 GNP성장사이에는 높은 정적 상관관계(r=.8779)가 나타났다. 반면, 인문·사회과학 부문 진학률과 GNP 사이에는 높은 부적 상관관계(r=-.9777)가 나타났었다. 결국 인문사회과학 부문에의 높은 취학률 혹은 투자는 경제성장에 부정적 영향을 줄 것이다라는 함의가 유출될 수도 있었다.

고등교육과 GNP 사이의 상관관계계수가 초등·중등교육과 경제성장사이의 상관관계계수보다 낮은 경향은 수익률(rate of return)과 학교교육 수준별 관계에서도 동일하게 나타나고 있었다. 수익률에 관한 연구는, 일반적으로 각급학교의 공·사립교육비와 교육받는 기간 동안의 교육기회 비용의합(즉 총교육비)을 교육정도별 평생소득(life-time income)의 격차와 비교하는 것을 근간으로 삼고 있다. 수익률 계측에 관한 연구는 한국 학계에서도 어느 정도 체계화되어 왔다(참고: 김광석, 1968. Morgan과 그의 동료들, 1971. 인력개발연구소, 1971. Chang, 1974. 남우현과 정창영, 1971, 1973), 김광석의 연구에 의하면 대학교의 수익률(5.0%)온 중학교(12.0%), 고등학교(9.0%)의 수익률보다 낮았다. Morgan의 연구에 있어서도 대학교의 수익률(9.5%)은 중학교(20.0%), 고등학교(11.0%)의 수익률보다 낮았다.

김광석의 연구나 Morgan과 그의 동료들의 연구결과에는 공통점이 있었다. 그것은 중학교의 수익률이 여타 학력별 수익률 가운데서 가장 높았다는 점이다. 반면, 인력개발연구소의 연구나, Chang의 연구, 남우현과 정창영의 연구에 의하면, 고등학교의 수익률이 여타 학력별 수익률 가운데서 가장 높았다. 특히, 인력개발연구소의 연구에 의하면, 대학교의 수익률(8.5%)온 중학교(−1.0%)의 수익률보다 높았다. 그러나 Chang의 연구, 남우현과 정창영의 연구에 의하면, 대학교의 수익률은 중·고등학교의 수익률보다도 낮았다(참고: 표 1).

표 1. 수익률 계측에 관한 각종 경험적 연구결과

구　본	김광석의 연구	Morgan과 그의 동료들 연구	인력개발연구소 연구	Chang의 연구	남우현과 정창영의 연구
연구기준년도	1967	1969	1969	1971	1971
중 학 교	12.0%	20.0%	−1.0%	8.2%	2.9%
고등학교	9.0	11.0	15.0	14.6	5.7
대 학 교	5.0	9.5	8.5	9.3	1.9

각 연구들은 각각의 특성을 갖고 있다. 예를 들어 수익률의 기준년도가 서로 달랐다. 또한, 연구방법, 이론적 배경, 동원된 모형도 달랐다. 계측상의 동원된 자료 역시 각기 달랐다. 따라서, 현재의 자료로서 전체 연구들을 종합, 한 가지 일반적 결론을 유출하기는 어려울 것 같았다. 그럼에도 불구하고, 교육학자를 제외한 경제학자들의 연구들은 한 가지 공통점을 지니고 있었다. 그것은 고등교육의 투자효과는 낮다는 의구심이었다. 예를 들어 김광석(1968), 인력개발연구소(1971), Chang(1974) 등의 경제학자(기관)들은 교육투자의 부적절성을 주장하고 있다. 그러나 교육학자인 Morgan과 그의 동료들은 교육투자의 경제적 적절성을 주장하고 있었다. 즉 Morgan과 그의 동료들(1971)은 각급 학교의 명목수익률(nominal rate of return)은 1970년도 현재, 시중의 이자율(22%)과 같거나 혹은 높은 편이라고 판단했었다. 이를 주장은 근거가 있었다. 왜냐하면 1969년 당시의 물가상승

률이 약 10% 정도였었기 때문이었다. 따라서 Morgan과 그의 동료들은 계속적으로 각급 학교교육에 대한 투자가 지속되어야 한다고 주장할 수밖에 없었다. 이러한 Morgan의 주장에는 두 가지 가정이 내포되어 있었다. 첫째, 만약, 고등교육의 금전적인 수익이 실물자본에 의한 투자보다 낮더라도, 고등교육이 개인과 사회에 미치는 비금전적인 수익은 실물자본에 의한 투자회수율에 대비한, 교육투자 회수율의 열세를 보상할 것이다라는 가정이 숨어 있었다. 둘째, 실물자본의 수익률이 높다는 것은 한국경제가 고등교육을 받은 고도의 생산인력을 충분히 확보하고 있다는 것을 간접적으로 증명한다는 가정도 갖고 있었다.

그러나 Morgan의 주장은 여러 학자들에 의해 부정되고 있었다. 예를 들어 김광석에 의하면, 1967년 당시 물적 자원에 대한 투자회수 율은 20% 정도로 높았었다. 결국 물적 자원의 수익률은 교육투자의 수익률(12.0% 미만)보다 높았던 셈이었다. 따라서 김광석은 교육에 투입되는 자원을 산업부문으로 전환해야 한다고 주장하게 되었다. 인력개발연구소(1971)에 의하면, 각종 인력개발의 투자효과(15% 미만) 역시 물적 자원에 의한 수익률(20%)보다 낮았었다. 결국 인력개발연구소 역시 인력개발 투자규모의 삭감을 주장하고 있었다. 이들 연구가 입장을 조금 양보했을 때의 결과도 별 차이가 없었다. 왜냐하면 교육투자를 계속한다고 해도, 인력개발 프로그램은 생산성향상과 직결되어야 한다고 제안했기 때문이었다. Chang(1974) 역시 경제적인 수익률에 비추어 한국의 교육투자가 과다하다고 판단했다. 또한, 물적 자원에 관한 투자와 관련하여 교육투자의 배분이 잘못되었다고까지 비판했다. 한마디로 교육자인 Morgan을 제외한 경제학자들은 경제성장에 대한 고등교육 투자의 기여도를 비판적인 혹은 부정적인 안목에서 파악, 인지하고 있었다.

고등교육에의 투자는 가계소득 수준에 있어서도 과중한 것으로 판단된 바 있다. 예를 들어 유형진(1973)은 학교급별 교육비와 가계소득 사이의 관계를 연구했다. 유형진은 교육비를 납입금과 사교육비의 총합으로 계산했다. 유형진에 의하면, 대학교육비(전문대학 포함)가 가계소득에서 점유하는 비율(47.5%)은 초등학교(6.7%), 중학교(25.0%), 인문고등학교(24.9%), 실업고등학교(19.4%) 등의 교육비가 각기 가계소득에 점유하는 비율보다 높았다. 결국 각종 연구들을 종합해 볼 때, 가계소득에는 가장 심한 압박을 주면서도 경제성장 및 수익률에는 가장 낮게 기여하는 교육 현상이 고등교육일 수 있다라는 결론이 가능하게 되었다.

그럼에도 불구하고, 국민들이 갖고 있는 대학교육에의 집착은 기대 이상인 것으로 나타나고 있었다. 왜 대학교육에의 집착이 감소되고 있지 않은가? 교육에 대한 국민의 심각한 집착을 문화적인 전통요인만으로 설명하는 것은 나약할는지 모른다(참고: Parsons & Platt, 1973. 배종근, 1990). 또한, 대학교육의 기능과 결과를 경제구조에의 통합요소로 판단하는 것이 언제나 옳을 수도 없다. 아울러 대학교육을 궁극적으로 개인의 재산축적(wealth of potential students) 효과로서만 설명, 이해하려는 방법 역시 유일한 대학교육의 이해방식일 수는 없다. 이들 방법의 일방적 집착은 대학교육을 비인간적인 (antihumanistic) 혹은 극단적인 환원론(reductionistic)으로만 이해하려는 위험을 갖고 있다. 결국 고등교육에의 집착을 국민의 기질론, 경제적 기능, 효과요인 이외의 요인으로 설명하는 새로운 시도가 필요한 셈이다. 다시 말해서, 대학교육의 이념, 기능을 경제성강의 관점만으로 파악하는 입장은 재고될 필요가 있는 셈이었다. 새로운 시도는 대학교교육에 대한 경제적인 입장의 한계점, 장점, 혹은 숨어 있는 뜻을 밝히거나 보완하는 역할을 수행해야 할 것이다. 한마디로 경제발전만을 위한 것으로 대학교육을 축소시키려는 주장과 판단은 대학교육에 대한 일방적인 이해방식에 불과하다. 왜냐하면 첫째, 협의의 의미로 국한된 사회발전을 염두에 둔 대학교육의 기여도에 관한 일방적 주장은, 대체로, 당위론적 수준에 고착될 위험도 있기 때문이다. 둘째, 경제발전을 염두에 둔 대학교육이해방식은 전통적인 대학교육에 관한 철학적, 사회적, 문화적 배경을 비교적 무시하고 있기 때문이다. 따라서 대학교육이 사회·국가발전에 끼치는 공헌 여부를 수량적으로 따져야 하겠다는 질문 자체가 대학교육이해를 위해 부적절할는지 모른다. 왜냐하면 대학은 사회발전을 위해 존재하는 교육기관 가운데 일부이기 때문이다. 즉 대학교육의 결과는 현실적 혹은 잠재적 효과에 관계없이 사회발전을 위해 쓰여져 왔기 때문이었다.

결국 문제제기의 형식을 바꿔볼 필요가 있는 셈이었다. 따라서 질문형식을 바꿔보자. 즉 대학교육은 무엇 때문에 사회구성원들에 의해 필요하다고 판단되는가? 라는 형식으로 바꿔보자. 그렇다면 대학교육은 사회구성원들에게 무엇을 제공하고 있는가? 라는 질문은 결국 사회발전과 관련된 대학교육 결과를 검토하려는 문제제기로서 전환되게 되는 것이다. 또한, 이 질문은 대학교육 현상의 사회적 당위성을 수용하는 문제제기로서 어느 정도의 타당성도 지니게 된다.

본 연구에서, 대학교육은 국가발전을 위해 무엇을 기여하고 있는가? 라는 질문은 대학교육의 결과가 무엇인가를 묻는 것과 동일한 것으로 취급되었다. 왜냐하면 국가발견에 대한 대학교육의 구체적인 공헌 정도와 형태를 묻는 질문은 대학생이 대학교육으로부터 어떤 결과를 갖고 사회생활을 하게 되는가?를 묻고 있다고 판단되었기 때문이다. 결국 대학의 사회기여도에 관한 질문은 대학이 대학생들에게 어떤 영향을 끼치고 있는가를 알아보는 것과 별 차이가 없게 되었다. 즉 성공적인 대학교육 실시 그 자체가 국가발전에 기여하는 행위로서 판단되었기 때문이다. 따라서 대학교육의 국가발전 공헌에 관한 질문은 대학의 기능과, 대학교육을 통한 대학생의 변화를 알아보려는 문제 제기일 수밖에 없는 셈이었다.

問題의 提起: 大學敎育과 社會發展

　대학은 사회발전을 위해 무엇을 강조하고 있는가? 라는 문제제기에 대한 대답은 대학을 이해하는 대학관에 따라 서로 다르게 제시될 것이다. 왜냐하면 대학에 대한 서로 다른 이해방식은 대학·사회·학생·교과목에 대한 서로 다른 이념, 방향, 정책을 제시하기 때문이다. 일반적으로, 대학에 관한 평론·연구문헌들은 대학을 사회적 혹은 철학적인 두 가지 영역에서 이해하고 있다고 판단된다. 첫째, 사회적 대학이해론은 세 가지 대학관으로 구분된다. 즉 기업주의적 대학관, 사회정치적 사회화 대학관, 지위집단형성형 대학관으로 나누어진다. 둘째, 철학적 이해방식은 대학을 학문전수의 전망으로 파악하고 있다. 결국 대학관은 네 가지 형식으로 나누어지고 있는 셈이다. 네 가지 서로 다른 대학관에 의하면, 대학은 대체로 다섯 가지 기능을 갖고 있다고 판단된다. 다섯 가지 기능에 대한 강조정도는 대학관에 따라 서로 다르다. 다시 말해서, 각 대학관은 대학의 다섯 가지 기능을 서로 다른 정도로 수용하고 있는 셈이다. 그러나 각 대학관은 대학관에 부합된 기능을 의도적으로 부각시키고 있음에 주목해야 한다. 대학의 다섯 가지 기능에 의하면, 첫째, 대학은 지식을 가르치는 곳이어야 한다. 둘째, 사회성 기술을 습득하게 하는 곳이어야 한다. 셋째, 대학조직 발전을 기업적으로 도모해야 한다. 넷째, 사회정치적인 사회화의 기능을 수행해야 한다. 다섯째, 일정한 지위집단(즉 영재, 엘리트 등)을 배출하는 곳이라고 집약될 수 있다.

　지식전수 기능, 사회성함양 기능, 정치사회화 기능, 기업주의적 관리기능, 인재양성 기능 등 다섯 가지 대학의 기능은 각 대학관에 따다 서로 다르게, 각기 독특하게 강조된다. 예를 들어 철학적 대학 이해방식에 의하면, 대학의 일차적 임무는 학생들에게 지식을 전수하는 일이다. 사회성 기술함양에 대한 강조는 사회봉사 기관형 대학 이해방식에 의해 일차적으로 부각된다. 또한, 사회봉사 기관형 대학관은 대학조직의 행정적 발전을 기업주의적으로 강조하고 있다. 의료기관형 대학 이해방식은 사회정치적사회화 수행기관으로서의 대학의 모습을 강하게 표출시킨다. 즉 사회정치적인 가치나 규범을 교화시켜 민주시민을 양성하는 기능이 대학의 임무라고 강조하고 있다. 마지막으로 지위집단형성형 대학이해론자들은 대학의 기능이 지위집단형성에 있음을 강조한다.

물론, 각기의 대학 이해방식은 다섯 가지 서로 다른 대학의 기능들을 상호의존적으로 포용하고 있다. 그러나 독자들은, 대학이해의 간편성을 도모하기 위해 본 연구가 각 대학 이해방식(대학관)에 붙박여 있는 독특한 기능을 집약적으로 분류, 기술하고 있음에 주목할 필요가 있다.

대학의 다섯 가지 기능은 개인, 조직, 사회라는 세 가지 차원에서도 재분류될 수 있다. 즉 대학교육의 기능과 결과는 개인적인(individual), 조직적인(organizational), 사회적인 차원(societal dimension)에서 연관관계를 논의할 수 있다. 예를 들어 지적 발전, 사회성에 관한 기술습득은 개인적인 차원에서 논의될 수 있다. 반면, 대학행정의 조직발전은 대학사회 발전의 차원에서 논의될 수 있다. 끝으로, 사회·정치적 가치교육에 관련된 사회화의 기능과 사회계층 형성에 관한 대학교육의 결과는 사회적인 차원에서 논의될 수 있다. 결국 대학교육의 다섯 가지 기능과 결과는 개인·대학사회·사회 부문에 걸쳐 일정한 형식으로 관련을 갖고 있는 셈이다.

본 연구는 대학의 다섯 가지 기능과 결과가 사회발전을 도모하는 기여요인이라고 판단한다. 왜냐하면 서론에서 밝혔듯이, 대학은 사회발전에 어떤 형식으로든지 기여한다고 주장되었기 때문이다. 대학교육의 사회발전 기여에 대한 당위론에 이의가 없다면, 한 가지 가정이 도출된다. 즉 대학교육에 의한 사회발견은 대학교육의 개인적·조직적·사회적 기능의 총화로서 이해되어야 한다는 가정이 성립된다. 따라서 본 연구에서는 국가발전 혹은 발전에 관한 개념정의가 의도적으로 포기되고 있다. 왜냐하면 첫째, 발전에 관한 개념파악이 아직 전문학자들에 의해서도 합의를 보지 못하고 있기 때문이다. 둘째, 발전에 관한 개념파악 문제는 궁극적으로 연구자의 가치관을 물어보는 것과 일맥상통하기 때문이다(참고: 김경동, 1979). 그러나 본 연구는 발전에 관한 몇 가지 입장을 포기하지 않고 있음을 밝힐 필요가 있다. 즉 본 연구는 발전을 일직선상의 수직적인 가치, 부가적인 양·질·구조적 변화만으로 판단하지는 않는다. 다시 말해서, 발전을 수량적인 면으로만 측정하지 않는다. 조화·질서만을 발전의 침전물로 간주하지도 않는다. 또한, 발전의 결정인자가 한 개 만이라고 판단하지도 않는다. 심지어, 본 연구에서는 살아간다는 용어가 풍기는 의미 역시 발전의 한 영역으로 취급되고 있다. 한마디로 본 연구는 발전이라는 개념이 특수성보다는 일반성을 갖고 있다고 상정한다.

많은 학자들에 의하면(참고: 백현기, 1961. 김종철, 1974. 이찰범, 1967. 문형만, 1974. 한준택, 1976. 이강국, 1975. 윤은식, 1974. Jacob, 1957. Feldman & Newcome, 1969 .Pace, 1974. Astin, 1978), 대학은 사회에 큰 공헌을 하지 못하고 있는 것으로 판단 혹은 시사받게 된다. 이들의 주장은 한마디로 요약될 수 있다. 즉 대학은 학생들에게 아무런 영향을 끼치지 못하는 것으로 지적된다. 예를 들어 학생들은 대학 생활 4년 동안의 교육을 통해 지식, 사회성 등을 함양하지 못한다고 판단된다. 사회·정치적인 가치주입에 의한 변화 역시 기대 이하의 수준에 머물러 있다고 판단된다. 직업세계에서 필요한 기술 역시 기대 이상으로는 배우고 있지 못한다고 판단된다.

그러나 대학교육의 효과를 의심하는 주장은 과장되어 있을 수도 있다. 왜냐하면 대학교육의 효과는 대학과 대학생이 처해 있는 조건 상황에 따라 서로 다르게 나타난다는 경험적 연구들이 나다나고 있기 때문이다(참고: Feldman & Newcomb, 1969). 즉 대학교육의 결과를 밝히기 위해 일정한 조건과 요인의 형태·크기를 구체적으로 밝히는 노력이 필요하다는 경험적 연구들이 있기 때문이다. 한마디로 대학교육 결과 및 효과에 영향을 주는 긍정적인 조건을 파악하는 연구는 이미 어느 정도 체계화되어 있는 셈이다.

예를 들어 대학교육의결과에 관한 각종 평론·연구물들(참고: Brown, 1970. Chesler & Cave, 1981. Freeman, 1973. Katz, 1976. Keller, 1969. Pace, 1979)은 서구사회의 대학교육의 결과를 서로 다른 입장에서 논의해 오고 있다. 예를 들어 Keller(1969)는 대학교육의 결과를 네 가지 정도로 요약하고 있다. 즉 지식의 축적(augmentation of the stock of knowledge), 소비자로서의 학생요구부응, 고등인력 양성, 사회봉사를 위한 각종 자료제공 등으로 요약하고 있다. Keller는 대학교육의 결과를 대학의 기능과 관련, 거시적 안목에서 논의했던 것 같다. Brown(1970)은 대학교육의 결과를 다섯 가지 측면에서 거론하고 있다. 즉 전인적 인간 양성(wholeman growth), 전문인(가) 양성(specialized man growth), 지식의 확장(growth in the pool of knowledge), 사회 발전 유도 (growth in society-at-large), 일반적인 삶의 기쁨 영위 (the joy of growing and of being in an educational environment) 등으로 구분했다. 한마디로 Brown의 대학교육 결과론은 보다 추상적인 성격을 갖고 있는 것 같았다.

Freeman(1973)은 대학교육의 결과를 보다 사회학적인 입장에서 논하고 있다. Freeman에 의하면, 대학교육의 결과는 첫째, 수입 불평등을 교정시키는 것으로 판단된다. 둘째, 수용하고 있는 기존가치와 태도를 변화하게 만든다. 셋째, 노동시장에서 고용될 수 있는 인력을 제공한다. 넷째, 사회 이동(social mobility)을 가능하게 만든다. 물론, Freeman의 대학교육 결과론은 보다 당위론 적인 입장을 논의한 느낌도 버릴 수 없다.

Katz(1976)는 대학교육의 결과를 심리학적 입장에서 논의했었다. Katz에 의하면, 대학교육의 결과는 학생의 개인적 태도변화, 성숙으로 요약된다. 예를 들어 학생들이 갖고 있던 기존의 권위주의 경향은 대학교육에 의해 감소된다고 판단된다. 반면, 자율성이나 자존감은 향상된다고 지적되고 있다. 타인과의 상호관계를 의식하며, 타인의 입장을 수용하는 감정이 풍만해진다고도 판단된다. 따라서 양심의 방향은 보다 인본주의적으로 변화하게 된다고 판단된다. 정치·사회적 기술 역시 대학교육에 의해 보다 세련되어진다. 그러나 대학교육의 결과 때문에, 대학생들은 보다 자유분방한 충동적 행동성향을 노출시키기도 한다.

Chesler와 Cave(1981)는 사회학적 입장에서 교육결과를 논의하고 있다. Chesler와 Cave는 학교교육의 결과를 다섯 가지로 요약하고 있다. 첫째, 학교교육의 결과는 학생들을 학생신분으로 묶어두는 행위이다. 즉 일정기간 동안 학교 안에 묶어두는 것이다(tenure of students). 둘째, 학교교육의 결과는 기술적·지적 성장으로 표시된다. 셋째, 사회성 기술 증진 역시 학교교육의 결과이다. 특히, 사회성 기술은 직업현장에서 필요한 인간관계 기술로서 대변된다. 넷째, 학생들에 의한 학교관의 변화 역시 학교교육의 결과이다. 다섯째, 학교교육 자체에 대한 감정표현 역시 학교교육의 결과이다.

Pace(1979)는 지난 50년 간 나다났던 대학교육 결과에 관한 기존 연구물들을 검토한 바 있다. Pace가 연구문헌을 통해 발견했던 공통적인 대학교육의 결과는 두 가지로 요약된다. 첫째, 대학생들이 많은 교과목을 수강하면 할수록, 획득하는 지식의 양도 증대한다는 사실이었다. 지식획득의 결과는 전공과목뿐만 아니라, 다른 교과목에도 확산되었다. 즉 전공분야의 지식뿐만 아니라, 비전공 분야에 관한 지식의 획득량도 증가되었다. 둘째, 4학년 학생들은 1학년 학생보다 박식한 것으로 나타났다. Pace에 의하면, 졸업생들은 대체로 대학교육의 결과로서 일곱 가지를 지적했다. 첫째, 대학교육에 의해 높은 수입을 제공하는 직종에 종사하게 되었다. 둘째, 대학에서 획득한 내용들은 직업 현장에서 유용하게 쓰였다. 셋째, 대학 생활은 대체로 만족스런 것이었다. 넷째, 대학교육 때문에 시민으로서의 공민 생활에 참여하게 되었다. 다섯째, 자신들의 계속적 지식확대에 대학교육

경험이 유용했다. 여섯째, 인간관계 기술, 가치관의 변화, 비판적인 생각 등을 하게 되었다. 일곱째, 대체로 대학시절의 전공과 관련된 분야에서 일하게 되었다.

Pace의 연구결과를 요약하면, 대체로 대학교육의 결과는 지적성장, 가치관의 변화, 사회이동 촉진, 인간관계 기술증진, 직업기술 획득 등 임을 알 수 있다. 그러나 Pace는 대학교육의 결과가 양적, 질적으로 보다 다양할 수 있음을 시사했다. 왜냐하면 Pace는 두 가지 기존연구의 모순점을 파악하고 있었기 때문이었다. 첫째, 대학교육의 목표가 대학교육의 결과라는 생각이 기존연구의 지배적인 속성이었다. 둘째, 무엇인가 경험적으로 증명하지 못한 것은 사실로서 받아들일 수 없다는 태도가 기존연구들이 갖고 있었던 또 다른 오류이었기 때문이었다. 그러나 Pace에 따르면, 대학교육 경험은 다양할 수밖에 없었다. 따라서 대학이 세워놓고 있는 목표 그 자체가 대학교육 경험 전부를 수렴할 수는 없는 것이었다. 또한, 통계에 의한 수량적 언어를 사용하는 연구만이 대학교육 결과를 측정하는 유일한 연구방법론일 수도 없었다. 한마디로 경험적 사실 여부를 증명한다, 못한다는 식의 판단은 너무 근시안적인 것이다. 결국 대학교육의 결과에 대한 논의는 이렇게 기술될 수도 있는 셈인 것이다. 예를 들어 "대학무엇에 쓸모 있을까?"라는 질문에 Hawkes(1929)가 대답한 식으로도 대학교육의 결과를 이해할 수 있는 셈이다.

> "……생각, 방법, 정보획득, 참과 아름다움에의 몰입, 기숙사·운동장·교실 등에서 맺어지는 친분, 삶과 연관된 개인의 행위를 판단·분석하는 능력, 이 모두가 인생살이라는 거창한 과업에 필요하게 되는 것이다. 대학은 바로 이런 요소요소를 대학생들에게 제공하는 것이다. 바로 이 점이 '대학은 무엇에 쓸꼬?'하는 질문에 대한 대답이 필 것이다."(p.143)

한마디로 Brown, Chesler와 Cave, Freeman, Hawkes, Katz, Keller, Pace 등은 서로 다른 교육결과들을 제시했다. 따라서 이들의 견해를 한마디로 종합할 수는 없었다. 그러나 몇 가지 비슷한 속성을 유출해 낼 수는 있었다. 즉 대학교육의 결과는 일반적으로 인지적 성장 촉진, 사회성 기술증진, 사회·정치적 문제에 대한 태도변화, 일정한 지위집단에 참여할 수 있는 자질과 교양획득, 학교에 대한 감정변화 등으로 유목화 될 수 있었다. 대학교육의 결과들은 수량적으로 측정할 수 없는 유목도 있을 수 있다(참고: Chesler & Cave, 1981). 따라서 이들을 밝히기 위해 연구방법론을 질적, 양적으로 다양화할 필요가 있는 셈이었다. 질적(qualitative)·양적(qualitative) 방법론 모두는 구체적인 대학교육 결과의 속성을 밝히는 데 도움을 줄 것이다(참고: Light & Pillemer, 1982).

그러나 우리나라에서는 아직까지 대학교육의 결과에 대한 체계적인 경험적 연구물들이 미비한 형편에 있는 것 같다. 왜냐하면 대부분의 연구는 평론적 성격을 갖고 있었기 때문이었다. 결국 대학교육의 기능과 결과를 밝히기 위한 경험적 접근이 시도될 필요가 있는 셈이었다.

대학교육의 기능과 결과에 대한 경험적 연구는 최소한 두 가지 입장에서 필요했다. 첫째, 대학교육의 결과에 대한 경험적 연구는 한국 대학의 성격을 규명하는 데 도움을 줄 수 있기 때문이다. 한국 대학발전사의 맥락에서 볼 때, 한국 대학의 성격은 불분명한 것으로 나타난다. 예를 들어 보자. 김종철(1979)에 의하면, 해방 후, 한국의 대학은 미국 고등교육제도를 모방하고 있었다. 즉 자유방임적 개방성을 한국 대학의 발전근거로 삼았었다. 개방성의 정책에 따라 우후죽순 격으로 팽창된 한국의 대학들(참고: 한국교육십년사 간행회, 1960. 오천석, 1960)은, 결국 타율적으로 정비되어야 할 처지에까지 도달했던 적이 있었다. 즉 공보부에 의하면(김종철, 1979), "종래의 대학은 양적으로만 팽창(8·15 당시 학생수 7,819명 인구대비 0.05%. 현재 142,576

명, 인구대비 0.57%)하였을 뿐, 질적으로는 매우 저조하였을 뿐 아니라 대학의 무계획적인 난립은 고등유민의 대량배출(졸업자의 약 60%)을 가져 왔고, 이에 따라 사회악이 조성되었으며 농촌경제는 더욱 마비되어 소위 대학당국론까지 나오는 형편이었고 이에 혁명정부는 단호히 대학정비에 착수……"(pp.191-192. 김종철에 의하면, 8·15당시 학생은 7,819명으로, 7,879명의 오식이었음)할 수밖에 없었다고 판단되었던 때가 있었다. 전통적으로, 한국의 식자들이 대학과 대학생의 증가를 금기시해 왔던 것도 피할 수 없는 사실이었다. 즉 대학의 증가, 대학생 증가현상은 사회문제를 야기시킨다는 논리가 전통적으로 한국의 식자들을 지배해 왔었다. 예를 들어 한 언론인은 이렇게 진술해야만 했다.

> "……영국에서는 대학 3년까지 가는 사람은 극소수입니다. 요새는 조금 늘어서 중학교 나온 사람들의 12%정도가 대학에 간다고 하던데, 얼마 전까지 만해도 7~8%밖에 안됐어요. ……우리나라에서는 학부모된 사람이나 학생이나, 과외든 무엇이든 해서라도 자꾸 올라갑니다. 낭비도 낭비려니와 억지에요. 이렇게라면 온 국민의 총대학생화가 이루어질 거예요. 그럴 때의 대학은 이미 대학이 아니지요."
> (신동아, 1981.9, p.82)

한마디로 대학의 증가, 대학인구의 증가는 사회발전의 당국적 요소일 수 있다는 판단이 식자들을 사로잡고 있었던 셈이었다. 대학당국론은 한국 대학의 역사적 성격을 어느 정도 간접적으로 시사하고 있는 것 같다. 대학 비판론자들에 의하면, 한국 대학은 사회봉사기관이 아니며, 또한 사회화 기관도 아니다 라는 함의를 발견할 수 있었다.

그러나 대학이 당국의 원인이 될 수는 없다. 또한, 대학이 나라의 쇠망을 촉진하는 사회세력일 수도 없다. 단지, 대학당국론은 현재의 대학교육이 식자들의 기대에 현실적으로 부합되지 않고 있음을 암시할 뿐이었다. 따라서 식자들이 논하는 대학당국론은 사실적인(editorial) 성격을 갖고 있었을 뿐인 셈이다. 즉 식자들의 대학당국론은 대학이 사회를 저해하고 있다는 실증적 증거들을 결어한 채, 심증적인 성격만을 부각시킨 논설에 불과할 수도 있는 셈이다. 결국 한국대학의 뚜렷한 성격들은 경험적으로도 한번은 규명될 필요가 있는 셈이었다.

둘째, 대학교육의 기능과 결과에 대한 경험적 연구는 한국 대학교육의 한계를 밝히는 데 도움을 줄 수 있다. 대학교육이 학생에게 기대 이상의 영향을 끼치지 못하는 이유를 밝히는 데 도움을 줄 수 있다. 즉 대학생들을 지적·정서적·사회정치적으로 사회화시키는데 대학의 어떤 조건들이 촉진 혹은 장애요인으로 나타나는가를 밝히는 데 도움을 줄 수 있다.

한국의 대학은 어떤 특성을 갖고 있는가? 대학교육의 결과는 무엇, 무엇들인가? 대학생들의 교육적 변화를 결정하는 요인들은 무엇인가? 등의 세 가지 질문들은 본 연구의 중요 연구문제들이다.

제시된 문제제기에 대답하기 위해 본 연구는, 첫째, 대학교육의 결과와 기능에 대한 논의를 구체화시킨다. 논의를 전개하기 위해, 본 연구는 대학교육 결과에 관한 개념·이론적 접근을 시도한다. 둘째, 각 대학관에 입각한 대학교육의 다섯 가지 기능들과 교육의 결과들을 각 항목별로 논의한다. 기존의 경험적 연구문헌 분석과 실증적 자료에 의거, 대학의 기능과 결과에 대한 항목별 논의가 시도된다. 또한, 각 항목에 대한 수학적 논의를 보강하기 위해 비구조화 된 단순한 민속지적인(ethonographic) 자료도 동원된다. 셋째, 실증적 자료에 관한 독자들의 새로운 입장과 해석을 돕기 위해 본 연구의 실증적 자료 결과가 부록으로 제시된다.

다음 장에서는 네 개의 서로 다른 대학관(대학 이해방식)을 논의한다. 특별히, 독자들의 이해를 돕기 위해 각 대학관이 강조하는 대학의 기능만을 중점적으로 부각시켜서 논의한다.

2. 大學敎育에 대한 見解들

대학교육의 기능과 성격은 크게 두 가지 입장에서 서로 다르게 파악되어 왔다. 즉 고전주의적 입장(참고: Haskins, 1923. Hutchins, 1936. Gasset, 1944. Newman, 1947. Veblen, 1954. Kerr, 1963. Wolff 1969. Goheer, 1969)과 현대적인 입장(참고: Flexner, 1930. Stephens & Roderick, 1975. Jencks & Riesman, 1968 Parsons & Platt, 1973)에서 대학교육이 서로 다르게 논의되어 왔다. 고전주의적 입장은 대학의 기능을 철학적인 시각으로 논의하고 있다. 반면, 현대적인 입장은 대학의 기능을 사회적인 입장에서 검토하고 있다. 다시 말해서, 대학이란 무엇인가에 대해 형이상학적(metaphysically)으로 접근하는 방법과, 대학과 사회세력 사이의 관계를 중심으로 하여 접근·파악하는 두 가지 대학 이해방법들이 있다. 본 장은 대학의 본질에 대한 전통주의적인 견해와 현대적인 견해 사이의 상치·갈등(참고: Riesman, 1956)을 지나치게 부각시키지 않는 입장을 고수하고 있다. 왜냐하면 대학에 대한 일반적 이해는, 비교교육학적인 관점에서 나라마다 처한 정치·문화·사회·경제적 환경에 따라 서로 다르기 때문이다. 대학이라는 이름(university)은 세계 공통적으로 동일하게 사용되고 있다. 그러나 대학의 역할·기능에 관한 논의는 각 나라마다 서로 다른 것으로 나타난다(참고: Grant, 1973). 예를 들어 미국의 대학들은 특정정부·행정권의 간섭이 거의 배제된 상태에서 독자적으로 기능을 발휘하고 있다(inclusive function). 그러나 소련의 대학들은 정부의 절대적인 행정적 구속과 통제를 받고 있다. 따라서 한 가지 시사점을 제공받을 수 있다. 즉 우리에게만 이미 익숙한 한국의 대학에 관한 대학 이해방식은 굳이 비교교육학적 관점에서 파악될 필요가 없을는지도 모른다. 왜냐하면 한국 대학에 대한 우리의 관습과 이해방식은 우리에게만 보다 심층적·심미적 의미를 제공하기 때문이다. 그러나 우리에게 소중한 기존의 대학 이해방식을 비판 없이, 있는 그대로 이해해야만 한다는 견해 역시 하나의 고집일 수 있다. 왜냐하면 대학 이해방식이 창출된 문화권과 관습만을 일방적으로 인정, 타국의 대학 이해방식을 무조건 무용한 것으로 백안시하려는 태도로 굳어버릴 수도 있기 때문이다. 다음절에서는 한국의 대학교육뿐만 아니라, 외국의 대학교육을 이해하는데 도움을 줄 수 있는 대학에 관한 주요한 이해방식, 내용을 네 가지로 집약, 기술하게 된다. 경우에 따라, 각 대학 이해방식을 뚜렷하게 부각시키기 위하여 기존연구의 결과와 평론 등의 내용을 첨가시키게 될 것이다.

大學敎育에 대한 哲學的 理解

진리추구형 대학관: Hutchins(1936)는 대학의 기능을 백과사전에 비유하고 있다. 백과사전(encyclopedia)은 수많은 지식(facts)으로 가득 차 있다. 각 지식은 일목요연한 방식으로 백과사전에 수록되어 있게 된다. 대학은 백과사전의 구성양식과 비슷한 구조를 갖고 있다. 즉 대학은 수많은 지식으로 가득 차 있다. 대학의 각 학과는 지식을 학문체계 나름대로 서로 다르게 취급하고 있다. 또한, 대학은 지식과 더불어 지혜를 다루는 곳이다. 대학에서 다루는 지혜는 원리와 인과관계(cause)에 관계된 지식에 기초를 두고 있는 것이다. Hutchins에 따르면, 지식은 진리이다. 진리는 세계 어느 곳에서도 동일한 것이다

(p.66). 따라서 지식을 다루는 대학교육은 세계 어디에서나 동일해야 하는 것이다. 동일한 교육을 위해 대학에서 다뤄져야 될 지식은 과거와 현재, 사람과 사람, 인류의 복지증진과 직결된 것이어야만 한다. 결국 Hutchins는 세계 공통, 인류불변의 지식을 대학교육과정의 핵으로 판단했던 것이다.

Hutchins는 만유불변의 교육내용으로서 고전(classics)의 내용을 선정했다. 한마디로 Hutchins에 의하면, 대학은 지혜의 중추인 고전을 배우는 곳이며, 고전을 가르치는 곳이다. 즉 지성, 지혜를 함양시키는 곳이 대학인 것이다. 대학에서 행하는 연구 역시 지혜의 원리를 정련, 체계화, 개발시키는 행위의 연장인 것이다(참고: Jaspers, 1973).

Gasset(1944)는 대학의 기능을 세 가지로 분류, 요약했다. 첫째, 대학은 한 사회의 문화를 전수하는 곳이다. 둘째, 대학은 전문 직업인을 양성하는 곳이다. 셋째, 대학은 과학적 연구를 수행하는 곳이다. Gasset에 의하면, 대학의 세 가지 기능 가운데 가장 중요한 기능은 문화를 전수하는 기능이었다. 왜냐하면 문화는 삶의 양식이기 때문이었다. 즉 문화는 각 세대가 살아가는 데 필요한 결정적인 신념체계(vital system of idea)였었기 때문이었다. 그러나 현대의 대학은 중세기의 대학에 비해 문화전수의 기능을 포기하고 있었다. 따라서 현대의 대학은 대학의 본래 기능보다 부차적인(in addition) 기능을 보다 중시하고 있는 셈이었다. Gasset는 이렇게 주장하고 있었다.

"중세기 대학에 비교한다면, 현대의 대학은 전문인 양성의 목표(need)만을 주요활동으로 간주해 왔었다. 즉 연구의 기능을 첨부시켜 왔다. 따라서 문화를 전수한다든가, 문화를 가르치는 활동은 거의 포기해 온 것이다."(p.38)

따라서 현대의 대학은 예지인(the cultured man)을 양성하는 데 실패하고 있는 것이다. 중세기에 있어서 예지인은 선각자(the enlightened man)

이었다. 선각자는 삶의 방향과 뜻을 분명히 깨닫고 있는 사람이다. 한마디로 Gasset가 제시했던 본질적인 대학은 지성인, 선각자, 예지의 인간들을 만들어내는 곳이어야만 했던 셈이었다.

Newman(1947)에 의하면, 대학은 지성의 고장(territory of the intellect)이어야 했다. 즉 대학은 지식과 과학, 사실과 원리, 탐구와 발견, 실험과 명상 등 일련의 모든 지적인 행위를 합리화시켜 주는 곳이어야만 했다. 대학은 실용적인 사실을 가르치는 곳이 아니다. 실용적인 지식(useful know-ledge)은 쓰레기(deal of trash)와 마찬가지인 것이다.

Newman에 의하면, 지식은 지식 그 자체로서 중요한 것이다. 왜냐하면 인간의 심성은 지식으로 형성되어 있기 때문이다. 따라서 대학의 사명은, 첫째, 지성이 풍미하는 사회를 건설하는 데 있을 수밖에 없었다. 둘째, 대학은 공공인의 심성을 계발시켜야만 했다. 셋째, 대학은 국가의 기운(national taste)을 진작·순화시켜야만 했다. 넷째, 대학은 대중의 열망에 올바른 준거(true principles)를 제공해야만 했다. 다섯째, 대학은 시대정신을 유도해야만 했다. 결국 Newman은 대학의 사명을 지성인(thegeneralist) 육성에 두었던 셈이었다.

Newman에게 있어서, 대학의 연구기능은 중요한 것 같지 않았다. 왜냐하면 연구의 목적이 과학적인 동시에 철학적 발견(scientific and philosophical discovery)이라면, 연구 그 자체는 지성을 가르치는 일과 별 차이가 없는 것으로 인식될 수밖에 없었기 때문이었다. Newman에 의하면, 연구는 대학이 아닌 다른 기관에서 취급되어야했다. 따라서 Newman이 제시한 대학교육의 기능은 연구보다는 학생들의 지성을 닦는 것이어야 했던 셈이었다.

요약하면, Newman, Gasset, Hutchins 등은 대학의 이상을 지성의 함양에 두었다. 지성에 의해, 학생들은 지혜로운 사람이 되는 것이었다. 기성의 연마는 대학교수에 의해 함양되어야 했다. 따라서 지성인의 공동체로서 대학은 연구보다는 교수(teaching)를 중요시하는 곳이어야 했다.

　　Hutchins, Gasset, Newman의 대학관은 Wolff(1969)에 의해 보다 정선, 체계화되었다. Wolff 대학의 성격을 지성적 학습공동체(community of learning)로서 규정했다. Wolff는 대학이 학습사회로서 존재할 때, 해결하지 못한 기존 대학의 문제점들이 비로소 극복될 것이라고 판단했다. 즉 학습사회적인 대학관은 지금까지 잘못 이해되어온 여러 가지 대학관의 부적절성을 극복, 대체할 수 있는 이상적인 대학관이라고 주장하고 있다. Wolff에 의하면, 기존의 대학관은 네 가지 형태로 이해, 집약되어 왔다고 볼 수 있다. 첫째, 대학은 고전적인 입장에서, 학자들의 은둔처(a sanctuary of scholarship)로서 이해되어 있었다. 둘째, 대학은 전문인 양성기관(atraining camp for the professions)으로도 이해되어 왔었다. 셋째, 대학은 사회봉사기관(a social service station)으로서 해석되어 왔었다. 넷째, 대학은 기성인 제조공장(an assembly line for the established men)이라고 이해되기도 했다. 넷째번의 대학관은 비판적인 안목에서 대학을 이해하려는 시도였었다.

　　Wolff에 의하면, 대학에 관한 기존의 네 가지 이해방식은 대학의 참모습을 이해하는 데 부적절했다. 왜냐하면 학자들을 위한 은둔처로서의 대학은 "책벌레"만을 위한 현학적 피난처(bookish calling)로서 둔갑될 수 있는 위험이 있기 때문이었다.

　　직업인 양성기관적인 대학관 역시 대학을 성적과 자격증을 발행하는 증명서 발행기관으로 전락시키게 될 위험이 있기 때문이었다. 대학이 직업인 양성을 위한 기관으로 전락했을 때, 대학은 학생들의 등급을 매겨야 하는 평가(evaluation)와 등급(ranking)을 위한 감별소로 전락할 것이다. 왜냐하면 직업인 양성기관으로서의 대학은 전문교과과정에 합당, 합격한 품질이 양호한 사람들을 품질이 좋지 못한 사람들 틈에서 가려내야만 하기 때문이다. 따라서 대학은 지적 우수성을 상실할 수밖에 없을 것이다. 직업인 양성기관적인 대학관에 의하면, 지적 우수성 상실에 대한 보상은 평가에 대한 과도한 집착으로 나다나게 된다. 그러나 평가에 대한 함의는 비교육적이기 마련이다. 즉 교육적이기보다는 직업적이다. 예를 들어 어떤 학생이 일정한 이력에 기초하여 전문 직종에 입문하려고 한다고 하자. 이때 가장 문제가 되는 것은 응시생 자격여부에 대한 평가일 것이다. 한순간의 평가는 영원한 결과를 보장하는 계기가 되게 된다. 예를 들어 입학 당시 면접장에 나다난 응시생에게 합·불합격을 판정할 때, 그 행위 즉 미래의 교수, 법률가, 의사 지망생들에게 "합격(pass)"은 소정의 전문기술로 생계를 이을 수 있는 합법성을 의미하게 된다. 반면, "불합격(fail)"은 교수, 의사, 법률가가 될 수 없음을 의미한다. 제2의 기회가 언제나 그들을 기다리지는 않는다. 따라서 미진한 조건 속에서 그가 할 수 있는 일은 제한되게 된다. 최선의 차선책은 다른 직업을 찾는 길만이 있을 뿐이다(Wolff, 1969, p.64).

한마디로 대학을 전문인 양성기관으로 이해하는 방법은, 교육을 희귀재(scare commodity)로 파악하려는 입장에 불과했다. 대학을 사회봉사기관으로 파악하는 입장도 대학의 원초적 기능을 훼손시킨다. 왜냐하면 사회봉사 기관으로서의 대학이 존재할 때, 사회봉사기관적 대학의 성격이나 기능은 대학 이외의 사회적 세력들(social forces and social groups)에 의해 결정된 목적에 영합되어야만 하기 때문이다. 모든 사회적 세력에 적절히 화합하는 동안 대학은 최소한 세 가지 방식으로 대학의 본래의 사명을 손상시키게 된다. 첫째, 반지성적 풍토가 대학 안에 자연적으로 형성, 풍미될 위험이 있다. 둘째, 대학만이 독특하게 소유하고 있는 자율적인 공동체적정치역량과 조직특성(internal political organization of the academy)이 훼손될 것이다. 즉 대학규모에 비례하는 비자율적 관료주의 행정체제가 구축되게 된다. 셋째, 사회봉사기관으로서의 대학은 특정 정치권력의 목적을 우선적으로 충족시켜 주기 위한 수단으로서 존재해야 한다. 따라서 정부와 공생적인 관계(symbiotic interactions)는 피할 수 없게 된다. 그러나 대학은 특정 정치권력의 목적을 실제적으로 충족시켜 주기에는 적절치 못한 기관 가운데 하나이다. 왜냐하면 대학은 특정 정치권력과의 공생적인 관계보다는 비판(critique)과 전제(check)를 유지해 왔기 때문이다. 즉 특정 정치권력이 만들어 내는 사회적 신화의 허구를 벗기는 기능을 전통·체질적으로 전수해 오고 있었기 때문이다.

끝으로, 기성인을 만들어내는 곳에 불과하다는 대학에 대한 비판 역시 대학의 성격을 손상시키고 있다. 현대의 대학의 모습을 힐난·질책하는 사람들은 대학교육의 부조리를 두 가지로 요약, 비판한다(참고: Wolff, 1969). 첫째, 대학교육 행정조직과 대학교육 내용의 부조리를 비판한다. 둘째, 주요 사회세력들(정부, 군사, 산업체 등)과 맺어진 대학의 종속적인 역할유지 관계를 비판한다. 그러나 Wolff는, 대학교과의 학문적 부적절성, 대학체제와 사회체제 사이의 종속적인 관계로부터 야기되는 부조리를 학문적으로 파헤쳐 왔음을 비판자들이 무시하고 있다고 판단했다.

결국 기존대학에 대한 급진적 비판자 역시 비판받을 가능성이 농후해진 셈이다. 왜냐하면 첫째, 대학교육에 대한비판이 감정적인 입장에서 제기되고 있기 때문이었다. 둘째, 급진주의적 대학비판론자들은 대부분의 학생들이 대학교육에 의해 자유인의 감정(liberating)을 향유 받고 있음을 과소평가하고 있기 때문이었다. 셋째, 대학이 사회의 모든 세력에 기형적으로 봉사만 한다는 주장은 너무 과장되어 있기 때문이다. 전통적으로, 대학은 소수의 이해관계를 대변하는 사회·정치의 가치나 정책에 어느 정도 감시의 기능을 발휘해 왔던 사회체제의 하나였기 때문이다. 한마디로 대학교육을 급진적으로 비판하는 사람들은 대학만이 누리고 있는 자유분방한 탐구정신을 일방적으로 무시하고 있는 셈이었다. 다시 말해서, 자유스런 탐구정신 때문에 대학은 기존 세력에 대항, 비판, 전제하는 세력으로 간주되고 있음을 일반적으로 무시하고 있는 것이다.

대학교육 비판모형, 직업인 양성모형, 은둔처 모형, 사회봉사 모형 등 기존의 네 가지 대학관은 대학의 참모습을 밝히는 데 부적절한 셈이었다(참고: Wolff, 1969). 왜냐하면 각기의 이해방식은 현실성을 일방적으로 간과한 상상적인 대학관(imaginary university)이었기 때문이었다. 한마디로 네 가지 대학관은 실제 대학모습을 이해하기 위해 상정할 수 있었던 이상적 개념형(ideal types)에 불과한 것이었다. 따라서 대학의 본래적 성격을 파악하기 위해서 이상형적 대학관은 현실과 접목되어야만 할 필요가 있는 것이다. 현실과 이상적인 대학관이 연결된 실제적인 대학의 성격은 학습공동체(community of learning)에서 찾아야만 한다. 학습공동체는 사람들의 집단임을 의미한다. 학습공동체로서의 대학은 집약저인 이해방식(collective understandings), 공동의 목적추구(communal goals), 상호 계약적 의무준수, 학습공동체를 형성·유지하겠다는 의지가 집약된 사람들의 집단이다. 한마디로 대학은 학습의 전당이 되어야 한다(참고: Wolff, 1969).

학습공동체에서 가장 중요한 사람은 교수와 학생이다. 따라서 대학에 관한 모든 결정권은 학습공동체에 속한 교수와 학생에게 이양되어야한다. 교수와 학생이 대학의 주인이 되는 길은 오직 한 가지뿐이다. 그것은 똘똘 뭉친 힘(solidarity)을 행정가, 이사진 등에게 보여 주는 것이다(참고: Wolff, 1969, p.136).

학습공동체의 일원이 될 수 있는 자격기준은 단순하다. 한마디로 자유인다워야 한다. 즉 어느 특정 종파나, 사상적 이념에 맹목적으로 붙잡혀 있지 않은 자유인이어야 한다. 결국 어느 특징인에 의해 고양된 일정한 교조적 이념에 맹신된 사람은 학습공동체의 일원으로서는 부적합하다. 교조적 이념의 속성이 무엇이든, 일정한 이념에 예속된 사람은 학습공동체의 일원이 될 수 없다. 교조적 이념의 참뜻을 자기가 깨달았든, 혹은 타인을 위한 것이라고 이해했든 간에, 일정한 교조에 빠져있는 사람은 학습공동체의 일원으로서는 부적절한 것이다. 왜냐하면 일정한 독단에의 맹신은 그 자신에게만 정당할 수 있기 때문이었다. 한마디로 특정교조에 마르는 일은 학습공동체에 부과된 도덕적 명제일 수는 없는 셈이었다.

그러나 Wolff가 진술한 이상적인 대학의 모습과 기능은 대학에 대한 철학적 입장을 벗어나지 않고 있다. 왜냐하면 Wolff가 제시한 학습전당으로서 대학의 기능은 한마디로 지성함양에 있었기 때문이다. 즉 첫째, 진리탐구, 둘째, 대학인들의 지성적 자질 함양, 셋째, 지식보급과 발전추구로 요약될 수 있었기 때문이다. Wolff에 의하면,

"학습공동체는 정치적인 공동체, 중교적인 공동체, 근로자집단, 예술인집단 같은, 여타 사회공동체와는 성질을 달리한다. 즉 집약적인 목표추구, 활동양식, 목적추구를 위한 조직의 성격 등이 판이하게 다르다. 대학은 지식보존과 발전, 진리추구, 인간의 지성적 능력의 고양 및 향유를 추구하는 공동체이다. 더군다나, 대학은 이러한 목표들을 개인적인 방식으로 추구하지는 않고, 집단적으로 추구한다."(p.128)

결국 기존의 네 가지 대학유형을 비판했던 Wolff의 이상적 대학 상 역시 교수와 연구에 기초한 지성, 학문이라는 명제를 벗어나지 못하고 있는 셈이었다.

요약해 보자. 대학에 관한 철학적 이해들에 따르면, 대학의 이상은 진리탐구이어야 한다. 결국 철학적 대학관에 있어서 대학의 사명은 진리탐구, 지성인의 함양에 있었다. 즉 대학인 스스로 지적으로 성장하고, 대학인 스스로 형성한 일정한 양식을 기초로 사회가 던지는 처방들을 점검하는 지성인의 함양에 있었다. 따라서 철학적 대학관이 가장 중요하게 여기는 것은 교과목의 배움과, 배움에 의해 나타나는 학업적 성취였던 셈이다.

大學敎育에 대한 社會的 理解

일반적으로, 18세기 이전의 유럽사에 나다나고 있는 대학의 성격

은 보수주의적이었다. 또한, 복고주의적인 입장에서 대학과 지성의 문제를 다루어 온 것 같았다. 예를 들어 Kerr(1963)에 의하면;

> "18세기말이 될 때까지도 유럽의 대학교들은 과두정치 체제형식(oligarchies)을 유지하고 있었다. 가르치는 과목은 획일적으로 규정되어 있었다. 일반적으로 사회와의 관계에 있어서는 반동적(reaction)인 성격을 갖고 있었다. 즉 종교개혁(Reformation)에 반대 입장을 취했었다. 르네상스의 창의적 기운에도 무감각했었다. 게다가, 새로운 학문 즉 과학에 적대적인 감정마저 노출시키고 있었다. 한마디로 현대적인 일련의 사회적 기운이나 변화 등을 경시하는 풍조가 대학에 팽배해 있었다. 대학들은 마치 창문 없는 성곽(castles without windows)처럼 우뚝 솟아 있었다. 한마디로 안으로 움츠리는 형상을 하고 있었다."(p.10)

중세기 대학의 반동적인 성격은 지성(intellectuality)에의 일방적 집착을 의미한다. 즉 대학의 목적은 사회의 조건과는 유리된 상태로 남아 있었다. 세속화된 대학은 지성을 상실한 교육기관으로 간주되고 있었다.

그러나 중세기 대학의 성격을 지성만으로 부각시키려는 철학적 대학관은 대학에 대한 참모습을 호도(糊塗)시키고 있다. 왜냐하면 중세기 대학들은 실제적으로 사회적인 요구나 사회적인 압력에 다양한 형식으로 반응, 변모해 왔다고 판단되기 때문이었다(참고: Haskins, 1923. Reeves, 1970). 사회적인 변화에 의해, 중세기 대학은 일찍부터 전문인 양성기관 혹은 사회봉사기관으로 존속해 왔었다(참고: Hook, Kurtz & Todorovich, 1974). 현대의 항존주의적 고등교육론자들 역시 대학의 사회봉사기능을 전적으로 무시해 왔던 것은 아니었다. 예를 들어 1960년대에는 이미 Hutchins(1961, p.xi), Perkins(1967) 등과 같은 항존주의 고등교육론자 역시 대학의 기능을 연구, 직업교육육성, 사회봉사라고 양보하여 새로운 대학의 기능을 인정하기 시작했다. Hutchins

및 Perkins가 주장했던 세 가지 대학의 기능에 의하면, 대학은 지성인 (혹은 선각자) 육성뿐만 아니라 전문인 육성도 함께 병행해야만 하는 셈이었다. 결국 현대적인 대학 이해방식은 대학의 전문인육성도 강조하고 있었음을 보여주고 있다.

대학교육에 의한 전문인 양성 강조는 이미 1920~1930년부터 Flexner 등과 같은 고등교육론자들에 의해 주창되어 왔다. Flexner (1930)는 대학의 기능을 사회적으로 파악했던 것 같았다. Flexner에 의하면, 대학은 더 이상 철학적인 입장에서의 교양인(master of any subject)만을 만들어 낼 수는 없었다. 왜냐하면 대학은 시대적 요청을 더 이상 기피할 수 없었기 때문이다. Flexner에 의하면;

> "대학은 주어진 시대의 일반적 사회조직 안에 존재한다.……대학은 (사회와 떨어져 있는) 그 어떤 것, 역사적인 그 어떤 것, ……다소 새로운 세력과 영향에 대해서 가능한 한 적게 자기를 굽히는 그 어떤 것이 아니다. 이와 반대로, 대학은……시대의 표현이다. 동시에, 현재와 미래에 대해서 한 가지로 작용하는 영향이다."(Kerr, 1966, pp.4-5)

이미 19세기는 과학의 중요성이 철학과 신학(moral philosophy)과 대등한 위치로 부각되는 시기였다. 과학의 대두와 더불어 대학의 성격도 바뀌었다. 즉 대학에서의 연구 활동은 가르치는 활동 이상으로 중요시되고 있었다. 결국 대학은 사회봉사를 위한 세 가지 기능을 중요시할 수밖에 없었다. 첫째, 대학은 진리탐구의 기능을 피할 수는 없었다. 그러나 둘째, 대학은 문제해결(solution of problems)의 연마장이어야 한다. 따라서 셋째, 대학은 우수한 전문 인력의 배출장소이어야만 했다. 한마디로 Flexner는 대학의 목적이 일반교양인(generalist)보다는 전문가(specialist) 양성에 있음을 피력했던 것이다.

그러나 Flexner가 대학의 지식전수 기능을 일방적으로 경시한 것은 아니었다. 단지, 공리공담 중심의 막연한 지성보다는 구체적인 실용적 지식추구가 대학의 본질적 사명임을 강조하고자 했던 것이다. Flexner에 의하면, 구체적·전문적 지식추구를 위해서 대학의 핵은 대학원 교육에 있어야 했다. 즉 대학은 전문적 지식을 추구하기 위해, 일반대학원 교육과 특수대학원(예, 법률, 의학 등) 및 연구소 같은 부설기관의 기능을 확대시켜야만 한다고 판단되었다.

Flexner 등이 주창한 대학원 대학관은 11세기 중엽 서구에 나타났던 초기의 형식적 대학의 이상과 근접하고 있는 것 같았다. 왜냐하면 최초의 형식적 대학의 기반은 전문인 육성에 뿌리박고 있었기 때문이었다. 예를 들어 11세기 중엽 이탈리아 Naples의 서쪽에 최초의 Salerno 의과대학교(Medical University of Salerno)가 세워진 바 있었다(Haskins, 1923). Salerno의과대학교에서는 해부학과 수술학 등 전문적인 의학적 기술에 기초하여 관련 방역법(hygiene)을 가르친 것으로 기술되고 있다. 즉 최초의 형식적 대학의 모습은 전문인(가) 양성기관으로 출발하고 있었던 것이었다.

Flexner가 전문인(specialist) 육성을 위한 대학관을 제시한 이래, 대학의 성격은 사회적으로 세 가지 서로 다른 입장에서 확장, 변형, 이해되어 왔다고 판단된다. 즉 대학의 성격은 기업주의형 대학관, 사회정치적 사회화 전수기관형 대학관, 지위집단형성형 대학관에 의해 서로 다르게 파악되어 온 것 같았다. 기업주의형 대학관, 의료기관형 대학관, 지위집단형성형 대학관은 대학의 성격을 사회학적 안목으로 파악하고 있다. 왜냐하면. 첫째, 각 대학관은 대학과 사회와의 관계를 중요하게 여기고 있기 때문이다. 즉 각기의 이해방식은 사회 속의 대학을 부각, 구체화시키고 있기 때문이다. 둘째, 각 대학관은 대학을 일련의 사회체제로서 파악하고 있기 때문이다. 따라서 대학과 각 사회체제와의 상호관계가 중요한 과제로 등장하고 있다. 셋째, 각 대학관은 대학체제 속에서 기능하는 각 요소 사이의 상호관계, 작용 등의 중요성을 구체화시키고 있기 때문이다. 넷째, 각기의 대학이해 방식은 대학교육의 결과(outcomes)를 보다 수량적·가시적(visible)

언어로써 진술하려고 노력하기 때문이다. 다섯째, 각 대학관은 대학의 성장, 변화를 비고교육학적 안목에서 각기 다른 대학의 특징적인 속성을 표출시키고 있기 때문이다. 그러나 기업주의형 대학관과 사회정치적 사회화 전수기관형 대학관은 대학의 기능을 당위적으로 다룬다. 즉 두 가지 대학관은 대 학이 사회와의 연계 관계에서 특수한 입장·기능을 발휘해야만 한다고 주장한다. 반면, 지위집단형성형 대학관은 당위보다는 왜 대학이 현재의 위치에 있는가를 설명적으로, 혹은 비판적으로 기술하는 특징이 있다. 결국 각 대학관은 무엇이 서로 같은가 보다는, 어느 특성이 서로 다르게 부각되고 있는지가 분명하게 진술되기를 기다리고 있는 셈이었다.

기업주의형 대학관: Kerr(1963)는 대학의 이상적 성격을 다지역 대학(multiversity)에서 찾고 있다. 다지역 대학은 대재벌기업에서 흔히 나타나는 연쇄방계기업의 성격을 대변한다. **Kerr**가 제창한 다지역 대학 기념은 대학의 사회봉사적 성격을 강조한다. 즉 대학은 학교 밖의 사회세력(social forces)에 의해 규정된 목적들을 실현하는 수준 높은 교육기간이어야 함을 강조하고 있다. 즉 기업적 산업주의 대학관에 의하면, 대학교육은 산업발전·경제발전·근대화의 원동력으로서 평가받아야 한다. 사회적으로 규정된 목적을 수행하기 위해 대학은 다양한 체제를 갖추어야 한다. 행정체제도 생산성제고를 향해 산출지향적이어야 한다. 또한, 대학의 모습도 다양해야 한다. 대학의 규모도 커져야 한다.

대학의 규모가 커져야만 한다는 사실만으로도 기업주의형 대학관은 중세기식 대학관과 차이가 난다. 예를 들어 Hutchins(1968)는 대학의 크기는 작을수록 좋다고 판단한 바 있다. Goodman(1962) 역시 학자들의 공동체로서 대학은 500~1,000명 정도를 수용하면 족하다고 주장한 바 있다. 대학의 그 크기가 비대해짐에 따라, 대학의 지도력은 행정적 효율성 발휘 여부로 평가된다. 때로는 효율성에 관계없이 대학행정 체제가 일정한 규칙준수에 과다하게 밀착되어 있기도 하다.

한마디로 관료행정 체제가 대학행정 체계로 이식되고 있는 것이다. 즉 효율적인 행정체제 구축이 우선된다. 왜냐하면 "대학은 과거에는 상상도 하지 못했던 많은 수의 학생들을 가르치도록 요청받고 있기 때문이다. 또한, 대학은 끊임없는 국가의 봉사요청을 묵살할 수도 없는 처지에 있기 때문이다. 게다가, 산업체와 공동보조를 맞추는 것도 중요한 과업 가운데 하나가 되었다. 산업체와 공동보조라는 일은 전에는 없었던 일이다. 또한, 대학은 새로이 발흥되는 지적인 기류에도 어떤 방법으로든 신경을 써야만 할 처지에 있게 되었다."(p.86)

사회적 목적에 부응하기 위한 대학은 학생들에게 전문지식, 기술훈련, 사회성 기술 등을 강조한다. 기술교육 교과과정, 행정적 체계화 등은 학생들에게 직업시장에서 현실적으로 쓰일 수 있는 기술·지식(market knowledge)을 가르치기 위해 강조되는 것이다. 따라서 대학은 마치 하나의 거대한 조직사회를 이루게 된다. 결국 대학은 다양한 부속적 행정체제가 다양한 힘을 갖고 서로 다른 목적을 위해 제각기 독특한 기능을 발휘하는 부속체제들의 모임이라고 판단할 수 있다.

다지역 대학의 운영도 학생집단, 교수집단, 행정집단, 지역사회 등 네 가지 정도의 부속체제의 상호 이해관계 속에서 이루어지게 된다. 각 집단은 영향력 행사에 있어서 서로 다른 영향력을 갖게 된다. 예를 들어 학생집단, 교수집단, 지역사회집단들은 각기의 독특한 체제적 영향력을 대학운영과정에 행사한다. 결국 학자들의 공동체였던 중세기식 대학사회는 일반대학행정가, 행정력을 소유하고 있는 학자, 기업가, 학위취득에의 관심 때문에 시간 보내기에 정신없는 학생, 혹은 기타 대학인들의 공동체로 바뀌게 된 것이다(참고: Goodman, 1962, p.74).

그러나 다지역 대학운영에 있어서 네 가지 체제들이 대학운영에 있어서 동가치적으로 중요한 것은 아니다. 왜냐하면 각 체제들은 각기 서로 다른 서열적 관계를 맺고 있기 때문이다. Kerr의 논지에 의하면, 다지역 대학의 특색은 일반 및 교수경험을 갖고 있는 행정가집단의 행정력행사로 부각된다. 유럽의 대학발전사에서, 독립된 행정가집만의 발전·영향력 행사는 전통적 중세기 대학에서는 발견할 수 없었던 현상이었다(참고: Haskins, 1923, p.69). 따라서 대학에 있어서 경영적 혁명은 중세기 대학과 현대적 대학 사이의 특성적 차이를 규정하는 기준이 되는 것이다. 즉 다지역 대학은 행정기관에 의해 운영되는 대학인 셈이었다(참고: Kerr, 1963).

왜 행정기관의 기능이 현대의 대학에서 중요하게 여겨지는가? Kerr는 행정기관의 중요성에 대한 당위를 분명하게 설명하고 있지는 않았다. 단지, Kerr는 자기 주장의 정당성을 우회적으로 진술하고 있다. 즉 Kerr에 의하면 다지역 대학은 근본적으로 보수적인 기관(conservative institution)이다. 그러나 대학운영에 있어서 급진주의적인 사회사상을 반영하고 있다. 급진주의적 사회사상의 실현은 대학행정의 효율적 운영으로 가능하게 된다. 따라서 대학운영의 효율성, 행정력의 강화는 대학교육에 있어서 중요한 것이다. 즉 Kerr에 따르면, 다지역 대학 역시 영재교육의 중요성을 인정하고 있다. 그러나 영재교육의 중요성은 교육기회 균등주의의 이념(egalitarian philosophy) 위에서 강조되는 것이어야 한다. 교육기회에 관한 균등주의의 이념(egalitarian ideology)은 대학의 확장을 불가피하게 한다. 대학의 확장은 제도적인 행정체제의 확립을 요구하게 된다. 왜냐하면 제한된 자원은 적절한 경영을 통해 최대한의 산출로 변화되어야 하기 때문이다. 제한된 자원사용을 효율적으로 처리하는 사람은 대학의 총장이다. 대학(교)의 총장은 형식화된 행정부의 최고책임자가 된다.

> "……기관이 커지면 행정은 보다 형식화된다. 또한, 독특한 기능을 발휘하게 된다. 따라서 일반 기구와 분리되게 된다. 기관이 복잡해지면, 행정의 기능은 각 기능의 통합을 위해 대학 안에서 중심적인 위치로 부상되게 된다.……"(Kerr, 1963, p.28)

결국 대학 행정기관의 최고행정책임자인 총장의 기능은 학자의 기

능을 넘어서게 된다. 대학 행정기관의 장으로서 총장의 역할은 다양
했다. 즉 총장은 영도자로서, 교육자로서, 창조자로서, 학문·행정의
기선의 제압자로서, 지배자로서 군림하기도 해야 한다. 또한, 대학의
총장은 관리자로서의 역할도 발휘해야 한다. 즉 보호자로서, 수습자로
서, 격려자로서, 설득자로서의 모습도 겸비하고 있어야 한다. 그러나
총장은 대부분의 경우, 의견 통합자, 중개자, 조정자(mediator)로서 존
재하게 된다. 결국 다지역 대학, 기업주의적 대학에 있어서 총각은 행
정의 최고책임을 담당하는 체면유지자(impression manager)로서 존재
하는 셈이다.

대학운영의 성패는 체면유지자들의 능력에 의해서만 좌우되는 것
이 아니다. 왜냐하면 체면유지자들의 체면은 조력자들에 의해서 유
지·운영되기 때문이다. 조력자들의 분류는 다양하다. 이들 가운데
학문이 라는 이름으로 총장의 체면유지를 지속시켜 주는 학자들이
있다. 이들은 교무의 직함을 갖고 있다. 그러나 이들의 임무는 보다
특수하다. Hoffman(1966,　 p.xviii)은 이들 체면유지자의 조력자들의
특징을 이렇게 기술하고 있다.

> "이제, 대학에는 가르치지 않는 교수들이 있다. 이들은 연구하지
> 도 않는다. 이들은 오로지 기업가, 정부, 재벌재단(foundation) 사이
> 를 왔다 갔다 하는 중개자(go-between)로서 존재한다. 바로 이들이
> 대학의 기업주의식 연구 활동을 관장·장악하는 집행자들이다. 이들
> 역시 대학운영에 있어서 강력한 권한을 행사한다. 다시 말해서, 기
> 업으로부터 일정한 연구기금을 끌어내어 대학원생을 먹여 살리거나,
> 해당 학과의 명성, 소속 대학 및 해당학과의 증원 등을 용이하게 하
> 는 이들 중개자교수들의 힘은 주요 학사행정·결정에 있어서 절대
> 적인 것이다."

한마디로 기업주의 대학관에 의하면, 영재, 산업역군, 전문인 육성은
제도적인 행정기관의 효율적 학사운영 아래 가능할 수밖에 없었던 것

이다. 왜냐하면 기업주의 대학관을 지지하고 있는 사람들은, 둔재들이 해당 대학에 입학한다 해도 이들 둔재들은 책임(accountability)있는 행정가들의 대학운영을 통해 사회의 목적에 부합되는 제품들로 만들어질 수 있다는 확신을 갖고 있기 때문이다.

Kerr가 주창한 다지역 대학의 이념은 이미 1890년대 Weber에 의해서도 감지되었다. Weber(in Shil, 1963)는 미국 대학의 속성과 독일 대학의 속성의 차이를 비교한 적이 있었다. Weber에 의하면, 독일의 영향을 받은 미국의 대학들은 이미 1890년대 대학 특유의 조직적인 관료주의적 행정체제를 형성했었다. 관료주의적 행정체제를 근간으로, 미국의 대학들은 상호경쟁 상태에 돌입하게 되었다. 1900년대 초기 미국 대학의 특성은 인재양성에 있지 않았다. 즉 독일 대학에서 강조되었던 관료배출을 위한 대학교육의 특성이 미국대학에서는 나타나지 않았었다. 단지, 졸업생을 배출할 뿐이었다. 따라서 Kerr의 다지역 대학 이념은 미국식의 기업주의정신에 입각한 대학 이해방식을 대변하는 셈이었다.

기업식 대학의 이상은 미국에서 보이지 않는 거인(invisible giant)의 대학으로 출현하기 시작했다(참고: Ridgeway, 1968). 기업식 대학의 운영은 The State University of New York(SUNY)이나 The University of California(U. C.)를 탄생하게 했다. 예를 들어 미국의 New York 주립대학(SUNY)은 1981년 현재 64개 캠퍼스로 형성되어 있었다. 대학의 인구는 375,000명이었다. 이 가운데 교수진은 약 6%(12,000명)에 불과했다. 1975년도에는 입학생이 380,000명이나 되기도 했었다(Fiske, 1981). U. C.의 체제도 예외는 아니었다. Kerr와 그의 동료들은 기업식 대학의 실현을 위해 몇 차례의 California대학교 통합안(Master Plan for Higher Education in California)을 주정부 당국, 대학관계자들과 상의했었다. 대학발전·확장을 위한 계획안은 수차례의 수정·조정·통합의 과정을 거쳤다. 그 결과, U. C.의 기업식 대학 운영방안이 확정되었다.

U. C.는 세 가지 형태의 고등교육기관이 하나의 교육행정 체제 속으로 흡수된 대학체제였다. 즉 California의 공립대학교(소위 일류대학교), 공립대학(소위 이류대학), 초급대학(소위 삼류대학)이 하나의 대학교육 행정체제로 흡수되는 공립 고등교육기관의 통합대학 체제(a single unified system of public higher education)가 U. C.의 체제였었다.

U. C.체제 즉 연쇄상점식 대학운영 체제는 행정적 운영에 네 가지 강점을 제공할 것으로 판단되었다. 첫째, 조직구조상의 장애물들(organizational barriers)을 제거할 것으로 판단되었다. 즉 대학교, 대학, 초급대학(community colleges) 사이에 관건으로 등장했었던 자원배분 문제를 효율적으로 처리할 것으로 기대되었다. 둘째, 각 대학의 특성이 최대한 보장될 것으로 예측되었었다. 즉 교육의 복수주의(educational pluralism)의 원칙 아래, 각 대학의 특성이 독특한 방식으로 계발될 것으로 기대되었다. 셋째, 대학발전을 위한 계획(planning), 재정지원(financing), 평가(evaluation)의 합리화가 장기적인 안목에서 추진될 것으로 기대되었다. 넷째, 각 대학의 교육의 책무성이 각급 대학체제별로 앙양될 것으로 판단되었다. 한마디로 U. C.의 기업식 대학의 운영 및 이상은 "……아직까지도 고등교육을 사회의 각성(enlightenment)과 자유의 원동력이라고 간주하는 국민과 교수, 학생들에게 보다 책임 있는……" (Unruh, 1971, p.96) 교육을 제공할 수 있을 것으로 판단되었던 것이다. 이런 판단은 당위로서 받아들여지고 있었다. 즉 기업주의 대학 이해방식에 의하면, "대학은 국가의 목적을 충족시켜 주기 위한 수단(instrument)이 되어야 한다"(참고: Kerr, 1963, p.87). 왜냐하면 일반적으로 사회적 욕구는 대학에 의한 기술자, 교육받은 노동인력 육성 등으로 표현되기 때문이다. 다지역 기업주의식 대학은 기술자를 효율적인 행정체제 속에서 생산할 수 있을 것으로 기대되었었다.

그러나 기술자·교육받은 노동인력 육성은 대학을 기업으로 판단하는 행정가들에 의해 보다 강조되어왔다는 점을 간과할 수는 없었다(참고: Smith, 1974). 왜냐하면 기업주의적 대학이해론자들은 국가의 목적을 대학의 기업적 이해관계로 도치시켜 대학의 이익을 추구하려고 했기 때문이다(참고: 조경환, 1982). 최악의 경우, 학과를 잡화상식으로 나열하기도 한다. 또는, 영리위주의 부동산투기식으로 대학을 설립(참고: 김상협, 1973)하기도 한다, 예를 들어 한때 한국의 "……백 ○○씨는 지난 '65년 선인학원을 설립, 그동안 2개 대학·11개 중고교·1개 국교·1개 유치원 등 15개교로 확장하면서 '79년 이후 지금까지 모두 5,700명을 정원외 입학 또는 편입시켰고, 그 대가로 받은 61억원을 사용(私用)으로 소비"(조경환, 1982, p.105)한 적도 있었다. 미국의 경우, Florida주에 있는 University of Eastern Florida, Florida State of Christian College, Ohio 주의 Ohio Christian College 등은 500 달러 미만으로 신학·교육·철학박사 학위를 파는 경우도 있는 실정이다(참고: Porter, 1972). 따라서 국가의 목적은 기업주의식 대학 당국자들을 위한 유효적절한 대의명분으로 전환될 수도 있는 셈이었다. 따라서 한국의 전체 고등교육기관 중 67% 정도를 차지하는 사립 고등교육기관이 사기업화 되었다는 비판 역시 어느 정도 타당하게 된 것이다(참고: 김란수, 김만규와 한종천, 1973, p.6).

결국 Lockmiller(1969)는 다지역 대학이 사이비 대학(pseudo-university)에 불과하다고 주장하기까지 했다. 기업주의에 입각한 대학의 무절제한중과·증원요청 등은 대학의 이해관계를 우선적으로 반영하는 행위이었던 셈이었다. 또한, 특정 사회·정치·경제계 세력들의 요구에 부응하는 연구·학문의 자세와, 무절제한 연구비 수혜현상 역시 대학의 이해관계가 상업적 기술도용의 한 단면을 보여 주었던 셈이었다(참고: Hoffman, 1966). 왜냐하면 어떤 전공·연구 영역은 실제의 사회적 실생활의 유용성과 무관했었기 때문이다. 따라서 연구원·조교·대학생들은 실제로 직업시장에는 존재하지도, 필요하지도 않은 상식, 기술, 연구태도 등을 배우게 되도록 강요받을 수도 있었던 셈이었다(참고: Bird, 1975).

그러나 기업주의식 대학운영론자들에 의하면, 대학에 의대 일정하게 교육받은 기술자는 어느 정도 사회성 기술을 소유한 자일 수밖에 없었다. 즉 이들은 노동시장 구조·체제에 적응할 수 있는 자들로 판단되었다. 따라서 대학교육은 직업세계에서 강조하는 직업윤리, 생산양식을 강조해야 된다는 것이었다(참고: Bowles & Gintis, 1976). 직업윤리, 사회성함양 등은 대학수준별로 서로 다른 형식에 의해 표출되게 된다. 예를 들어 전문대학생들에게는 중간관리 층으로서 필요한 사회성 기술이 현실적으로 강조된다(참고: Karabel, 1972). 반면, 일반 대학에서는 고등관리자로서 필요한 사회성 기술, 애사 심앙양 등이 잠재적 교육과정 속에 침투하게 된다. 결국 기업주의형 대학관에 의하면, 대학교육의 결과는 학생들에 의한 사회성 기술 습득 여부로써 판단되게 되는 셈이다.

사회성 기술 함양강조는 대학을 기업주의식으로 운영하기 바라는 이사진 (trustees)의 기업가 정신을 반영하는 것이다. Smith(1974)에 의하면, 대학의 이사들은 지역사회의 입장을 대변하는 인사들이다. 즉 대학의 발전을 도모하기 위해 해당지역사회의 요구와 견해 등을 대변하는 인사들이다. 따라서 이사들은 지역사회와 대학의 의사를 동시에 대변하게 된다. 한마디로 이들은 대학과 지역사회 사이의 가교역할을 담당한다(참고: Perkins, 1973). 그러나 이사들이 지역사회의 요구를 대변한다는 주장은 실제적으로 과장되어있다. 왜냐하면 대학이사들은 평범한 사람들이 아니기 때문이다. 결국 대학 이사들의 이해관계를 보다 잘 대변하는 것들이 숨어 있는 셈이다. 그것은 기업가의 기업주의, 혹은 특수 지위집단의 사회·문화·정치적 이해관계로서 지적될 수 있다. 왜냐하면 대학이사들은 사회·경제적으로 상위집단 출신들이기 때문이다.

Smith에 의하면, 1960년대 California 대학교 소속(U. C. system) 분교를 관장하는 이사 24명(5명의 당연직 이사 포함)은 명사출신들이었다. 예를 들어 첫째, 이들 24명의 이사들 중 대부분은 부호였었다. 1960년도 현재 연간 5만 달러로부터 7만 5천 달러의 수입을 갖고 있었다. 둘째, 20명의 이사들은 California주에 산재한 60개 주요 대기업의 총수들이었다. 셋째, 이들은 자기기업 이외 여타 기업의 주요 직책을 겸직하고 있었다. 즉 감사, 이사, 혹은 자문위원 등으로 상호의 경제적 이익을 보장하고 있었다. 넷째, 이들은 소위 구제사업 혹은 문화사업에 어떤 형식으로든지 관여하고 있었다. 다섯째, 정치적으로는 코수적이었다. 여섯째, 이들의 연령은 평균 60세였었다. 일곱째, 이들은 소위 일류 명사클럽에 가입, 회원으로 활동하고 있었다. 여덟째, 이들은 대체로 개신교(Protestant)에 적을 두고 있었다. 한마디로 이들 이사 24명은 California의 경제·정치·문화적인 부문에서 지배자들로 부상된 인물들이었다. 그러나 이들은 대학행정을 기업식으로 처리하고 있었다. 실제로, 대학발전을 위해 기선을 지압하는 일이 별로 없었다(참고: Zwingle & Mayville, 1974). 오히려, 이들은 대학총장이 대학이사 집단의 이미지를 닮아가도록 유도하고 있었다(참고: Veblen, 1918, p.59). 왜냐하면 이를 대학이사들은 실리적인 "대학운영의 주체"(참고: 이형행, 1975)로서의 권한을 행사하고 있었기 때문이었다. 즉 대학총장의 선임, 대학의 재산관리, 교육내용 감독, 대학의 명예유지 등을 실리적으로 처리하고 있었기 때문이었다.

요약하면, California대학교 이사들의 배경을 통해 나타난 속성은 한 가지였다. 즉 기업가적 명사들이었다. 이러한 속성은 대학이사들의 일반적인 사회경제적 속성으로 대변되고 있었다. 예를 들어 Neaving(1917), Leighton(1920), Lindman(1936), Counts(1927), McGrath(1936), Baltzell(1968), Beck(1947) 등의 경험적 연구들은 미국 대학이사들의 사회경제적 배경이 명사·기업가 출신이었음을 역사적으로 밝혀놓고 있었다.

한국 사립대학의 이사진도 명사 출신들로 구성되어 있는 것 같았다. 예를 들어 이형행(1980)의 연구에 의하면, 한국사립대학의 이사들은 지도급 인사들이었다. 이형행은 전국 55개의 4년제 사립대학 이사들 가운데 10개 사립대학이사 96명의 학력, 연령, 직업 등을 중심으로 대학이사들의 속성에 관해 연구한 바 있었다. 연구대상인 10개의 사립대학은 해방 이전·이후 설립여부, 지방·도시 소재여부, 종교·비종교 재단여부 등의 기준에 따라 각 5개 대학씩 비교되었었다. 이형행의 주요 연구결과는 세 가지로 요약될 수 있었다. 첫째, 한국 사립대학 이사들의 연령은 비교적 노년층이었다. 즉 54세 미만의 대학이사들은 이사 96명 중 20.7%에 불과했다. 79.3%가 55세 이상 79세의 연령층에 속한 노년층 인사들이었다. 심지어, 65세 이후 79세의 연령층은 전체 이사의 3분의 1에 해당되었다. 따라서 한국 사립대학 이사진은 노년층 중심으로 구성되었다고 판단할 수 있었다. 둘째, 한국 사립대학 이사진은 대학교육 이상의 학력 소유자들로 구성되었다. 즉 전문대학 이상의 학력을 소지한 이사들이 전체 이사 중 약 93%를 점유했다. 이들 중에는 일제시대의 전문학교 학력 소지자도 포함되어 있었다. 전문학교는 고등교육의 학력과 비견되는 것으로 판단될 수 있다. 왜냐하면 이사들의 연령구조를 고려했을 때, 전문학교 학력은 일제시대의 최고 학력이었음을 부인할 수 없기 때문이었다. 따라서 이들 전문학교 학력 역시 대학교육의 영역으로 해석할 수 있었던 것이다. 셋째, 한국 사립대학 이사들은 대체로 전문직종에 종사하고 있는 인사들로 판단되었다. 예를 들어 성직자는 전체 이사 가운데서 약 22%를 차지하고 있었다. 교육계 종사자(전·현직 총장 및 학원 이사장, 학장. 교수, 교장 포함)는 약 40%를 차지했다. 기업가(회사사장 및 기업의 이사)는 16%를 차지했다. 국회의원(6.3%), 언론인(3.1%), 법조인(3.1%), 의사(3.1%), 무직(3.1%), 금융인(2.0%), 농업(1.0%)에 종사하는 사람들도 대학의 이사로서 활동하고 있었다.

그러나 성직자나 교육계 종사자를 제외하면, 한국 사립대학 이사들

중에는 기업인이 가장 많은 셈이었다. 왜냐하면 첫째, 이형행의 연구가 종교재단의 지원을 받는 5개 대학을 임의로 선택했기 때문이다. 따라서 종교계 출신 이사수가 가장 많을 수밖에 없었다. 둘째, 교육계 인사 역시 많을 수밖에 없었기 때문이다. 왜냐하면 사립학교법 제21조에 의하면, 대학의 이사 중 3분의 1은 교육에 경험이 있는 자이어야 한다고 이사자격을 제한하고 있기 때문이었다. 또한, 교육계 출신 이사들 중에는 총장, 학장 같은 당연직 이사도 있을 수 있었다. 따라서 교육계, 종교계 출신 이 사수를 제외하면, 한국의 사립대학 이사들이 가장 많이 종사하고 있는 각종은 기업이라고 판단할 수 있는 셈이었다. 실제적으로, 국회의원, 법조인, 언론인, 금융인들이 대학의 이사로서 활동하고 있는 점도 대학의 기업주의 정신을 반영하고 있음을 시사하고 있다고 판단되기까지 한다(참고: Smith, 1974).

한마디로 이형행의 연구에 의하면, 한국사립대학 이사진 역시 사회적으로 일정한 정치적·경제적·문화적 영향력을 행사하는 집단이라고 해석할 수도 있었다. 그러나 한국 사립대학의 이사들이 한국의 사립대학을 기업주의식으로 운영하는지, 어떤지에 관한 문제는 계속 연구되어야 할 과제로 남아 있었다.

그럼에도 불구하고, 한국 사립대학이사들이 기업적인 관리 운영 방식으로 한국 대학을 운영할 수도 있는 가능성을 배제할 수는 없었다. 왜냐하면 한국 대학의 질적 저하현상은 대학운영자들에 의해 촉진되었다는 주장들이 한국고등교육사에 빈번히 지적되고 있기 때문이다(참고: 김종길, 1979). 예를 들어 김종철에 의하면, 대학운영자들은 대학의 본질을 자기 나름대로 이해했던 것으로 판단된다. 이들 대학운영자들은 "질적 기준을 유지하는 노력을 게을리 했으며 ……이른바 기업화 현상이 횡행함으로써 질적 기준 유지에는 아랑곳없이 대학을 경영했다"(김종철, 1979, p.436)고 판단된다. 대학의 기업화 현상은 축재현상으로 나타난다. 예를 들어 해방 후 설립된 사립대학 재단은 일반적으로 상당한 수익재산을 확보하고 있는 것으로 지적되고 있다. 홍웅선과 이형행의 연구(출판일 불명)에 의하면, 해방 이후에 설립된 사립대학들의 수익재산(평가액)은 대학설치기준령이 정하는 기준액을 상회하고 있었다. 그러나 해방 전에 설립된 대학들은 기준령에 정하는 수익재산 기준액의 **58.5%**에 머무르고 있었다. 결국 한국의 사립대학, 특히 해방 후에 설립된 사립대학의 운영자들은 축·이재에도 능한 집단임을 시사 받을 수 있었던 셈이었다.

결국 기업주의형 대학관은 대학의 성격을 제조공장, 생산기업체에 비유하는 대학 이해방식인 셈이다. 기업주의형 대학관은 대학의 공장적 성격을 두 가지 입장으로 수용하고 있게 된다. 즉 첫째, 대학은 학생을 하나의 제품처럼 다루는 곳으로 비유된다. 일정한 대학생활 후, 졸업하게 되는 학생은 대학에 들어올 때의 속성을 그대로 간직한 학생들이 아니다. 왜냐하면 대학에 들어올 때의 학생들은 원료에 불과했었기 때문이다. 원료는 대학 생활이라는 과정을 거쳐 완성된 제품으로 변신하게 된다. 변신되었음을 극화시키는 것이 대학졸업장이다. 결국 대학은 원료를 일정한 제품으로 만드는 제조공장과 비슷한 기능을 발휘하는 곳에 불과한 셈이었다. 둘째, 대학은 학생들을 다양한 방식으로 교육시킨다. 예를 들어 복잡한 행정적 규제, 교과과정 구성, 각종 훈련 등을 필수적으로 이수해야 할 중요한 것으로 학생들에게 부과한다. 한마디로 세분된 규칙, 교과, 회계제도, 각종 훈련 등은 훌륭한 대학생을 만들어내기 위하여 필수적인 것으로 판단 된다. 제조공장 역시 마찬가지이다. 즉 적격의 제품을 제조하기 위해 제조공장도 다양한 기술을 도입한다. 예를 들어 과학적 관리기법, 공정기술 등을 제조현장에 도입한다.

결국 기업주의적 대학관에 의하면, 훌륭한 학생을 제조하기 위해 과학적인 관리기법 등을 학교현장에 도입할 수밖에 없는 셈이었다 (참고: **Callahan, 1962**). 따라서 기업주의형 대학관은 대학생을 일정한 형식으로 만들어내는 것이 대학의 진정한 사명이라고 주장하는 셈이다. 즉 사회의 요구, 소비자들의 욕구를 충족시키는 제품을 만드는 기업공장의 사명이 대학의 사명으로 비유되는 것이다. 결국 소속 대학의 명칭, 소속 대학의 학과, 행정력 등은 완제품의 성능을 표시하는 상표와 같은 것에 불과한 셈이었다.

규격에 맞는 완제품을 만들어내기 위해 기업주의형 대학관은 대학의 성격을 기업적으로 바꾸어 왔던 것이다. 즉 교수의 기능을 의도적으로 약화시켰다. 그러나 연구기능은 강화되었다. 즉 지식을 전수시키는 대학의 기능 대신 지식생산 (producing knowledge) 기능을 강화시켰다. 바로 무한정한 지식생산 현상은 기업주의형 대학관이 대학을 지식의 백화점 같은 곳(academic supermarkets)으로 만드는 데 결정적인 공헌을 했다고 판단되는 근거를 제공하는 것이다(참고: Altbach, Laufer, & McVey, 1971).

의료기관형 대학관(정치사회화의 수단): Astin(1978)은 대학을 병원으로 비유·묘사한 바 있다. 왜냐하면 병원이나 교육의 주요 기능은 수혜자의 조건을 양호한 상태로 바로잡아 주는 데 있었기 때문이다.

의료기관형 대학관에 의하면, 학생은 환자로 비유된다. 대학과 대학시설은 병원과 병원의 치료설비로 파악된다. 따라서 교육과 훈련 등은 의료적 처치(medical assistance or treatment)로 이해되게 된다.

> "물론, 의료기관형 모형이 한 가지 점에서 대학을 이해하는데 부적적한 것은 사실이다. 왜냐하면 학생들이 꼭 환자일 수는 없기 때문이다. 그러나 학생들이나 환자들이 어떤 형태든지 일련의 개인적인 봉사를 필요로 하고 있다는 것은 주지의 사실이다. 따라서 보다 중요한 것은, 대학이나 병원들이 각기의 수혜자들(clients)의 조건을 바람직한 방향으로(desirable changes) 유도하려 한다는 점을 의심할 수는 없다."(Astin, 1978, p.12)

Astin에 의하면, 대학은 학생들이 입학할 때 갖고 있던 일정한 불량조건을 다른 양호한 조건으로 바꾸어 주는 곳에 불과한 셈이다. 대학은 변화를 유도하기 위하여 예측(prognosis)과 처치(treatment)를 수행해야 한다. 즉 예측결과에 따라 필요한 처치를 강구해야 한다. 그러나 예측과 처치를 위해 두 가지 판단이 필요하다. 즉 처치가 필요 없는 경우와 특별한 처치가 필요한 경우 등 두 가지 경우를 늘 판단해야 한다.

따라서 정치사회화형(의료기관형) 대학관은 한 가지 숨은 가정을 갖고 있는 셈이다. 즉 대학은 무엇인가가결여된 사람들의 집합체일 수 있다는 가정이 숨어 있게 된다. 왜냐하면 병원은 건강을 필요로 하는 사람들의 우선적인 위안처이기 때문이다. 따라서 대학은 조직의 유형(organizational type)에서 봉사기관(service organization)에 속하게 된다(참고: Blau & Scott, 1962). 봉사기관의 주요 특성은 이용자 최우선적 대우정신으로 집약된다. 따라서 대학은 대학생의 복지에 최우선적 역점을 두어야 하는 조직인 셈이다. 다시 말해서, 봉사기관으로서의 대학은 대학행정가인 고용인보다는 피고용인으로서의 대학생의 복지에 최우선적인 고려를 베풀어야 한다.

그러나 봉사기관으로서의 대학은 수혜자들에게 부적절한 대우를 제공할 수도 있다. 왜냐하면 수혜자인 학생들이 어떤 수단·조직이 자신들의 이익을 극대화시킬 수 있는 것인지 알 수 없기 때문이다. 따라서 봉사기관으로서의 대학조직과 생활성, 학생들은 행정가나 교직자들의 양식에 의존할 수밖에 없다. 행정가나 교직자들의 양식은 일방적인 처치와 규제로서 표현되기도 한다. 그러나 그러한 규제·처치는 수혜자인 학생들을 위한다는 대의명분 속에서 강행되게 된다. 한마디로 봉사기관의 부정적 기능은 경우에 따라 이용자의 역할을 보다 규정적으로 한정시켜 놓을 수도 있는 셈이었다.

이용자의 역할을 규정, 제한적으로 구속하면 구속할수록 봉사기관의 성격은 조직 목표 유지를 강조하는 체제 유지기관(maintenance organization)으로 변모하게 된다. 체제유지기관은 기관이용자의 사회화 유무를 강조하게 된다(참고: Katz & Kahn, 1966). 즉 사회질서나 조직 안팎의 질서유지를 위해 기관이용자들이 갖게 될 일정한 규범, 가치, 혹은 행동적 지표의 내면화 정도가 문제시된다. 예를 들어 정신병동 및 연관기관에서 일하는 의사들은 환자의 정신적 질환을 치유하려고 노력한다. 치유의 효과를 높이기 위해 환자들에게 환자로서의 역할을 강조한다. 환자로서의 역할은 규율 지키기, 투약시간 지키기, 병동 생활 규범준수 등으로, 다양하게 전시·지시되게 된다. 심지어, 어떤 환자나 의사들에게는 규율 지키기가 치유보다 더 중요한 일이라고 느끼게까지 만든다(참고: Goffman, 1961).

따라서 대학은 봉사기관인 동시에 사회화 기관이라는 이중적 조직특성을 갖고 있는 셈이다. 그러나 비교교육학적인 관점에서, 선발시험이 사회적으로 규정되어 있는 사회는 대학사회의 성격을 일반적으로 사회화 기관으로 부각시킨다. 예를 들어 한국사회의 대학은 엄격한 학생선발 제도를 갖고 있다. 즉 학생 스스로 대학입학 여부를 자유롭게 결정하지 못한다. 대학입학 결정은 일정한 준거에 의해 대학당국이 일방적으로 결정한다. 다시 말해서, 한국의 조직사회는 국가 및 대학당국에 의한 학생선발권을 인정한다. 학생에게는 피선발권만을 허용한다. 따라서 한국 대학은 봉사기관의 조직특성보다 사회화 기능을 강조하는 조직특성을 갖고 있게 된다.

대학당국의 선발권과 참여자의 피선발권만을 허용하는 봉사기관은 실제에 있어서 조직유형상 가상적인 봉사기간에 불과하다(참고: Carlson, 1964). 왜냐하면 조직에만 선택권이 있고 이용자에게는 피선택권만이 허용되는 봉사기관은, 봉사기관의 성격상 실제적으로 존재할 수 없기 때문이다. 결국 이런 봉사기관이 실질적으로 존재한다면, 이런 봉사기관의 주요 기능은 이용자의 복지보다는 사회화 기능을 보다 뚜렷하게 부각시킬 것이다. 예를 들어 개병제도가 합법화되어 있는 국가의 군제도(military)는 사회화 기능을 강조한다. 실제로 군제도는 개인을 위한 교육적 봉사기관이 아니다. 따라서 한국의 대학사회는 봉사기관의 기능보다는 사회화 기능을 보다 강조하는 조직사회라고 판단할 수 있다.

　　Parsons와 Platt(1973)는 사회학적으로 대학을 단순한 사회화의 기관으로 판단하고 있다. Parsons와 Platt에 의하면, 대학교육은 학생신분(studentry)을 사회화시키는 과정이다. 학생 신분집단은 청소년 (adolescence)시기와 성인(full maturity)시기에 있어서 동시적으로 분화하는 지위집단을 의미한다.

　　Parsons와 Platt는 대학이 고등한 사회화 기관임을 진술하기 위해 네 가지 문제를 제기했다. 즉 첫째, 대학생의 어떤 특성 혹은 인성이 사회화되는가? 둘째, 무슨 목적을 위해 사회화되는가? 셋째, 사회화는 대학사회라는 분위기 속에서 어떻게 이루어지는가? 넷째, 사회화는 대학사회 밖의 사회제도들과 어떻게 연결되는가? 라는 문제를 제기했었다. Parsons와 Platt은 네 가지 질문에 대한 기존적인 일반적 응답에 대해 만족할 수 없었다. 왜냐하면 기존적인 응답은 대학교육의 사회화를 상식적으로 처리하고 있었기 때문이었다. 예를 들어 대학교육의 결과에 대한 기존 교육학자들의 응답은 세 가지로 집약될 수 있었다. 즉 첫째, 대학교육은 학생들에게 명예를 부여한다. 즉 대학교육을 받으면 일종의 명예를 갖는 것으로 비유된다. 둘째, 대학교육을 받으면 취업 후 높은 급료를 받을 수 있다. 셋째, 대학교육은 산업사회가 요구하는 기술획득을 가능하게 만든다고 판단된다. 한마디로 기존학자들의 대학교육관은 사회 봉사적 생산성(productivity) 제고를 반영한다고 판단될 수 있었다.

　　그러나 Parsons와 Platt는 기존 학자들의 견해를 세 가지 관점에서 비판한다. 첫째, 대학교육에는 권위나 명예와 같은 것이 없다. 즉 결코, 대학교육 그 자체에서 명예나 권위가 출현되는 것은 아니다. 만약, 많은 사람들에 의해 대학교육이 명예를 주는 것이라고 판단된다면, 그렇게 생각하는 근저에는 그 무엇인가가 합리적으로 내재되어 있어야만 한다. 왜냐하면 대학을 나온다고 누구나 다 입지전적인 인물이 갖게 되는 명예를 누려지는 못하기 때문이다. 이런 판단은 1960년대의 한국사회에서도 어느 정도 타당한 것으로 판단될 수 있다. 왜냐하면 1960년대 한국사회에서 부상된 인사들은 입지전적인 인물들이었기 때문이었다(조덕승, 1968). 예를 들어 한국사회에는 "정부수립 후 역대 정권에서 장관을 지낸 2백 20여명의 인사 중, 이른바 일류대학을 나온 사람은 그 10분의 1도 못되는 20명 안팎이었고, 제7대 국회의원 1백 75명 중에서 대학 문턱에도 가보지 못한 사람이 3분의 1인 50명이라는 사실……우리 나라경제를 주름잡는 이름난 기업인 중에는 단 한 사람의 일류대학출신"(조덕승, 1968, p.123)도 없었다. 둘째, 만약, 대학생의 급작스런 증가가 기술증진 능력의 필요성에 기인했다고 하자. 그렇다면 왜 일반적으로 비실제적이며 비공학적인 사회과학이나 인문과학 분야에도 수많은 학생들이 몰리고 있는가? 왜 인문과학이나 사회과학 분야 전공학과는 비교적 추상적인 교과과정을 강조하고 있는가? Parsons와 Platt에 의하면, 기존학자들은 이에 대해 만족스런 해답을 주지 못하고 있다고 판단되었다. 셋째, 대학교육의 결과가 높은 급료를 받는 것과 관련되어 있다면, 무엇 때문에 높은 급료를 받게 되는가? 예를 들어 영문학전공 졸업생은 일반적으로 산업사회가 요구하는 산업기술을 배우지는 않는다. 또한, 물리학과 졸업생이라고 모두가 학계에 실제적으로 큰 공헌을 하는 것도 아니다. 결국 대학생의 증가, 대학의 팽창 등과 관련된 대학교육에 관한 기존의 설명은 불충분한 셈이었다. 결국 대학교육에 대한 만족스런 설명을 위해 대학과 사회적 환경과의 관계가 고려되어야만 했던 셈이었다. 왜냐하면 대학은 사회의 축소판(microcosm)이 아니었기 때문이다. 즉 대학과 사회세력을 이어주는 연결점에 대한 설명이 필요했기 때문이다.

Parsons와 Platt는 대학과 사회를 잇는 연결점을 사회화과정이라고 판단하고 있다. 대학의 사회화목표는 민주시민 양성이어야 했다. 대학교육에 의한 민주시민 역할이 학생들에게 사회화될 때, 귀속적인 배경을 강조하는 기존적인 사회관은 점차 약화되게 될 것이다. 또한, 종교, 지연, 계급, 혹은 인종적인 편애주의적 결속감(particularistic solidarities) 역시 신분이나 인간관계의 기반으로서 등장하지 못할 것이다. 결국 "고등교육의 확대는 바로 이러한 조건들의 약화에 공헌"(Parsons & Platt, 1973, P.188)해야만 하는 것이다.

대학교육이 강조하는 민주시민 역할의 사회화에 의해, 사회에는 복수문화주의(pluralism)가 풍미하게 된다. Parsons와 Platt는 대학이 사회정치화의 기관으로 존재할 때 사회구성원의 사상과 행동의 자유가 증대된다고 판단한다. 선택의 자유도 보장되게 된다고 판단한다. 결국 선택의 자유가 보장되는 길은, 민주시민의 사회화 기관으로서의 대학이 학생들에게 사회에서 통용되는 공통의 가치나 규범을 내면화시켜 주었을 때 가능하게 된다. 공통의 가치나 규범이 성공적으로 내면화 되었을 때 그 사회에는 제도화된 개인주의(institutionalized indi- vidualism)가 실현되게 된다. 다시 말해서, 제도와 개인의 중요성이 동가치적으로 양립되는 분위기가 그 사회를 지배하게 된다. 예를 들어 개인의 특수한 선택과 자유는 일정한 가치에 기초를 둔 것이어야 한다. 그러나 기본가치는 사회규범 속에서 구체화된 것이어야 한다. 즉 법률이나 개인의 인성 속에 내면화된 가치이어야 한다. 어느 누구도 자기만의 이익을 위해 침해할 수 없는 가치이어야 한다.

Parsons와 Platt에 의하면, 대학은 제도화된 개인주의 즉 민주시민양성을 위한 사회화 기관에 불과했다. 개인주의와 사회규범을 제도화시키기 위해 대학은 사회규범에 대한 지식(cognitive)과 사회규범을 내면화시키는 감성(affective)을 중핵적 내용으로 상아야만 한다. 사회정치적 사회화의 내용으로서 특정 사회·정치에 대한 인지적 지식과 정의적 감성은 상호연결 적이다. 즉 사회정치적 사회화과정에 있어서 인지적 지식과 정의적 감성은 동전의 앞뒷면과 같은 역할을 하게 된다. 즉,

"동전의 앞면과 같은 인지적 능력의 향상은 개인의 행동적 자유 (freedom of action)를 교양 시키게 된다. 반면, 동전의 뒷면과 같은 (정의적 감성은)인지적 능력을 사의활동, 참여, 결속, 책임과 같은 (사회성)기술에 연결시킨다. 제도화된 동시에 내면화된 가치는 어떤 사회체제에서든지 사회체제의 균형유지를 위해 필수적이다. 따라서 대학사

의에 있어서 사회화의 관건은 참여(commitment)와 자유(freedom)를
일반 수준까지 끌어올리기 위해 가치의 분화(differentiation)와 내면
화를 성공적으로 유도해 내는 일이다."(Parsons & Platt, 1973,
p.191)

한마디로 대학은 고등학교보다 차원이 높은 사회화를 학생들에게
준비시켜 주는 곳에 불과했다. 왜냐하면 고등학교에 비해 대학은 제도
적으로 행동의 자유와 사회적 참여를 보강하고 있기 때문이다. 예를
들어 다양한 과외활동이나, 대학교수의 전문화 등은 대학을 고등문화
(higher level of cultural exposure)의 사회화 기관으로 존속하게 한다.
결국 Parsons와 Platt의 대학관은 대학사회가 국가권력을 위한 봉사
기관으로서의 사회정치적 사회화 기관이어야 함을 강조하고 있다. 왜
냐하면 대학생은 완전한 민주시민 생활을 영위하는데 무엇인가가 미
분화되어 있다고 판단되기 때문이다. 혹은, 민주시민의 자질이 결여된
청소년과 성인 중간의 신분(studentry)을 점유하고 있는 집단들로 판
단되기 때문이다. 따라서 대학은 무엇인가를 처치 받아 민주 시민적인
성인으로 변신되기 위한 특수 지위를 갖고 있는 학생신분집단을 사회
정치적으로 교화시키는 곳이어야 한다. 따라서 교수의 신분은 의사와
같은 역할을 담당하는 지위를 점유하게 되는 셈이다. 즉 교수는 학생
집단이 대학 생활과 대학 졸업 후 민주시민적인 삶을 영위할 수 있게
하기 위해, 사회가 요구하는 사회정치적 규범에 내재된 지성적인 합리
성(cognitive rationality)과 감성적 참여 (affective commitment)를 내
면화시켜 주어야 하는 곳에 불과한 셈이었다.

지위집단형성형 대학관: 지위집단형성형 대학관에 의하면, 대학은
특수집단의 이해관계를 반영·유지시키는 곳이다. 대학교육을 통해
강조되는 다양한 기능·효과들은 특수집단의 이해관계를 대변하게
된다. 예를 들어 지식전수 기능, 사회화 기능, 기술훈련 기능, 교양
인육성 기능 등은 일정한 문화집단의 사회적 이해관계, 독점욕, 기회

획득을 보장하기 위한 것들에 불과하다고 판단된다.

결국 지위집단형성적인 대학 이해방식은 대학의 지식전수 기능을 부정하지 않는 셈이다. 다시 말해서, 대학이 일정한 지식을 가르치고 있다는 점을 부정하지 않는다. 그러나 대학의 지식전수 기능의 특수성을 과대평가하지도 않는다. 왜냐하면 대학생이 일정한 지식을 획득했다는 증거는 일반적으로 졸업장 획득여부로 판단되어 오고 있기 때문이다. 예를 들어 문학사라는 졸업증서는 한 학생이 일정한 인문과학분야에서 4년 동안 해당 교과목들을 이수했다는 것을 의미한다. 즉 무엇인가 인문·사회과학에 관련된 지식을 배웠을 것이다라는 가능성을 행정적으로 인정해 줄 뿐이다. 그러나 졸업장이 구체적으로 무엇을 얼마만큼 배우고 획득했는지 지적·증명하지는 못한다.

지위집단형성형 대학관은 대학의 사회정치적 사회화 기능 역시 부정하지 않는다. 또한, 과대평가 하지도 않는다. 왜냐하면 대학은 학생들에게 일정한 감성적 판단 양식을 깨우쳐 주고 있다고 판단되기 때문이다. 예를 들어 자연과학도는 자연과학을 4년간 배우는 동안, 자연과학에 관련된 교과적 지식만을 배우지는 않는다. 4년 동안 고풍, 학풍 등 일련의 비교과적 내용도 몸에 익히게 된다. 사회정치화에 관련된 지식을 비판할 수 있는 감성적 분위기도 몸에 익히게 된다. 수학적 지식을 배우는 강의시간에도 교풍과 학풍과 정치적 의미를 익히게 된다.

교풍, 학풍 등은 국가·사회의 규범·가치를 대변하는 것일 수도 있다. 그러나 일반적으로 교풍, 학풍 등은 보다 특수한 집단들의 규범이나 가치를 반영하게 된다. 대학은 학생을 대학인스런 사람이 되도록 만드는 곳이다. 즉 대학에 걸맞은 멋, 소양 등을 학생들에게 표현하도록 조력한다. 따라서 대학은 일반적인 사회정치적인 규범이나 가치를 학생들에게 의도적으로 사회화 시키기에는 교육기관의 체질상 부적절한 셈이다. 왜냐하면 첫째, 대학교육기관보다 교육과정 구성이 단순한 하급 교육기관(예: 초등학교, 중·고등학교)이 보다 더 실제적으로 사회화의 기능을 발휘하고 있기 때문이다. 둘째, 대학에서 가르치는 교과나 지식, 공민적 내용은 일반적으로 추상적 상태에서 구상화되기 때문이다. 셋째, 대학인구 점유를 전체 인구수에 비례·분석했을 때, 대학생에 대한 사회정치적 사회화는 일반적인 양식과 속성만을 갖고 있을 수는 없기 때문이다. 즉 특수한 의미를 전달하는 내용으로 구성되기 때문이다.

결국 대학사회에서의 사회정치적 사회화는 보다 특수성을 가질 수밖에 없는 셈이다. 특수한 사회화의 내용은 학생선발·입학에서부터 나타나기 시작한다. 예를 들어 대학사회는 일정한 배경을 갖고 있는 사람들을 수용한다. 즉 어느 정도 일정한 수준에 도달한 학업적 배경, 경제적 배경, 문화적 배경을 소유한 사람들을 선발한다. 선발된 학생들은 뽑혀진 사람들이다. 뽑혀진 사람들은 일정한 "자질"을 일정한 수준으로 계발시킬 것으로 기대된다. 일정한 수준의 자질을 계발하는 동안, 학생들은 대학인으로 불리게 된다. 혹은 엘리트라고 불리기도 한다. 따라서 일정한 대학교육을 마쳤을 때, 대학인은 그때부터 교양인, 문화인, 지성인, 혹은 엘리트라고 불리우는 것이 더 적절하다고 판단되고 있다.

대학을 둘러싸고 있는 주위 분위기, 환경 역시 일반 초등·중등 교육기관을 둘러싸고 있는 주변과 질적인 차이를 갖고 있다. 예를 들어 이영치(1972)는 한국대학가 주변의 풍토를 조사·연구한 바 있다. 이영치는 대학가의 주변 풍토는 대학의 문화적 풍토를 대변한다는 전제 아래 연구를 진행했었다. 조사대상 지역은 서울 소재 14개 대학가였었다. 조사결과에 의하면, 각 대학가는 최소한 두 가지 공통점을 갖고 있었다. 첫째, 대학가는 연중무휴의 상점가였다. 둘째, 서점들의 불모지대였었다. 예를 들어 각 대학가에는 다방, 양장(복)점, 다과점, 음식점, 당구장, 술집, 양품점, 미용실, 양화점 등이 산재해 있었다. 예를 들어 확인·조사된 상점(N=1,198) 중 17.9%가 양장점 및 양복점들이었다. 술집 역시 12.7%에 달했다. 그러나 서점은 겨우

2.5%에 불과했었다. 결국 이영치의 판단에 의하면, 한국의 대학가는 먹고, 마시고, 노는 장소로 적합한 셈이었다.

특수한 소양의 사회화와 내면화 정도는 대학졸업 후에 보다 구체화된다. 예를 들어 졸업생이 갖고 있는 기술, 지식의 획득 정도만이 입사시험의 선발기준이 되는 것은 아니다(Collins, 1971, 1977). Collins에 의하면, 신입사원 선발에 있어서 보다 강조되었던 응시자의 자격은 응시자의 문화적 소양 및 교양 등이었다. 물론, 응시자의 지식소유정도가 선발기준에서 삭제되었던 것은 아니었다. 그럼에도 불구하고, 회사 및 기업주가 강조하는 문화적 자질, 교양 등을 소유한 졸업생들이 보다 바람직한 입사선발대상자로 인정되었다. 입사를 위한 응시자의 문화적 소양, 자질 획득 정도를 판가름하는 데 가장 특징적으로 동원되었던 기준은 응시자들의 출신대학외 지명도와 졸업장이었다. 즉 출신대학의 사회적 평가가 입사 응시자의 자질을 결정하는 중요 요건이 되었다.

따라서 지위집단 형성형 대학관에서 중요하게 지적하고 있는 대학교육의 내용은 자질 함양임을 시사 받을 수 있었다. 고등교육이 보다 자질 함양을 강조한다는 점은 비교 교육학적으로도 확인된다. 예를 들어 17세기중국의 고등교육 역시 자질교육을 강조했었다(참고: Weber, 1968). 고대 중국에서 학교교육을 제대로 받았느냐를 점검하는 방법은 교양인으로서의 자질을 갖고 있느냐를 평가하는 방법과 동일했다. 즉 고전을 얼마만큼 외우고 있는가 하는 고전에 대한 지식소유 정도는, 관리가 되었을 때 얼마만큼 백성을 다스릴 수 있는 자질이 있느냐를 평가하는 것과 같았다. 서구의 천문인 양성교육 역시 자질 함양을 위한 것으로 판단되고 있다. 예를 들어 대학교육(전문인 양성교육)의 성패는 기술자격증 확보 유무로 판단된다. 즉 기술검정에 합격하면 자격증이나 면허증을 발급 받게 된다. 면허증이나 자격증을 갖는다는 것은 일정한 전문기술과 지식을 소유하고 있을 가능성이 높음을 의미할 수도 있다(참고: Ben-David, 1963-1964).

그러나 자격증이나 면허증이 시사하는 의미는 보다 함축적이었다. 왜냐하면 기술자격증이나 면허증을 갖게 된다는 것은 특정 사회집단의 구성원이 될 수 있음을 의미한다. 즉 특정 집단구성원이 갖고 있는 문학적 소양, 덧, 삶의 태도를 구비할 수 있음을 의미하고 있기 때문이다. 결국 특정 사회집단이 누리는 일정한 명예, 지위, 행동, 선택, 자부심, 능력, 과오 등을 향유할 수도 있음을 의미한다(참고: 이충우, 1980). 한국의 고등 교육변천사 역시 한국의 고등교육기관이 지위집단형성을 위한 수단이었음을 밝혀주고 있다(참고: 손인수, 1963). 손인수에 의하면, 한국 고등교육기관의 변천사는 유교, 일제의 식민지 이념, 기독교의 교육관의 혼합에서 파악될 수 있다. 즉 특정이념을 구비한 집단들의 철학적·정치적·사회적 이해관계의 와중이 한국 고등교육 성장의 한 단면이었던 것이었다. 예를 들어 삼국시대 이래 이씨조선 말기까지 한국의 고등교육기관은 유교를 신봉하는 집단들의 정치·사회·교육이념에서 형성되었다. 통일신라시대의 대학, 그려시대의 관학, 이조시대의 성균관 교육 역시 예외는 아니었다. 이들은 두 가지 전통을 대학교육에 계승하고 있었다. 첫째, 유교중심의 교육내용을 강조·계승했다. 둘째, 인재양성을 위한 대학교육을 강조했다. 과거를 통한 인재선발이 고등교육기관의 목적이었다. 고등교육기관은 과거시험에 합격할 수도 있는 자들이라는 신분을 보장하는 선발기관이었다. 따라서 이들은 학력, 인적 배경, 학문적 배경, 미래의 통치자적능력을 서로 유사하게 소유한 집단의 구성원들로 인정받았다.

일제의 식민지교육 역시 예의가 아니었다. 일제가 강조한 고등교육은 여과기능을 중요시했다. 인재를 추러내는 교육은 "일류 관립학교"가 일으을 담당했다. 민족주의나 기독교 정신이 우리의 고등교육정신에 남아있는 것도 사실이다. 즉 기독교정신에 입각한 민주주의, 민족주의 사상 등과 같은 사회정치적 사상을 한국의 고등교육기관에 소개했던 것도 사실이다. 그러나 민족주의·민주주의와 같은 사회정치적 기능이 일부 식민지체제의 여과교육 정책의 테두리 안에서 수식, 변질, 수용, 논의되었다는 데 신경을 쓸 필요가 있다(참고: 강위조, 1977). 즉 민족주의자는 민족주의자대로, 기독교인은 기독교인대로 자기들의 이념적 정당성과 확장을 위해 고등교육기관을 유효적절히 활용했을 것이라는 추론을 도출시킬 수도 있었다. 한마디로 손인수(1963, p.194)는 이렇게 간추릴 수밖에 없었다.

> "유가의 '과거를 위한 교육'은 다시 일본적인 '일류관립학교주의'로 옮겨졌다. 이런 학벌주의·만료주의 사상의 잔재적 요소는, 오늘날 우리 사회에 있어서 대학진학, 전공과목의 선택, 취직 부면 등에서" 나타날 수밖에 없었다.

결국 한국 역사에 있어서 고등교육의 역할은 지위집단형성이었음을 직접적으로 시사 받을 수 있었다. 왜냐하면 한국사에 있어서 일정 특수집단은 대학을 묵시적으로 자기들의 사회문화적 이해관계를 위해 활용했었던 것으로 판단되기 때문이다. 대학이 소수 이해관계 집단에 의해 육성, 보호, 운영되어 왔다는 사실은 서구에서도 예외가 아니다. 예를 들어 Mills(1956)는 권력엘리트가 자기들의 이해관계를 유지하기 위해 고등교육 제도를 유효 적절히 활용한다고 주창한 바 있다. 권력엘리트들은 각종 사회·문화제도 사이의 이해관계 통제자로서 대학교육을 조정했다. Mills에 의하면, 미국 내의 권력엘리트(1930~1950년대)는 문화적 소양의 유사성, 경제적 이해관계의 유사성, 정치적 이해관계의 특수성에 의해 응집되고 있었다. 예를 들어 권력엘리트들은 몇 가지 공통적 속성을 소유하고 있었다. 즉 미국 동부 태생, 영국계 백인 신고신봉자들(WASP)의 자손들이었다. 도시 출신들이었다. 사교계의 명사들이었다. 교육경력과 배경 역시 흡사했다.

교육배경, 경력의 유사성은 권력엘리트 사이의 유대를 맺어주는 접착제 역할을 수행했다. 즉 권력엘리트 사이의 친화력과 결속력 증진에 대학경험의 유사성이 큰 비중을 차지하는 요인이었었다. 따라서 Mills에 의하면, 권력엘리트에 있어서, 고등교육기간은 자기들의 문화·사회적 이해관계, 사회적 규범을 익혀주는 곳으로 파악되었다. 즉 고등교육기관은 권력엘리트 형성에 필요했던 기율·소양의 의미를 저렴하게 길들일 수 있는 특수 사회화 기관에 불과했던 것이었다(참고: 한준상, 1981).

지위집단 이론에 기초한 대학의 이해방식에 의하면, 한국 대학은 특수 사회봉사기관의 성격을 갖게 된다. 또한, 특수 사회화를 위한 기관의 성격도 갖게 된다. 그러나 사회봉사와 사회화의 목적이 다르다는 점을 주목해야한다. 즉 지위집단 형성론자들에 의하면, 특수 사회봉사기관으로서의 대학은 동류만의 특수 이해관계 유지를 위한 봉사성격을 갖고 있다. 한마디로 특수 신분집단의 응집력 배양을 위한 값싼 기제로서 대학교육이 활용되는 것이다.

특수사회화 기관으로서의 대학의 성격 역시 지위집단의 이해관계를 반영하고 있다. 즉 문화적 자산(cultural property)을 전수·유지하는 특수성을 갖고 있다. 예를 들어 지연, 학연, 특정 종교적 신조 등을 전수·유지시키는 사회화가 강조된다. 따라서 대학은 이해집단을 위한 교양인(the cultured man)을 육성하는 곳으로 판단되게 되는 것이다.

특수 이해집단을 사회계층 적으로 설명하려고 할 때, 대학은 중산층을 빈민층과 분리시키기 위한 예행의식(initiation rite)처에 불과할 수 있다. 한마디로 대학은 중산층육성을 위한 감시소, 격리소, 혹은 감시견(watchdog) 역할을 제도적으로 감당하는 곳에 불과할 수도 있는 셈이다(참고: Riesman & Jencks, 1962, p.78). 예를 들어 사회계층에 관계없이, 대학졸업생과 고등학교 졸업생간의 문화적 차이가 대학교육의 결과라고 가정해 보자. 그렇다면 전통적으로 중산층의 가치나 기호를 갖게 되는 인구수가 대학에 다니는 학생·졸업생 수만큼 증가할 것이다 라고까지 예측할 수도 있다. 왜냐하면 대학은 중산층의 문화·사회·정치적 이해관계를 반영, 사회화시키는 곳으로 판단되기 때문이다. 그러나 이러한 주장은 아직 확고한 타당성을 인정받을 만한 실증적 자료를 결여한 것도 사실이다. 왜냐하면 대학교육 받은 자와 고등학교 교육받은 자와의 문화적 차이는 사회적 배경, 능력, 혹은 대학 다니는 자들의 기질에 의해서도 일정한 영향을 받을 수도 있기 때문이다. 그럼에도 불구하고, 한 가지 사실은 간과될 수 없다. 즉 대학교육은 사회문화적으로 유한계급(leisure class)의 과시적 소비(conspicuous consumption)성향을 충족시켜주는 교육기관이었다는 사실을 간과할 수 없는 것이다(참고: Veblen, 1931). Veblen에 의하면, 일정한 생계수준 이상의 경제생활을 영위하는 자들은 사회가 그들에게 베풀어 준 이득(surplus)들을 원천적으로 유용한 목적을 위해 사용하지 않는다는 속성을 갖고 있다. 단지, 그들은 남들에게 자기들이 갖고 있는 필요 이상의 축재형태를 인상적으로 받아들이도록 과시한다. 유한계급들의 과시는 고등교육이라는 기관을 통해 구체화된다. 왜냐하면 고등학문의 발전 그 자체가 과시적 소비의 성격을 갖고 있기 때문이다. 역사적으로, 학문(academic life)은 승려와 같은 유한계급집단의 활동에서 남겨진 부산물이었다(Veblen, 1931). 시대가 흐름에 따라 고등학문은 유한계급의 부업으로 변모하기 시작했던 것이다. 이러한 유한계급의 소비적·부업적 활동이 고등학문, 대학교육의 원천을 형성하는 것이었다. Veblen(1931)에 의하면;

> "……고등학문(교육)은, 초기 발전단계에 있어서, 유한계급의 직업이었다. 정확히 말한다면, 대행적 유한계급이 상전격인 초자연적인 유한계급에게 봉사하는 입장에 서 있었던 직업에 불과한 것이다."(p.367)

유한계급의 직업 혹은 부업으로서 부상된 고등교육은 유한계급의 특성을 돋보이기 위한 신분적 상징이었다. 따라서 고등교육은 생산성과는 무관한 셈이었다. 예를 들어 아직까지도 대학에서 존중되는 것들이 있다. 경제적 유용성보다는 문화적 유용성 때문에 계승되는 것들이

있다. 즉 고전강조, 졸업식, 입학식, 학사모, 학위증서, 교모 등과 관련
된 상징적 의식 등이 아직까지 대학의 상징으로 활용된다. 이러한 신
분상징들이 일반 사회기관에서 표출되는 경우는 거의 흔하지 않다. 이
런 상징들은 대학 특유의 멋, 분위기, 속성을 대변한다. 한마디로 대학
의 상징은 소수지위집단의 문화적 자산(cultural property)을 돋보이게
만들고 있는 것이다.

Veblen은 고등교육기관의 문화적 자산 전수현상을 이렇게 지적했다.

"대학에서 학사모와 가운 등을 학문의 표징으로 삼은 것은 그리
오래된 일이 아니었다. 사실, 옛날에는 대학의 상징들이 없었다. 유
한계급층의 수가 자기들의 유한 계급적 느낌을 표현할 수 있을 만
큼 늘어나기 전에는, 그러한 대학의 상징들이 존재하지도 않았다.
유한계급층이, 교육의 본질적인 목적을 강조하는 옛날 옛적의 견해
에 대해 일정한 반동적인 입장을 표찰 정도로 커지게 되자 대학의
상징들은 구체화되기 시작했던 것이다. 식자들을 위한 특별한 상징
들은 유한계급들의 감정 즉 무엇인가 구색이 맞는다는 감정을 유발
하는 것뿐만이 아니다. 구색이 맞는다는 감정은 학사모와 가운 등과
같은 표상들이 희귀하다는 옛것의 상징을 예언한다. 또한, 장엄한
영향마저 있을 수 있다는 풍취도 풍긴다. 옛것에 대한 상징, 장엄한
풍취에 학사모, 가운이 걸맞아 들어가자 학사모, 가운 등은 더욱이
유한계급 감정과 부합되었던 것이다. 또한, 그런 상징들은 과시적
소비를 뚜렷하게 표출시키는 유한계급들의 생활설계에도 잘 부합되
기 시작했던 것이었다."(p.372)

결국 Veblen의 유한계급론(theory of leisure class)에 의하면, 대학교
육은 지위집단의 신분적 지위를 상징·보강하는 소비수단에 불과한 것
이다. 따라서 대학교육에서 강조되는 것은 생산성이나 일반적 산업기
술일리가 없는 셈이었다. 생산성이라는 말이 회자되더라도, 생산성 기
술이라는 개념 속에는 특별한 가치나 의미가 내재되어 있게 왔다. 즉
문화, 교양, 자질 (characters), 멋 (tastes), 이상(ideals) 등을 중요하게

여기는 유한집단의문화가 강조되게 되는 것이다(참고: Veblen, 1931, pp.390-391). 결국 대학 교육을 통해 얻을 수 있는 멋, 소양, 자질은 대학 졸업생에게 문화적 자산(cultural capital) 으로서 전환되는 셈이다(참고: Bourdieu, 1976).

대학교육을 통해 문화적 자산을 갖게 된다는 것은 졸업생이 궁극적으로 졸업장, 학위증을 소유하게 된다는 것을 직접·간접으로 표시한다. 문화적 자산으로서의 학위증, 졸업장은 직장 및 직업세계의 특정집단의 구성원으로 편입되는 길을 일정한 양식으로 통과하게 해 주는 여권과 같은 역할을 담당한다(참고: Bird, 1975; McGinn & Associates, 1980; Hapgood, 1973). Bird에 의하면, 지위집단의 구성원으로 편성되게 되는 자격증으로서의 졸업장은 두 가지 합의를 제공하고 있다. 첫째, 전문서적을 읽을 수 있다. 혹은 미술품을 감상할 수 있다. 고전음악의 분위기를 이해할 수 있고, 골동품을 음미할 수 있고, 외국어로 쓰인 메뉴와 씨름할 수 있는 능력이 구비되어 있음을 의미한다. 즉 신사·숙녀로서의 행동거지를 손상시키지 않을 기준을 갖추었다는 것을 의미한다. 둘째, 고등한 교육을 받지 않은 사람보다 자신의 의지를 잘 전달하거나 대화할 수 있는 능력의 구비를 의미한다. 따라서 대학 졸업자들은 입사선발시, 회사의 분위기에 흡수·조화할 수 있는 붙임성을 갖고 있는 사람들로 평가되기 마련이다. 즉 일정 집단 안에서 바람직한 대인관계를 이룰 수 있는 사람, 최대의 능률을 도모하는 사람, 그 집단의 이익을 보존할 수 있는 사람으로 평가되는 것이다.

한마디로 대학교육을 받았기 때문에 사교술 등의 사회성 기술이 몸에 배여 있다고 평가받는 것이다. 사회성이 있다는 것은 '무식'하지 않다는 것을 간접적으로 시사한다. 대학에서 가르치는 교양과목은 보이지 않는 문화적 자산을 얻을 수 있는 특혜를 제공하는 교과인 것이다. 결국 대학교육은 신사·숙녀로서 갖추어야할 품위를 닦아주는 끝마무리에 불과한 셈이다(Bird, 1975, p.118).

예를 들어 대학에서도 적성검사의 중요성이 강조된다(Jencks, 1970). 그러나 적성이나 학력은 이미 대학입학 이전에 결정되어 있게 마련이다. 따라서 대학졸업자들이 우월한, 바람직한 사회성 기술을 발휘하게 된다는 논리는 과장되어 있게 된다. 왜냐하면 그러한 성질들은 이미 대학생이 되기 전부터 지녀왔기 때문이다. 따라서 우리는 이제, 왜, 대학총장들이 자기 대학의 발전과 향상의 조건으로 똑똑한 고등학교 졸업생들을 신입생으로 뽑으려는지를 이해할 수 있게 된 셈이다(참고: Bird, 1975).

지위집단형성형 대학관은 대학사회에서의 행정·관리의 필요성을 인정한다. 또한, 대학의 조직풍토, 학문풍토가 행정집단에 의해 어느 정도 통제되고 있음을 인정한다. 따라서 지위집단형성형 대학 이해론자들에 의하면, 대학 안에서 교수, 학생, 일반행정 집단 사이의 갈등은 어느 정도 피할 수 없음을 수긍한다. 즉 대학사회 역시 교수와 학생집단, 교수집단과 행정가집단, 행정가집단과 학생집단 간에 일정한 갈등이 존재하는 조직사회임을 상징한다. 왜냐하면 대학의 조직풍토, 학문풍토 등이 각 요소들 간의 장기적 갈등·타협의 결과로서 인지되기 때문이다. 대학 안에서 각 이해집단들 사이의 갈등현상을 인정하는 지위집단형성형 대학관은, 대학조직 내에서의 갈등현상을 대학발전사의 안목에서 진술한다. 예를 들어 서구사회에 있어서 형식적 대학의 발전사는 대학 안의 이해집단사이의 갈등과 대립으로부터 시작되었다. Haskins(1923)에 의하면, 대학교(university) 라는 명칭은 대학생들의 이해관계를 촉진시키기 위한 학생조합이었다. 다시 말해서, 대학교는 '학문을 사랑하는 유랑자'라고 불리는 학생신분집단의 공동체로서 출발했던 것이다(참고: Grundmann, 1977, p.66). 예를 들어 초기 유럽 대학에 있어서 대학생집단은 대학가 주민들의 일방적 이해관계(예, 하숙료)를 견제하기 위해 일련의 집단(totality of a group)을 형성했었다. 주민들의 이해관계를 견제하기 위해 학생집단은 대학교라는 학생조합을 만들었다. 대학교라는 학생조합은 마침내 교수들을 전제하기 시작했다. 즉 대학가 주민들의 이해관계를 견제하는 것 못지않게 교수들의 이해관계를 견제하기 위한 수단으로 대학교라는 학생조합은 견제기능을 발휘하기 시작했다. 때에 따라, 학생조합으로서의 대학교는 집단적인 수업거부, 동맹휴학 등을 행사했다. 대학교라는 조합은 교수전제를 위해 일정한 규정도 만들어냈다. 예를 들어 1317년경에 나타난 것으로 추정되는 학내 규정에 의하면, 교수는 공식적인 휴가를 얻지 않고서는 결강할 수 없었다. 휴가 시에도 돌아올 것을 약속하는 뜻의 약정금을 학생조합에게 예치해야만 했다. 한 강좌에 5명 이하의 수강생만이 등록할 때는 불성실한 강의라는 평가까지 받았다. 불성실한 강좌라고 평가받았을 때 교수는 일정액의 벌과금을 물어야만 했다. 교수는 수업시간을 충실히 지켜야만했다. 심지어, 교수의 노트내용에도 일종의 규제가 가해졌었다. 1년 동안 서론이나 이 책 저 책 등 두서없이 소개하는 식의 강의 역시 허락되지 않았다. 한마디로 대학교수는 대학교라는 학생조합에 의해 견제·소외당했었다.

그러나 교수 역시 교수들의 권익을 위한 일종의 조합을 제창·형성했다. 교수의 조합은 대학(college)이라고 명명되게 되었다. 교수조합으로서의 대학은 학생조합(즉 대학교)의 이해관계를 상대적으로 견제하기 위해 형성되었던 것이다. 예를 들어 교수조합은 학생들에게 입학시험을 치르도록 제안, 규정했다. 따라서 어느 학생이나 교수조합의 승낙 없이는 입학될 수가 없게 되기 시작했다. 결국 교수조합으로서의 대학기능과 영향력은 대학교라는 학생조합의 무절제한 이해관계를 상쇄시키기에 충분했었다. 따라서 점차, 대학교 회원인 학생신분집단들은 대학 회원인 교수신분집단들의 영향권 안으로 들어오기 시작했다. 그러나 학생조합과 교수조합의 긴장·갈등이 완전히 사라졌던 것은 아니었다. 한마디로 대학사회 안에서 각 집단 사이의 갈등과 긴장은 역사적으로 대학사회의 속성이 되어 왔던 셈이었다(참고: Brubacher, 1972).

대학사회 안에서 일어나는 교수집단과 학생집단사이의 갈등이 대학사회에 어떠한 영향을 끼쳐 왔는지에 대한 연구는 거의 없는 것 같다. 그러나 일반적으로 부정적인 면보다는 긍정적인 면에서, 각 집단 사이의 갈등·긴장이 조정·이해되어 왔던 것 같다는 추론을 내릴 수 있다. 왜냐하면 대학사회에서 길러지는 멋, 소양, 자질 등은 각 집단 사이의 갈등과 긴장 등이 와해·융합되는 총화일는지도 모르기 때문이다. 즉 대학사회의 학풍, 교풍, 속성 등은 교수집단과 학생집단 사이의 심리·사회적 긴장, 대립, 융해, 통합 속에서 유도될 수도 있다고 판단되기 때문이다.

한마디로 대학은 집단사이의 갈등과 긴장이라는 인간적인 접촉을 통해 일정 지위집단의 일원으로서 행동하는데 필요한 멋, 학풍, 품성, 교풍과 같은 문화적 자산을 조기 사회화시키는 기관일는지도 모르는 일이었다. Jencks와 Riesman(1968)에 의하면,

"……대학교육이 갖고 있는 분명한 영향력 가운데 그래도 바람직한 부분이 하나 있다면, 그것은 조기사회화(anticipatory socialization)에 관한 것이다. 다시 말해서, 똑똑한 아동을 학교에 입학시킨다는 것은 그 아동에게 이렇게 말하는 것과 같다. 즉 학교에 간다는 것은 돈 많은, 게다가 독신인 아주머니(예, 숙모, 고모, 혹은 이모 같은)를 갖는 것과 같다. 아주머니 자신이나 아주머니의 재산이 아동의 삶과 성장에 직접적으로 무슨 뚜렷한 영향을 끼치지는 못한다. 그러나 돈이라는 관점은―존재하지 않더라도―의미심장한 영향을 끼칠 수도 있다. 왜냐하면 아동 스스로 자기가 특별한 기회나 책임을 갖고 있다고 느끼는지도 모르기 때문이다. 학교교육도 똑같은 이치에서 설명될 수 있다. 학교나 대학에서 매일같이 일어나는 사건들은 학생들에게 별로 큰 영향을 끼치지 못할 것이다―설령, 어떤 부분은 영향력이 있더라도. 그러나 자질 있는 학생이 품고 있는 생각들은 그에게 의미심장한 영향력을 끼칠 것이다. 즉 대학을 다닐 수 있다든가, 대학의 학위는 바람직한 직업을 얻는 데 지름길 역할을 한다든가, 편안한 삶을 누리는 데 결정적으로 공헌한다든가 하는 지식·생각은 학생들 스스로에게 의미심장한

영향력을 행사할 것이다."(p.88)

결국 대학의 입학, 졸업은 일정한 지위획득에 필요한 후견인을 얻는 것과 같은 셈이다. 후견인이라는 개념을 상식적인 용어로 풀어 쓸 때, 후견인은 결국 지위, 멋, 사회성, 인간관계 기술, 사회적 지위 추구욕, 동기화 등에 해당될 것이다.

전체를 요약해 보자. 본 장에서는 대학에 대한 네 가지 이해방식을 논의했다. 네 가지 대학관에 의하면, 어느 특정 교육관에 입각한 불변적인 대학교육의 당위론적인 기능, 성격만을 타당한 것으로 받아들여야 할 근거가 상실되고 있는 것 같았다. 따라서 대학교육의 성격은 다양할 수밖에 없는 것 같았다. 또한, 대학교육에 관한 다양한 성격은 전통적인 대학이 해 방식의 와해, 혹은 확대를 의미한다고 판단할 수도 있었다. 이런 판단이 옳은 것이라면, 현재의 대학교육에 대해 실망할 이유가 없는 것 같다. 또한, 대학과 사회발전에 관해 특정한 관계양식을 고집할 이유도 감소될 수 있을 것 같았다. 왜냐하면 네 가지 대학 이해방식은 대학과 사회, 개인, 대학조직발전 사이에 서로 다른 관점을 제공하고 있기 때문이다. 또한, 어느 대학 이해방식이든 사회와의 관계를 부정하지 않고 있기 때문이다.

이제, 특정 대학관에 대한 선호도, 가치판단을 보류한 상태에서 지금까지 논의한 네 가지 대학 이해방식을 간추려서, 특히 각 대학관이 구체적으로 의도하는 교육의 결과를 요약해 보자. 네 가지 대학관이 의도하는 교육의 결과는 본 연구에서 중요한 연구문제가 되기 때문이다. 첫째, 중세기식대학성격에 입각한 철학적 대학관은 지성을 강조했다. 따라서 철학적 대학관이 의도하는 대학교육의 결과는 학문적 자질 함양, 혹은 지적인 성숙이라고 요약할 수 있다. 즉 학업성취가 철학적 대학관의 교육목표였다. 둘째, 의료 기관형 대학 이해방식에 의하면, 대학교육의 결과로서 가장 중요한 것은 사회정치적 사회화였다. 즉 사회정치적으로 중요시 여겨지는 사회정치적

규범·태도 등을, 공부하는 분위기 속에서 사회화시키는 일이 강조
되었다. 의료기관형 대학관에 의하면, 학생은 아직 민주시민이 못된
정신적으로 미숙한 환자와 별 차이가 없었다. 셋째, 기업주의 대학
이해방식에 의하면, 대학교육의 결과로서 중요시 여겨지게 될 것은
학생들에게 대학에 대한 일정한 만족, 풍만감을 유지시켜 놓는 일이
었다. 학생신분집단은 대학이라는 백화점을 활용하는 소비자로서 대
우받게 된다. 학생들 개인의 성공, 실패 등은 조직의 행정상 큰 문
제가 되지 않는 것이다. 왜냐하면 성공·실패는 대학조직이 선경, 구
비해 놓은 규준·법칙을 소비자로서의 학생들이 얼마만큼 현명하게
활용하느냐의 정도를 의미하기 때문이다. 따라서 기업주의형 대학관
은 대학에 대한 좋은 인상(good impression)을 학생들에게 남기려고
노력한다. 즉 졸업 후 그 대학을 다녔다는 것에 대해 별 불만이 없
을 정도로 시설, 분위기를 조성해 놓으려고 한다. 넷째, 지위집단 형
성형 대학 이해방식에 의하면, 대학교육의 중요한 결과는 학생들에
게 일정한 신분집단의 일원이 될 수 있는 자질과 자격을 구비해 주
는 것이다. 지위집단형성형 대학론 자들은 일정한 지위집단의 일원
이 될 수 있는 자질구비 여부를 대학교육의 현실적 기능(manifest
function)으로 이해, 분석하고 있었다. 따라서 대학기관은 일정한 지
위집단의 일원이 될 수 있는 자질 함양을 위한 교과를 가르치는 곳
이다. 교과를 통해 사회성, 지위추구에 대한 관심, 문화적 여가활동
등이 실질적으로 강조되게 된다. 결국 지위집단형성형 대학관에 의
하면, 지적 성장, 정치적 사회화, 대학 분위기에 대한 만족도와 같은
결과는 지위집단 구성원의 자질향상을 위한 매개변인의 기능을 발휘
하는 것에 불과한 셈이었다. 그러나 아직 이런 주강이 어느 정도 타
당한지 기존 연구 자료로서는 분명하지 않은 상태에 있다.

  네 가지 대학관이 제시하는 교육결과들 사이의 관계와 구체적 속
성들은 부록에서 자세하게 논의된다. 부록 I 은 본 연구에 투입된 이
론적 모형, 투입된 변인군, 연구대상, 표집절차, 측정도구 등을 다루

게 된다. 제2부에서는 각 대학관에 관련된 문제들을 경험적 자료로
써 논의하게 된다.

제2부 大學教育의 結果에 대한 經驗的 資料分析

　제2부의 각 장에서는 본 인구의 연구문제들이 중점적으로 분석, 논의되게 된다. 한국 대학의 속성과 기능에 대한 문제제기와 대학교육의 결과를 파악된 사회성 태도, 학업성취, 정치사회화 정도, 학교면학 분위기와 대학 행정직원에 대한 만족도, 사회적 지위추구 욕과 지위집단 구성원의 자질 등에 대한 문제제기에 응답하게 된다. 응답은 평론과 경험적 연구결과에 의해 제시되게 된다.

　연구문제들에 대한 논의를 효과적으로 전개하기 위하여, 본 연구는 필요에 따라 국내·국외에서 연구된 대학교육에 관한 연구물들의 결과를 집약적으로 분석, 제시한다.

　본 연구의 경험적 결과가 가질 타당성 혹은 부당성을 비교, 검토하기 위하여 본 연구와 유관한 연구물들의 결과들이 제시되었다.

1. 韓國 大學의 理念的 性格

한국의 대학은 어떠한 속성을 갖고 있는가? 한국 대학의 속성을 파악하기 위해 두 가지 방법이 활용되었다. 첫째, 한국 대학에 관한 관련연구물들을 종합·검토했다. 둘째, 대학생들에게 각 소속 대학의 특성을 지적하게 했다.

문헌분석에 의하면, 한국 대학의 속성은 이렇게 판단되어야 할 것 같았다. 한국의 대학에는 뚜렷한 특성이 없다라고 판단되어야 할 것 같았다. 한국의 대학들은 뚜렷한 대학이념을 갖고 있지 않다. 결국 한국 대학교육기관은 뚜렷한 대학의 성격과 대학이념을 결여하고 있다는 판단이 가능했다. 한국 대학의 이념과 속성에 대한 뚜렷한 성격결여에 관한 판단은 한국 대학에 관해 쓰인 42편의 평론, 연구물들을 내용분석 했을 때 분명해졌다(참고: 표 2). 한국 대학에 관한 42편의 평론들은 1959년부터 1981년까지 한국의 대학생, 교육학자, 저명인사, 언론인 등에 의해 국내의 신문, 잡지 등에 발표된 것들이었다. 42편의 논문들은 김종철(1979)이 수집, 발표한 「한국고등교육연구」의 참고문헌에서 무선적으로 선택·분석되었다. 42편의 평론 및 학술논문 중 3편은 대학 재학생들이 자신의 대학을 판단한 논문들이었다. 일반적으로 42편의 평론·연구물들의 표제는 대학의 이념, 대학의 사명, 대학교육의 역할 등을 압축하고 있었다.

42편의 평론 중 15편(36%)은 한국 대학의 성격적 무특성을 뚜렷하게 제시하고 있었다(참조: 표 2). 22편(52%) 역시 한국 대학의 이

넘에 대한 뚜렷한 제시를 결여, 혹은 기피하고 있었다. 이들 22편의 논문들은 한국대학에 어떤 이념이 있는지를 구체적으로 지적하지 않았던 셈이었다. 그러나 판단을 보류, 혹은 거부했던 22편의 평론들 역시 한국 대학에는 주도적인 이념이나 속성이 결여되어 있다고 지적하는 점에는 별 차이가 없었다. 왜냐하면 내용 분석된 평론 42편 모두가 한국 대학의 문제점을 이념결여라는 형식으로 판단하고 있었기 때문이었다. 단지, 5편(12%)의 평론만이 한국 대학은 일정한 특색을 갖고 있다고 판단하고 있었다. 5편의 평론들이 지적한 한국 대학의 특성은 지위집단형성형 대학관(2편), 기업주의형 대학관(2편), 정치사회화촉진 대학관(1편)으로 판단 될 수 있었다.

표 2. 대학교육관계 평론에 나타난 한국 대학의 특성 빈도			
내 용	대학특성 없 다	판단불가 (보류)	특성 없다	계
계	15(36%)	22(52 %)	5(12%)	42(100%)

　그러나 42편의 논문들은 각기 독특한 형식으로 미래 한국 대학의 특성을 기술하고 있었다. 그럼에도 불구하고, 표 3에 따르면, 제시된 한국대학의 이상향은 별로 뚜렷하지 않은 것 같았다. 왜냐하면 학자들은 제각기 서로 다른 대학관을 제시하고 있었기 때문이었다. 제시된 이상적 대학관에 의하면, 13편의 평론(31%)들은 한국의 이상적 대학 관으로서 산업주의 대학관을 제시했었다. 대학을 정치사회화의 수단으로 활용하자는 대학관은 42편의 평론 중 5편(12%)에 불과했었다. 한국 대학의 이념으로서 철학적 대학관을 주장한 평론은 8편(19%)에 달했었다.

　철학적 대학관을 주장하는 사람들은 산업주의 대학관과 반대되는 대학관을 제시하려고 노력한 것 같았다. 그들이 제시한 반대의 입장은 다양한 모습을 갖고 있었다. 예를 들어 한기언은 Kerr의 다지역 대학으로부터 철학적 대학의 이상에로의 환언, 혹은 변환을 주장했었다.

한기언(1979)은 한국 대학의 이상향으로서 「교육학적 대학」을 제시했었다. 교육학적 대학에 있어서 학문연구와 인간형성의 원동력은 '교육학'이라는 학문에 기초해야만 했다. 한기언은 교육학적 대학에서 기본적으로 강조되어야 할 교양 기초과목으로 교육학을 내세웠다. 이유가 있었다.

> "대학과정을 마치고 사회에 진출하는……대학인은 재학시에는 그들 각자가 자기형성에 집중하였으나 일단 사회인이 되면, 그들은 그 사회의 중견 지도자로서……직업의 종류 여하나 직책의 고하를 물을 것 없이…… 장차 간부급 인사로서……그에게 요청되는 것이……교육학적 소양과 자질……이기 때문이다."(한기언, 1979, p.299)

그러나 한기언은 대학교육의 중핵가치로서 학문연구와 인간형성을 주장했었다. 즉 교육학적 대학은 학문연구와 인간형성을 전제로 하는 것이었다. 한마디로 한기언 역시 한국 대학의 이념으로서 철학적 대학관의 이상을 극복한 것은 아니었던 셈이다.

42편의 평론들이 한국 학자들에 의한 한국 대학의 이상과 현실을 대표하는 것은 아니었다. 단지, 이들 42편은 수많은 한국 학자들 가운데 대학의 이념을 평론식으로 제시한 일부의 입장에 불과하다는 점을 상기할 필요가 있다. 두 가지 이상의 대학관을 병용한 대학관을 제시한 평론도 있었다. 42편의 논문 중 10편(24%)이 두 가지 이상의 대학관을 제시했었다(참고: 표 3). 한국 대학에 관한 각종 평론들은 부록 Ⅲ에 요약되어 있다.

일반적으로, 한국 대학에는 특성이 없다는 주장은 어느 정도 타당한 것으로 평가받을 수 있는 것 같았다. 왜냐하면 경험적인 연구들(참고: 박준회, 1980; 문선재, 1981)은 한국인의 교육관 결여와 대학이념 부재를 경험적으로 입증하고 있었기 때문이었다. 예를 들어 박준희(1980)는 한국인의 가치관을 세 가지로 요약했었다. 첫째, 한국인은 가족주의적인 개인주의를 갖고 있다. 둘째, 현실주의적이며 적응주의적이다. 셋째, 봉사적인 성격과 국가주의적인 성격을 결여하고 있다. 한마디로 종합·판단하기 어려운 가치관이 한국인에게 스며져 있다고 판단되었다. 상호배타적인 세 가지 가치관은 본질적으로 한국인의 교육관에도 붙박여 있었다. 따라서 한국인의 교육관은 "이렇다 할 주류를 형성하지 못한 채 혼란상태를 벗어나지 못하고"(참고: 박준희, 1980, p.315) 있었다. 결국 한국인은 무교육관을 한국인의 교육관으로 습성화시키고 있는 것이었다.

표 3. 한국 대학의 특성에 대한 기대

순 위	내 용	빈도수	누가빈도
1	철학적 대학관(1)	8(19%)	42(100%)
2	기업주의 대학관(2)	13(31)	34(81)
3	사회정치화 대학관(3)	5(12)	21(50)
4	지위집단형성형 대학관(4)	6(14)	16(38)
5	1+2 혼합	1(2)	10(24)
6	1+3 혼합	4(10)	9(22)
7	1+4 혼합	3(7)	5(12)
8	1+2+3 혼합	2(5)	2(5)
	계	42(100)	42(100)

문선재(1981)는 대학의 목적에 관한 연구를 시도했었다. 대학의 목적은 산출목적과 체제목적으로 대분될 수 있었다. 산출목적은 학문전수, 인간교육, 연구 및 쇄신, 사회봉사로 세분되었다. 체제목적은 체제유지를 대표하고 있었다. 문선재는 연구를 위해 850명의 대학 관계자들(학생, 교수, 대학행정가, 대학동문)에게 현재 한국 대학과 관련, 네 가지 대학목적 소유 정도·유무를 질문했었다.

나타난 결론은 간단했다. 왜냐하면 한국 대학에는 구체적인 목적이 없다로 간추릴 수 있었기 때문이었다. 예를 들어 대학을 구체적으로 이해한다고 판단되는 대학의 내적 구성원들(교수, 학생, 대학행정가)은 실제에 있어서 일반 행정가보다 더욱더 한국 대학의 목적 결여성을 지적하고 있었다. 대학의 내적 구성원 가운데서도 대학생들은 비판적으로 현재 대학의 목적 결여를 절감하고 있었다.

그러나 대학동문들의 입장은 달랐다. 그들에 의하면, 한국 대학에는 뚜렷한 목적이 있었다. 왜 동문들은 한국 대학에 뚜렷한 목적이 있다고 인지하고 있었는가? 문선재의 연구는 구체적인 이유를 밝히는 연구목적을 갖고 있지는 않았다. 따라서 본 연구에서는 추론만이 가능했다.

대학동문들이 대학의 목적을 뚜렷이 지각하고 있는 이유는 지위집단형성의 결과일 수도 있다고 판단될 수 있었다. 즉 '대학인'이라는 형식·비형식적 문화적 자산을 지속시켜 보겠다는 특수 지위집단의 심리적 반응일 수도 있었다. 그러나 동문들의 주장을 지위집단형성의 이유에서 찾을 수 있다는 논리는 아직까지 추론상태에 머무르고 있음을 부가해 둘 필요가 있었다.

결론적으로, 한국 대학에는 특정한 이념이나 특성이 결여되어 있다는 견해는 평론이나 실증적 연구물들에 의해서 어느 정도 다망한 것으로 평가받았다. 이러한 결론은 현재 대학안내서, 요람에 명시된 내용과는 상치되는 입장에 있다(참고: 표 4). 왜냐하면 표 4는 한국 대학의 두 가지 성격을 제시하고 있었기 때문이다. 즉 대학의 교수·연구 기능과 인재양성 기능을 강조하고 있었기 때문이다. 표 4는 현재 한국의 대학요람, 안내서 등에 명시된 각 대학의 이념, 설립목적들을 내용 분석한 결과이다. 표 4는 1981년 현재 설립되어 있는 총 89개 대학 중에서 36%를 점유하는 33개 대학을 우선적으로 선정, 분석한 결과이다. 33개 대학이 제시한 교육이념의 구체적 진술은 부록 N에 수록되어 있다.

표 4. 한국의 대학(교)요람에 명기되어 있는 대학의 특성 분석	
항 목	빈 도 수
대한민국교육법·교육정신 준수	20(63%)
인류사회발전 기여	4(13)
심오한 이론과 응용법 교수·연구	27(84)
인재 양성	32(100)
대학교육 문호개방	1(3)
기독교정신 입각	2(10)
유학정신	1(3)
세종대왕의 정신 계승	1(3)

표 4에 의하면, 한국 대학에서 강조되는 주요 이념은 두 가지로 판단될 수 있었다. 첫째, 국가의 지도자·인재 양성이 강조되고 있었다. 둘째, 학문의 심오한 이론과 광범한 응용법의 교수·연구가 강조되고 있었다. 한마디로 한국의 대학의 특성은 철학적 대학 이해방법과 지위집단형성형 대학관의 입장에서 파악될 수 있었다.

그러나 실제는 한국 대학에서 얼마만큼 인재양성을 위해 노력하는지는 구체적으로 밝혀지지 않은 상태에 있다. 또한, 구체적으로 인재양성이 무엇을 의미하는지도 불분명하다. 실제적으로, 연구활동을 얼마만큼 구체적으로 추구하는지도 미지수이다. 오히려, 연구활동은 대학사회에서 가장 낮게 평가받는 실제 활동 중의 일부분인 것 같았다. 예를 들어 문 선재의 연구에 의하면, 현재 대학에서 가장 경시되고 있는 대학의 두 가지 기능이 있었다. 그것은 첫째, 연구 및 혁신의 기능이었다. 둘째, 사회봉사 기능이었다. 따라서 연구기능에 대한 대학요람의 내용과, 실제 학생·교수·대학행정가들의 판단사이에는 현실적 감각의 차이가 내재하고 있었던 셈이었다.

연구 활동에 관한 실제와 이념 간에 괴리현상이 실재한다는 주장은 타당성이 있는 것 같았다. 왜냐하면 대학부설 연구소들의 연구기능과 연구업적은 일반적으로 부실한 것으로 판단되기 때문이었다(김홍, 1968). 예를 들어 김홍은 대학 연구기관의 연구업적, 경향, 문제점 등을 밝힌 바였다. 김홍에 의하면, 해방 이후 한국인의 손에 의해 세워진 대학부실연구기관의 효시는 연세대학교의 동방학연구소이었다(1947년 설립). 물론, 1939년 경성제대 안에 생약연구소가 설립된 적이 있었다. 그러나 생약연구소는 1952년 서울대학교에서 재개설되었다.

1947년 동방학연구소를 시발로, 1968년 현재 189개의 한국의 대학(교)안에는 233개소(서울대학교 생약연구소 포함)의 대학부실 연구소가 설립되어 있었다. 한국에는 1980년 현재 총 429개 대학부설 연구소(한국연감, 1981)가 총 52개의 대학에 산재해 있다. 또한, 1980년 현재, 한국에는 17,481명의 대학교수(조교 포함)가 교수 및 연구 활동에 종사하고 있다. 따라서 1개 대학에는 약 5개의 연구소가 설립되어 있는 격이다. 또한, 약 41명 당1개의 연구소가 설립되어 있는 셈이다. 결국 외형상 한국의 대학은 연구하는 곳으로 평가받을 만하다고 판단된다.

그러나 연구소의 실제적 연구 활동과 업적은 연구소 증설의 수적 증가와 별 상관이 없다고 판단되고 있다. 예를 들어 김홍에 의하면, 대학부실 연구소는 연구 활동에 필요한 연구재정을 확보하고 있지 못했다. "연구비는커녕 원고료만 지불하여 만드는 확보나마 낼 수 없는 연구소가 전체의 3분의 1 이상"(p.127)이었다. 연구비를 지원받아도, 연구비지원 주선금을 떼어내는 형편에 있었다. 예를 들어 "P씨가 참가한 과학·기술계의 조사연구가 4백만 원으로 계약되었다. 거기서 2할 5푼인 1백만 원이 브로커와 담당 실무자를 통해 계약처에 제공되었다……그렇다면 모자라는 연구비는 어떻게 하는가?(p.128). 방법은 간단했던 것으로 지적되고 있었다. 즉 연구조작이나 공제금을 예상한 과잉 연구명세서 작성이었다. 심지어, 연구소 설립동기조차도 비연구적인 취지에서 제안시키는 방법을 동원하는 형편이었다. 예를 들어 김홍은 이렇게 지적하고 있었다;

"연구비를 위한 연구소: ① S대의 R교수는 미국 시찰 중 자기 전공 부문에 대한 연구비 염출 루트를 발견했다. 그러나 개인이름으로 요청하는 것이 불리. 그래서 귀국하자 그 연구소를 만들었다. 국내주재 모 외국대사관에서 자기 나라 문화를 전공하는 연구소에 연구비를 지급하기로 했다. 결국 K대로 낙착. 올해 발족한 M 연구소가 그것. ② 마산의 P대학은 미국계 A재단으로부터 1만 불을 어떻게 얻게 되어 U연구소를 설치·그러나 발족 7년 동안 이룩한 것은 그 돈으로 만든 연습실 하나뿐.

교수후생을 위한 연구소: ① S대 K교수. 자신의 연구경력과 직함 보강을 위해 S연구소 설립, 소장 취임. ② H대 K교수. 자신이 H대 교수로 들어가기 위해 총장을 권유, 먼저 I연구소를 설립하게 하고 소장 취임. 그 후 교수보직. ③ H대가 5·16 후 교수를 구제하기 위해 J연구소를 설립, 소장으로 발령. ④ K대는 연로한 P교수를 후퇴시키기 위해 H연구소를 만들어 소장에 취임시킴.

구색을 위한 연구소: ① K대의 K연구소가 대민영업체를 상대로 활발히 운영되자 G대도 한 몫, K연구소 설치. ② 대학의 체면을 위해 년 10여만 원의 예산으로 운영하려는 지방J대 H연구소.

이들 연구소 중에는 처음의 설립동기와 달리 성공적으로 운영되어 실적을 남기는 것들도 있다. 그러나 같은 구내에 있는 그 대학교 수도 「그런 게 있던가?」할 정도의 유명무실한 연구소가 산재함을 무시할 수는 없다."(p.133)

김홍은 이렇게 결론지을 수밖에 없었다. 즉 "순수한 연구동기 보다 다른 동기로 소극적으로 설립된 연구소는, 그만큼 스태미나가 부족하고 대학 내의 지위도 약하며, 연구실적도 미미"(p.133)할 수밖에 없는 것이다. 요약하면, 한국 대학에는 특정한 이념이나 특성이 실제적으로 결여되어 있다는 논지는 관련 연구·평론들의 판단결과 타당성이 있었다.

왜 한국의 대학은 특정이념이나 특성이 결여된 것으로 지적되는가? 대답은 간단하지 않았다. 그러나 한국의 식자들에 의하면, 두 가지 정도로 요약될 수 있었다. 첫째, 대학교수에게 문제가 있을 수 있었다. 둘째, 문교행정에 문제가 있을 수 있다고 요약될 수 있었다. 예를 들어 이규호(1970)는 이렇게 결론지어야만 했다. 즉 한국의 대학은 "……학문의 전당은 물론 아니고 대중의 교양교육을 위한 기관도 아니고 그렇다고 해서 직업기술을 가르치는 직업학교도 아니다. 교수의 학문적 수준과 또한 그들의 여러 가지 생활환경과 생활조건이 서로서로 작용해서 우리나라 대학들을 더욱 침체상태에 빠뜨렸다. 그 위에 이러한 대학들을 자극하고 격려하고 지원하면서 육성해야 할 문교행정은 대학문제에 관한 한 전연 식견도, 이념도, 어떠한 새로운 결단도 없이 앞날을 더욱 어둡게만 해주고 있다"(p.74)라는 비판을 가할 수밖에 없었다.

과연, 한국대학은 특정이념을 결여하고 있는가? 확실히 대답할 수는 없다. 왜냐하면 한국대학의 난맥상·무특성을 지적하는 평론, 논문들은 자기들의 입장을 확신시킬 증거들을 갖고 있었던 것은 아니었기 때문이었다.

본 연구는, 한국 대학의 특성결여 유무를 파악하기 위해 대학 재학생(N＝1,171)에게 네 가지 대학관(참고: 제1부)을 제시, 파악·응답하게 했다. 대학생들에게 판단을 요구한 이유가 있었다. 대학생들은 직접적으로 대학 생활을 동해 형식적·비형식적 이념과 태도를 형성하는 존재들이기 때문이었다. 대학생들에게 제시된 네 가지 대학관은 학자, 정치인, 행정가 등의 저서에서 나타난 철학적 대학관, 사회정치화 대학관, 지위집단형성형 대학관, 기업주의형 대학관 등이었다. 원문은 필요에 따라 미미하게 수정되었다. 즉 자구, 토씨 등이 학생들의 이해를 위해 수정되었다. 따라서 학자들이 기술한 대학의 성격에 관한 원문이 큰 오류 없이 학생들에게 제시되었다고 판단할 수 있었다.

표 5에 의하면, 한국 대학은 무특성적인 것 같다. 왜냐하면 한국 대학의 특성으로서 지위집단 형성기관, 철학적 관점에 입각한 학문

의 전당, 사회정치화기관, 기업주의적 기관의 성격을 조금씩 복합적으로 갖고 있다고 지적되고 있기 때문이다. 즉 적극적인 입장에서 판단할 때, 한국대학은 특성이 없다. 그러나 소극적인 입장으로 해석할 때, 한국 대학의 이념은 비빔밥식인 혼합의 대학이념을 갖고 있다고도 판단할 수 있다.

표 5는 본 연구에 투입된 실문지 문항번호 1, 3, 5, 7에 대한 학생들의 반응결과(참고: 부록 Ⅱ)를 집약시킨 것이다. 1번에 반응한 학생은 3, 5, 7번에는 반응할 수 없도록 유도되었었다. 한마디로 네 문항 중 1문항에만 반응하도록 유도되었었다.

표 5. 대학관에 대한 학생들의 반응

(질문내용: 어느 대학관이 현재의 우리 대학현실을 반영하는가?)

	대	학	관	
	지위집단 형성관	철학적 대학관	사회정치화 기관관	기업주의 대학기관
찬성(그렇다)	258(22%)	282(24%)	208(18%)	240(21%)
반대(아니다)	731(62)	709(61)	783(67)	751(64)
무 응 답	182(16)	180(15)	180(15)	180(15)
계	1,171(100)	1,171(100)	1,171(100)	1,171(100)

분석결과에 의하면, 학생들(N=1,171)은 자기가 경험하는 대학현실을 각기 서로 다르게 인지하는 것 같았다. 왜냐하면 지위집단 형성관(22%)으로, 철학적 대학관(24%)으로 이해하기도 했기 때문이었다. 그렇다고, 기업주의 대학(21%)으로서, 정치사회화의 전수기관(18%)으로의 대학성격을 부인했던 것은 아니었기 때문이었다. 결국 각기 대학관에 대한 학생들의 반응은 30% 미만이었다. 따라서 학생들의 반응을 종합하면, 한 가지 적극적인 결론이 가능했다. 즉 어느 유형의 대학관도 한국 대학의 주요 이념, 혹은 대학성격으로서 부각될 수는 없었던 셈이었다. 따라서 한국 대학의 주요 이념으로 부각

될 수 있는 특징 대학관은 결여된 셈이었다.

표 6. 네 가지 대학관이 한국 대학의 현실로 인지되는 정도

(질문내용: 선택한 대학관은 우리 대학현실에서 얼마나 강조되는가?)

	대 학 관			
	지위집단 형성관	철학적 대학관	사회정치화 기관관	기업주의 대학기관
매우 강조	49(19%)	29(10%)	36(17%)	18(8%)
대체로 강조	130(50)	86(30)	65(31)	74(31)
그저 그렇다	54(21)	96(34)	65(31)	71(30)
거의 강조되지 않는다	21(8)	61(22)	36(17)	62(26)
전혀 강조되지 않는다	4(2)	10(4)	6(3)	15(6)
계	258(100)	282(100)	208(100)	240(100)

각 대학관을 선택·반응한 학생들 역시 각기의 대학관이 자기가 속한 대학의 현실을 반영하는 정도가 서로 엇비슷하다고 판단하는 것 같았다. 예를 들어 표 6에 의하면, 각 대학관은 한국 대학에서 어느 정도 현실적 생명력을 갖고 있는 것 같았다. 왜냐하면 각 대학관이 전혀 현실적으로 반영되고 있지 않다고 반응한 사례는 각 대학관별로 10% 미만이었기 때문이었다. 특히, 기업주의 대학관을 제외한 기타 대학관이 현실적으로 한국 대학에서 매우 강조된다고 반응한 사례수는 10% 이상이었다. 매우 그렇다에 많은 반응수를 보인 대학관은 지위집단 형성관이었다(19%). 그러나 20% 미만에 불과했다. 따라서 한국 대학생들은 각 대학관에 입각한 한국의 대학현실을 중도적인 입장에서 평가하고 있는 것 같았다.

물론, 이런 판단은 성급한 것 같았다. 왜냐하면 각 대학관이 한국 대학현실어서 강조되는 정도를 양분했을 매 판이한 결과가 나타나기 때문이었다. 즉 중도적인 태도를 제의한 후, 강조된다(매우 강조＋대체로 강조)와 강조되지 않는다(거의 강조되지 않는다＋전혀 강조되지 않는다)로 양분했을 매 나타나는 반응 정도의 차이는 각 대학관

별로 서로 달랐기 때문이었다(참고: 표 7). 표 7은 표 6에 나타난 반
응을 각 대학관 반응별로 세 영역으로 구분한 결과이다. 즉 그렇다
부분에 반응한 사례수와 아니다 부분에 반응한 사례수의 차이를 도
식화시킨 것이다.

표 7. 각 대학관에 관한 찬·반 정도의 대비

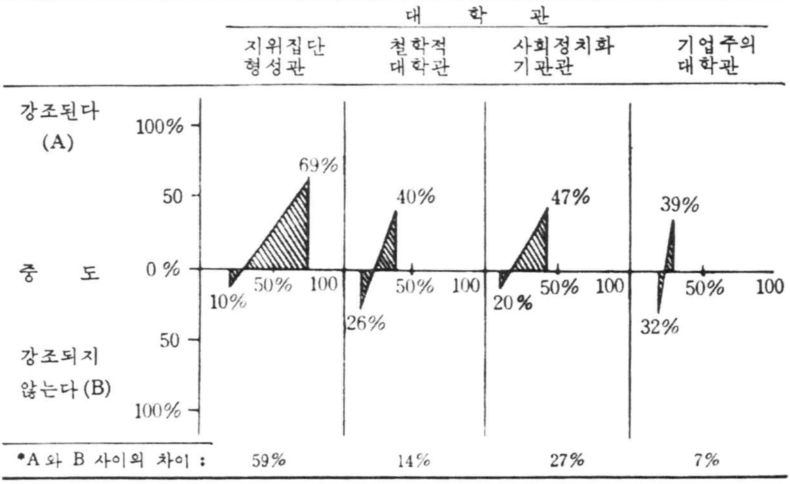

표 7에 의하면, 지위집단형성형 대학관이 현실적으로 한국 대학에
서 두드러지게 강조되고 있는 것으로 나타난다. 왜냐하면 지위집단
형성형 대학관이 현실적으로 한국대학에서 강조·지배되고 있다고
판단한 학생수는 현실적으로 강조되지 않고 있다고 판단한 학생수보
다 약 **60%** 정도 더 많았기 때문이다. 반면, 양극의 차이가 거의 나
타나지 않았던 대학관은 기업주의 대학관이였다. 철학적 대학관에
있어서 양극의 차이는 **15%** 미만에 불과했었다. 정치사회화 기관으
로서의 현실적 대학성격을 강조하고 있다와 없다의 두 가지 유형에
서로 다르게 반응한 사례수의 차이 역시 **27%**에 불과했다.

따라서 세 가지 결론이 가능하게 되었다. 첫째, 철학적 대학관이나 기업주의 대학관, 사회정치화 대학관은 한국 대학의 현실을 어느 정도 반영하고 있을 수 있다. 그러나 철학적 대학관이나 기업주의 대학관이 실제로 대학 안에서 강조되는 정도는 대학생들에게 불분명하게 노출되고 있었다. 따라서 경우에 따라 각 대학관에 대한 강조 정도는 거의 무시될 수도 있다고 판단될 수 있다. 둘째, 한국 대학 현실에서 실제적으로 강조되고 있는 대학정신은 지위집단 형성·추구인 것 같다. 즉 엘리트, 인재, 소수의 이해관계를 반영하는 대학관이 한국 대학의 현실인 것 같다. 셋째, 네 가지 대학관 중 어느 한 가지 대학관이 일방적으로 무시, 기각되지는 않고 있다. 이 말은 네 가지 대학관이 다 중요한 것이라는 말과는 구별되어야 할 것 같았다. 왜냐하면 단지, 전통적·습성적으로 네 가지 대학관이 한국 대학에 잔존한다고 판단되었기 때문이다.

전체를 요약해 보자. 첫째, 고등교육관계 학자들의 연구물·평론들에 의하면, 한국대학은 구체적인 대학이념이나 특성을 결여하고 있다. 둘째, 대학관을 제시, 학생들에게 반응하게 했을 때, 한국의 대학은 기업주의, 지위추구, 정치사회화 기관 지향, 지성의 전망의 속성을 조금씩 복합적으로 반영하고 있는 것으로 나타났다. 셋째, 그러나 대학관 가운데에 보다 구체적으로 대학에서 강조되고 있다고 판단된 대학관은 지위집단형성형 이념이었다. 왜냐하면 지위집단 형성관이 대학현실에서 강조되고 있다고 판단한 학생수가 별로 강조되고 있지 않다고 판단한 학생보다 약 60% 정도 더 많았었기 때문이었다. 기타 세 가지 대학관에 관한 현실적 강조 여부에 대한 가·부 간의 차이는 30% 미만에 불과했다. 넷째, 그럼에도 불구하고 전체적으로 평가할 매, 한국 대학생들의 눈에는 한국 대학의 무특성이 두드러지게 비쳐지고 있는 것 같다는 적극적인 판단이 타당한 것 같았다. 왜냐하면 어느 특정 대학이념 하나가 한국 대학의 현실을 뚜렷하게 반영하고 있다고는 판단될 수 없었기 때문이었다.

　따라서 한 가지 전체적인 결론을 추출해 낼 수 있었다. 즉 한국의 대학은 일정한 대학의 특성·이념의 부재 속에서 대학생들에게　비슷비슷한 행동, 태도, 지식, 품성 등을 4년 동안 배우도록 강조하는 고등교육기관에 불과했다.

2. 大學敎育과 學業成就

대학교육은 한국의 대학생들의 학업성취에 기여하는가? 다시 말해서, 한국의 대학생은 대학교육을 통해 그들의 지식, 합리적인 사고방식, 창의력, 지적인 포용력, 심미적 이해력 등을 증진시키고 있는가? 대학교육을 통한 한국 대학생들의 학업성취에 대한 논의가 본장의 중심을 이룬다.

학업성취에 대한 대학교육의 기여도 여부는 현재 한국 교육학계에 회자되고 있는 연구문헌만으로는 구체적으로 밝혀질 수 없는 것 같다. 왜냐하면 대학생들의 학업성취에 관한 연구들이 미진한 상태에 있기 때문이다. 예를 들어 1975년부터 1977년 사이 약 307편의 교육학 관계 석·박사 학위논문이 발표된 바 있다. 이들 307편의 교육학과계 논문들은 일반대학원 석사·박사과정 학생들의 학위논문들이었다. 그러나 307편의 논문 중 한국 대학생의 인지적 성취, 학업성취 문제를 다룬 논문은 단 한편도 없었다(참고: 문교부 대학원평가위원회, 1978). 국가보위 입법회의 도서관 발행(1980) 한국 박사 및 석사 학위논문 목록 역시, 대학교육과 관련된 학업성취 문제에 관한 학위논문이 단 한편도 없음을 보여 주고 있었다. 국가보위입법회의 도서관 발행 한국 박사 및 석사 학위논문 목록에는 850여 편의 교육학 관계 논문(박사학위논문 3편 포함)의 제목들이 수록되어 있었다. 850여 편의 논문은 각 대학(교)의 일반·특수대학원 논문들을 총정리한 것이었다.

대학생들의 학업성취와 대학교육 사이의 관계에 관한 학위논문이 단한편도 없다는 사실은 최소한 두 가지 추론을 가능하게 만든다. 첫째, 대학생들의 학업성취도에 관한 연구에 대한 방법론상의 어려움이 있을 수 있다. 즉 다양한 전공·교과과정 때문에 무엇을 측정할 것인가 하는 측정상의 어려움이 있을 수 있다. 또한, 측정도구의 제작 문제에 어려움이 있을 수 있다. 이러한 추론은 어느 정도 옳은 것 같다. 왜냐하면 아직까지 대학생의 학업적 성장을 측정할 수 있는 전국 규모의 표준화원 측정도구가 개발되어 있지 않기 때문이다. 둘째, 대학생들은 대학교육을 통해 일정수준의 지식, 태도를 성장시킬 것이라는 기본전제가 불변적인 사실로서 수긍된다는 주장이 교육학계에 회자되고 있을 수도 있다. 즉 대학교육을 통한 대학생들의 학업적 성장은 논의 밖의 문제일 수도 있는 것이다. 왜냐하면 대학에서 공부한다는 것은 학업적 성장을 도모하기 위한 것이어야 하기 때문이다.

과연, 대학생은 대학교육을 통해 그들의 학업적 성장을 도모하고 있는가? 다시 말해서, 4학년생은 1, 2, 3학년생보다 무엇인가 더 많이 알고 있는가? 만약, 고학년이 저학년보다 더 많은 지식을 갖고 있다고 가정해보자. 그렇다면 그 차이는 전공과목 이수여부와 관련이 있는가? 각 문제에 대한 구체적인 응답은 용이하지 않다. 왜냐하면 외국의 연구문헌들(Astin, 1977; Educational Testing Service, 1954, 1976; Harvery, 1960; Haven, 1964; Lannholm, 1952; Learned & Woood, 1938; Feldman & Newcomb, 1969; Heist & Youge, 1968; Schuman & Harding, 1964; Sttern, 1966; Trent & Medsker, 1968)은 서로 각기 다른 연구결과 들을 제시하고 있기 때문이다. 그러나 학업적 성장을 구체적인 항목으로 분류했을 때 몇 가지 특징이 발견된다. 다시 말해서, 학업적 성장을 언어구사력(verbal skills), 수학적 능력을 포함한 일반적 지식(substantive knowledge) 부문, 합리성(rationality) 부문, 지성적인 능력(intellectual tolerance)부문, 미학적 능력 (aesthetic sensibility)부문, 창의력(creativeness) 부문 등의 항목으로 분류했을 때, 각 항목과 대학교육의 영향관계는 어느 정도 구체적으로 파악되게 된다.

첫째, 대학교육은 대학생들에게 구체적으로 일반지식 획득을 가능케 만드는 것 같다(Educational Testing Service, 1954, 1976; Harvey, 1960; Haven, 1964 Lannholm, 1952; Learned & Wood, 1938). 즉 연구결과들에 의하면, 고학년이 될수록 일반지식 취득량이 증가된다. 예를 들어 4학년생은 3, 2, 1학년보다 일반지식을 더 많이 소유한다. 또한, 2학년 역시 신입생보다 더 많은 지식을 갖고 있게 된다. 한마디로 지식량의 누적적 증가는 대학교육의 효과일 수 있다. 또한, 전공과목 역시 지식획득에 큰 비중을 차지하는 것 같다. 다시 말해서, 특정과목 전공학생은 비전공학생보다 해당분야에 관해 많은 지식을 획득하게 된다.

예를 들어 Pace(1979)는 대학교육에 의한 학업적 성장효과를 강력히 주장한다. Pace는 자기의 주장을 위해, Learned와 Wood의 연구결과를 확대해석 했다. Learned와 Wood(1938)는 미국Pennsylvania주에서 실시된 대학생 학력에 관한 종단적 연구결과를 보고한 바 있다. Pennsylvania주는 1928년 주 소재 대학교 학생의 약 70%에 달하는 졸업반 학생들에게 학력고사를 실시했다. 약 12시간이 걸리는 3,200 문항짜리 학력고사였다. 학력고사의 내용은 네 부문으로 구성되어 있었다. 첫째 부문은 자연과학(시험시간: 3시간), 둘째 부문은 사회과학과 외국어(3시간), 셋째 부문은 서양사(3시간), 넷째 부문은 근세사와 동양사(3시간)에 관한 것이었다. Pennsylvania 주 45개 대학 4,500여 명의 졸업예정자들이 학력고사에 응했다. 최고득점자는 3,200 문항 중 1,560문항을 맞추었다. 그러나 학생 평균정답률은 18%(정답 문항 수는 570개)에 불과했다. 이 당시 15개 대학에서 194명의 교수도 이 시험에 참가, 시험을 치렀었다. 교수의 실력은 평균 29%(정답 문항수는 920개)이었다. 교수의 최고득점은 3,200 문항 중 2,260개였었다. 한마디로 어려운 학력고사 였었던 것 같았다. 학력고사는 시간이나 내용에 있어서 수정이 불가피했다. 따라서 1928년에 실시원 학력고사 내용은 1930년에 이르러 대폭 수정되게 되었다. 8시간짜리 학력고사로 축소되었다. 외국어 부문은 삭제되었고 대신 국어(즉 영어)와 수학이 첨가되었다. 영어(450문항)와 수학(210문항) 시험은 네 시간에 걸쳐 실시되게 되었다. 나머지 네 시간은 과학, 외국문학, 예술, 역사, 사회과학이 치러지도록 되었다. 관련된 1,222개의 문항은 진·위, 선다형으로 응답하도록 개정되었다.

수정된 학력고사는 1930년에 2학년이 되는 학생들에게 실시되었다. 2학년 학생이 4학년이 되었을 때(1932년), 같은 학력고사가 다시 이들에게 실시되었다. 한마디로 학력고사가 2년간이라는 간격을 두고 종단적으로 실시된 것이다. Learned와 Wood는 학력고사 결과에 대해 특별한 해석을 가하지는 않았다. 단지, 평범하게 결과만을 보고하였다.

그러나 Pace는 이들의 연구결과에 재해석을 가했다. 학력고사 결과는 네 가지 속성을 나다내고 있는 것으로 판단되었다. 즉 첫째, 학력고사 성적은 대학마다 서로 달랐다. 예를 들어 어떤 대학의 최하점수는 어떤 대학의 최고점수보다 높았다. 둘째, 특정 전공분야 학생들의 성적은 해당 전공 성적에 관한 한 비전공 학생보다 월등히 높았다. 셋째, 전공분야 이수시간 정도에 따라 성적도 달랐다. 예를 들어 짧은 시간에 걸친 전공분야 이수시간의 소유자는 긴 전공과목 이수시간의 소유자보다 해당전공분야에 관해 낮은 점수를 기록했다. 넷째, 전공 여부에 구애받지 않고, 모든 4학년 학생들은 2학년 때보다 월등히 향상된 성적을 기록했다(참고: 표 8). 따라서 두 가지 결론이 가능하게 되었다. 즉 첫째, 공부하는 만큼(예: 천공시간, 전공과목수)더 배운다. 둘째, 학년이 올라갈수록 학생들의 지식은 증대된다는 두 가지 결론이 가능했다.

표 8. Pennsylvanla 소재 학생들의 학력고사 성적
(1930년과 1932년에 실시된 종단적 연구결과)

내 용 과 목 (문항수)	2학년 때 (46개 대학) (N=5,691)	4학년 때 (45개 대학) (N=3,704)	성적차이	동일 학생의 경우		
				2학년 때	4학년 때	성적차이
				(45개 대학 2,830명)		
450 국 어	194점	219점	+25점	205점	226점	+21점
210 수 학	71	77	+6	77	78	+1
292 과 학	90	103	+13	92	104	+12
333 외국문학	52	68	+16	57	72	+15
251 예 술	50	62	+12	54	65	+11
346 역사 및 사회과학	70	93	+23	77	96	+19
1,222 문화상식	260	325	+65	281	337	+56
1,882 총 점	526	620	+94	562	642	+80

Pace의 결론은 타당한 것 같았다. 왜냐하면 Educational Testing Service(1954) 보고에 의하면, 전공에 따라 학생들의 성적의 차이가 나고 있기 때문이었다. 즉 1953~1954년 전 미국 소재 대학졸업반 3,035명의 학생들이 학력고사의 일종으로 Educational Testing Service가 제작한 Area고사를 치렀다. Area고사는 Pennsylvania 학력고사와는 성격이 달랐다. 왜냐하면 Pennsylvania 학력고사는 인문·자연·사회 과목에 해당되는 구체적인 지식소유 정도를 검사하는데 반해, Area 고사는 읽기, 이해력, 해석력을 평가하기 위한 시험이었기 때문이었다. 시험점수 결과에 의하면, 전공분야 학생들은 비전공분야 학생들보다 높은 점수를 기록했다.

Harvey와 Lannholm(1960) 연구보고 역시 Pennsylvania 학력고사에 관한 연구결과와 동일한 결론을 내리고 있다. 즉 29개 대학 283명의 4학년 학생들은 학년말에 Educational Testing Service가 제작한 특수 전공분야 학력고사(Advanced Tests)중 심리학, 화학, 경제학 부문 시험을 치룬 바 있다. 이들은 이미 3학년 초, 동일한 전공분야 학력고사(Advanced Tests)를 치룬 바 있었다. 나타난 고사성적 결과에 의하면, 4학년 때의 성적은 3학년 때보다 모두 월등히 높았다. Percentile (정상점수분포곡선상의 일정한 위치를 표시할 때)상으로 이들의 성적 차이를 논의한다면, 3학년 때의 평균성적은 414점이었다. 이때 개인점수는 percentile상 약 19~20번째(전국 규준상)였었다. 반면, 4학년 때의 평균 성적은 508점이었다. 이때 개인점수는 percentile 상 48번째 혹은 58번째였었다. 한마디로 졸업반 때의 성적이 월등히 높았던 셈이었다.

Haven(1964)의 연구에 의하면 (Pace, 1979), 대학생들의 일반적 학력은 수강과목수와 어느 정도 정적 상관관계를 유지하고 있는 것 같았다. 예를 들어 180개 대학에 걸친 2학년 학생들(N=2,600)이 대학수준의 일반학력고사(the College Level Examination)를 치렀다. 이들의 성적을 대학 전공 수강과목수와 비교했을 때 한 가지 결론이 가능했다(참고: 표 9). 즉 시험과목과 관련된 수강과목수가 많으면 많을수록 학력고사 점수가 높았다는 결론이 나왔다.

표 9. 수강과목수와 학력고사 점수 * (N = 2,600)			
	인문과학	역사 및 사회과학	자연과학	수 학
대부분 다 수강한다	524점	526점	549점	577점
최소한 한 과목	498	486	586	497
아무 과목도 안 듣는다.	439	483	443	445

* Haven, 1964. pp.56-59의 Table C-11 ~ C-14 참고.

대학수준의 일반학력고사는 학부 실력평가고사(Undergraduate Assessment Program)에 의해서도 타당성 있는 것으로 나타났다. 예를 들어 Educational Testing Service(1976)의 보고에 의하면, 8과목 이상 수강하고 있는 학생은 8과목 이하 수강하고 있는 학생보다, 대학 일반교과에 관한학부 실력평가고사에서, 월등한 성적을 기록하고 있었다. 즉 8과목 이상을 수강하고 있는 학생들은 8과목 이하 수강생보다 11개 교과에 걸쳐 평균 28점 이상을 더 높게 획득했다(참고: Pace, 1979).

한마디로 Pace(1979)는 다음과 같은 결론을 내려야 했다;

> "……대학시절 학생들은 많은 것을 배운다. 2학년은 1학년보다 더 많이 알고 있다. 4학년은 2학년보다 더 안다. 그들이 알고 있는 것은 그들이 배운 과목, 수강과목수와 관련이 있다. 전공자일수록 비전공자보다 전공과목에 대해 더 많이 알고 있다. ……이런 결과는 하등 놀랄만한 일이 아니다. 오히려, 그렇지 않은 결과가 나올 때가 이상한 인이다."(pp.36-37)

결국 수학, 언어구사력 등과 같은 일반지식 부문은 대학 생활을 통해 향상된다는 결론이 가능한 것이다. 그러나 지적 성장의 다른 부문마저 대학교육에 의해 기대 이상만큼 향상된다는 증거는 아직 구체적으로 발견되고 있지 않다. 예를 들어 합리적인 사고력(rationality) 증진이나, 창의력 부문과 관련된 인지적 부문의 성장은 대학교육을 통해 구체적인 지식획득 부문만큼 향상되는 것 같지는 않다.

예를 들어 Feldman과 Newcomb(1969, vol. II, pp.2-9, pp.37-48)은 합리적인 사고력 중진과 대학교육과의 관계를 연구한 논문 30편을 검토한 바 있다. 30편 중 16편은 사고력의 증진 정도를 Allport, Vernon과 Lindzey 등이 제작한 가치관검사로 측정했다. 특히, 이들 연구는 논리적·이론적 가치(예: 학문추구에의 관심, 지식의 체계화, 비판적 사고능력 등) 증진 정도를 대학교육의 효과로 판단할 수 있는가를 연구하려고 했다. Feldman과 Newcomb의 요약에 의하면, 16편의 논문 중 7편의 논문만이 대학교육에 의해 합리적 사고력이 배양됐다고 보고했다. 그러나 5편의 논문은 대학교육에 의해 합리적인 사고력이 감소되고 있음을 보고했다. 또한, 4편의 연구는 대학교육은 합리적인 사고력 증진과 무관하다고 판단하고 있었다.

대학교육과 합리적 사고력 중진에 관계된 30편의 논문 중 14편의 논문은 지적인 성향(intellectual orientation)을 알아보기 위한 연구였었다. 이들 14편의 연구논문은 1959년부터 1972년까지 발표된 주요 연구논문들이었다. 어떤 연구논문은 종단 적인 연구방법론을 사용한 것도 있었다. 합리적인 사고력 중진 정도를 측정하기 위해 대부분의 연구에 투입된 측정도구는 다면 적인성검사(Omnibus Personality Inventory: Heist & Youge, 1968)였다. 다면적인 성검사는 합리적 사고력의 요인이라고 판단되는 두 가지요소를 측정하기 위한 것이었다. 내면적 사고력(thinking introversion)과 논리적 성향(theoretical orientation) 정도를 측정한다. 전자는 학업에의 관심도, 추상적 능력 (abstractive reflective thought), 철학적 이해력 등에 관한 것이다. 후자는 비판적·논리적·과학적 사고능력에 관한 것이다. Feldman과 Newcomb의 요약에 의하면, 14편의 연구논문 중 대부분의 연구논문은 대학교육이 내면적 사고력을 증진시키는 것으로 보고했다. 그러나 내면적 사고력 증진의 정도 및 영향력의 강도는 아주 미약했다.

대부분의 연구결과에 의하면, 대학교육은 논리적 성향촉진에 큰 공헌을 하고 있는 것 같지 않았다. 오히려, 이들 연구들은 대학교육에 의해 대학생들의 논리적 성향이 강소되는 것 같다는 인상을 발견할 수 있다고 분석했다. 한마디로 이들 연구결과에 의하면, 합리적 사고력 증진에 관한 대학교육의 효과를 단순하게 평가하기는 어려운 것 같았다.

Lehman과 Dressel(1962, 1963)은 대학 신입생 시절부터 졸업반까지(1958~1962년) 성장 가능한 비판적 능력에 관해 연구했었다. 비판적 능력의 향상 정도를 측정하기 위해 동원된 측정도구는 미국교육연합회(American Council on Education)가 고안한 비판적 사고력검사(Test of Critical Thinking)였었다. 비판적 사고력검사는 문제발견, 진술 혹은 진술되지 않은 연구의 가정을 인지하기, 연구자료 수집, 가설설정, 결론도출 능력 정도를 측정하는 도구였다. Lehnmn과 Dressel은 두 가지 연구결과를 제시했었다. 즉 첫째, 비판적 능력은 고학년이 될수록 향상된다. 둘째, 그러나 향상의 속도 및 정도는 학년에 따라 서로 다른 것 같다. 왜냐하면 비판능력은 3 · 4학년 시절보다 1 · 2학년 시절에 월등히 향상되는 경향이 있었기 때문이다.

Trent와 Medsker(1904) 역시 다면적인성검사(Omnibus Personality Inventory)를 활용, 대학생들의 합리적 사고력 증진 여부를 측정했었다. 연구대상은 4년제 대학졸업생, 대학중퇴 후 직업을 갖고 있는 자, 대학을 다니지 않는 자들이 있다. Trent와 Medsker의 연구결과에 의하면 두 가지 사실이 발견될 수 있었다. 즉 첫째, 남자의 경우 대학교육 수혜경험여부에 구애하지 않고 내면적 사고력은 증진된다. 심지어, 대학중퇴자들의 내면적 사고력 증진에 관한 점수는 대학졸업생의 점수보다 높은 경우도 있었다. 둘째, 여자의 경우 대학교육은 내면적 사고력 증진에 결정적인 역할을 담당하는 것 같았다. 예를 들어 대학을 다니지 않은 여자의 경우, 내면적 사고력의 점수는 대학졸업생보다 훨씬 떨어지고 있었다(참고: 표 10).

표 10. 대학교육 수혜 정도와 내면척 사고력 사이의 관계 *
(평균표준점수)

	남 자			여 자		
	1959	1963	득점차	1959	1963	득점차
대학 4년 졸업자	48.62점	51.76점	3.14점	50.24점	53.74점	3.50점
직장인(대학경험 없음)	41.31	43.57	2.26	43.57	42.88	−0.69
주 부(대학경험 없음)	−	−	−	44.41	41.91	−2.50
대학중퇴(1-3년 정도)	45.06	48.47	3.81	46.41	47.07	0.66

* Trent & Medsker, 1968, pp.301-304에서 특정 부분만 발췌했음.

한마디로 Feldman과 Newcomb에 의한 각종 연구결과의 요약, Leh-man과 Dressel의 연구결과, Trent와 Medsker의 연구결과를 종합하면, 한 가지 사실이 분명하게 도출된다. 즉 대학생들의 합리적 사고력 배양이 대학교육에 의해 촉진된다는 결정적인 주장은 가능한 삼가야 한다는 사실이 도출된다. 다시 말해서, 대학생의 자주적 · 비판적·합리적 사고력증진은 대학교육을 통해 구체적인 지식획득의 증진만큼 향상되지 않고 있다고 판단된다. 창의력 부문에서도 제한된 대학교육의 효과가 발견된다. 왜냐하면 Feldman과 Newcomb(1969, Vol. Ⅱ. p.38)이 검토한 세 연구들(즉 Flacks, Chickering, Stewart의 연구)에 의하면, 대학교육에 의한 창의력 증진은 미진한 정도에 그치고 있었기 때문이었다.

전체적으로 요약하면, 대학교육에 의한 인지적 성장 혹은 학업적 결과에 대한 촉진기능은 불완전한 상태에 머물러 있다. 왜냐하면 어떤 영역은 부분적으로 대학교육에 의해 성장된다. 그러나 어떤 부문은 꼭 대학교육에 의한 결과만으로 판단하기도 어렵기 때문이다. 결국 대학교육은 인지적 성장을 위한 것이다라는 묵계적인 가정은 재고될 필요가 있는 셈이었다.

그렇다면 왜 대학교육은 부분적으로만 대학생의 인지적 성장을 촉진하고 있는가? 최소한 네 가지 이유가 있을 수 있다. 첫째, 대학생들의 사회경제적 배경이 학생들의 학업적 성취에 일정한 영향을 줄 수 있기 때문이다. 많은 연구들(참고: Bressee, 1957; Coster, 1959; Friedhoff, 1956; Gibboney, 1959; McKnight, 1958; McQuary, 1953; Mueller & Mueller, 1953; Noll, 1960; Rosen, 1956; Knief & Stroud, 1959; Ratchick, 1953; Travers, 1949; Colennn, 1966; Jencks, Smith, Acland, Bane, Cohen, Gintis, Heyns & Michelson, 1972)은 가정의 사회경제적 지위가 교육결과의 결정 인자라고 판단하고 있다. 특히 Coleman에 의하면, 학교요인은 학생의 교육결과에 어느 정도 영향을 갖고 있었다. 즉 학교의 시설, 교과과정, 교사의 자질 등은 학생의 학업성취에 어느 정도 영향을 주고 있었다. 그러나 학업성취에 관련된 학교요인의 힘은 가정배경의 힘을 능가하지 못했다. 결국 학생들의 가정배경이 학생의 교육결과에 절대적인 힘을 행사하고 있었던 것이다. 따라서 Coleman은 가정의 사회경제적 지위변인이 학생의 교육결과를 결정하는 결정인자라고 판단할 수밖에 없었다.

Jencks와 그의 동료들은 Colman의 보고서를 재분석했다. 재분석의 결과는 Coleman이 내린 결론의 타당성을 입증하고 있었다. 왜냐하면 학생의 교육결과에 영향을 줄 것이라고 기대되었던 학교의 질에 관한 요인은 교육결과의 약 5% 미만 정도만을 설명할 뿐이었기 때문이었다. 그러나 학생의 가정적 배경은 교육결과의 약 60%를 설명하고 있었다. 따라서 Jencks와 그의 동료들에게 있어서도, 학생의 가정적 배경은 학업성취의 결정인자일 수밖에 없었다.

그러나 모든 연구가 부모의 사회경제적 지위를 교육결과의 결정적인 인자로서 판단하고 있지는 않았다. 예를 들어 어떤 경험적 연구들(참고: Boyce, 1956; Davis, 1956; Davis & Frederikson, 1955; McArthur, 1954, 1960; Shuey, 1956)은 학업성취와 관련된 부모의 사회경제적 지위의 부정적 효과들을 보고하고 있었다. 그럼에도 불구하고, 교육결과와 가정배경 사이의 관계에 관한 서로 다른 결과·해석들이 가정의 사회경제적 지위가 교육결과에 일정한 영향을 끼친다는 사실을 부정하고 있지는 않음에 주의할 필요가 있다. 왜냐하면 모든 연구들이 가정의 사회경제적 지위는 교육결과에 일정한 형식으로 영향을 미치고 있다고 결론짓기 때문이다. 단지, 영향의 방향이 긍정적이거나 부정적이었을 뿐이었다.

영향의 방향이 서로 달랐던 이유가 있을 수 있었다. 그것은 연구자들이 동원한 방법론(예; 표집선정의 문제)이 서로 달랐기 때문이었다. 예를 들어 Davis(1956), Davis 와 Frederikson(1955) 등은 Princeton 대학생을 연구표집으로 삼았었다. 이들의 연구에 의하면, 공립학교 고등학생들은 대학 1-2년 동안 사립학교 출신 학생들보다 학업성취에 있어서 월등히 높은 성적을 나타냈었다. 그러나 두 집단 사이의 개인능력의 차이는 발견되지 않았었다.

그렇다면 왜 사립고등학교 출신 학생들이 학업성취도가 낮았는가? 대답은 Princeton 대학의 문화와 연관지어 해석할 수 있었다. 즉 일반적으로 Princeton 대학에 입학하는 학생들 중, 사립고등학교 출신들은 상위의 사회경제적 지위집단 학생들이었다(참고: McArthur, 1954). McArthur(1960)에 의하면, 미국 동부의 사립대학교 학생집단들은 대부분 중류층의 자녀들로 형성되어 있었다. 중류층의 자녀들은 사립고등학교에 다녔다. 즉 대학예비교에 다녔다. 반면, 대부분의 중·하류층 가정의 자녀들은 공립고등학교에 다니고 있었다.

미국 동부의 중상층 가정들은 과업지향·성공이라는 가치관을 중요시여기고 있지 않았다. 이 점은 특기할 만했었다. 왜냐하면 일에 대한 성공가치관은 미국인의 전형적 가치관으로 인식되어 왔었기 때문이었다. 즉 성공적인 일의 가치관에 따른 개인주의, 미래지향적 시간관 등이 미국인의 전형적 가치관이었기 때문이었다. 그러나 McArthur의 조사와 판단이 따르면, 미국 동부의 중상층은 과거지향적 시간관을 갖고 있었다. 과거 지향적 시간관은 지속적인 가계와 신분(lineal ancestors)관으로서 융해되어 있었다. 한마디로 가계와 신분에 걸맞는 신사도를 유지하는 것이 중상층의 가치관으로 인식되었다. 결국 McArthur의 판단에 의하면, Davis(1956)의 연구는 두 가지 사실을 분명하게 지적하고 있었다. 즉 첫째, 공립고등학교 출신 학생들은 대부분 낮은 사회경제적 지위를 갖는 가정의 출신들이었다. 이들은 명문대학의 교육을 통해 신분획득(enhancing of status)을 도모하고 있었다. 둘째, 사립고등학교 출신 학생들은 자기들이 갖고 있는 기존의 신분을 유지하려고 했었다. 즉 명문대학을 졸업한다는 그 사실만이 중요했다. 따라서 이들에게 대학에서의 학업성취는 거의 큰 문제로 등장하지 않았던 것이었다.

부모의 사회경제적 지위가 자녀의 사회적 출세와 긍정적인 상관관계가 있다는 사실은 한국사회에서도 경험적으로 증명되어 왔다. 예를 들어 이상백과 김채윤(1966)이 보고한 한국사회의 계층연구에 의하면, 자녀의 직업, 지위는 부모의 사회경제적 지위로부터 상당한 영향을 받고 있었다. 이상백과 김채윤은 서울시내 소재대학에서 가르치는 교수(N=378)들의 가정 배경, 학력 등을 조사한 바 있었다. 이상백과 김채윤의 주요연구결과는 두 가지로 요약될 수 있다. 첫째, 조사연구 대상에 들었던 교수들의 아버지는 대체로 높은 학력의 소지자들이었다. 교수들의 장인 역시 전문학교, 대학 등 근대적 교육을 받은 '이른바 하이칼라'(이상백과 김채윤, 1966, p.174)들이었다. 둘째, 교수들의 아버지가 유지하고 있었거나, 현재의 직업 역시 전문직이었다. 한마디로 교수의 아버지는 직업적 지위가 상당히 높았었던 셈이었다. 교수의 아버지가 농업에 종사하는 경우, 대부분은 일정한 토지, 경작지를 갖고 있는 부유한 지주층(69.18%)에 속해 있었다. 교수들의 장인이 갖고 있었던 직업 역시 전문직들이었다. 이상백과 김채윤에 의하면, 교수들의 처가와 처가친지들의 학력이나 직업적 지위는 교수들의 아버지가 갖고 있는 학력 정도나 직업적 지위보다도 일반적으로 더 높았던 것으로 판단되고 있다. 이상백과 김채윤은 장인과 교수, 장인과 교수 아버지간의 관계 및 이들이 각기 갖고 있는 학력, 경제적 지위간의 차이를 설명할 수 있는 자료를 제공하지는 않았다. 따라서 편의상, 한 가지 추론만을 시도해 볼 수 있었다. 즉 교수들의 처가는 일반적으로 교수들의 집안이 자기들의 집안보다 낮은 지위에 있더라도 구애받지 않았을 것이다. 왜냐하면 사위가, 혹은 사위될 사람이 교수라는 사회적 지위를 고려했을 것이다. 즉 교수라는 사회적 지위는 해당 교수집안의 경제적 어려움을 상쇄시키는 비가시적 힘을 갖고 있었을 것으로 판단했을 것이다. 따라서 의도적으로 교수사위를 받아들이는 데 별다른 조건을 요구하지 않았을 것이다. Trent와 Medsker(1969)의 연구에 의하면, 사회경제적으로 낮은 계층의 남자 졸업생은 사회경제적으로 부유한 계층의 졸업생보다 대학 생활을 통해 내면적 사고력을 더욱더 증진시키고 있었다. 그러나 여자 졸업생의 경우는 남학생과 달랐다. 왜냐하면 사회경제적으로 부유한 계층에 속해 있었던 여학생은 낮은 사회계층의 여학생보다 더 높은 내면적 사고력 점수를 기록했기 때문이었다. 사회계층에 관련된 지적 능력의 향상현상은 직업세계의 영향과도 일정한 관련이 있는 것 같았다(참고: Becker, 1964).

둘째, 졸업 후 택할 진로결정 역시 대학교육을 통한 일방적 지적 성장을 저해할 수 있기 때문에, 대학생들의 인지적 성장은 부분적으로 촉진될 수 있었다. 예를 들어 Becker에 의하면, 대학생들은 대학에서부터 중산층의 직업세계에서 활용될 수 있는 특정 지식을 일차적으로 학습한다. 즉 중산층 직업구조가 강조하는 체제의 요구(institutional motivation)에 적합한 지식, 인지적 태도 등을 우선적으로 학습하게 된다. 결국 중산층의 직업구조가 요구하는 것을 대학이라는 기관이 대변·훈육하는 셈이다(참고: Bowles & Gintis, 1976; Jencks, 1979). 결국 대학생은 사회계층과 관련된 제도가 요구하는 것을 일차적으로 배워야만 하는 것이다. 왜냐하면 대학의 체제는 직업구조가 요구하는 체제적 요구와 일치하도록 강요받기 때문이다.

셋째, 대학기관(organization)이라는 제도적 장치와 조건들 역시 대학교육을 통한 대학생들의 인지적 성장에 제한적인 영향을 발휘하고 있을 수 있기 때문이다. 예를 들어 Feldman과 Newcomb(1969)은 학생들의 인지·비인지적 성장을 결정하는 요인들을 일목요연하게 열거한 바 있다. Feldman과 Nemcomb에 의하면, 해당 대학기관에 대한 사회적 평가, 선발되는 신입생들의 특성, 대학 내부의 환경, 대학의 규모, 대학의 분화 등의 요인들은 대학기관의 욕구와 학습에 일정한 영향을 끼친다. 특히, 대학기관의 욕구는 대학생들의 학습활동에 일정한 영향을 발휘하는 세력으로 표출된다.

Becker에 의하면;

> "(대학생은) 무엇인가 배워야만 한다. 왜냐하면 그가 속해 있는 기관이 무엇인가 배워야만 한다고 강조도 하고, 또 무엇인가를 배워야 할 것으로 일목요연하게 지적해 놓기 때문이다. (결국) 대학은 개인적인 욕구와 기관의 욕구를 접합시키는 현장을 제공하는 것이다. 대학생은 최소한 학사학위가 필요해서 배운다. 실제로 학위를

얻으려면 대학이 배우라고 처방해 놓은 이것저것을 안 배울 수가 없는 것이다. 이런 장기적 안목과 더불어 필수불가결하게 부착된 목표는 학생들에게 일련의 동기를 불러일으킨다. 즉 지겹기 그지없고, 어린 아이 장난 같고, 엉성하기 그지없는(대학의) 욕구들을 충족시켜 주기 위해 교실에 계속 머물러 있어야 한다. 실제로, 그런 동기를 부여하고도 있다. 대학생들은 자기 앞에 떨어져 있는 장애물을 극복하기 위해 배운다. 단지, 대학생이라는 이유 때문에, 또 대학에 다니고 있다는 이유로 인해 학생들은 꼼짝없이 대학이 부과해 놓은 장애물을 극복하기 위해 배우는 것이다.”(p.17)

Becker의 논지에 의하면, 모든 대학이 동일한 인지적 내용을 가르치고 있는 것 같지는 않다. 왜냐하면 대학이라는 기관이 강조하는 체제의 욕구가 서로 동일할 수는 없기 때문이다. 체제욕구를 대변하게 되는(참고: Parsons & Platt, 1973)교수의 활동 역시 모든 대학에 걸쳐 하나같이 동질적일 수도 없다. 예를 들어 모든 대학이 동일한 자격을 갖춘 교수진을 확보하고 있다고 판단할 수도 없다. 또한, 모든 교실이 지적인 상호작용의 교류처라고만 판단할 수도 없다. 따라서 대학기관의 욕구가 구체적으로 실현되는 교실의 상황은 다양할 수밖에 없다. 즉 어떤 학생은 주 20시간 이상을 망상(daydreaming)으로 보낼 수도 있다. 반면, 어떤 학생은 자발적으로 교수의 도움 없이도 수업에 참여하여 교과목을 배워나갈 수도 있다.

넷째, 과정변인(process variable)으로서의 교수의 수업현장, 수업능력 등은 대학생들의 인지적 성장과 밀접한 관계가 있는 것으로 판단될 수밖에 없는 셈이었다. 왜냐하면 수업·강의현장에서 교수는 일정한 집단을 이끌어 나가는 두목, 교통순경, 간수, 스승, 학자 등의 역할(참고: Jackson, 1968)을 발휘할 수밖에 없기 때문이다. 따라서 학생들의 지적 성장에 관한 교수의 영향력은 배제할 수 없는 셈이었다. Wilson, Goff, Dienst, Wood와 Bavry(1975)는 미국의 Chabot대학, Hofstra대학, Bard대학, Puget Sound대학, U. C. Davis, U. C. L. A.

등 6개 대학 1,069명교수와 재학생을 대상으로 교수가 대학생들에게 끼치는 영향관계를 연구한 바 있다. 특히, **Wilson**과 그의 동료들은 효과적인 교수의 특성을 알아보기 위해 두 가지 분석을 수행했다. 첫째, 교수들로 하여금 동료교수 중 가르치는 데 있어서 모범적인 교수를 추천하게 했다. 2명 이상의 추천을 받은 사람이 137명이었다. 추천을 받지 못한 교수는 525명이었다. 둘째, 학생들로 하여금 수업에 있어서 가장 모범적인 교수를 지명하게 했었다. 2명 이상의 추천을 받은 교수는 97명이었다. 한 학생의 지명도 받지 못한 교수는 609명이었다.

동료교수의 지명추천을 받은 교수들의 특성은 다섯 가지로 요약될 수 있었다. 첫째, 나이가 많은 교수들이 지명되었다. 둘째, 대학에서 학문적인 명성이 있는 교수였었다. 셋째, 교직경력이 오랜 교수들이었다. 넷째, 연구경력이 많은 교수들이었다. 다섯째, 이들 추천된 교수들은 한 가지 공통점이 있었다. 학생이 시험에 낙제했을 때, 이들 교수는 교수보다도 학생의 잘못을 우선적으로 지적했었다. 반면, 학생들의 지명을 받은 교수들의 특징은 세 가지 정도로 간추릴 수 있었다. 첫째, 연령에 구애하지 않고 교수들을 지명했다. 둘째, 연구보다는 수업시간에 충실한 교수들을 모범적인 교수라고 지명했다. 셋째, 학생들과 교과 이외의 문제(예: 정치적 문제)도 수업현장에서 논의, 토론하는 교수들을 지명했다. 결국 모범적인 교수에 대해 학생과 교수들은 서로 다른 기준을 갖고 있는 셈이었다. 그럼에도 불구하고, 이들 학생·교수의 판단·추천 사이에는 세 가지 공통점이 발견필 수 있었다. 즉 첫째, 모범적인 교수는 수업에 많은 정력을 쏟는 사람들이다. 둘째, 모범적인 교수는 가르치는 과목을 흥미 있는 동시에 진지하게 이끌어나가는 사람들이다. 셋째, 모범적인 교수는 학생들과 잦은 상호접촉과 일체감을 형성하는 사람들이다라는 세 가지 공통점이 발견될 수 있었다.

이런 주장은 한국의 대학에서도 어느 정도 타당성을 갖는다. 예를 들어 최정훈과 한종철(1971)의 연구에 의하면, 학생들은 교수에게 사회에 대한 봉사보다는 개인적 지도, 충실한 강의진행 등이 우선적이어야 한다고 요구했다. 결국 대학생들의 지적 호기심, 지적 성장은 강의·수업현장과 밀접한 관계가 있는 것으로 판단되게 되는 것이다. 교수에 의한 흥미 있는 수업전개, 밀접한 인간관계 유지, 수업에의 집중적인 투자 등은, 한국의 대학실정으로 판단할 때, 이상적일 수도 있었다. 왜냐하면 한국 대학에서의 교육방법은 보수성을 대변하고 있기 때문이다. 예를 들어

> "……대학의 교수방법은 시계 바늘보다도 늦게 변화하고 있다. 아직도 대학에서 가장 많이 사용되고 있는 것은 칠판, 백묵, 교재 한 권에다 교수의 목청과 독무(獨舞)를 요구하는 일인극이 대종을 이루고 있다."(황정규, 1980, p.129)

따라서 교수방법, 강의내용 불충실 등에 대해 학생의 불만은 커질 수 있는 셈이었다(참고: 최정훈과 한종철, 1971). 결국 어떤 교실 수업현장은 학생들의 지적 호기심·창의력을 감소·억제시킬 수도 있는 것이었다(참고: Bowen, 1978, p.84). 한국의 대학 강의도 학생들의 지적 호기심, 창의력을 감소시키고 있다고 지적됨에 주목할 필요가 있었다. 예를 들어 Underwood(참고: 박상호, 1971, p.212)에 의하면;

> "……한국 대학교육의 가장 큰 폐단은 오늘날 한국에서 비판력, 사고력, 평가의 능력, 선택의 능력을 기르려는 노력을 볼 수 없다. 고등교육에 대한 정의의 하나는 교육은 사람의 고등능력 즉 두뇌를 발달시키는 과정이라고 한다면, 이러한 정의에서 볼 때 오늘날 한국에는 고등교육이 전혀 없다. 한마디로 대학생의 창의력 감소·억제는 대학 강의현장에서 길러지는 것이다. 왜냐하면 판서, 강의, 베껴쓰기, 기억 가다듬기 식의 강의는 창의성을 말살하기 위한 강의나 다름없기 때문이다."

표 11. 학교 교육내용에 대한 학생들의 만족도*　(N=898)		
학교 교육내용에 관한 문항	빈도율	누가빈도율
우리에게 필요한 것을 아주 잘 가르쳐 주고 있다	0.4%	99.9%
우리에게 필요한 것을 어느 정도 가르쳐 주고 있다	18.2	99.5
그저 그렇다	28.0	81.3
학교에서 가르치는 것에 불만이 적지 않다	37.5	53.3
아주 불만이다	15.8	15.8

* 고영복. 한국 대학생의 의식과 사상.「현대사회」, 1982, 봄호, p.21의 도표를 독자의 이해를 돕기 위해 재구성했음.

　　교수의 강의에 대한 한국 대학생들의 불만족 현상은 한국 고등교육계에 있어서 새로운 현실은 아닌 것으로 나타난다. 예를 들어 고영복(1982)의 조사연구에 의하면, 한국의 24개 주요 대학의 재학생들(N=898)은 교수들의 강의에 만족하고 있지 않다고 반응했다(81.3%). 교수들의 강의에 불만족하다고 반응한 81.3%는 대학교육 내용에 관한 항목 중, 그저 그렇다(28.0%), 학교에서 가르치는 것에 불만이 적지 않다(37.5%), 아주 불만이다(15.8%)에 보인 반응률을 합산한 결과이었다(참고: 표 11). 학생들이 교수들의 강의에 불만족스럽게 반응하도록 유도한 주원인은 강의시설의 낙후·불비에 있었다. 그러나 강의내용의 비현실성 및 빈약성, 교수 1인당 과다한 학생수, 교수의 낮은 질 등도 역시 학생들의 불만을 야기시켰었다. 결국 한국 대학생은 강의시설의 부족과 더불어 교수의 강의법, 강의내용과 관련된 대학교육에 불만족하고 있다고 판단된다.

　　그렇다면 과연 대학강의의 어떤 요인들이 대학생들의 지적 성장, 학업성취에 긍정·부정적인 영향을 끼치고 있는가는 연구해 볼 만한 것이다. 본 연구에서 이 질문은, 대학교수의 강의내용, 형식, 평가방법 등과 대학생들의 지적 성장 사이의 관계를 알아보기 위해 제기되었다. 대학교수의 강의내용, 형식 등을 대학생들에게 판단·반응하게 한 이유가 있었다. 왜냐하면 교수들의 강의는 기술(technique)로서보다는 예술(art)로 비유되고 있기 때문이었다(참고: 홍웅선, 1979). 결국 예술적인 표현을 보고, 느끼고, 배우는 학생들의 판단·감각은 관객, 감상자, 학습자의 입장에서보다 현실성을 갖고 있는 셈이다. 왜냐하면 학생들은 예술의 내용이 표현되는 형식을 통해 예술의 내용을 음미하는 입장에 있는 관객에 비유되기 때문이다. 즉 관객은 관람이라는 현실적인 감각으로 예술 활동에 참여하고 있기 때문이었다. 따라서 먼저, 대학교수의 역할과 강의의 기능을 집약적으로 간단하게 기술해 볼 필요가 있는 것이다. 다음절에서는 대학교수의 강의에 대한 판단 근거가 논의되게 된다.

大學敎授의　講義에　대한　判斷

　연구문헌들에 의하면, 대학교수의 역할은 다양한 것으로 나타난다. 대학교수는 일반적으로 다섯 가지의 기능을 발휘해야 한다고 판단된다. 즉 교수는 가르치는 기능, 연구의 기능, 학생지도의 기능, 행정사무집행 가능, 사회봉사의 기능을 갖고 있다고 판단된다(참고: 크리스챤 아카데미, 1982). 다섯 가지 교수의 기능에 의하면, 대학교수는 대학교육에 관한 한 모든 일을 골고루 담당하는 교사로서 존재해야 하는 셈이었다.

　따라서 교사로서의 대학교수는 한 가지 모습만을 갖고 있을 수는 없게 된다(참고: Combs, Blume, Newman & Wass, 1965; Highet, 1950). 왜냐하면 교사로서의 대학교수는 안내자(a guide), 선각자(a teacher), 중개자(wodernizer: a bridge between generations), 예시적 인물(a model: an example), 탐구자(a searcher), 상담자(a counsel1or), 창조자(a creator), 권위자(an authority), 예언자(an inspirer of vision), 기술자(a doer of routine), 혁신자(a breaker), 만담가(a storyteller), 연극인(an actor), 도안가(a scene designer), 지역사회의 여론가(a buildery com munity), 학습자(a learner). 현실 참여자(a facer of reality), 해방자(an emancipator), 평가자(an evaluator), 지도자(a conserver; one who redeems or saves), 성취자(a culminator), 참인간(a person) 등의 모습을 갖고 있기 때문이다. 한마디로 교사로서의 대학교수는 다면적인 인물인 것이다(참고: Pullias & Young, 1968).

Highet(1950), Combs와 그의 동료들(1965), Pullias와 Young(1968) 등이 제시한 훌륭한 교사상은 한국 학자들에 의해서도 타당성 있는 교수의 자질들로서 평가받는 것 같았다(참고: 정재철, 1975; 김종철과 그의 동료들, 1967). 예를 들어 김종철과 그의 동료들은 대학교수 자질향상에 관해 다섯 가지 교수상을 제시한 바 있다. 즉 학자, 강의자, 인격지도자, 사회봉사자, 행정참여자 등의 다섯 가지 속성이 한국 대학교수가 지녀야 할 자질이라고 판단되었었다. 그러나 김종철과 그의 동료들이 제시한 다섯 가지의 교수자질이 모든 학자들에게 공감을 주고 있는 것 같지는 않았다. 왜냐하면 바람직한 한국 교수의 자질로서보다 강조되어야 할 것은 학자로서의 학문연구 기능이어야 한다는 견해도 제시되고 있기 때문이다(참고: 박이문, 1982; 민두기, 1963; 신동욱, 1972; 정재천, 1975). 예를 들어 민두기는 한국의 학자는 교수일 수밖에 없다고 상징한다. 학자로서의 교수는 학문연구자이어야 한다. 그러나 많은 한국의 교수들은 학자일 수가 없었다(민두기, 1963). 왜냐하면 "학구하는 학자"보다 "학구했던 학자"들이 많기 때문이었다. 예를 들어 한국의 교수는 네 가지 부류로서 혼합구성 되어 있다고 판단된다(민두기, 1963). 첫째, 일제시대 때 연구·교수했던 관학자류 출신 교수, 둘째, 일제시대 때 전문교육을 받았던 행정관류, 기술직 종사자, 혹은 초·중등교원 출신류 교수, 셋째, 해방전후 대학 출신, 혹은 독학파 교수, 넷째, 해방 후 국내 대학에서 관학자류, 행정관류, 독학파 출신 학자들에 의해 사사받은 신진 학자류 등이 한국 교수계를 형성하고 있다고 판단된다. 물론, 민두기의 한국 학자론에는 해방 이후 구미제국에서 공부, 귀국한 대학교수의 위치를 전혀 고려하지 않은 약점이 있는 것도 사실이다. 그럼에도 불구하고, 민두기의 한국 학자론은 세 가지 시사점을 제공한다. 첫째, 한국의 교수계에는 학문연구보다는 인간관계상 학자들 사이의 갈등이 있을 수 있다는 시사점이 제공된다. 둘째, 일반적으로 한국 학자들에게는 학문적 열성이 결여되어 있다는 시사점도 제공받게 된다. 따라서 셋째, 학문을 연마·연구하는 정열이 결여된 학자들은 교수로서 부적절 하다는 함의까지 제공받을 수 있었다.

박이문(1982)은 보다 직설적으로 대학교수의 자질을 논했다. 박이문에 의하면, 대학교수의 자질은 진리추구에 있을 수밖에 없었다.

> "(대학교수는) 훈육주임도 목사도 보살도 아니다. 교수에게 도덕가가 되기를 바라는 것은 전혀 초점을 잃은 요구인 것이다. 대학교수의 유일한 도덕적 원칙이 있다면, 그것은 진리와 완벽의 이상에 충실하여 어떤 경우에도 이를 포기하지 않는 정직한 태도이다"(p.246)

그러나 박이문, 민두기 등도 결코 교수의 다면성을 부정한 것은 아니었다. 왜냐하면 민두기 역시 대학교수의 중요한 자질로서 후진을 사랑하는 마음을 지적했었기 때문이었다. 박이문 역시 대학교수의 자질로서 고도의 지식개발만을 의미하지 않았다. 또 다른 품성이 있을 수 있었다. 예를 들어 지식 전달자로서의 학생교육자다운 품성 역시 대학교수가 갖추어야 할 요건이었다. 결국 민두기, 박이문의 주장을 종합하면 한 가지 결론이 가능했다. 즉 교수의 다면성은 학자로서의 자질 함양과 불가분의 관계에 있는 것이다라는 결론이 가능했다.

왜 교수는 다면적인 모습을 갖고 있는가? 이 질문에 대한 대답은 직선적일 수밖에 없다. 한마디로 학생을 위해서라고 말할 수 있다. 즉 학생에게 일정한 교육적 결과를 맛보게 하기 위해서이다. 교육적 결과는 만남과 대화, 판단의 부산물이다. 만남과 대화, 판단은 가르치는 행위(teaching)로써 집약되게 된다. 따라서 대학교육에 있어서 대학교수들의 가르치는 기능은 중요한 것이다.

강의와 가르침의 중요성은 중세초기 대학에서도 구체적으로 예시되어 왔다. 중세기에 있어서 대학교수는 승려나 저명인사(literati)들이었다. 이들은 교사의 역할에 대해 합일적인 견해를 갖고 있었다(참고: Wilson, 1962). 그것은 학문 추구였었다. 예를 들어 서기 1,100년경, Bologna 대학에는 처음으로 Pepo라고 불리는 대학교수의 이름이 등장한다. 1,140년경에는 Gratian이라는 대학교수의 이름도 나타난다. Pepo나 Gratian 등은 교회법(cannon law) 혹은 일반 법률이론 형성에 선각적인 역할을 담당했던 인물들이었다. 한마디로 Bologna 대학의 발전은 대학교수의 학문적 발전에 의한 것으로 판단된다(참고: Haskins, 1923).

학문의 발전, 학문의 추구는 학생과의 대화, 강의에서 노출되게 된다. 왜냐하면 강의는 학문에 대한 정열의 구체적 결정체의 표현이기 때문이다. 따라서 초기대학 교수들의 강의는 현대식 강의법과 견줄 만한 것으로 평가되기도 한다. 예를 들어 Bologna대학의 Odofredus라는 교수는 학생들에게 자기가 강의할 내용을 차근차근히 전달하고 있었다. 즉;

"……첫째, 본인은 다음 장으로 넘어가기 전에 각 제목의 내용을 여러분에게 요약해 드리겠습니다. 둘째, 가능한 한 각 법률 중에서 중요하다고 판단되는 내용을 간단명료하게 진술하겠습니다. 셋째, 틀린 점을 바로잡기 위해 본문을 읽어 내려가기로 하겠습니다. 넷째, 법률내용은 간단하게 반복될 수도 있습니다. 다섯째, 필요하다면, Brocardica라고 불리는 일반 법률 원칙을 첨부해 가면서, 나타난 모순점을 고쳐나가기도 하겠습니다. 또한, 해당 법조항과 문제해결에 관련되어 등장할 수도 있는 문제점이나, 어려운 점, 혹은 차이점을 논하기로 하겠습니다. 하나님이 허락하시는 한도 안에서 최선을 다해 그러한 문제점들을 취급하겠습니다. 어느 법률 조항의 난해도라든가 훌륭함에 있어서 반복되어 검토될 필요가 있다면, 오늘저녁에 검토의 시간을 마련하겠습니다. ……."(Haskins, 1923, pp.58-59).

한마디로 중세기 대학의 교수가 중요시 여겼던 대학교수의 역할이 있었던 셈이었다. 그것은 지식전수였다. 지식전수에 관한 교수의 기능은 조직화된 형식적 강의 실시로 집약될 수 있었다. 교수·강의법의 중요성은 현대에 있어서도 타당하다. 왜냐하면 교사의 교수법, 강의법은 학생들의 교육결과에 일정한 영향을 미치기 때문이다. 예를 들어 Benett(1976)는 초등학교 교사의 교수양식(teaching style)이 학생의 학업성취(pupil achievement)에 미치는 영향을 연구한 바 있었다. Benett는 고사의 교수양식을 형식적인 방법과 비형식적인 방법, 혹은 형식·비형식의 혼합상태 등으로 구분했다. 형식적인 교수방법(formal teaching)은 일정한 준거에 의한 교수계획, 숙제 부과, 시험 치기 등을 동원하는 방법이었다. 반면, 자기학습 강조, 아동의 흥미에 따른 교과지도, 일방적인 평가방법 배제 등은 비형식적 교수방법을 대변했다. 연구대상은 초등학교 3·4학년 37학급이었다. 연구방법으로 면접, 관찰, 질문지법을 사용했다. 교육결과로서 읽기, 쓰기, 언어활용능력 등이 측정되었다.

연구결과는 직설적으로 진술되었다. 즉 형식적 교수방법에 의해 학습받은 아동들은 읽기, 쓰기, 셈하기 시험에서 높은 성적을 나타냈다. 비형식적인 수업방식에 의해 교육받은 아동들은 학우들과 협동하는 방법을 월등하게 배웠다. 그러나 작문능력 등은 기대 이하의 수준에 머물러 있었다. 따라서 Benett의 연구에 의하면, 형식화된 교수방법은 비형식적 교수·강의방법보다 학생들의 지적 능력 향상에 기여하는 것으로 시사 받을 수 있었다.

만약, Benett의 연구결과를 대학교육에도 적용시킬 수 있다면, 한 가지 추론이 가능하다. 즉 조직화된 교수방법을 쓰는 대학교육에 의해 학생들은 일정한 지적 능력을 향상시킬 수 있을 것이라는 추론이 가능하다. 따라서 중세기 대학교수들이 시도했던 일목요연한 강의법은 지성, 지식전수를 강조하는 철학적 대학 이해방법에 있어서도 언급되어야 할 타당성이 있는 교수론이었다.

그러나 현대의 대학교수들은 교수기능보다는 연구기능을 강조하고 있다(참고: Jencks & Riesnnn, 1968). Jencks와 Riesman에 의하면, 현대대학은 제1차 세계대전을 기점으로 대량 교육기관으로 변모해 버렸다. Jencks와 Riesnmn에 의하면,

"대학교수들은 청년을 가르치는 일에 점점 더 관심이 적어지는 것 같다. 반면 전공분야와 관련학문 발전을 위한 학문적 연구에 몰두함으로써 서로를 교육시키는 데 큰 관심을 집중시키고 있다. 학부교육(undergraduate education)은 날이 갈수록 학부 최고교육기관으로서의 성격(terminal enterprise)을 상실하고 있다. 단지, 대학원 예비학교로서 둔갑하고 있을 뿐이었다. 결과는 뻔하다. 고등교육은 이제 대부분의 국민에 의해 별 볼일 없었던 복고풍(marginal backward looking enterprise)의 성격을 상실하게 되었다. 이제 대학은 국민 총생산의 2%를 소비하는 거대한 산업(기업)이 되고 있다. 전체 국민의 4%정도를 직접적으로 상대하게 되었다. 따라서 사화전반에 간접적인 영향을 끼치는 산업이 된 것이다."(p.96)

Jencks와 Riesnnn의 판단에 따르면, 대학은 점점 장점사회(meritocracy)의 성격을 갖고 있는 셈이었다. 장점사회는 중산충의 가치관에 의해 운영되는 사회이다. 절대적인 가치판단이 배제되는 사회이다. 따라서 대학교수는 절대적인 가치판단을 학생들에게 강요하지 않고 있다. 또한, 대학교수들은 자기들을 독립된 전문가(independent professional)로서 판단하고 있다. 즉 전공학문 분야의 발전과, 동료와 자기 자신의 학문적 이해관계에 우선적인 관심을 갖고 있다. 따라서 교수들의 전문성 강조는 대학교수들에게 교수기능보다는 연구기능을 강조하게 만들었다고 판단되고 있다. 한마디로 Jencks와 Riesman은 19세기 후반의 대학원 창출이 학부교육에의 의도적인 영향력 감소를 야기시켰다고 판단하고 있다.

그러나 Jencks와 Riesman이 대학교수들의 교수기능을 부인하는

것은 아니었다. 또한, 대학교육에 있어서 대학교수의 중요성을 부인한 것도 아니었다. 오히려, 대학교육에 있어서 대학교수의 중요성을 Jencks와 Riesman은 강조하고 있었음에 주목할 필요가 있다. 즉 Jencks와 Riesnlan은 교수들이 수행하는 연구 활동이 교수의 훌륭한 선행조건임을 주장하고 있었다.

Veblen(1957)은 대학교수의 병폐를 두 가지 입장에서 비판한 바 있다. 첫째, 현학적인 대학교수들의 강의는 학생들의 창의성을 묵살할 만큼 잔인하기에 충분하다는 것이었다. 즉 무미건조한 암기, 지식위주의 고답적인 강의법은 대학생 자신에게 내재되어 있는 호기심을 추구하려는 본능과 자극을 말살시키기에 충분하다는 것이었다. Veblen에 의하면, 현학적인 교수방법은 표출된 교수들의 과시적 소비, 멋의 한 유형에 불과했었다. 둘째, Veblen은 교수의 무절제한 연구의욕이 대학을 일반 기업 혹은 관료들의 시녀에 불과한 위치(adulteration of disinterested academic work)로 전락시킨다고 판단한다.

Veblen은 대학교수의 본질이 진리의 추구와 전수에 있다고 보았다. 즉 Veblen에게 있어서, 대학교수는 지혜의 인간이었다. 지혜의 인간으로서 대학교수는 추상적인 것에 대한 이해를 중요시한다. 따라서 호기심이라든가, 이상 등에의 끊임없는 동경이 대학교수의 특징이었다. 즉 지혜의 인간으로서 대학교수는 연구한다. 연구하는 인간으로서, 대학교수는 자기 자신의 호기심을 충족시키기 위해서라도 진리추구에 집착하게 된다. 또한, 교수는 교사(teacher)로서 존재해야 한다. 교사로서의 대학의 교수는 강의·수업·저서 등을 통해 자기가 추구한 진리를 보존하고 전수하게 된다. 강의·저서를 통한 진리전수의 기능은 대학생들을 대학생스럽게 만드는, 혹은 지성의 사회로 이끌어 올리는 지렛대 역할을 담당하게 되는 것이다.

전체를 요약해 보자. Haskins, Jencks와 Riesman, Veblen 등은 대학교육에 있어서 대학교수의 역할을 중시한다. 그러나 중요시되는 내용·방향이 달랐다. 첫째, 대학교수들의 기능은 교사의 기능으로부터 연구자의기능으로 점차 바뀌어가고 있다. 둘째, 현대적 교수들의 지식전수 기능은 중세기 대학들의 교수기능에 비해 비교적 약화되고 있음을 시사 받을 수 있었다. 그러나 이들이 결코 대학교수의 강의, 수업 등에 대한 중요성을 잠식시킨 것은 아니었다. 왜냐하면 교육자의 안목으로 판단할 때, 인간으로서의 교수(professor)와 교육적 기능으로서의 가르치는 활동(teaching)의 본질은 수업(instruction)에 있었기 때문이었다.

수업 진행자로서의 교수는 두 가지 기능을 발휘한다. 첫째, 지식과 신념을 학생들에게 확인시켜 준다. 둘째, 학생들에게 일련의 준거틀에 따라 행동할 수 있게끔 돕는다. 다시 말해서, 학생은 인간으로서의 교수가 하는 언어적 행동, 비언어적 행동, 예시적 행동 등의 기능적 교수행위(functional teaching)에 의해 지식과 신념을 형성한다. 또한 일정한 행동을 유발·변형시키기도 한다.

다음 절에서는 대학교육의 결과들이 두 가지 형식으로 논의된다. 첫째, 대학교육의 결과로 파악된 각 논제들이 기존 연구결과와 관련, 분석·요약된다. 둘째, 분석·요약과 더불어 나다나는 문제제기들은 필요에 따라 빈도(frequencies), 상관관계, 중다상관관계, 회귀분석, 비구조화된 만속지적 기록(ethnography) 등으로 진술된다.

學業成就에 대한 經驗的 資料分析

본 연구는 예술형식으로서 나타나는 교수의 강의가 최소한 일곱 가지 요소에 의해 유도, 진행된다고 판단했다. 따라서 강의라는 예술작품을 감상, 혹은 참여하는 관객으로서의 학생은 일곱 가지 요소에 의한 표현양식을 평가하는 것과 일맥상통하게 된다. 결국 본 연구는 대학교수의 강의가 일정한 요소들로서 분할 될 수도 있다고 판단했던 셈이다. 다시 말해서, 일곱 가지 강의표현 요소가 제기능을 충분

히 발휘할 때, 대학교수의 강의는 효과적인 강의일 수 있다는 판단
이 본 연구에 숨어 있었다. 예를 들어 강의를 통한 교수와 학생 사
이의 접촉, 가르칠 내용의 조직화, 공정한 평가. 적결한 과제부여,
학생들이 배우도록 자극·유도하는 강의 '스타일' 등등이 겸비되었
다고 학생들에 의해 평가원 강의는 효과적이다라는 판단을 가하고
있는 셈이었다.

　본 연구는 '훌륭한' 강의는 무엇인가에 대해 논의하지 않고 있다.
즉 강의 내용의 질과 훌륭함에 관해 의도적으로 판단을 거부하고 있
다. 왜냐하면 본 연구는 강의내용이 학생들에 의해 일정한 양식으로
판단·평가될 수 있는 성질은 아니라고 판단하기 때문이다.

　결국 본 연구는 강의내용이 학생들에게 전달되는 방법, 양식, 형
태로서 강의의 효율성을 논의하고 있는 것이다. 즉 무엇을 가르칠
것인가 하는 강의내용에 대한 질의문제보다 내용이 어떠한 형식으로
전달되고 있느냐에 대한 학생들의 판단과 반응을 분석하는 것이다.

　학생들의 반응결과에 의하면(참고: 표 12), 효율적인 강의구성 요
소로 판단된 일곱 가지 변인들은 각 변인 사이에 높은 상관관계를
갖고 있었다. 즉 일곱 가지 변인들 간에 나타난 상관관계계수의 유
의도 수준은 1%였었다. 예를 들어 교수·학생 간의 유대변인과 평
가변인사이의 상관관계계수(r)는. 42(p < .001)이었다. 따라서 교수가
학생들과 빈번한 접촉을 가지면 가질수록 성적평가도 더욱더 공정하
게 처리하는 경향이 있다는 판단을 학생들이 갖고 있다고 설명할 수
도 있었다. 따라서 강의구성에 관련된 각 변인들은 어느 정도 신뢰
로운 강의구성 요소로서 판단 받을 수도 있는 셈이었다.

표 12. 일곱 가지 효율적인 강의구성 요소에 대한 판단과 학업성취 간의 단순 상관관계(r) *　　　　　　(N = 1,171)

변　　인	1	2	3	4	5	6	7	8	9
1. 교수의 강의태도	−								
2. 강의내용의 조직	.66	−							
3. 강의를 통한 상호작용	.50	.56	−						
4. 교수·학생 간의 유대	.52	.53	.50	−					
5. 강의내용의 폭	.55	.54	.51	.60	−				
6. 평가방법	.30	.38	.33	.42	.38	−			
7. 과제물 부과	.37	.41	.33	.45	.42	.43	−		
8. 평량평균(G. p.A)	.10	.11	.06	.15	.08	.08	.12	−	
9. 중간고사 성적	.01	.08	.04	.07	.07	.09	.02	.27	−

* 상관관계계수가　.08이상이면, $p<.005$수준임.

　　표 12에 의하면, 강의구성 요소와 학생들의 평량평균(G. p.A.) 간에는 일정한 정적 상관관계가 있는 것으로 나다났다. 예를 들어 강의실에서의 교수와 학생, 학생과 학생간의 상호작용 변인을 제외한 여섯 가지 변인(예; 교수의 강의태도, 강의내용의 조직, 교수와 학생간의 일반적 유대관계 평가방법, 과제물 부과)과 학생들의 평량평균 점수 간의 상관관계계수는 5% 수준에서 의의 있는 것으로 나타나고 있었다. 따라서 교수에 의해 주도되는 강의의 내용이 구체화되는 양식은 학생들의 성적에 일정한 영향을 준다고 판단될 수 있었다. 결국 대학교수의 강의는 학생들의 성적에 일정한 영향을 끼치는 결정인자일 수 있다는 판단을 내릴 수 있게 되었다.

　　그러나 이런 판단은 성급한 것으로 나타났다. 왜냐하면 교수강의 변인에 동원된 일곱가지 하부변인을 독립변인으로, 학생들의 평량평균점수를 종속변인으로 투입하고, 이들 간의 중다상관관계 분석을 시도했을 때 나타난 결과(참고: 표 13)는 기대 밖의 결과를 제시하고 있었기 때문이었다. 즉 일곱가지 변인의 힘(magnitude)이 평량평균을 설명할 수 있는 예언량은, 전체변량(variance) 100% 가운데

5% 정도밖에는 더 이상 설명할 수 없는 정도로 낮았기 때문이었다.

표 13. 교수의 강의 변인들과 평량평균 사이의 중다상관관계(R) *

독 립 변 인 군	중다상관관계계수(R)	결정계수(R²)	R²의 변화	회귀계수(Beta)
과제물 부과	.15	.02	.02	.11
교수·학생 간의 유대관계	.18	.03	.01	.13
강의내용의 폭	.19	.0.4	.01	−.10
강의내용의 조직	.20	.04	.00	.09
강의를 통한 상호작용	.21	.05	.01	−.07
교수의 강의태도	.21			.06
평가방법	.21	.05	.00	.01

* 결정계수(R²)는 각 변인(혹은, 변인의 합)이 전체변량 100% 중 일정한 부분을 점유한다고 판단하는 계수임. 예를 들어 과제물 부과(.02)는 평량평균에 관계된 전체변량의 2%만을 설명하고 있다고 해석할 수 있다.

결국 강의구성 요소는 학생들의 평량평균점수에 관한 결정인자가 아니었던 셈이었다. 이런 판단은 어느 정도 옳은 것 같았다. 왜냐하면 표 12는 강의에 대한 학생들의 판단과 중간고사 성적 사이에는 통계적으로 의의있는 상관관계가 나타나지 않고 있음을 보여주고 있기 때문이었다. 물론, 강의내용에 대한 조직화 정도의 변인과, 평가에 대한 판단변인을 예외로 판단했을 때 이런 주장은 타당했다.

대학교수의 강의에 동원되는 강의요소들이 학생들의 성적에 커다란 영향을 주지 않는다면, 어느 요인들이 학생들의 성적에 영향을 주겠는가? 이미 밝혔듯이, 많은 연구문헌들은 부모의 사회경제적 배경변인이 학생들의 성적, 학업성취(academic achievement)에 커다란 영향을 준다고 판단하고 있었다. 따라서 부모의 사회경제적 배경이 학생의 학업성취에 영향을 주는가를 살펴보는 일도 대학강의의 영향을 알아보기 위해 필요한 것 같았다.

그러나 나타난 결과인 표 14는 기대를 빗나가고 있었다. 왜냐하면 학생들의 평량평균점수와 부모의 사회경제적 변인(아버지의 교육,

장서보유 변인 제외) 간에는 통계적으로 의의 있는 상관관계계수가 전혀 나타나지 않았기 때문이었다. 따라서 중다상관관계 분석은 시도될 필요도 없었다. 왜냐하면 중다상관관계 방정식에 투입되는 부모의 사회경제적 변인들은 학생들의 평량평균에 관계된 변량을 10%정도 미만밖에는 더 이상 설명하지 못할 것으로 예측되었기 때문이었다.

표 14. 부모의 사회경제적 배경변인과 평량평균 변인 간의
단순상관관계(r) *　　　　　　　　　　　　　　　　　(N = 1,171)

변　인　군	1	2	3	4	5	6	7	8	9
1. 아버지의 교육 정도	–								
2. 어머니의 교육 정도	.70	–							
3. 아버지의 수입 정도	.47	.49	–						
4. 어머니의 수입 정도	.08	.14	.10	–					
5. 아버지의 직업 수준	.62	.49	.44	.07	–				
6. 어머니의 직업 수준	.22	.27	.10	.40	.28	–			
7. 재산소요 정도	.44	.46	.50	.11	.39	.14	–		
8. 장서보유 정도	.28	.23	.27	.03	.23	.12	.34	–	
9. 평량평균	.06	.00	.00	−.10	.01	−.03	−.05	.08	–

* 상관관계계수가 .08이상이면, p<.005 수준임.

표 14는 어머니의 수입이 많거나, 어머니의 직업수준이 높거나, 집에 재산이 많으면 많을수록 학생들의 평량평균은 낮은 경향이 있다는 기대 밖의 결과를 보여 주기도 하였다. 그러나 그러한 역상관의 관계가 통계적으로 일정한 유의도 수준을 유지하고 있지는 못했었다. 다시 말해서, 그저 그럴 뿐이라는 판단을 갖게 만들었을 뿐이었다.

　결국 부모의 경제적 지위 역시 대학생들의 학업성취를 결정하는 주요변인들은 아니었던 셈이다. 그렇다면 대학강의, 부모의 경제적 지위를 제외한 제 3의 변인군으로서 지위추구, 사회성, 정치적 성향, 혹은 학교분위기에 대한 만족도 등의 변인들은 학생들의 학업성취에

일정한 영향을 주고 있는가? 표 15에 의하면, 대학생들의 학업성취에 영향을 준다고 판단되는 변인은 학교분위기에 대한 학생들의 만족도(r=.07, p<.01)와 사회적 지위추구욕(r=.08, p<.005) 변인뿐이었다. 표 15에 나다난 변인군들을 중다상관관계 계수로서 분석했을 때, 학생들의 학업성취(평량평균)를 결정하는 결정계수(coefficient of determination: R^2)는 0.19이었다. 다시 말해서, 표 15에 투입된 변인들 즉 학생들의 여가 생활, 사회적 지위추구욕, 일반적 사회성, 권위주의 태도, 경청태도, 정치적 성향, 학교분위기에 대한 만족도 변인은 대학생의 학업성취에 관계된 전체변량 100% 중 거우 2% 정도만을 예언, 설명할 수 있었을 뿐이었다. 한마디로 이들 변인들 역시 학생들의 학업성취를 결정하는 변인들일 수는 없었던 셈이었다.

표 15. 학생의 성적과 사회성, 지위추구, 정치성향, 학교만족도 변인 간의 단순상관관계 *　　　　　　　　　　　　　　(N=1,171)

변　　인　　군	1	2	3	4	5	6	7	8
1. 여가 생활	−							
2. 사회적 지위추구욕	.12	−						
3. 일반 사회성	.08	.33	−					
4. 권위주의 태도	−.00	.17	.06	−				
5. 경청태도	.06	.20	.56	.03	−			
6. 정치적 성향	.03	.00	.01	.01	−.03	−		
7. 학교분위기에의 만족도	−.02	.01	.07	−.00	.00	.08	−	
8. 평량평균	.01	.08	.02	.05	.05	.01	.07	−

* 상관관계계수가 .07이면, p<.01, .08 이상이면, p<.005수군임.

　이제, 통계적 수치의 크기(magnitude)에 관계없이, 학생들의 학업성취를 결정하는 행로모형(path model)을 상정해 보자. 논리적으로는 이런 시도가 바람직하지 못하다. 왜냐하면 본 연구가 방법론(참고: 부록 Ⅰ)에서, 이론적 모형을 먼저 설정한 후에 통계적으로 이론적 모형의 타당성(goodness for fit with basic model)을 검증하는 것이 통계적 방법의 상례라고 지적했었기 때문이었다. 다시 말해서, 이론적으로 세워진 행로모형과, 모형의 타당성 검증을 위해 얻어진 자료(observed data) 간의 검증(test for goodness of fit)이 행로분석(path analysis)에 있어서 상례이기 때문이었다.

그러나 본 연구는 행로모형의 타당성에 대한 분석보다는 개설적 연구로서 계속될 추후연구를 위해 행로모형을 설정하기로 하였다. 즉 앞으로의 유사연구나 후속적 보충설명을 위해, 본 연구는 나타난 자료를 중심으로 학업성취에 관계된 단순행로모형을 설정해 보려고 시도했었다. 학업성취에 관한 행로모형을 설정하기 위해, 본 연구는 학업성취(평량평균)에 통계적으로 의의 있는 상관관계계수를 보여 주었던 변인들만을 선별했다. 대학교수의 강의에 대한 판단변인(대학강의 변인군의 총합), 가정의 사회경제적 변인군 가운데 아버지의 교육정도 변인, 학교분위기에 대한 만족도 변인, 사회적 지위추구욕 변인만을 행로모형에 투입했다. 대학교수의 강의에 대한 총합적 판단변인은 대학강의 변인군에 속해 있는 일곱 가지 변인군(즉 교수의 강의태도, 강의내용의 조직, 강의를 통한 상호작용, 교수・학생간의 유대, 강의내용의 폭, 평가방법, 과제물 부과)을 총합, 변형・생성해 낸 새로운 변인임에 주목할 필요가 있다.

학업성취를 결정하는 교수강의에 대한 판단, 사회적 지위추구, 아버지의 교육 정도, 학교분위기에 대한 만족도 간의 단순행로모형은 그림 1과 같다. 그림 1에 제시된 변인들과 학업성취(평량평균) 간의 중다상관관계는 표 16에 제시되어 있다. 한마디로 그림 1과 표 16은 한 가지 사실을 지적하고 있다. 즉 대학생들의 학업성취는 결코, 아버지의 학력, 대학강의에 대한 평가, 학교분위기, 사회적 지위추구욕 등으로 충분히 설명될 수 없다는 사실을 입증하고 있다.

그림 1. 학업성취를 결정하는 변인들 사이의 단순행로모형*

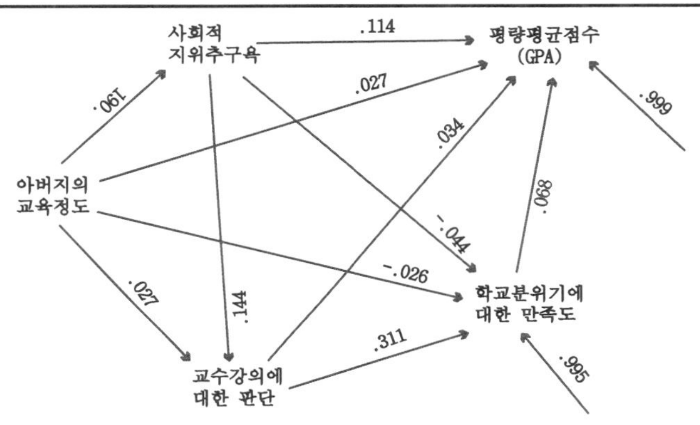

* 대학교수의 강의에 대한 판단변인은 새로운 변인임. 즉, 대학강의에 대한 일곱 가지 요소를 복합하여 새로 만든 변인임.

표 16. 평량평균의 변량을 결정하는 변인들 사이의 중다상관관계(R)

독 립 변 인 군	중다상관관계 계수(R)	결정계수 (R²)	R²의 변화	회귀계수 (Beta)
사회적 지위추구욕	.08	.000	.00	.075
학교분위기에 대한 만족도	.11	.012	.00	.068
대학강의에 대한 판단	.11	.013	.01	.034
아버지의 교육 정도	.12	.014	.00	.026

결국 전체적으로 요약했을 때, 학생들의 부모와 가정이 갖고 있는 사회경제적 변인군, 대학교수의 강의에 대한 판단변인군, 사회성, 정치적 성향, 사회적 지위추구욕, 학교분위기에 대한 만족도 등과 같은 변인들은 학업성취에 결정적인 영향력을 행사한다고 판단할 수 없었다. 그러나 이런 주장은, 수학적으로 판단했을 때에만 가능한 논리였던 점을 기억해 둘 필요가 있다. 이 주장이 수학적으로 타당하다는 말은 비통 계학적인 가정마저도 기각되어야 함을 의미하지는 않는다. 즉 학생들의 학업성취를 설명할 수 있다고 판단된 변인군들이 결국은 학생들의 학업성취에, 제한된 범위 안에서조차, 질적으로도

영향을 미치지 못한다는 점을 강조하고 있다고 판단할 수는 없다. 왜냐하면 수학적 통계치가 상식과, 인간의 생활양식을 부정 할 수는 없기 때문이다. 즉 실제적으로 부모나 학생의 생활권인 가정은 학생들의 학업이 가능하도록 경제적·정서적으로 도와주는 일차적 사회기관(primary social institution)이다. 반면, 학교는 어떤 형식으로든지 학생이 배우고 가르쳐지도록 교육조건을 제도화시키고 있는 이차적 사회기관(secondary social institution)이다. 즉 무엇인가 사회적으로 개인적으로 필요하다고 판단된 것을 의도적으로 가르쳐야만 되는 사회기관이다. 따라서 학교와 가정은 통계적 수치에 관계없이 학생들의 학업에 영향을 주고 있는 곳임에는 틀림없다. 그럼에도 불구하고, 학생들의 가정이나 학교생활, 특히 강의에의 참여가 중요하다는 점을 수긍한다 해도 두 가지 의문점은 풀리지 않은 채 남아 있게 된다. 즉 첫째, 통계적으로 의의 있는 것과 질적(qualitative)으로 의미 있는 것과는 상호배타적인가? 그럴 리 없다. 그렇다면 둘째, 왜 본 연구에서는 상식적으로도 의미가 있을 수밖에 없는 학교강의의 변인들(특히, 대학강의에 대한 변인들)이 학생들의 학업성취에 통계적으로 의미 있는 변인으로 밝혀지지 않고 있는가?

대답은 두 가지로 요약될 수 있다. 첫째, 수학적으로 뿐만 아니라 실제적으로도, 대학강의에 투입된 변인들은 학업의 결정인자가 아닐 수 있기 때문이다. 따라서 대학강의 변인은 학생들의 학업을 설명할 수 없는 무의미한 변인일 수 있다. 다시 말해서, 우리들의 상식적 판단과 대학강의에 대한 일반적 기대가 잘못된 것일 수 있는 셈이었다. 그러나 이런 추측은 과장된 것 같다. 왜냐하면 학업성취를 결정하기 위해 설정된 변인사이의 단순행로모형(참고: 그림 1)에 의하면, 학업성취(평량평균)를 결정하는 잔여변량(residual variance)의 크기가 기대 이상으로 과다했었기 때문이었다. 다시 말해서, 행로모형에 의하면, 학생들의 학업성취의 변량 중 99%가 본 연구에서 임의적으로 투입·실정했던 행로모형 변인들로는 설명되지 않고 있었기 때문이었다.

설명되지 많고 있는 잔여변량(the unexplained variation)은 측정오류(measurement error)에 기인한다고 판단될 수 있다. Jencks와 그의 동료들(1979)에 의하면, 측정오류는 세 가지 양식으로 대분될 수 있다. 즉 개념적 오류(conceptual error), 체계적 오류(systematic error), 무선적 오류(random error) 등으로 대별될 수 있다. 개념적 오류는 측정하려는 것 (object)에 대한 지식의 부족으로부터 야기된다. 예를 들어 학생의 정신적 능력(mental ability)을 측정하기 위해 학생의 어휘 사용(vocabul ary)을 활용할 수 있다. 이때 개념상의 오류가 발생하게 된다. 즉 어휘가 정신능력을 대변할 것이라는 판단 아래 어휘를 정신능력의 대리변인(proxy variable)으로 사용할 때, 개념적 오류가 측정오류로서 부각되게 된다. 체계적 오류는 다양한 원인에서 기인한다. 예를 들어 피조사자의 의도적인 허위응답, 연구도구, 연구자, 연구설계, 조사자의 허위기재 등에 의해 야기되는 오류가 측정오류의 한 부분이 된다. 무선적 오류는 무엇보다도 응답자, 연구자 등의 일시적인 감정 동요에 의해 야기되는 오류이다.

한마디로 본 연구의 단순행로모형(참고: 그림 1)에서 보여 준 학업성취에 대한 잔여변량의 과다한 크기는 본 연구에 동원된 도구, 변인수, 반응자의 태도 등에 어느 정도의 오류가 붙박여 있음을 시사하는 것이다. 따라서 통계적인 자료만을 참고한 후, 대학강의 변인들의 중요성에 대한우리의 기대와 판단이 과장되어 있다고 일방적으로 비판하는 것은 아무래도 재고될 필요가 있는 셈이었다.

따라서 본 연구에는 일차적으로 측정상의 하자가 있을 수 있다고 판단해 볼 수 있었다. 결국 둘째, 본 연구는 학업성취에 관련된 대학교수의·강의를 측정하는 데 일정한 오류, 혹은 미성숙 때문에 대학강의 변인이 학생들의 학업성취에 끼치는 영향을 제대로 파악할 수 없었을지도 모른다는 판단이 가능했다. 즉 본 연구는 학업성취와 대학강의 사이의 관계를 수학적 상관관계 연구로서 실정한 인과관계

를 밝히는 데 실패했다고 판단된다. 왜냐하면 본 연구의 상관관계
분석연구 부문은 대학강의가 진행되고 있는 교실 안에서의 과정과
상호작용에 대한 이해가 전적으로 배제되어 있었기 때문이었다.

　결국 본 연구는 한 가지 추론을 갖게 되는 셈이었다. 즉 대학강의
를 통해 학생들의 학업을 결정하는 요인과 분위기는 수량적 연구방
법보다 질적인 연구방법에 의해 보다 분명하게 나다날 수도 있다는
추론을 갖게 되었다. 즉 대학교수의 강의와 학생들의 학업성취에 관
해 질적 연구방법으로 탐색하는 작업은 체계적으로 계속되어야 할
필요가 있는 셈이었다.

　그렇다면 대학교수의 강의가 진행되는 대학 강의교실은 과연 어떠
한 모습을 하고 있는가? 이 질문은 강의에 참여하는 교수와 학생 사
이의 관계, 분위기 등을 이해하기 위해서 제기되었다.

大學講義에 대한 現場參與觀察

　대학강의 현장에 관한 이해를 위해 본 연구는 대학생 2명에 의한 대
학강의 참여관찰기록을 참고하였다. 두 대학생의 참여관찰기록은 본
연구가 제시했던 질적 연구방법의 한 장면을 제시하기 위해 참고, 인
용되었다. 두 대학생은 연구당시 연세대학교에서 교육학을 전공하는
졸업반 학생들이었다. 두 대학생의 참여관찰기록은, 대학교수의 강의
가 진행되는 동안 수강하는 대학생과 교수 사이의 관계 맺어짐을 제한
된 강의시간 동안 시간별로 기록한 것이다. 두 대학생은 서로 다른 두
개의 교양과목 시간에 참여, 교수가 이끄는 강의상황과 강의에 임하는
수강생들의 상황을 보고한 것이다. 강의제목, 교수명, 인명 등은 본 연
구에서 임의대로 익명, 혹은 가명으로 처리했다. 존칭도 생략했다.

　첫 번째 학생의 참여관찰기록은 'ㄱ'대학 교양과목인 '종교학개
론'(가명)에 관한 것이었다. 종교학개론 수강생들은 이과대학(수학,

물리학, 화학 계열) 2학년과 가정대학학생 등 약 160명이었다. 담당 교수는 서구에서 신학을 전공한 40대 초반의 남자교수였다. 강의시간은 1982년 6월 1일(화), 오후 3시 30분부터 4시 20분까지였었다.

　첫 번째 학생의 참여관찰기록은 표 17처럼 진술되고 있었다.

표 17. 대학 강의실 참여관찰기록

시　간	교수의 반응	학생들의 반응
오후 3：30～3：40	그간 ○○극장(대형강의실)에서 수업하다가 이곳으로 처음 옮겨 수업에 지장이 있었음을 사과. 강의실은 크나 소리가 울리므로 잡담을 삼갈 것을 요구.	계단식이어서 자세가 흐트러지고 강의실 뒤쪽이나 양 옆은 눕는 자세를 취함. 계속적인 발장난, 웅성거림.
3：40～3：50	출석점검. 이중대답시 결석으로 표시한다고 명시	이중대답이 서너 번 나왔다. 그때마다 학생들은 웃음과 야유로 반응.
3：50～4：00	(강의의 서론에 해당되는 듯)이 수업은 특강으로 주제는 'How do we meet Jesus?'라고만 제안. 주제의 이전에 신앙강화 주제에 대한 이견을 첨부. 신앙강화주간 참석 여부에 관해 거수표시 요구. 강연으로는 신앙이 강의되지 않을 것이라는 주장. 기독교신학강좌일 뿐이라고 이견 제시. 신앙강화주간의 주제나 그 성격의 모호성을 '상부의 지시'라고 얼버무리려고 하는지도 모른다고 제시.	여전히 소곤거리는 소리가 산발적으로 울림(이 강의실에서는 특히 크게 울리는 것 같았음.) 손을 듦, 혹은 가만히 있음. 웅성거리던 분위기가 조용해짐. '상부의 지시'라는 말의 사용에 책상을 두드리며 폭소(조롱하는 느낌도 있었음).
4：00～4：18	주제에 대한 내용 강의. '회개하라'는 기성 교회의 표현은 '네 죄를 네가 알렸다'식의 강제적인 모호성일 뿐, 사실은, 회개는 하나님의 나를 창조하시고 사랑하심을 알고 돌아오라'는 뜻이라고 강조. "How do we meet Jesus?" 1. '오라'θ→人 돌아오라(회개하라) 2. 영접 마음의 문을 열고 자신이 그 안으로	조용한 채로 교수의 강의에 주목했음.

| 4 : 00~4 : 18 | 3. 확신−구원에 대한 확신,
영에 대한 경험
4. 신앙적 행동−동행(Jesus와), 신
앙성숙, 사회참여(칠판의 판서 내용) | |
| 4 : 18~4 : 21 | 질의 응답하라고 잠
시 시간을 줌.
그리고 칠판에 아래
의 그림을 그렸다.
이것은 발자국인데
상황을 설명해 보라
는 퀴즈였다. 답은 예수님과 동행
하다 지치면 예수님이 안아 길을
계속가게 하신다고 설명. 그리고
수업마침을 제시함. | (무반응)

퀴즈에 웅성거림.
학생들은 서로 상의하며 민감하게
반응.
답을 듣자, 반응은 다양. 즉,
'아하!' 혹은 '말도 안돼!'
등의 한마디씩 던짐.
(시끄럽게 일어서서 강의실을 나
감) |

　　두 번째 학생의 참여관 기록은 'ㄴ'대학 교양과목에 관한 것이었
다. 교과목명은 '사상사개론'(가명)이었다. 참여관찰 일시는 1982년
6월 9일 12시 30분부터 1시 15분까지였다. 수강대상은 문과계열 1
학년 260명 정도였다. 사상사개론 담당교수는 한국에서 박사학위를
수여받은 40대 남자교수였었다. 두 번째 학생의 참여관찰기록은 이
렇게 시작하고 있었다.

　　담당교수가 강의실에 들어오기 전에 한 학생이 이렇게 말하였다.
"이 사람은 제 시간에 들어오는 적이 없어."

　　12시 38분: 교수가 들어왔다. 출석부를 든 조교가 따라 들어왔다.
교수는 강단에 서자, "왜 빈자리가 많죠?"하고 물었다. 학생들이
"××과 체육대회예요"하고 여러 명이 함께 대답했다. 교수는 칠판에
다음과 같은 관서를 했다.

　　　　Pragmatism(實用主義)

　　　　J. S. Pierce

　　　　W. James

　　　　J. Dewey

 강단 위에 놓여 있는 탁자에 부착된 마이크를 잡았다. 이어, 강단 위에 있는 의자에 앉았다.
 교수가 착석하는 시간까지 학생들의 잡담이 계속되었다. 조교가 출석부를 들고 뒤에서 출석을 점검했다. 그리고는 나가버렸다. 곧 교수의 이야기가 시작되었다.

 "생에 있어서의 타당성을 참이다 혹은 진리다라고 보는 견해의 하나를 우리는 프래그머티즘에서 보게 됩니다. 프래그머티즘은 미국의 정신이고, 거의 미국에만 있었다고 봐도 좋죠. 미국다운 성격인데, 미국은 늦게 시작한 대륙국가죠. 한 200년 전 아메리카하게 되면 문화나 사상은 거의 황무지라 보아도 좋을 정도의 나라였습니다. 그러나 교육받은 사람들이 모이기 시작하고 또 구라파문화가 철학적으로 개발되기 시작하니까 가장 짧은 기간에 특색 있는 또 어떤 면에서는 좋은 나라를 만든 나라입니다. ……"

 교수는 앉아서 설명형식의 강의를 계속했다.
 12시 44분: 뒷줄 구석 학생이 하품을 하기 시작했다. 한 학생이 강의실에 들어왔다. 아무도 쳐다보지 않았다.
 12시 46분: 맨 뒷줄 좌석의 한 남학생이 졸기 시작했다. 이어 그 옆의 두 여학생이 잡담하기 시작했다.
 12시 50분: 뒷좌석 두 명의 남학생이 소설책 같은 것을 읽기 시작했다. 뒷줄 두 번째의 한 여학생은 영어사전을 펴놓고 노트에 무엇인가 적고 있었다.
 12시 54분: 뒷부분의 남학생 두 명과 여학생 한 명이 엎드려 자기 시작했다
 12시 58분: 잠자던 한 남학생이 깨어났다가 다시 엎드려 잤다.
 강의실 앞부분의 학생들은 자는 학생이 없었다. 앞좌석의 학생과 중간 좌석의 학생들은 교수의 강의를 필기하기도 하면서 듣고 있었다.
 1시 1분: 뒷좌석의 일곱 명의 학생이 엎드려 잤다.
 1시 5분: 교수가 천천히 읽어 주는 대목을 학생들의 대부분이 받

아쓰기 시작했다. 필기 부분은 띄엄띄엄 두 번 읽어 주었다.

“……그 관념이 관념 그대로 있을 때에는, 그 관념이 관념 그대로 있을 때에는, 참도, 거짓의 내용도 아닙니다. 어떤 생각이 그 생각 자체에 머물러 있을 때, 참도, 거짓의 내용도 아닙니다. 그럼, 어떤 관념이 참과 거짓이 되는 것은 언제 되는 것이냐, 그것은 행동과 경험을 동반하고 그 결과를 가져 왔을 때, 비로소 진리 의 문제가 성립된다고 봅니다. ……다시 말하면, 관념과 실제적 경험의 결과에서, 우리는 즉 경험세계에 있어서의 가치판단이 문제가 되는 것입니다. 경험세계에 있어서의 가치판단이 문제가 되는 것입니다. ……그러면, 어떤 때는 참이 되고 어떤 때는 거짓이 되느냐 하면, 참이 되는 때에는 그 관념에 의하여, 그 관념에 의하여 경험이 잘 이끌어져 갈 때, 그 관념에 의하여 경험이 장 이끌어져 갈 때, 즉 그 관념이 유용할 때 참이라고 합니다. 그 관념이 유용할 때 그것은 참이 됩니다.”

1시 6분: 자고 있던 한 남학생이 기지개를 켰다. 왼편 뒷줄 두 번째 세 여학생은 잡담을 계속하고 있었다.

1시 9분: 교수가 손목시계를 쳐다보았다. 그리고는. 강의를 계속했다. “……그래서 우리는 윌리엄 제임스를 중심으로 프래그머티즘에 속하는 사람들이 진리를 어떻게 보았는가? ……그럼, 다음시간에 제4장을 공부하기로 하겠습니다.”

1시 14분: 학생들은 책을 챙기기 시작했다.
1시 15분: 교수가 일어섰다. 그리고 수업은 끝났다.

두 학생의 참여관찰기록은 최소한 네 가지 점을 분명하게 보여 주고 있었다.
첫째, 강의는 교수와 학생, 학생과 학생간의 상호작용이라는 점을 분명하게 보여주고 있다. 둘째, 교수·학생간의 상호작용의 형태는 다양했다는 점이었다. 셋째, 교수는 일정한 강의형식을 갖고 있다는 점이었다. 넷째, 교수는 정해진 강의 단위시간 안에 최소한 한 가지 내용을 주지시키고 있었다. 이러한 네 가지 점은 대학강의가 무엇인가를 판단하는 일반적인 기대, 지식, 상식의 범위를 벗어나지 않는 성질의 것이었다. 한 마디로, 대학강의가 특별나거나, 유별난, 혹은 색다른 그런 것이 아니었다.

상식수준을 넘어서지 않음에도 불구하고, 대학강의에 대한 네 가지 판단은 대학강의에 대한 특수한 상황을 설명하고 있다는 점에 주목할 필요가 있었다. 즉 첫째, 교수와 수강학생, 학생과 학생간의 상호작용은 대학강의에 대한 상식적인 평가 이상으로 다양했다는 점이었다. 예를 들어 관찰된 종교학개론 시간이나 사상사개론 강의시간의 강의현장은 마치 시장세계와 같은 느낌을 주고 있었다. 왜냐하면 어떤 학생은 잡담도 했다. 어떤 학생은 졸기도 했다. 또 어떤 학생은 교수의 강의에 열심히 귀를 기울이기도 하였기 때문이었다. 즉 소음 속의 질서가 강의 분위기에 스며들어 있었기 때문이었다.

또한, 강의시간에는 그 날 그 시간에 전달해야 될 지식, 강의내용만 전달되는 것이 아니었기 때문이었다. 예를 들어 관찰 보고 된 종교학개론 시간에는 강의내용과는 큰 관련이 없는 일반 학사문제가 논의되는 장면이 노출되기도 했었다. 결국 강의는 다양한 사견들이 집약적으로 노출되는 사람과 사람들 간의 관계지움인 셈이었다.

둘째, 대학사회에서 진행되는 대학교수의 강의장면은 일반적으로 중·고등학교 교실현장과는 교실운영의 속성이 달랐다는 점이었다. 예를 들어 대학교수들은 교실의 질서유지에 무감각하게 대처하고 있었다. 졸고 있는 학생, 늦게 들어오는 학생, 잡담하는 학생, 필요 이상으로 폭소하는 학생들에 대해 교실통제를 위한 일정한 의도적인 제재가 가해지지도 않았다. 따라서 교수들은 교실 안의 질서에 큰 관심을 쏟고 있지 않는다는 판단을 내릴 수도 있었다. 교수에 의한 자유방임형 교실운영은 중·고등학교 교실현장의 교사들의 교실운영과는 대조를 이룬다. 왜냐하면 중·고등학교교실현장은 질서유지를 위해 일정한 교사의 권위와 통제력이 강력하게 반영되고 있는 곳이었기 때문이다(참고: Jackson, 1968).

셋째, 그럼에도 불구하고, 교수는 저항감 없이 교수의 기능을 구사하고 있었다. 다시 말해서, 일정한 지식을 학생들에게 전달하려는 교수들의 실제적 관심은 학생들의 무반응에도 불구하고 감소되지 않는 것 같았다. 교수들의 강의내용 전달에 관한 실제적 관심의 표현은 다양할 수 있었다. 예를 들어 문제를 제기하는 방식이 있을 수 있었다(참고: 첫 번째 학생의 관찰기록). 판서나 독백류의 의사소통, 혹은 일방적 전달방식도 있을 수 있었다(참고: 두 번째 학생의 관찰기록).

넷째, 수강생들이 무엇을 얼마만큼 배우고 있는가에 대해서 교수들은 큰 신경을 쓰는 것 같지 않았다. 왜냐하면 학생들은 해당과목을 수강했기 때문에, 가르치는 것만큼 배우고 생각하게 될 것이라는 판단이 강의의 분위기를 형성하고 있는 것 같았기 때문이었다.

다섯째, 교수들의 강의내용은 다양한 형식으로 학생들에 의해 평가되고 있었다. 평가의 방식은 다양했다. 왜냐하면 학생들의 잡담하기, 잠자기, 강의내용에 관계되지 않는 서적보기, 소음내기, 하품하기 등은 교수강의에 대한 학생들의 직접·간접적인 평가의 장면들로 간주될 수 있었기 때문이었다.

결국 두 학생에 의한 참여관찰기록에 의하면(또한, 참여관찰기록이 어느 정도 한국 대학(교)의 강의실 현장의 모습을 재현하고 있다면), 대학교수의 강의변인과 학생들의 학업성취와는 인과관계를 맺고 있지 않을 수도 있다는 결론마저 가능하게 되었다.

결국 관찰된 강의방식으로부터 우리는 두 가지 교훈을 얻을 수 있었다. 즉 첫째, 교수의 관심은 가르치는 과제·과목의 내용을 적절하게 전달 할 수 있어야 한다는 점이었다. 다시 말해서, 학생들을 교수의 강의에 적극적으로 참여시키기 위한 유인체제가 필요한 셈이었다. 즉 가능한 소극적인 강의참여 상황(예: 소음내기, 졸기, 하품하기, 속닥거리기 등)을 유발시키는 요인들은 적극적으로 억제될 필요가 있었던 셈이었다.

둘째, 학생들도 배울 것이 있었다. 그것은 지식과 직접적 관련이 없을 수도 있었다. 왜냐하면 강의에 참여하는 태도·양식을 배울 필요가 있었기 때문이었다. 다시 말해서, 정해진 단위시간 안에 제한된 형식이나마 교수와의 적극적인 상호작용 관계를 맺으려는 태도가 준비되어 있어야 하는 셈이었다.

본 장의 경험적 연구결과는 여섯 가지로 요약필 수 있었다. 첫째, 대학강의에 관계된 변인들과 학생들의 학업성취 변인은 정적인 상관관계를 갖고 있는 것으로 나타났다. 예를 들어 교수의 강의태도 변인, 강의내용 조직의 변인, 교수·학생 사이의 유대관계 변인, 평가변인, 과제물 부과변인 등과 학생들의 평량평균 변인은 통계적으로 의의 있는(p<.05) 상관관계를 맺고 있었다. 둘째, 이들 변인들을 중다상관관계 공식에 투입, 분석했을 때 나타난 결과는 연구자의 기대를 벗어나고 있었다. 왜냐하면 이들 7개의 변인(강의를 통한 교수·학생, 학생과학생 간의 상호작용 변인 포함)은 학생들의 평량평균에 관련된 전체변량(variance)을 통계적으로 5%정도 이상은 더 예언, 실명해 주고 있지 못했기 때문이었다. 회귀계수 역시 기대 이하로 나다났었다. 즉 회귀공식에 투입된 7개변인 중 어느 변인도 학생들의 평량평균(즉 학업성취)과 통계적으로 결정적인 인과관계를 맺고 있지 못했었기 때문이었다. 셋째, 대학교수의 강의변인 이외의 새로운 변인(alternative variable)을 학생들의 학업성취에 관련된 결정 변인으로 생각해 볼 필요가 있었다.

새로운 변인으로 부모의 사회경제적 변인을 고려해 보았다. 왜냐하면 기존 연구결과·문헌들은 부모의 사회경제적 배경변인을 학생들의 학업성취 결정변인으로 지적하고 있었기 때문이었다. 그러나 나타난 결과 역시 연구자의 기대를 빗나가고 있었다. 왜냐하면 단순상관관계계수가 통계적으로 의의 있는 수준을 보여주지 못했기 때문이었다. 결국 부모의 사회경제적 배경 역시 통계적으로 대학생들의 학업성취를 결정하는 요인이 될 수는 없었던 셈이었다.

넷째, 대학생들의 지위추구 성향, 사회성 기술, 정치성향, 학교의 분위기에 대한 판단 등은 학생들의 학업성취에 큰 영향을 주고 있는가에 대한 대답 역시 부정적이었다. 왜냐하면 대학생들의 학업성취 변인과 통계적으로 의의 있는 단순상관관계를 갖고 있는 변인은 학교위기에 대한 학생들의 만족도 변인과 사회적 지위추구욕 변인 등 두 변인뿐이었기 때문이었다. 그러나 두 변인 역시 중다상관관계 분석결과, 대학생들의 학업성취에 큰 영향을 주는 변인이 아닌 것으로 판단되었다.

다섯째, 각 변인들이 학업성취에 관해 통계학적으로 큰 의의를 주지 못하고 있다는 사실은, 본 연구의 연구방법론에 문제가 있을 수도 있음을 시사하는지도 모르는 일이었다. 즉 측정의 오류가 본 연구에 조직적으로 개재되어 있을 수도 있었다. 왜냐하면 본 연구는 방법론상 측정도구의 개념적 오류, 체계적 오류, 통제할 수 없는 무선적 오류를 범할 수도 있었기 때문이었다. 결국 통계적인 방법론상의 문제를 검토하기 위해 질적인 연구방법론을 본 연구에 적용해 볼 수도 있었다. 왜냐하면 대학강의 관련 변인이 통계적으로 학생들의 학업성취 변인과 의의 없는 관계를 갖고 있다는 판단이, 대학강의 변인은 질적으로도 학생들의 학업성취와 무관하다는 판단과 동일시될 수는 없었기 때문이었다.

여섯째, 본 연구는 개설적인 질적인 연구방법의 한 방면으로 대학강의에 관한 참여관찰기록을 분석했다. 사용된 대학강의에 관한 참여관찰기록은 대학생 2명이 기록한 자료였다. 2명의 대학생이 보고한 참여관찰기록은, 참여관찰의 타당성에 대한 과학적 판단은 생략된 채, 본 연구에 활용되었다. 단지, 본 연구가 제시한 질적 연구방법론의 한 단면을 입증하고 싶어서였다. 따라서 제기된 문제는, 과연 대학교수의 강의가 전개되는 대학강의 현장은 어떠한 모습을 하고 있는가 였었다.

대학교수의 강의에 대한참여관찰기록에 의하면, 대학교수에 의한 강의의 현장은 일반인들의 상식수준을 넘어서지는 못했다. 왜냐하면 강의현장은 교수와 학생 사이의 만남이 노출되는 곳이었기 때문이었다. 만남·관계 지워짐의 모습은 다양했다. 즉 소음, 경청 등도 연속적으로 노출되고 있었다. 소음 속에서도 낮잠을 즐기는 학생이 있었다. 그렇지만, 소음 속에서도 일정한 질서가 발견될 수 있었다. 그것은 교수가 주어진 단위시간 안에 무엇인가 전달하려는 의지의 질서였다. 다시 말해서, 교수강의의 현장은 자유방임적인 질서 속에서 무엇인가가 배워지고 전달되기가 기대되는 장소였다. 결국 통계적 분석에서 나타난 결과는 어느 정도 현실적으로 타당했던 셈이었다. 즉 두 학생이 관찰, 기록한 사실이 다른 대학강의에서도 예외가 아니라면, 대학교수의 강의에 대한 판단과 학생들의 학업성취 사이에는 인과관계가 없을 것이라는 점이었다.

따라서 대학강의에 대한 참여관찰기록을 토대로, 두 가지 교훈을 얻을 수 있었다. 첫째, 대학교수는 학생들의 강의참여를 적극적으로 유도하기 위해(예; 경청) 학생들의 소극적인 참여요소(예; 잡담, 졸기 등)를 조절하는 기법을 구사할 필요가 있었다. 둘째, 학생들은 강의참여에 적극적으로 참여하여 교수와 긍정적으로 관계맺음을 가질 수 있는 태도를 준비해둘 필요가 있었다는 점이었다.

3. 大學敎育과 學校行政當局, 勉學雰圍氣

　학교환경에 대한 대학생들의 만족 여부는 학교시설, 학과, 학교행정 등에 관한 학생 나름대로의 태도와 반응을 통해 알아 볼 수 있다. 본 연구는, 대학이 학생들을 위해 베풀어주고 있다고 판단되는 것들을 대학생들이 어떤 식으로 인식, 수용하고 있는가에 대한 평가 정도를 학교환경에 대한 대학생들의 만족도라고 판단하고 있다.

　학교환경에 대한 학생들의 만족도를 알아보는 것은 학교행정의 일반적인 문제들을 파악하기 위해 필요했다. 왜냐하면 학교환경에 대한 학생들의 만족여부는 대학의 조직적 특성을 밝히는 데 결정적인 도움을 줄 수 있기 때문이다. 즉 학교조직이 소비자로서의 학생을 위해 어떤 제도적 장치를 구비하고 있는가 하는 조건정비 정도를 나타내고 있기 때문이다.

　학교는, 첫째, 조직 성격상, 봉사기관 (service organizatio)의 특성을 갖고 있다. 즉 누구를 위한 조직인가? 하는 관점에서 학교조직의 성격을 진술할 때, 학교는 봉사적인 성격을 갖는 기관인 것이다(참고: Blau & Scott, 1962). 다시 말해서, 학교라는 조직에서 봉사 받아야 할 주체는 학생들인 것이다. 결코, 학교에 고용되어 있는 교사나, 행정가가 일차적인 봉사혜택의 수혜자가 될 수는 없다는 가정이 봉사기관으로서의 학교체제론의 근간을 이루고 있다. 따라서 모든 학교의 시설, 기구, 행정은 일차적으로 학생들의 복지(welfare for students)를 위해 각 기능을 효과적으로 발휘해야 한다는 판단이 가능하다.

 둘째, 학교조직이 조직구성원 간의 상호이익 추구(mutual benefit association)의 성격을 배제할 수는 없다. 왜냐하면 학생들의 복지는 교사, 행정가들에 의해 구안, 제공되기 때문이다. 따라서 학교 역시 전문가 집단, 행정가 집단의 상호이익을 도의시할 수 없는 조직체인 셈이다. 결국 구성원의 상호이익 추구의 관점에서 학교를 판단할 때, 학교는 교사·행정가의 이익을 우선적으로 극대화할 필요도 있는 셈이다.

 셋째, 학교는 사회적인 역할수행의 관점에서, 체제유지의 기능을 극대화하는 기관의 성격도 갖고 있다(참고: Katz & Kahn, 1966). 다시 말해서, 사회질서 유지를 위해 요청되는 사회적 가치·규범을 학생들에게 사회화 시켜야만 되는 조직의 성격도 갖고 있다. 즉 학교는 봉사수혜자인 학생들이나, 봉사자인 동시에 수혜자의 성격을 갖는 교사·행정가들의 개인적이해 관계에 관계없이, 사회적인 가치를 교육, 또는 교화(indoctrination)시켜야 되는 조직의 특성을 갖고 있는 것이다.

 요약하면, 학교는 봉사기관, 상호이익 추구의 기관, 사회체제 유지를 위한 기관 등 여러 가지 성격을 갖고 있는 셈이다. 결국 서로 다른 역할과 기능의 강조 정도에 따라 학교는 갈등, 부조화의 성격을 지니고 있게 된다. 예를 들어 교사·행정가들이 학생들의 복지에 관해 무관심 할 수는 없다. 결코, 훈련과 훈육을 교육의 목적으로 대치시킬 수도 없다. 단지, 훈육은 교육이라는 목적을 위한 수단에 불과하다. 그렇다고, 교사나 행정가는 모든 것을 학생들에게 양보할 수도 없다. 왜냐하면 학교현장은 교사·행정가들의 삶, 개인적·경제적 이해관계가 얽혀 있는 곳이기 때문이다. 게다가, 자신들의 이해관계에 구애받지 않고 자신들에게 불필요하다고 판단되는 것까지도 중요하게 다뤄야 될 것으로 강요받고 있는 현장이 학교사회이다. 따라서 학교에서의 갈등·부조화는 피할 수 없는 셈이다.

 갈등과 부조화의 부산물은 학생들에게 가장 많은 피해를 주는 요인으로 작용하고 있다고 판단할 수 있다. 왜냐하면 조직이 베풀어주는 봉사를 받는 사람(예: 학생, 환자 등)은 행정전문가들의 양심만을 믿어야 되기 때문이다(참고: Blau & Scott, 1962). 그러나 문제는 수혜대상자들이 자기가 속한 조직에서 베풀어주는 것들 가운데, 무엇이, 어떻게 자신들을 위한 구체적인 혜택이나 조처인지 분명하게 알 수 없다는 점이다. 따라서 주는 대로 처방하는 대로 받아야만 된다는 문제가 있다.

조직 안에서 일어나는 혼란, 갈등 등을 극소화시키기 위해 행정가들은 일련의 조처가 필요할 수밖에 없다고 느낀다. 다시 말해서, 효율을 극대화시키는 합리적인 행정체제가 필요하다고 느낀다. 불필요한 갈등, 잡음을 가능한 배제시키기 위해서이다. 한마디로 조직의 효율화와 생산성을 높이기 위해서이다. 효율화(efficiency), 전문화(profess-ionalism), 협동화(cooperation)에 대한 짐작은 대학으로 하여금 관료주의의 이상(bureaucracy)을 학교행정의 원리로 채택하게끔 유도했다(참고: Wexler, 1976; Stroup, 1966; Anderson, 1963; Baldridge, 1971).

예를 들어 Stroup(1966)에 의하면, 대학은 관료주의적 성격을 강하게 부각시키는 집단이었다. 왜냐하면 대학은 능률(competence)을 무엇보다 강조하기 때문이다. 일반적으로 보직자, 부서장들은 선출보다는 최고행정자에 의해 임명되어진다. 행정보직자들에게는 일정한 직책수당도 보수로서 지급된다. 보수지급 규정은 규칙에 의거한다. 서열의 중요성도 강조된다. 이런 서열, 보수, 규정 등은 전문분야의 직종 그 자체가 갖는 고도의 배타성 속에서 더욱 경직화된다. 결국 행정직 종사자들의 삶과 그 삶의 모양은 일반적으로 대학이라는 조직을 중심으로 전개되어 나가게 된다. 따라서 대학은 관료체제, 관료주의 행정구조, 기능이 제한된 영역 속에서 동시적으로 발휘되고 있는 곳인 셈이다. Baldridge(1971)는 대학사회가 관료주의 체제의 뚜렷한 특징·속성·형식을 대변하고 있음을 여섯 가지로 지적하고 있다. 첫째, 대학은 일반적으로 법인체적 형식을 갖는다. 둘째, 대학

내의 서열의식은 형식성을 갖는다. 예를 들어 교수, 부교수, 조교수, 전임강사, 학장, 과장, 사무주임, 직원 등은 형식적인 서열성에 기초를 두고 있는 것이다. 셋째, 서열성에 따라 공식적인 의사소통체계가 확립되어 있다. 넷째, 서열적 지위, 명령적 의사소통체계에 따라 각각에 상응하는 권위(authority)가 부여·행사된다. 다섯째, 업무의 한계, 적절한 효과를 기하기 위해 다양한 규칙, 시행세칙이 마련되어 있다. 여섯째, 모든 활동은 기록·문서화되어진다. 다시 말해서, 업무와 인적 자원에 대한 분류세목(people processing procedure)이 분명하게 명문화되어 있다. **Baldridge** 및 **Stroup**의 주강을 요약하면, 대학은 학사업무를 효율화시키기 위해 일반행정 조직에서 채택하고 있는 관료주의 원칙의 장점을 현실적으로 제한된 환경 속에서 집약적으로 활용하고 있는 조직인 셈이다.

그러나 관료주의의 장점만이 대학의 학사행정에 적용되고 있다고 볼 수는 없다. 왜냐하면 이미 지적했듯이, 학교현장에는 끊임없는 갈등·불화가 연출되고 있기 때문이다. 불화의 원인은 관료주의가 갖고 있는 역기능에서 기인한다고 판단된다. 즉 관료주의의 이상이 제대로 실행되지 않을 때, 관료주의는 행정가들의 태만, 과잉적인 규율 적용, 조직 운영상의 경직성 등을 유발할 수도 있기 때문이다(참고: 표 18).

표 18. 관료주의 제도의 순기능과 역기능

순 기 능	관료주의의 특성	역 기 능
전 문 성	← 작업, 일의 분화원칙	→ 태만, 무료
합 리 성	← 비인간화된 공정주의 확립	→ 사기의 저하
훈련된 복종과 협조	← 권위체제 확립	→ 의사소통체계의 차단
계속성과 일관성	← 규칙, 시행세칙 준수	→ 경직성과 목표와 수단 간의 도치현상
승진에의 자극제	← 업적주의에 입각한 승진원칙	→ 업적과 장유유서 질서 간의 갈등

결국 관료주의체제로서의 대학행정 조직은 관료주의의 순기능, 역기능을 동시에 수용한 탓에 갈등을 느끼고 있을 수도 있는 셈이다. 다시 말해서, 대학은 학생들 스스로의 소비자적 욕구, 일반 피고용인들의 상호 이익을 위한 욕구, 의도적인 사회·정치적 욕구간의 가시적·비가시적 갈등·불협화음을 완전히 불식시킬 수는 없을 것으로 판단된다. 결국 학생은 4년 동안 갈등, 불협화음의 분위기 속에서 교육받는 셈이었다. 따라서 대학교육은 학생들에게 일정한 학교관, 학교에 대한만족·불만족의 감정을 형성하게 만든다고 판단할 수 있었다.

대학에 대한 학생들의 일반적 평가는 대학생들의 성숙과 일련의 관계를 맺고 있다고 판단할 수 있다. 이런 주장은 어느 정도 타당성이 있다. 왜냐하면 대학교육의 결과에 관한 연구들(참고: Astin, 1978; Beaton, 1975; Johnson & Stafford, 1974; Sdman, 1975; 김영천과 공은배, 1981)에 의하면, 대학강의에 대한 학생들의 평가는 학생들의 학업성취 정도와 일정한 정적상관관계를 맺고 있기 때문이었다. 예를 들어 1966년도 입학했던 신입생에 관한 Carnegie재단의 추적연구(Astin, 1978)의 보고에 의하면, 대학의 학문적 배경에 관한 학생들의 만족도(N=17,771)와 지적인 성숙 사이에는 비교적 높은 상관관계(r=.54)가 있었다. Carnegie재단의 추적연구결과를 토대로, Astin(1978)은 학생들에 의한 학교만족도 변인을 학교교육 결과의 독립변수로 취급할 수 있다고 판단했다. Astin에 의하면, 학생들에 의한 대학만족도를 결정하는 요인은 다양한 것으로 나타났다. 즉 일류대학인지 아닌지에 대한 평가 정도, 학비 부담능력, 교육 수혜연한, 대학의 학문적 명성, 학생-교수-행정직원 사이의 유대관계 정도에 따라, 학생들의 학교풍토에 대한 만족도는 서로 다르게 나타났다. 예를 들어 Beaton(1975)의 추계에 의하면, 학생들의 지능지수가 1점씩 상승할 때마다, 개인의 수입은 100달러씩 증가할 것으로 예측되었다. 교육받은 경력 역시 수입과 일련의 관계가 있다고 판단되었다. 즉 교육경력이 1년씩 늘어날 때마다 봉급(salary)은 연간 약 800달러씩 상승할 것으로 추계되었다. Beaton의 추계는 방정식에 문제가 있을 수 있었다. 그럼에도 불구하고, Beaton의 주장은 한 가지 점을 뚜렷이 부각시키려고 노력했다고 판단된다. 즉 개인의 능력만이 수입의 결정인자가 아니라는 점을 부각시키려고 했었다. Solman(1975)의 연구에 의하면, 대학 졸업 18년 이후부터 개인이 벌어들이는 수입의 약 2%는 개인이 다녔던 대학의 질이나, 평판·명성에 의해 설명될 수 있다고 판단된다. Johnson과 Stafford(1974)의 연구 역시 Solman과 비슷한 연구결과를 보고하고 있었다. 즉 Johnson과 Stafford는 경제학자들의 연간수입(income) 변인에 관련된 통계적 변량(variance)의 상당한 부분이 출신 대학원의 질과 명성의 요소에 의해 실명될 수 있음을 보고하고 있다. 김영철과 공은배(1981)는 대학의 교육시설이 학생들의 학업성취, 인성발달에 결정적인 영향을 미친다고 판단하고 있다. 그러나 이들은 자기들의 주장을 뒷받침하는 구체적인 사례나 연구결과를 제공하지는 않았었다. 그럼에도 불구하고, Astin, Beaton, Solman, Johnson과 Stafford, 김영철과 공은배의 연구들을 종합, 요약하면, 한 가지 결론이 가능했다. 즉 대학의 환경, 풍토, 질에 대한 학생들의 태도는 개인의 인지적·비인지적 결과에 일정한 영향을 주고 있음을 시사하고 있다는 결론이 가능했다.

그러나 Astin, Beaton, Solnnn, Johnson과 Stafford의 연구결과가 한국 대학생들에게도 일반화될 수 있는지는 아직 미지수이다. 왜냐하면 한국의 대학생과 대학교육 환경의 관계에 대한 연구물은 아직까지 미숙한 단계에 머물러 있기 때문이다. 단지, 학교시설에 대한 대학생들의 활용정도(참고: 최정훈과 한종철, 1970; 홍웅선과 이형행, 1976; 김인선, 1981), 학과에 대한 만족유무, 대학 사무직원과 대학생간의 관계파악(참고: 김원중, 1972; 유영준, 1968) 등에 관한 연구물이 학계에 회자되고 있을 뿐이기 때문이다. 그러나 이들 연구결과는 대학생들의 대학행정 풍토에 대한 태도·만족감 정도를 간접적으로 유출, 파악하는 데 기초적인 도움을 줄 수는 있었다. 왜냐하면 조사연구의 주제, 대상이 학생들의 비인지적인 태도를 결정하게 만드는 요소들로 구성되어 있었기 때문이었다.

예를 들어 최정훈과 한종철(1970)은 연세대학교 재학생(N=1,838)과 교수들(N=78)을 대상으로 대학 학사행정·시설활용 등에 관한 태도를 연구한 바 있다. 최정운과 한종철의 연구결과에 의하면, 대학 교육·시설·분위기에 대한 학생들과 교수들의 만족도 및 태도는 대체로 여덟 가지 내용으로 요약될 수 있었다. 첫째, 수강지도에 관해 학생들과 교수들은 서로 다르게 지각하고 있는 것 같았다. 예를 들어 교수들은 대학생들의 수강신청 때, 학생들의 수강에 대해 지도하고 있지 않았다(81.3%)고 반응했었다. 그러나 학생들은 수강신청시 교수들의 지도를 받았다고 반응하고 있었다(65.4%). 한마디로 학생들과 교수들은 일정한 형식에 의거한 수강지도를 주거나 받고 있지 않음을 시사하고 있었다. 둘째, 학생들은 대체로 전공학과에 대해 불만족스러운 태도를 갖고 있는 것 같았다. 예를 들어 학생 응답자 중의 **46.8%**는 학과에 대해 매우, 혹은 대체로 만족한다고 응답했다. 그러나 학과에 그저 그렇게 불만족하다고 반응한 사례는 **53.2%**에 달했다. 셋째, 학과에 대한 불만족스런 태도는 학과에 따라 서로 다른 것 같았다. 예를 들어 문과계열 학생들은 현재 전공학과에 대한 불만족한 이유로서 적성, 흥미, 졸업 후의 실용성에 대한 의구심 등을 열거했다. 반면, 이공계열 학생들은 교육내용, 교수진에 대한 불만족이 가장 컸다. 사회계열 학생들에게 있어서 현재 전공학과에 대한 불만족은 교육(과)내용, 졸업 후의 실용성 문제로 집약될 수 있었다. 예능 및 신학계열학생들은 전공에 대한 능력부족, 교육내용에 대한 기대의 어긋남을 불만족의 원인으로 간주했다.

넷째, 그러나 전체적으로 판단할 때, 어느 특징 요인만이 전공학과에 대한 불만족의 결정인자라고 판단하기는 어려웠다. 왜냐하면 학생들은 제시된 불만족의 원인항목에 골고루 다양하게 반응하고 있었기 때문이었다(참고: 표 19).

표 19. 현재의 전공학과에 대한 불만의 이유*

(N = 1,1838)

내　　　　　　　용	반응비율
적성과 흥미에 맞지 않아서	12.5%
졸업 후 실용성이 적어서	8.6
교수진이 불만이어서	7.4
교육내용이 기대한 것과 다르므로	12.2
학과 동료학생과의 대인관계가 좋지 않아서	5.1
전공에 대한 능력부족을 느껴서	8.2
기　타	19.7
무응답	26.3
계	100

* 최정훈과 한종철. 「대학생활개선을 위한 기초조사연구」. 연세대학교 학생지도연구소(미간행 등사물). 1970, p.38을 요약 정리한 것임.

다섯째, 학생들은 일반적으로 대학 생활이 만족스럽지 않은 것처럼 반응하고 있었다. 예를 들어 현재 대학생활에 매우 만족, 비교적 만족한다고 반응한 학생 수는 반응자 중 31.2%에 불과했다. 반면, 보통 이하로 불만족한 대학생활을 보내고 있다고 반응한사람은 68.4%에 달했다. 따라서 대학에 대한 기대와 대학생활의 실제경험 간에는 상당한 차이가 있었던 셈이었다(60.8%). 또한, 학생들은 대학 생활에 대한 구체적인 계획도 뚜렷하게 세우지 않는 것 같았다. 예를 들어 응답자의 59%(N=1,326)가 대학 생활에 대한 미래의 계획을 아직 세우지 못했거나(13.7%), 혹은 세울 작정에 있다고 반응했다(32.9%). 심지어, 세우고 싶지 않다고 반응하는 학생도 12.4%에 달했다. 여섯째, 이상적인 대학은 훌륭한 교수, 충분한 시설, 우수한 학생을 확보해야 하는 것으로 판단되고 있었다. 왜냐하면 응답자들(N=1,451)은 훌륭한 교수, 충분한 시설, 우수한 학생 재학요인(51.1%)을 이상적인 대학의 구비요건으로 지적했기 때문이었다. 학생들의 판단에 의하면, 이러한 세 가지 요인은 교수와 학생간의 접촉이 많은 대학(23.6%),

학생자치 활동이 활발하고 많은 장학금을 지급하는 대학(9.2%)보다 더 중요한 것으로 나타났다. 일곱째, 일반적으로, 학생들을 위해 제공되고 있는 각종 후생복지시설에 대해 학생들의 만족도나 이용도는 별로 양호한 것 같지 않았다. 예를 들어 표 20에 의하면, 대학생들은 학생회관 자료실(83.8%), 음악감상실(79.5%), 소비조합(57.6%), 우체국(53.8%) 등을 제외한 다른 시설(도서관, 식당, 상담실, 체육시설, 학과장실, 학생처, 각대학사무실, 대학신문), 혹은 학생복지시설에 대해 거의 불만족스럽게 느끼고 있다고 반응했었다. 특히, 상담실(9.6%), 식당(15.1%), 학과장실(17.3%), 각 대학사무실(17.3%), 학생처(18.2%) 등은 학생들에게 거의 만족감을 주지 못하는 곳으로 판단되고 있었다. 불만족한 결과, 학생들은 후생복지시설·기관을 거의 활용하고 있지 않다고 보고했었다. 예를 들어 학생처나 각 대학사무실을 거의 이용하지 않는다고 지적한 학생은 응답자 중 평균 54%를 넘고 있었다. 또한, 학생들은 학과장실(62.9%)이나 보건소(67%)도 거의 이용하지 않고 있었다. 상담실 이용은 학생들에 의해 철저히 기피되고 있었다. 예를 들어 응답자의 84%가 상담실을 한 번도 활용하고 있지 않다고 지적했다.

최정훈과 한종철의 연구결과는 다른 연구에 의해서도 타당한 것으로 확인된다. 예를 들어 홍웅선과 이형행의 연구(1976)인 대학생과 재수생에 관한 연구결과 역시 최정훈과 한종철의 연구결과와 비슷한 경향을 보고하고 있었다. 즉 홍웅선과 이형행의 연구결과에 의하면, 'Y' 대학교 재학생 응답자(N=1,628) 중 84.2%는 거의 보건소를 이용하지 않고 있다고 반응했다. 상담소는 완전히 기피당하고 있었다. 응답자의 97.1%가 상담소를 이용하지 않는다고 지적했다.

표 20. 후생복지시설에 대한 학생들의 만족도*　　　(N = 1,838)

후생복지시설	만 족 도
도 서 관	38.9%
보 건 소	42.2
우 체 국	53.8
식 　 당	15.1
상 담 실	9.6
체육시설	24.1
학과장실	17.3
학 생 처	18.2
각대학사무실	17.3
소비조합	57.6
학생회관자료실	83.8
음악감상실	79.5
대학신문	35.5

* 취정훈과 한종철. 「대학생활 개선을 위한 기초조사연구」. 연세대학교 학생지도연구소. 1970. pp.71-87.
참고: 만족도는 매우 만족한다와 채체로 만족한다의 항목에 응답한 반응율을 합산한 결과임.

　학생 복지시설에 대한 불만족, 비활용률은 학교 측에 의한 홍보활동의 미숙에서도 기인하는 것 같았다. 예를 들어 김인선(1981)은 'Y'대생 545명을 대상으로 도서관 활용도에 대한 조사연구를 수행했다. 왜 도서관에 대한 오리엔테이션의 지식이 도움이 안 되었는가에 대한 응답 가운데서 가장 빈도수가 높았던 항목은 "실제 이용하려고 하니 그때들은 내용으로는 활용이 어려웠다"(58.7%)였다. "짧은 시간에 너무 많은 이야기를 제공받았다"라는 비판적인 항목에는 응답자 중 22.2%가 반응했다. "그 당시대강 알 듯 했다" 와 "학생이 너무 많아 질문하고 싶어도 할 수 없었다"라는 또 다른 비판적 항목에 반응한 학생수는 20% 미만에 불과했었다.

　최정훈과 한종철, 홍용선과 이형행, 김인선의 연구들이 제시한 각각의 결과들을 종합하면, 한 가지 결론이 가능하게 된다. 즉 대학생들은 일반적으로 대학생활, 전공학과, 후생복지에 대해 만족스런 태도를 지니고 있지 않다는 결론이 가능했다.

대학생들은 대학행정 사무직원들에게도 불만족스러운 태도를 갖고 있는 것 같았다(참고: 김원중, 1972). 김원중(1972)은 서울 시내 5개 대학사무직원(N=141)과 학생들(N=266)의 상호이해 정도를 조사 연구했다. 김원중의 연구결과에 의하면, 대학 사무직원과 학생들은 상호불신 관계에 있는 것 같았다(참고: 표 21).

표 21. 사무직원과 학생들 사이의 상호불만에 대한 반응 *

불 만 내 용	집 단	
	사무직원	학생
불친절함		115명(43.2%)
거 만 함	3명(2.1%)	27(10.2)
무표정함		90(33.8)
인정의 결핍		30(11.3)
자기이익추구	31(22.0)	
사무일에 이해부족	98(69.5)	
무 응 답	9(6.4)	4(1.5)
계	141(100)	266(100)

* 김원중. 「사무직원과 대학생의 인간관계에 관한 연구」. 미간행 석사학위논문(연세대학교 교육대학원), 1972, p.31

표 21에 의하면, 학생들에게 있어서 사무직원은 거만, 불친절의 상징인 것 같이 지적되고 있었다. 반면, 사무직원은 학생들이 사무일에 대해 이해가 절대적으로 부족하다고 지적하고 있었다. 대학생이 사무직원에게 거만하게 행동하는 경우는 거의 드문 것 같이 나타났다(2.1%). 따라서 사무직원과 학생들 사이에는 갈등·불신의 현상이 대학 생활에 내재되어 있다는 판단이 가능하게 되었다. 갈등과 불신은 상호무관심에서 기인하는 것 같았다. 예를 들어 학생들은 사무직원에 대해 별로 관심이 없는 것 같았다. 즉 대학생 응답자 가운데

60.3%정도가 사무직원에 대해 별로 혹은 전혀 무관심하다고 지적했다. 오히려, 학생들은 사무직원은 교수나 학생들을 위한 봉사자이기 때문에(51.1%) 절대적으로 친절을 보여야한다(53.0%)고 주장하고 있을 뿐이었다.

전체를 요약하면, 두 가지 사실을 간추릴 수 있다. 첫째, 한국의 대학생활은 일반적으로 대학생들에게 기대 이상의 만족감을 주고 있지 못하다. 둘째, 행정담당자들은 학생들에게 불신의 대상으로 인식되고 있다. 행정사무직원들은 자기들의 일반적 이해관계 유지에 민감한 것으로 지적되고 있다. 예를 들어 유영준의 연구(1968)에 의하면, 대학에서 일하게 된 것에 대해 보람을 느끼는 사무직원은 응답자(N=155) 중 23%에 불과했다. 대부분은 그저 있을 만하다(54%), 혹은 어찌할 수 없어서 있다(21%)라고 반응했다. 따라서 이들이 가장 원하는 욕구는 임금인상(46%), 인간대접(21%) 등과 같은 것들이었다. 한마디로 사무직원들이 느끼는 학교근무는 별로 만족스러운 것 같지 않았다. 따라서 승진, 봉급, 인간적 대우를 받지 못하는 것이 불만족의 큰 원인으로 지적될 수 있었던 셈이었다. 그러나 보다 중요한 이유도 있었다. 그것은 이들 사무직원의 취직동기에 있다고 볼 수 있었다. 왜냐하면 대부분의 사무직원은 별 뚜렷한 소명의식이 없이 대학기관에 취직하고 있었기 때문이다. 예를 들어 유영준의 연구에 의하면, 대부분의 사무직원은 비공식적으로 채용(77%)되고 있었다. 즉 교수의 추천, 학교간부의 추천, 사무직원들의 추천에 의해 시험 없이 채용되고 있는 실정이었다. 따라서 능력·일보다는 인간관계가 이들의 취직을 결정했던 것이었다. 결국 봉사기관으로서의 대학행정의 체제 및 기능은 사실상 소비자인 학생들을 위해 적절히 발휘되고 있지 못한 형편에 있다고 판단될 수밖에 없는 셈이었다.

그러나 유영준, 김원중, 최정훈과 한종철, 홍응선과 이형행, 김영철과 공은배 등의 연구결과는 학생들의 대학만족도가 구체적으로 어떤 학교교육 변인들에 의해 얼마만큼 영향 받고 있는지에 대해 견정적인 자료들을 제공하고 있는 것 같지는 않았다. 따라서 교수의 강의에 대한 판단, 학생들의 사회성 정도, 인지·학업적 성장, 정치사회화 결과 정도와 관련된 변인들이 학생들의 학교풍토·환경에 대한 만족도에 얼마만큼 영향을 주는지에 대한 연구도 시도될 만한 일이었다. 사실, 봉사기관으로서의 기능을 회복하기 위해서라도, 대학생들의 학교교육 만족도를 결정 할 수 있는 대학교육 과정 및 결과 변인들 간의 관계는 경험적으로 연구되어야 할 것으로 판단되고 있었다.

學校行政 雰圍氣의 滿足度에 대한 經驗的 資料分析

한국 대학생들은 대학(교)행정직원에 대해 유별난 판단·태도를 보여주고 있지 않는 것 같았다. 다시 말해서, 별로 좋지도 나쁘지도 않다는 판단을 가하고 있는 듯 했다. 그러나 대학행정당국에 대한 대학생들의 평범한 태도가 대학행정당국과 그 직원들에 대한 무관심의 의사표시인지, 혹은 판단을 보류하는 것인지는 불분명했다. 왜냐하면 응답자들(N=1,156)의 반응결과분석에 나타난 평균점수(11.6점)는 대학행정직원에 대한 판단척도에 관련된 기준평균점수(11.5점)와 거의 같은 수준을 유지했었기 때문이었다. 다시 말해서, 대학행정직원에 대한 대학생들의 부정·긍정적인 판단점수는 골고루 균일하게 퍼져 있었기 때문이었다(M=11.6, 표준편차=4.99). 대학행정직원에 대한 판단척도(참고: 문항 85-108; 단, 문항 100은 삭제)에 의하면 한 학생이 얻을 수 있는 최고점수는 23점이었다. 반면, 최하점수는 0점이었다. 본 연구에 반응한 실제 응답자들의 점수분포는 0점에서부터 23전까지 골고루 퍼져 있었다.

그러나 대학생들은 일반적으로 대학의 면학 분위기에는 호감을 갖고 있는 듯했다. 다시 말해서, 대학이 제공하는 면학 분위기에 대해서는 어느 정도 긍정적 반응을 나타내고 있는 것 같았다. 예를 들어 일반적 학교교육 분위기에 대한 28개의 문항척도(참고: 문항 109-139; 단, 문항 137, 138, 139는 삭제)에 나타난 기준점수의 분포는 0점에서 28점까지였었다. 예상되는 기준평균점수는 14점이었다. 그러나 응답자들(N=1,164)의 실제 특점분포는 2점에서부터 31점까지 퍼져 있었다. 집단의 평균점수는 18.19(표준편차=5.78)이었다. 따라서 응답자집단의 평균점수는 통계적으로 기준평균 점수보다 4.19점이 높았던 것이다. 그러나 본 연구에서 제시된 빈도분포 자료로서는 왜 대학생들이 학교행정직원, 혹을 면학 분위기에 호감을 갖고 있는지에 대해 명확하게 설명할 길이 없었다.

표 22. 대학 행정직원에 대한 학생들의 태도를 결정하는 변인들 사이의 중다상관관계(R)

변　인　군	중다상관관계계수 (R)	결정계수 (R²)	R²의 변화	단순상관계수 (r)	회귀계수 (Beta)
대학교육분위기에 대한 판단	.54	.30	.30	.54	.52
학년 정도	.57	.32	.03	−.17	−.17
교수의 강의에 대한 판단	.58	.34	.00	.28	.09
사회적 지위추구욕	.58	.34	.00	.05	.05
아버지의 교육 정도	.58	.34	.00	−.05	−.04
학교성적(GPA)	.58	.34	.00	.04	−.03
정치적 성향	.59	.34	.00	.06	−.02
경청태도	.59	.34	.00	.04	−.02
일반 사회성 태도	.59	.34	.00	.10	.02
여가활동 정도	.59	.34	.00	−.00	−.01
권위주의 태도	.59	.34	.00	.03	.00

대학행정직원에 대한 대학생들의 태도를 결정하는 요인들은 어떤 것들인가? 표 22는 대학교육분위기, 즉 면학 분위기에 대한 만족여부 요인이 대학행정직원에 대한 만족·불만족한 태도의 결정인자임을 보여 주고 있다. 즉 대학교육을 통한 면학 분위기 만족도에 관한

변인은 대학행정직원에 대한 만족도 판단변인의 결정인자일 수도 있었던 셈이었다. 왜냐하면. 대학행정직원에 대한 만족도 판단 변인에 관계된 전체변량(variance)중 30%를 한 개의 대학 면학 분위기 변인이 설명(예언)해 주고 있었기 때문이었다. 희귀계수(Beta)역시 다른 변인들보다 컸다. 단순상관계수(r=.54)역시 다른 변인들보다 높았다.

대학생들이 현재 지니고 있는 학년변인은 대학행정직원에 대한 판단을 결정하는 변인으로 판단할 수 있었다. 왜냐하면 희귀계수(Beta=-.17)가 면학 분위기에 대한 변인 다음으로 높았었기 때문이었다. 그러나 대학행정직원에 대한 태도를 결정할 수 있는 변인은 아닌 것 같았다. 왜냐하면 대학행정직원에 대한 전체 변량을 실명(예언)하는 데 약 3% 정도밖에는 더 이상 공헌하지 못했기 때문이었다. 그럼에도 불구하고, 학년변인은 대학행정직원에 대한 태도에 대한 변량을 예언하는 데 중요한 변인임을 통계적으로 추출해 낼 수 있었다. 왜냐하면 3%의 증가는 통계적으로 의의있는 증가(즉 $\beta \neq 0$)라고 판단되고 있기 때문이었다(F=37. 612, p<.001; 표 22에는 기록하지 않았음). 따라서 학년이 높을수록 학교행정직원에 대한판단은 보다 부정적이라고 판단할 수도 있었다(r=-.17, p<.001).

교수의 강의에 대한 판단은 일견 학교행정당국에 대한 만족도 여부에 영향을 주는 것 같았다(r=.28, p<.001). 즉 대학교수의 강의에 대해 호감을 가지면 가질수록 대학행정당국에 대해 호감을 갖는다는 판단을 할 수도 있었다. 그러나 이런 판단은 과장되어 있는 것 같았다. 왜냐하면 대학교수의 강의에 대한 판단변인은 대학행정당국에 대한 만족도를 결정해 줄 수 있을 만큼의 통계적 수치가 크지 못했기 때문이었다(회귀계수: Beta=.09). 대학교수의 강의 변인은 대학행정당국에 대한 만족도 판단에 관련된 변량 중 1% 정도를 추가로 설명하는 것 같았다. 그러나 1% 정도의 추가실명은 통계적으로 의의가 있는 것 같지는 않았다(F=9.67, p>.05).

아버지의 학력이 높으면 높을수록 대학행정직원에 대해 갖고 있는 선호도는 감소되는 것 같았다. 왜냐하면 아버지의 학력변인은 학교행정가에 대한 판단변인과 부적 상관관계계수($r=-.05$, $p>.05$), 부적 회귀계수(Beta$=-.04$)로 연결되고 있었기 때문이었다. 그러나 아버지의 학력변인과 학교행정가에 대한 판단변인과는 통계적으로 의의 있는 관계를 맺고 있는 것 같지는 않았다. 그럼에도 불구하고, 한 가지 점을 추론해 볼 수도 있었다. 즉 아버지의 학력이 높으면 높을수록 대학행정직원에 대한 일정한 판단을 자녀들과 어느 정도 교호하고 있을 가능성을 추론해 볼 수도 있었다. 그러나 그 가능성은 대학행정당국자에 대해 부정적인 영향으로 나타날 수 있었다. 왜냐하면 대학행정당국자에 대한 부모의 판단은 부정적인 경향을 보여 줄 수도 있는 것 같았기 때문이었다. 그러나 본 연구결과가 이러한 추론의 정당성을 강력하게 입증할 만한 실증적 자료를 제시하고 있지 못한 점에 주목할 필요가 있다.

표 23. 대학교육의 일반적 분위기에 대한 중다상관관계 분석*

변 인 군	중다상관관계계수 (R)	결정계수	R^2의 변화	단순상관계수 (r)	회귀계수	F가치
대학행정직원에 대한 태도	.54	.30	.30	.54	.50	296.11*
교수의 강의에 대한 태도	.59	.33	.04	.34	.19	45.60*
학교성적(GPA)	.60	.35	.01	.16	.11	16.65*
학년 정도	.61	.36	.00	.01	.09	9.46*
사회적 지위추구욕	.61	.37	.01	.02	$-.09$	8.16
일반적 사회성 태도	.61	.37	.00	.13	.09	5.95
여가활동 정도	.61	.37	.00	$-.04$	$-.03$	1.52
정치적 성향	.61	.37	.00	.07	.03	1.33
아버지의 교육 정도	.61	.37	.00	.02	.03	1.37
권위주의 태도	.61	.37	.00	.04	.01	.21
경청태도	.61	.37	.00	.08	$-.01$	.03

* $p<.001$

학교행정기구, 당국자에 대한 만족도는 대학교육의 일반적 분위기 판단에 중요한 영향을 끼치고 있는 것 같았다(참고: 표 23). 표 23에 의하면, 대학의 일반적 환경과 분위기에 영향을 준다고 판단되는 변인은 네 가지였다. 즉 대학행정직원에 대한 태도변인, 교수의 강의에 대한 태도 년인, 학년변인, 학업성취(GPA) 변인은 대학생들의 학교분위기 판단변인에 일정한 영향을 주고 있었다. 네 가지 변인은 대학생들의 판단변인에 관련된 총 변량 중 36%를 설명하고 있었다. 네 가지 변인 중 대학행정직원 대한 태도변인은 그것만으로도 30%를 결정하고 있었다. 회귀계수 역시 .50이었다. 즉 대학생들의 학교분위기 판단변인에 결정적인 영향력을 발휘하고 있었다(F=296.11, p<.001). 교수의 강의에 대한 판단변인(회귀계수=.19, F=45.60, p<.001) 역시 대학생들의 학교분위기 판단변인에 일정한 영향력을 미치고 있다고 판단 될 수 있었다. 학교성적(회귀계수=.11, F=16.65, p<.001)과 학년변인(회귀제수=.09, F=9.46, p<.001)도 각각 학생들의 학교분위기 판단변인에 일정한 영향력을 나타내고 있었다.

결국 한 가지 결론을 도출할 수 있었다. 즉 학교행정직원에 호감을 가지면 가질수록, 또 교수의 강의에 대해 호감을 가지면 가질수록, 학교성적이 양호하면 할수록, 학년이 높아지면 높아질수록 대학의 일반적 환경·분위기에 만족하는 것으로 판단할 수 있었다. 이미 지적한 네 가지 변인을 제외한 다른 변인들(사회적 지위추구욕, 아버지의 교육 정도, 권위주의 태도, 경청태도)은 대학생들의 학교분위기에 관한 전체변량의 1% 정도만을 부가적으로 설명하고 있을 뿐이었다.

전체적으로 요약하면, 다섯 가지 경향을 도출해 낼 수 있었다. 즉 첫째, 대학생들은 대학행정당국·직원에 대해 특별한 판단을 가하고 있는 것 같지 않았다. 무관심의 소산이라고 해석할 수도 있었다. 둘째, 학교의 일반적 면학 분위기에 대해 대체적으로 호감을 갖고 있는 듯했다. 셋째, 대학행정당국에 결정적인 영향력을 끼치고 있는 것은 대학의 일반적 환경·분위기에 대한 만족도 요인이었다. 넷째, 고

학년이 될수록 대학생들은 학교행정당국에 대해 불만족스럽게 생각
하는 경향이 있었다. 다섯째, 학교의 일반적 환경·분위기에 대한 만
족도 에 영향을 주는 것은, 대학당국에 대한 만족도, 교수강의에 대
한 태도, 학교성적, 학년변인 등 네 변인이었다.

결국 한 가지 결론은 내릴 수 있었다. 학교행정당국, 학교분위기
에 대한 만족도는 대학교육과 관련된 변인들에 의해 어느 정도 설명
될 수도 있었다. 다시 말해서, 대학생들은 대학교육을 통해 대학당
국, 행정직원, 일반적 면학 분위기를 판단하는 능력을 어느 정도 배
양하고 있다고 판단할 수 있었다. 그러나 그 힘은 통계적으로 그리
큰 것 같지는 않았다. 결국 대학조직, 행정의 문제는 대학인 스스로
판단, 분석, 조정, 해결되어야 한다는 함의를 추출해 낼 수 있었다.

4. 大學敎育과 政治社會化

한국의 대학교육은 대학생들의 사회·정치적 사회화(political soci-alization)에 기여하고 있는가? 대학생들은 대학교육을 통해 한 정치체제가 요구하는 공민적 역할과 시민적 역할수행에 필요한 지식, 대도, 감정, 동기 등(참고: Almond & Coleman, 1960)을 내면화시키고 있는가? 한마디로 한국의 대학교육은 대학생들을, 한국정치 체제의 형태를 형성·지배하는 이념, 질서, 규범, 감정 등의 총체로서 부각되는 정치문화 규범을 성공적으로 내면화시키고 있는가?

대답은 불분명하게 된다. 왜냐하면 무엇보다 한국 대학이 대학생들에게 사회정치적 규범·가치를 사회화시키는 체계적인 교과과정을 구비해 왔는가가 분명하지 않기 때문이다. 다시 말해서, 정치사회화를 위한 형식적 교과과정이 대학의 교육과정 속에 포함되어 있는지 확실하지 않았기 때문이다.

일반적으로, 대부분의 대학들은 사회과학 과목 중의 일부를 교양 교과과정으로 투입하고 있다. 또한, 사회과학 부문은 일반적으로 정치사회화에 관한 일부 영역을 다루고 있다. 예를 들어 정치적 통합(political integration)같은 내용을 취급하기도 한다. 즉 집단공동체 의식, 국가에 대한 충성심, 충효, 단결, 질서유지 등을 강조하기도 한다. 물론, 1970년 이래 정치적통합의 필요성을 강조하는 교과목이 대학 교육과정에 정규 교과목으로 전입된 것도 사실이다. 즉 국민윤리 과목의 일부내용은 국민정치 교육, 국민정신 교육, 국민윤리 교육, 이데올로기비판 교육 등을 대변하기도 한다(참고: 이규호, 1981, a, b). 교고의 지식측면에서, 정치교육은 '법과 규정의 준수'를 다루게 된다(참고: 이규호, 1981b, p.115). 그러나 대학의 교과가정치사회화를 위한 체계적인 학문적 성격, 특성을 반영하고 있는가는 아직 불분명한 상태에 있다. 또한, 1970년 이래 특정인에 의해 실시되어 온 국민윤리 교육의 효과가정치적 통합, 정치사회화를 위한 것이라고 판단할 강력한 실증적 근거도 구체화되어 있지 않은 것 같다. 왜냐하면 정치사회화와 관련된 대부분의 교가는 지식전달 위주에 그쳤기 때문이다. 다시 말해서, 정치사회화에 관한 문제들이 교실현장에서 구체적으로 다루어지지 않고 있었기 때문이다. 예를 들어 서재문(1976)은 교육대학재학생의 정치사회화의 문제를 연구했다. 표집대상은 서울, 군산, 공주지역 교육대학 재학생 382명이었다. 서대문의 연구결과에 의하면, 사회과목들(윤리, 도덕 등)은 시사적인 문제들을 적극적으로 다루지 않고 있었다. 즉 강대국의 외교정책, 정부정책의 부조리 현상, 남북회담의 효과 등은 거의 사회과목의 주제가 되지 않고 있었다. 따라서 응답자의 13%만이 사회과 교수들이 정치사회화에 관한 문제들을 다루고 있다고 반응하고 있을 뿐이었다.

　결국 한국 대학교육에 의한 정치사회화 현상을 두 가지 방식으로 판단할 수 있을 뿐이었다. 첫째, 해방 이후 1970년 이전까지 대학교육이 대학생의 정치사회화를 위한 공식적 교과과정을 구비했다고 볼 수는 없었다. 왜냐하면 1970년 이후부터 정치사회화를 위한 정규 교과목이 형식적이나마 대학의 정규 교과과정으로 투입되기 시작했었기 때문이다. 둘째, 1970년 이래 정치사회화를 위한 의도적인 교과목이 대학에서 강조되었다 하더라도, 정치사회화를 위한 교과목의 효과 여부는 연구과제일 뿐이다라고 판단, 주장할 수 있었다.

　그러나 정치사회화에 관한 형식적 교육과정의 미비에도 불구하고, 한국 대학생들의 정치 참여에의 의사표시 의욕은 한국 대학사에서 끊임없이 나타나고 있었음에 주의를 기울일 필요가 있다. 정치적 문제에 대한 의사표시는 정치권력에 대한 형식·비형식적 반응으로 나타났다. 즉 정치인에 대한판단, 이상적인 정치제도 구현에 대한 갈망 등이 한국 대학생들의 정치적 표현 속에 등장하곤 했었다(참고: 고영복, 1970). 한마디로 한국 대학생들의 사회·정치적 관심들은 정치사회화의 목표를 긍정·부정적인 입장으로 대변해 왔다고 볼 수 있다. 즉 시대적 상황과 조건에 따라 공민적 역할을 수행할 수 있는 정치적 지식, 태도, 감정, 동기 등이 긍정적으로 표현되기도 했다. 때에 따라, 시국에 부정적인 영향을 주는 형식으로 노출되기도 했었다. 한마디로 한국 대학생들에 의한 일련의 사회·정치적 의사표시는 한국 대학생의 정치사회화의 전통성을 대변해 왔다는 점을 부인할 수는 없었다.

전용신(1969)은 Eysenck의 사회태도 척도(Inventory of Social Attitudes)를 사용, 한국 대학생들의 정치적 성향의 불변성을 연구해 낸 바 있다. 즉 전용신은 Eysenck의 사회태도 척도를 이용하여 1960년, 1969년 두 차례에 걸쳐 K대 대학생들을 대상으로 연구했다. 1960년도의 연구결과에 의하면, 한국 대학생들의 정치성향은 영국 보수당의 정치이념과 비슷했다. 즉 보수적인 색채가 농후했다. 반면, 온건·강경의 태도는 파시스트와 자유당 이념의 중간 정도를 유지했었다. 1969년의 연구결과 역시 비슷한 정치성향을 보여 주었다. 즉 한국 대학생들의 정치성향은 영국 보수당이 유지하고 있는 보수성과 파시스트의 정치노선에 근접하는 강경노선을 보여 주었다. 1969년도 연구의 표집대상은 서울, 부산, 전남 등지의 대학생 5,838명이었다. 한마디로 전용신의 연구는 한국 대학생들이 고정적인 정치적 성향을 소유하고 있음을 보여 주고 있었다. 따라서 전용신은 문제를 이렇게 다시 제기할 수밖에 없었다.

"1960년 당시 필자는, 혁명을 일으킨 학생들이니만큼 정치적 태도는 상당히 진보적일 것이라는 생각아래 조사한 바있으나, 결과가 보수적인 것에 놀랐다. 그런데, 그 후 8년이 지났는데도 특히 R점 (즉 급진－보수: 연구자주)은 그대로 마찬가지라는 점은 무엇을 의미하는가?"(p.46)

대학생들이 갖고 있는 정치성향의 불변성을 무엇으로 설명할 수 있는가? 전용신은 가치변화의 시간적 지연성으로 대학생들의 고정적 정치성향을 설명했다. 즉 정치성향과 정치적 태도가 변화하는 데는 시간변인이 결정적이라는 것이었다. 전용신의 노력은 한국 대학생들의 정치성향의 불변성을 실명하는 데 제한된 참고 사항으로서만의 가치가 있는 것 같았다. 따라서 한국 대학생들의 불변적 정치성향에 대한 실명을 위해 또 다른 이유를 찾아야 될 것 같았다. 이유는 다양할 것 같았다. 그러나 본 연구에서는 그 이유를 세 가지로 제한, 진술했다.

첫째, 사회정치적인 시대적 상황을 고려해 볼 수도 있었다. 즉 시대적 상황을 벗어날 수 없는 가치관의 혼란 및 그 영향 등을 대학생들의 정치성향·태도에서 배제할 수 없을 것 같았다(참고: 함의영, 1968).

둘째, 가정적 배경과 성인들의 정치적 성향은 젊은 세대의 정치적 성향에 일정한 영향을 발휘할 것 같았다. 부모의 영향, 사회정치 현상의 불연속적 변동, 가치관의 변화에 마른 추이는 대학생들의 국가관, 정치문화에 대한 태도 형성에 일정한 영향을 끼칠 것으로 판단된다. 그 영향은 부정적인 입장에서 평가되고 있었다. 한배호(1980)는 한국국민의 정치성향으로서, 이념적 단순성 및 경직성을 지적한 바 있다. 뜨한, 정치지도자와 국민 사이의 간격유지 역시, 한국 국민의 정치성향의 한 속성으로 지적했었다. 한배호에 따르면, 이념적 경직성, 지도자와 민중간의 괴리현상은 하나의 정치·심리학적 현상을 구체적으로 부각시킨다. 즉 대중에게 정치적 지도력을 불신하도록 촉진한다는 것이었다. 부정적인 정치성향은 한국 국민의 국가관에서도 노출되고 있었다. 즉 한국국민은 부정적인 국가관을 갖고 있는 것으로 지적되고 있었다.

이영호(1979)에 의하면, 한국 국민은 자조적·자학적인 입장으로 국가를 평가, 이해하려고 했다. 예를 들어 한국국민은 "그 많은 좋은 나라를 다루고 한국에 태어나서 '엽전'이 되었는가를 원망"(p.110)스럽게 자탄하기 좋아했다. 또한, "문제투성이의 나라", 싹수가 노란 나라"(p.110)라고 자탄하기도 했다. 심지어, 이영호는 이렇게 진술했었다;

> "⋯⋯다시 태어나서 국적을 마음대로 선택할 수 있는 자유가 있다면, 한국인이 되지 않겠다는 사람들이 일반 국민들 사이에는 5사람에 1사람 꼴, 대학생들 가운데는 3사람에 1사람 꼴이나 되었다".(p.111)

물론, 부정적인 국가관이나 정치성향만을 한국인이 갖고 있는 사회정치적 성향의 정형(prototype)이라고 판단할 수만은 없다. 왜냐하면 첫째, 어떤 사람들은 한국의 정치적 고유성, 전통성을 지적하고 있기 때문이다(참고: 김대환, 1980). 또한, 강력한 지도자나 효과적인 정치통합 수단으로서 강력한 정부의 출현을 기대하기도 하기 때문이다(참고: Kiel, 1973). 둘째, 한배호나 이영호의 논지에서 부각된 국가관, 정치성향은 개념의 모호성을 지니고 있었기 때문이다. 즉 국가관과 정부관, 특정 정당에 대한 인식태도 사이의 이해차이 등이 불분명했었기 때문이다.

한국민의 정치판이 부정적이 아니다고 인정하더라도, 한국 성인들의 정치사상 적인 입장을 비자발적 정치참여, 상호신뢰성 결여로 집약시킬 수는 있었다. 왜냐하면 정치권력과 이해관계가 직결되어 있는 소수까지도 강력한 권위적 인물위주의 정치지도력, 강력한 정부통치, 권력층 형성 등이 한국에 꼭 필요하다고 판단하는 것 같지는 않았기 때문이다. 또한, 이들 모두가 민주주의의 이상을 도외시했던 것도 아니었기 때문이었다. 따라서 이들의 정치의식은 이중성을 대변하고 있는 것 같았다. 왜냐하면 강력한 권력의 출현에 저항하면서도 완전한 자유를 누리려고 하는 태도가 민주주의라는 것으로 표현되고 있었기 때문이었다. 즉 이념과 실천의 이중성을 대변하고 있기 때문이었다(참고: 백완기, 1982).

이런 현상이 권력층에만 한정되는 것은 아니다. 일반 국민들의 정치의식도 예외가 아니다. 그렇다면 왜 국민들이 이중적인 입장을 견지하고 있는가? 홍승직(1980)에 의하면, 국가관, 정부관, 정치의식, 정치성향 간의 갈등·부조화는 한국인이 갖고 있는 신·구가치관이 대립한 결과라고 판단된다. 예를 들어 어떤 한국인은 구가치관(예: 유교의 가치관)을 고수하고, 신가치관(예: 해방 이후의 서구문화에 의한 가치관)을 배격한다. 반대현상도 존재한다. 즉 신가치관을 고수하고 구가치관을 거부한다. 경우에 따라서는, 신가치관을 구가치관의 틀 속에서 반추하거나 재변형한다. 혹은, 구가치관을 신가치관으로 왜곡, 재변형한다. 편의에 따라 두가치관을 적당히 혼용하기도 한다(참고: 홍승직, 1980). 결국 부모세대로서의 성인들이 갖는 정치적 가치관의 혼란은 자녀들인 대학생들에게도 일정한 사회정치적 영향을 줄 것으로 판단되게 되는 셈이다.

셋째, 한국 대학생들의 정치성향에 대한 불변성은 대학교육의 효과로서 파악될 수도 있다. 즉 정치사회화에 관한 대학교육의 잠재적 교육과정의 결과로서 이해할 수도 있다. 왜냐하면 첫째, 대학생들의 불변적 정치성향은 가정의 사회경제적 배경과는 무관한 관계에 있는 것 같다는 판단이 실증적으로 제시되었기 때문이다. 예를 들어 전용신의 연구(1969)에 의하면, 가정의 사회적 지위 배경과 대학생들의 정치적 성향간의 상관관계는 낮았다(r=−.036). 거의 무관한 편이었다. 부모의 교육경력 역시 대학생들의 정치적 성향에 미치는 영향은 한계가 있었다(r=.106). 또한, 대학생들의 정치적 성향은 부모의 수입과도 무관한 것으로 판단되었다(r=−.006). 한마디로 부모의 사회경제적 지위가 대학생들의 정치적 성향을 결정하지는 못하는 것으로 나타났었다. 둘째, 사회·정치적인 시대상황의 경직성이 대학생들의 정치적 성향에 일정한 영향을 끼친다는 견해 역시 일견 타당성이 있는 것 같았기 때문이다. 실제적으로, 한국사회의 사회정적적인 변동의 영향을 배제할 수 없었다. 그러나 그것은 결정적인 요인인 것 같지는 않았다. 왜냐하면 한국 대학생의 정치에 대한 입장은 이중성(ambivalence)을 갖고 있다고 판단되기 때문이다. 예를 들어 한국 대학생들이 바라는 이상적 정치는 민주주의 이념을 표방하는 정치였었다. 즉 민주주의 제도에 입각, 국민의 자유와 경제적 윤택이 보장되는 정치체제였다. 대학생들은 경제발전, 교육수준 향상, 정치적 안정 등을 민주주의 실현의 기본조건으로 삼았다(참고: 국토통일원, 1974). 그러나 한국 대학생들이 실제적으로 지적했던 한국의 발전을 위한 정치제도는 1인 지도자운영 정치체제(참고: 장석우와 그의 동료들, 1964)였었다. 혹은, 교도민주주의 형태의 정치체제였었다. 예를 들어 장석우와 그의 동료들은 전국 8개 대학 411명에게 1963년 현재 한국을 위해 필요한 정치제도를 지적하게 했다. 대부분의 학생들은 선의의 독재정치(49.7%), 교도민주주의(33.3%)가 한국의 발전을 위한 정치체제라고 반응했다. 결국 약 83%의 학생들이 1인체제의 정치운영 방식을 원했던 것이다. 그러나 최근의 연구(참고: 홍승직, 1980)에 의하면, 과단성을 발휘하는 지도자 상에 대한 대학생들의 기대는 다소 감소되고 있는 것으로 나타나고 있다. 예를 들어 홍승직의 연구에 의하면, 대학생 응답자(N=121)중 약 8.1%만이 과단성 있는 정치지도자를 원했었다. 따라서 1인독재에 대한 선택의 정도가 낮아진 것 같다고 판단될 수도 있었다.

홍승직의 연구결과는 재해석될 필요가 있었다. 왜냐하면 첫째, 20여년간 공화당 정권의 강력한 정치통제의 경험을 갖고 있음에도 불구하고 학생들이 권위적인 통치자관을 선택했기 때문이었다. 둘째, 과단성에 대한 바램 및 필요성도, 위기의 시기였던 10.26사태 전보다, 사태 후에 더욱더 많은 지지수를 얻었기 때문이다. 결국 한국의 대학생들은 강력한 지도사상을 그리고 있다는 점은 불변적인 것 같았다.

장석우와 그의 동료들의 연구에 의하면, 약 11%만의 학생들이 서구의 민주주의 정치를 이상적 한국의 정치체제로 선택했었다. 결국 장석우와 그의 동료들에 의한 1960년대의 연구결과는 타당했던 것 같았다. 왜냐하면 이미, 홍승직(1962)은 한국 대학생들이 서구식 민주주의를 한국에 있어서 부적합한 것으로 판단한다는 연구결과를 제시했었기 때문이다. 홍승직이 K대학의 1, 2, 3, 4학년 367명에게 조사한 연구결과에 의하면, 응답자중 86%가 서구식 민주주의가 한국 실정에 부적절하다고 응답했다. 이인찬(1966)의 연구 역시 한국 대학생들이 어느 정도 독재정치를 용인하는 것으로 보고하고 있었다. 이인찬은 S대학의 300명에게 몇 가지 질문을 제기했었다. 첫째, 조국근대화에 있어서 대학생의 역할 정도 및 기대를 물어 보았다. 응답자의 73% 정도가 경제적 근대화에 있어서 대학생 역할의 한계를 지적했다. 즉 경제적 발전과 대학생의 역할 간에는 별로 뚜렷한 인과관계가 없다는 것으로 해석될 수 있었다. 둘째, 이들 대학생들은 경제발전의 장애요인으로 정치적 지도자의 출현부족(36%)을 제1의 요인으로 지적했다. 셋째, 경제발전을 위해 독재정치를 용인하겠다는 학생은 46%에 달했다. 물론, 반대의사 역시 46.1%에 달했다. 모르겠다는 대답으로 결정을 피한 학생은 7.3%였다. 대답회피의 의미가 독재허용을 의미하는지 어떤지는 분명하지 않았다. 결국 대학생들이 바라는 이상적 정치체제가 민주주의였다면, 독재정치의 수용에 대한 반반의 긍정적 의사표시는 기대 밖의 일일 수밖에 없었다.

각 연구들(이인찬, 1962; 홍승직, 1962; 장석우와 그의 동료들, 1964)은 연구당시의 시대성 때문에 해석상의 문제가 있을 수도 있었다. 즉 동기, 시국에 대한 고려 없이, 일방적인 항목별 문항제시와 학생들의 수동적인 반응결과만으로 한국 대학생의 정치성향을 논한다는 그 자체가 해석상의 한계를 야기 시킬 수 있었다. 그럼에도 불구하고, 이들 연구결과들은 한국 대학생의 정치성향을 이해하는 네 몇 가지 시사점을 제공했다. 즉 한국 대학생들의 이중적인 정치의식이 한국 대학생의 정치성향이라는 함의를 제공하는 것 같았다. 예를 들어 학생들은 민주주의를 열망했다. 그러나 1인권력 체제의 불가피성 역시 받아들이고 있었다. 물론, 1인체제를 민주체제로 변화시키려는 노력이 끈질겼던 경험을 간과할 수는 없었다. 결국 민주주의가 바람직함에도 불구하고 독재적인 지도자도 필요하다는 이율배반적인 정치적 가치관이 대학생들의 의식 속에 내재해 있었던 셈이었다. 국토통일원(1974)은 한국의 대학생 1,206명을 대상으로 정치의식화 문제를 연구했다. 연구결과에 따르면, 응답자의 67%가 민주주의를 열망했다. 그이유로서 민주주의가 인간의 존엄성을 보장한다고 지적했었다. 그러나 응답자의 약 76%가 민주주의가 한국에서 발전되어 있지 않다고 반응했다. 이유는 간단했다. 체제, 운영방식이 불합리하다고 지적했었다. 반면, 응답자의 5.2%만이 한국의 전통적인 자랑으로서 '통제의 전통'을 내세웠었다. 그러나 통제의 전통은 한국정치의 당면문제였었다. 즉 한국 대학생들은 한국이 당면한 문제 중의 하나가 정치권력에 의한 지나친 통제(26.5%)라고 지적했다. 물론, 26.5%의 응답률은 높은 비율이 아니었다. 그러나 통제에 대한 우려는 사회적 불안정·혼란(37.9%) 다음으로 높게 지적된 정치적 문제 중의 한 항목이었음에 주목할 필요가 있었다. 한마디로 한국 대학생들은 지나친 통제, 정치체제 및 운영의 불합리가 민주주의 발전에 장애가 된다고 판단하는 것이었다. 그럼에도 불구하고, 한국 대학생들은 강력한 1인체제의 지도자를 열망하고 있었다. 결국 한국 대학생은 정치의식으로서의 이중성을 갖고 있음을 시사하는 것이었다. 따라서 사회·정치적인 시대적 상황이 한국 대학생의 불변적 정치성향의 결정인자라는 주장은 재고될 필요가 있었던 셈이었다.

따라서 대학생들의 정치적 태도를 또 다른 요인으로 설명해 불가능성은 피할 수 없게 되었다. 새로운 해석의 가능성은 대학교육의 힘으로 판단해 볼 수도 있었다. 즉 대학생들의 정치적 의사표시를 대학교육과 연관시켜 해석해 볼 수 있었다. 왜냐하면 정규 교육과정의 구비 유무에 불구하고, 한국 대학생들에 의한 정치적 의사표시의 전통이 뚜렷하게 한국대학사에 표출되어 왔기 때문이었다. 역사적으로 보면, 새로운 사회변동이 요구하는 가치, 규범을 대학생들이 혁신적으로 수용해 왔다고 볼 수는 없었다. 그런 증거를 찾아보기도 어려웠다. 오히려, 한국 대학생들은 변화된 사회·정치적 규범에 보수적으로 반응해 왔다는 판단이 더 타당한 것 같았다. 왜냐하면 대학생들의 정치적 보수성은 사회변동에 대응하는 대학의 정치적 냉담성 및 보수성에 기인한 것 일수도 있기 때문이었다. 예를 들어 대학은 외형적으로 학문과 진리탐구의 전당 육성을 강조했었다. 그러나 실제에 있어서 한국 대학의 이상은 상아탑 보존만을 의미하지는 않았다. 왜냐하면 한국 대학은 변화된 사회·정치·문화적인 가치들에 대해 끊임없는 반성을 요구받아 왔었기 때문이었다. 그러나 수용, 반성하면서도 정치와는 무관하다는 인상관리(impression management)에 최선의 노력을 경주해 온 것도 한국 대학이 유지해 온 전통적인 정치적 속성이었다.

Riesman(1956)은, 대학교육의 본질 이 화석화되어 가는 시대적인 정치적 이념변질에 의 대항과 반성에 있다고 보았다. Riesman의 입장을 한국 대학생에게 적용했을 때, 한국 대학생의 사회·정치적 의사표시는 시대가 강요하는 현실적인 정치적 가치의 정당성을 검토하려는 대학교육의 노력을 반영하는 것일 수도 있는 셈이었다. 결국 한국 대학생의 표리부동한 양면적 정치의사 표현은 그 표현양식에 있어서 어느 정도 타당성이 있는 셈이었다. 즉 정치적 대항세력으로서의 대학생은 기존 정치상황에 긍정적인 양식으로 대처할 수만은 없었기 때문이었다. 또한, 대학생의 정치적 의사표시가 대학문화의 보수성을 전적으로 부인하는 행위일 수도 없었기 때문이었다.

일제의 강점 아래에서도 한국인 대학생들은 정치 운동을 전개했었다. 한마디로 반식민·반제국주의 학생운동이었다. 해방 직후, 좌·우익 학생들의 대립, 자유당 정권 밑에서 일어났던 독재·부정에의 항거, 민주당정권 때 나타났던 민족통일운동, 5.16이후의 정치불신 운동 등(참고: 정세현, 1967) 역시 한국 대학생들의 정치적 참여의식의 전통성을 입증하고 있다.

일제 총독부고등경찰의 집계(참고: 정세현, 1967)에 의하면, 한국의 학생들은 1921년부터 1936년까지 총 857건의 맹휴투쟁을 감행했었다. 또한, 비밀집회·결사를 통해서도 그들의 정치적 입장을 표시했었다. 1928년부터 1936년까지, 한국 학생에 의한 공식적 비밀집회·결사횟수는 약 80건에 달했다. 해방 직후 학생들의 정치적 참여에로의 의사표현은 신탁통치 문제와 국립 서울·부산대학교 설치안에 대한 유혈충돌로 표시되었었다. 자유당 집권시 학생들의 사회정치적 의사표시는 4.19의거로 집약될 수 있었다. 민주당 정권시, 대학생들은 반공에 대한 임시특례법을 둘러 싼 남북통일 문제 거론으로 그들의 정치적 입장을 압축시키기도 했다. 5.16 이후 나타났던 한·미 행정협정 촉구운동, 한·일 국교정상화 반대운동, 6.3사태 역시 한국 대학생들의 사회정치적 참여의사를 집약시켰던 일들이었다. 한마디로 한국 대학생들이 표시한 각종의 정치적 의사는 시대적인 정치적 요구·가치에 부정, 혹은 긍정적 영향을 주었을 것이 분명했다. 즉 학생들의 정치적 의사표현은 시대적 조건, 정치상황에 일관성 있는 가치판단을 제시했다고 판단할 수만은 없는 셈이었다. 또한, 해방 전후부터 현 시점에 이르기까지, 한국 대학생들의 정치적 의사표시가 온전하였다고 판단할 수만도 없는 셈이었다. 한마디로 한국 대학생들의 전통적 정치 의사표시는 대학 정규 교과목에서 강조하고 있는 원칙론적인 정치이상이나 강령(예: 민주주의)의 실천 등을 일관성 있게 반영하고 있다는 견해는 과소 혹은 과대평가된 이해방식일 수밖에 없었던 셈이었다.

따라서 한국 대학생의 정치적 의사표시가 대학교육의 정규 교과과정의 효과라고 너무 과장할 필요도 없었던 셈이었다. 왜냐하면 교양과목으로서의 사회과학 과목을 통해 익혔던 정치사회화의 내용이 일반

사회, 실제적 정치세계가 보여 주고 있는 사회정치적 현실과 일관성을 유지했었다고 판단할 수는 없기 때문이었다. 오히려, 실제의 정치적 현실과, 지식으로서의 정치사회화 내용과의 불일치는 의도되었던 정치사회화의 효과를 감소시킬 수도 있었기 때문이다(참고: Dawson & Prewitt, 1969). 따라서 한국 대학생의 공민적 자질 함양을 위한 태도·감정 등은 정규·비정규적 교과과정의 복합적 영향에 의한 것일 수도 있다는 점을 배제할 수 없었다. 즉 학생들은 대학교육의 잠재적 교육과정(hidden curriculum)에 의해 정치사회화 되었다고 판단할 수도 있었던 셈이었다(참고: Lee, 1973). 예를 들어 학생회, 학회 등의 각종모임을 통해 자발적으로 유도된 정치사회화의 결과일수도 있었던 셈이었다. 대학교수와의 교과외적(extra-curricula) 접촉의 결과일 수도 있었다. 다시 말해서, 정규 교과과정 이의의 대학문화에 의한 정치사회화의 결과일 수도 있었던 셈이었다.

　한국의 대학생들은 정치 및 사회활동 참여에 있어서 대학의 교수와 유사한 정치감각·입장을 견지하고 있는 것 같았다. 홍승직(1965)의 연구에 의하면, 한국 대학생들의 현실참여 의사는 대학교수의 현실참여 의욕과 비슷한 수준을 유지하고 있었다. 그러나 대학 교수나 학생들의 현실참여 의욕은 결코 과격하지 않았었다. 왜냐하면 이들은 중도적인 입장을 유지하려고 했기 때문이다. 예를 들어 현실참여 의욕에 있어서 교수, 학생들의 입장은 기업가나 농민과 달랐다(참고: 표 24). 오히려, 가장 적극적으로 현실에 참여해야 한다고 반응한 집단은 농민집단이 있다. 왜 농민들의 현실참여 의욕이 높은지에 대해 홍승직의 연구는 구체적인 언급을 가하지 않고 있었다.

　민주주의에 대한 이해방식에 있어서도, 대학생들은 일반인과는 달랐다. 예를 들어 이영호(1970)는 민주주의에 대한 개념정의에 대한 일반인들의 태도를 조사한 바 있었다. 대상은 18세 이상으로 국한했다. 1,322명의 일반인이 이영호의 연구에 동원되었다.

표 24. 대학생·교수·기업인·농민들의 현실참여 의욕*

| | 인 구 층 | | | |
	대 학 생	교 수	기 업 인	농 민
아주 적극적	1%	3%	3%	16%
적 극 적	14	13	8	19
보 통	57	51	40	28
소 극 적	19	19	20	9
아주 소극적	5	9	26	11
모르겠다	3	5	2	16
무 응 답	1	0	1	1
계	100	100	100	100
N	1,895명	392명	261명	3,152명

* 홍승직. 대학교수의 가치관, 「사상계」, 1965. 10. 161
참고: 본 표는 홍승직이 붙인 대학생 활동관을 본 연구의 의도에 맞게 대학생, 교수, 기업인, 농민들의 현실참여 의욕이라고 개칭했다.

일반국민 속에 대학생이 포함되었는지 어떤지를 이영호의 연구는 구체적으로 밝히지 않고 있었다. 이영호에 따르면, 연구대상자의 **53%**가 민주주의를 무엇으로 정의해야 될는지 모른다고 응답했다. 그러나 일정한 반응유목을 주어 반응하게 했을 때, 자유·인권·개성존중이 민주주의의 개념이라고 반응한 사례수는 **26%**에 불과했었다. 김기수 **(1978)**는 483명의 대학 재학생에게 이영호가 제시한 식의 동일한 질문을 제기했었다. 김기수에 의하면, 민주주의의 개념을 모른다고 반응한 학생은 **1%** 미만에 불과했었다. 그러나 자유·인권·개성존중을 민주주의의 근간이라고 응답한 대학생은 약 **36%**에 달했었다. 또한, 민주주의에 대한 장점으로 자유·인권·개성존중을 지적한 대학생은 약 **46%**였었다. 그러나 이영호의 연구에 의하면, 대부분의 일반인**(65%)**은 민주주의의 장점에 대해 일정한 의견이 없는 것으로 응답했었다(참고: 표 25). 한마디로 민주주의에 대한 대학생의 인식 및 상식소유 정도는 일반인보다 양호한 편으로 판단될 수 있었다.

표 25. 민주주의의 개념정의와 장점에 대한 일반인과 대학생 사이의 차이

| | 민주주의에 대한 개념 | | 민주주의에 대한 장점 | |
| | 이영호(1970)* | | 김기수(1978)** | |
	일 반 인	대 학 생	일 반 인	대 학 생
모른다	711명(53%)	5명(1%)	−	−
모른다, 의견없다	−	−	876명(85%)	3명(.6%)
다 좋다	−	−	6(.5)	15(3)
아무 것도 없다	−	−	11(.8)	−
자유, 인권, 개성존중	349(26)	173(35.8)	336(25)	228(46)
다수정치, 대의정치	192(14)	90(18.6)	88(7)	87(17.5)
평　등	58(4)	67(13.6)	31(2)	36(7.3)
법치, 입헌주의	4(.3)	54(11.2)	4(.3)	52(10.5)
자본주의, 사유재산제	3(.2)	72(14.9)	1(.1)	68(13.7)
기　타	63(5)	22(4.6)	1(.1)	7(1.4)
계	1,380(100)	483(100)	1,345(100)	496(100)

* 이영호. 한국 국민의 정치관. 「신동아」, 1970. 3.
** 김기수. 「한국 대학생의 의식구조에 관한 연구」. 연세대학교 행정대학원 석사학위 논문. 1978

　이영호의 연구와 김기수의 연구결과는 연구대상, 연구시기에 있어서 차이가 난다. 즉 이영호의 연구는 1970년도 이전에 실시되었었다. 반면, 김기수의 연구는 1970년대 후반에 실시되었었다. 따라서 두 연구결과의 비교·해석상의 문제가 있을 수도 있었다.

　비교·해석상의 문제에도 불구하고, 대학생의 정치사회화는 대학교육을 통한 결과일 것이라는 판단을 부정할 만한 연구결과가 아직 미진한 편이다. 실제로, Lee(1973)의 연구에 의하면, 대학생의 정치사회화는 일반인, 초·중·고등학교 학생과 달랐다. 정치사회화에 대한서로 다른 결과는 대학교육이 어떤 형식으로든지 대학생의 정치사회화에 일정한 영향을 주고 있음을 함축적으로 제시하고 있는 것 같았다. 예를 들어 Lee(1973)는 초·중·고·대학교 학생들과 일반인들에게 민주시민의 자질(competence of citizen)의 정도를 물어 보았다. 반응자들에게 불공평한 정책이 발표, 혹은 실시될 때에 민주시민으로서 판단·행동할 수 있는 정도를 제시하라고 요구했다. Lee의 연구결과에 의하면, 대학생들은 불공평한 정책에 대한 시정과, 필요하다면 시정을 촉구하는 행동(예: 시위)을 국가적으로, 혹은 지역 사회적으로 표현해야 한다고 주장했었다. 이러한 대학생들의 행동 및 의사표시 의욕은 일반인, 초·중·고등학생보다 더욱 강했다(참고: 표 26).

표 26 민주시민의 자질에 대한 각급 학교 학생 및 일반인의 주장*

	일반인	국 민 학 생	중·고등 학 생	대학생
지역사회인 범위 안에서 행동해야 한다	17%	53%	69%	83%
지역사회 안에서 변화를 추구해야 한다	6	27	32	33
지역사회 안에서 무엇인가 요구해야 한다	4	14	20	26
범국가적인 범위에서 행동해야 한다	1	14	18	41
범국가적인 범위에서 변화를 추구해야 한다	1	4	8	17
범국가적인 범위에서 무엇인가 요구해야 한다	.2	3	4	24
계	633명	394명	259명	46명

* Lee, Y. H School experience and political competence: Korea *korean Quarterly*, 1973 15, pp.22-39.

한마디로 한국 대학생들의 정치사회화는 대학의 정규 혹은 잠재적 교육과정에 의해 일정하게 형성된다고 판단할 수 있었다. 만약 한국 대학생의 사회정치화가 정규·비정규적인 학교 교육과정의 영향이라고 판단된다면, 과연 학교 교육과정의 영향은 얼마나 강력한 것일까? 아직은 확실하게 그 정도와 영향을 밝히는 연구가 학계에 회자되고 있지 않았다. 따라서 본 연구는 경험적으로 정치사회화에 대한 학생들의 견해 및 사회정치화에 일정한 영향을 준다고 판단되는 학교 및 학교 외 변인들의 영향력을 밝히려고 시도했다.

政治社會化에 대한 經驗的 資料分析

본 연구는 대학생들의 사회·정치적 성향을 논의하기 위해 세 가지 작업을 시도했다. 첫째, 대학생들에게 한국의 정치권력 분포형태를 지적하게 했다. 둘째, 대학생들의 일반적 사회·정치 성향을 분석했다. 셋째, 대학생들의 일반적 사회·정치 성향과 연관되어 있다고 판단된 요인들의 영향력 크기를 통계학적으로 분석했다.

표 27에 의하면, 한국의 대학생들은 한국사회의 사회·정치적 권력구조를 소수집단에 의한 정치권력 운영체제라고 판단하는 것 같았다. 다시 말해서, 특정 소수 권력지향적 인재들(power elites)이 한국사회의 사회·정치체제를 운영하고 있다고 이해되는 것 같았다. 왜냐하면 본 연구가 제시했던 세 가지 권력분포 유형 가운데 대학생 응답자의 75.7%(N=1,171)가 소수집단 권력행사 유형이 한국의 대표적 정치권력의 유형이라고 지적했기 때문이었다. 한국의 정치권력 구조를 고전적 갈등주의적인 소수 기업가의 정치권력 독점구조로 판단한 응답자는 3.1%에 불과했다. 한국의 정치권력 구조를 민주주의의 정체로 판단한 대학생 역시 10.5%정도였었다(참고: 부록 Ⅱ, 문항 66-71).

한국 대학생들의 판단에 의하면, 한국의 사회·경제·정치의 정상에 있는 사람들은 소수의 사회문화적 지위집단의 구성원들인 셈이었다. 대학생들은 이들 소수의 강력한 정치적 지도자들을 대학교육, 동창관계, 종교·문화적 소양, 군사·의회·관료경력 등 특정한 신분적 표상과 경험을 공유하고 있는 사람들로 인식하고 있었다. 한국 대학생들의 판단에 의하면, 한국의 정치체제가 소수의 지위집단들에 의해 운영되고 있는 현상이 한국사회에서 매우 두드러지게 표출되는 것 같았다. 왜냐하면 한국의 권력분포를 소수집단에 의한 권력운영 형태라고 지적한 반응자 (N=886) 중 65.8%(583명)가 소수집단 권력운영 방식이 한국사회에서 대체로 혹은 뚜렷하게 표출되고 있다고 반응하고 있기 때문이다. 대학생들의 판단에 의하면, 여타 정치권력

형태는 한국사회에서 구체적으로 부각되고 있는 것 같지는 않았다
(참고: 표 27).

표 27. 한국의 사회·정치적 권력분포 유형에 대한 대학생들의 반응

	응답률	전 혀 표출되지 않 는 다	거 의 표출되지 않 는 다	가 끔 표출된다	대 체 로 표출된다	뚜렷하게 표출된다
복수주의적 권력분포형태 (문항 66)	10.5% (123명)	2%	1.1%	2.8%	4.8%	1.6%
소수집단 권력운영형태 (문항 68)	75.7 (886)	2.6	2.5	4.7	34.0	31.8
기 업 가 권력독점형태 (문항70)	3.1 (36)	.2	.2	.4	1.4	.9
무 응 답	10.7 (125)	—	—	—	—	—
계	100 (1.171)	—	—	—	—	—

한국 대학생들은 일반적으로 신중성, 비판성, 준법성, 강력한 정부
출현 기대 등 네 가지 정치적 성향을 갖고 있는 것 같았다. 네 가지
정치적 성향은 대학생들이 반응한 일반정치성향 질문지 내용을 분석
했을 때 나타난 결과였다(참고: 부록 Ⅱ, 문항 72-84; 단, 문항 75,
78, 79, 83은 삭제).

첫째, 한국 대학생들은 정치적 상황에 대하여 신중한 판단을 가하
는 것 같았다. 예를 들어 한국 대학생들(N=1,176)에 의하면, 국가
가위기에 처해있을 때 정부시책을 비판하는 사람(문항 72)은 애국자
일 수도 있었다(13.3%). 그러나 절대로 애국자가 아닐 수도 있다
(9.4%)고 간주되기도 했다. 두반응 사이의 차이는 크지 않았다. 결
국 애국자인지 아닌지는 경우에 따라 다를 수밖에 없다(77.1%)는
판단이 대학생들을 지배하고 있었다. 한마디로 정치적으로 신중한

판단을 가하고 있었다.

　대학생들의 신중성은 한국사회가 외국사람에 의해 비판당할때(문항 77)에도 분명하게 나타났다. 즉 한국사회를 비판하는 외국인을 볼 때, 모욕적인 감정이 앞선다고 반응한 사람은 16.9%였다. 그러나 외국인이 옳다고 반응한 사람은 불과 1.8% 정도였다. 결국 한국사회를 비판하는 사람이 옳다고 판단하지는 않는 것 같았다. 그럼에도 불구하고, 한국사회를 비판하는 외국인이 옳다, 그르다고 판단하는 것은 경우에 따라 다를 수도 있었다(26.7%). 또한 경우에 따라서만 그들을 비판할수도 있다(50.0%)고 반응하였다.

　대학생들은 정부가 요구하는 것에 대한 반응에 있어서도 일정한 신중성을 노출시키고 있었다. 즉 "나의 의견과는 다르더라도 정부가 요구하는 것이 있다면 그 요구에 기꺼이 응해야 한다는 주장"(문항 80)에 전적으로 찬성한 응답자는 1.9% 정도였다. 선택의 여지없이 따라야 한다는 사람은 1.7%에 불과했다. 남들이 따르면 자기도 따르겠다는 소극적인 태도를 가진 대학생은 18.4%였다. 반대로, 못 따르겠다는 사람은 34.8%에 달했다. 이유는 간단했다. 사람은 정부를 비판할 권리를 갖고 있기 때문(12%)이었다. 또한 정부가 언제나 옳을 수는 없기 때문이었다(22.8%). 그럼에도 불구하고, 사람 또는 요구사항의 조건, 내용, 상황 등에 따라 다를 수밖에 없다는 중도적 신중성을 표시한 응답자는 41.5%였다. 즉 응답자 가운데 가장 많은 수가 정치적인 중도적 판단을 선택하고 있었던 것이다.

　둘째, 신중성을 지키고 있음에도 불구하고 대학생들은 비판적인 정치적 안목을 갖고 있는 듯 했다. 예를 들어 한국 사회에 무엇인가 비정상적인 요소가 있다고 비판하는 사람이 애국자일 수 있는가? 하는 질문(문항 76)에, 모르겠다고 판단을 거부한 학생은 10.1%에 불과했다. 애국자일 수 없다고 주장한 사람은 8.9%였다. 애국자일 수 있다고 단호한 가치판단을 내린 응답자는 80.1%를 차지했었다.

　한마디로 비판하는 사람은 비애국자이다라고 판단하는 것은 잘못

된 생각일 수 있다는 태도가 대학생들에게 내재되어 있는 셈이었다. 다시 말해서, 일정하게 주어진 형식을 성찰하는 행위는 애국적 일수도 있었던 셈이었다. 예를 들어 문항 73번은 정치사회화를 위한 기초적인 행동양식에 관한 질문이었다. 국기가 게양되거나 강하될 때, 혹은 애국가가 연주될 때 일정한 행동양식(예: 부동자세)을 요구받는 것은 정치사회화 과정의 초보적 행위에 속한다(참고: Dawson& Prewitt, 1969). 즉 국가를 상징하는 일정한 의식, 절차에 대해 일정한 양식으로 예우하는 행위는 정치사회화 되어 있다는 것을 시사한다. 그러나 대학생들은 일정한 형식요구에 비판을 가하고 있는 것 같았다. 왜냐하면 강하식 때 부동자세를 취하지 않는 행위가 절대 애국자일 수 없다는 반응한 사람은 불과 19.2%이었기 때문이었다. 반면, 애국자일 수도 있다고 반응한 사람은 67.6%나 달했었다. 결국 일정한 행동을 요식행위화하는 것을 준수하지 않는 것과 애국자인지 아닌지를 묻는 것과는 상관이 없을 수도 있음을 시사하고 있었다. 왜냐하면 실제로 응답자의 87.8%가 경축일에는 집에 국기를 게양하고 있다고 반응하고 있었기 때문이었다(참고: 문항 74).

셋째, 한국의 대학생들은 법률이 정하는 바를 따르려는 준법의지가 강한 것 같았다. 예를 들어 국회에서 현행 소득세를 50% 인상하는 법안이 통과되어 행정적으로 실행될 때(문항 81), 이유를 불문하고 인상된 소득세 불내지 않겠다는 사람은 18.7%였다. 그러나 따지지 않고 내겠다는 사람은 48.9%였다. 반면, 남들이 내지 않으면 자기도 내지 않겠다고 반응한 사람은 27%였다. 따라서 응답자의 27%는 남들이 내면 자기도 소득세를 낼 것으로 반응하는 사람일 수도 있었던 셈이었다. 결국 인상된 소득세를 내겠다는 사람은 76% 정도가 되는 셈이었다. 한마디로 악법이라도 적당하게 처리된 것이라면 따르겠다는 대학생들이 한국사회에는 많은 셈이었다.

넷째, 한국의 대학생들은 어느 정도 공정·솔직·강력한 정부시책의 실시를 기대하는 것 같았다. 예를 들어 개병제도, 의무교육 시책

실시에 있어서 응답자 중 **52.9%**는, 정부가 모든 사람에게 예외 없이 의무교육실시 및 군복무를 이행하도록 강행하기를 기대하고 있었다(문항 82). 군복무를 개인의 의사에 맡겨야 한다고 자유방임적으로 판단한 사람은 **14.3%**에 지나지 않았다. 응답자의 **58.8%** 역시 정부는 모든 사람에게 예외 없이 아동들을 학교에 입학시키도록 요구해야 한다고 판단하고 있었다. 반면, 자녀교육은 개인의 의사에 맡겨야 한다는 자유방임형의 응답자는 **17.3%** 정도였었다.

그렇다면 대학생들의 정치적 신중성, 비판성, 준법성, 강력한 정부시책에의 기대 등의 정치성향에 영향을 주는 요인들은 무엇인가? 과연, 대학교육 변인들은 대학생들의 정치적 성향에 영향을 끼치고 있는가?

표 28. 정치성향에 관련된 변인 중다상관관계 분석

변 인 군	중다상관 관계계수 (R)	결정계수 (R^2)	R^2의 변화	단순상관 관계계수 (r)	회귀계수 (Beta)
학 년	.03	.00	.00	.03	.04
교수의 강의에 대한 판단	.05	.00	.00	.03	.04
경청태도	.06	.00	.00	−.03	−.05
아버지의 직업	.06	.00	.00	−.02	−0.4
사회적 지위 추구	.07	.00	.00	−.01	−.03
권위주의	.07	.00	.00	−.00	.03
아버지의 교육정도	.07	.00	.00	.00	.02
일반적 사회성	.07	.01	.00	.01	.01
여가활동	.07	.01	.00	00	.01

표 28에 의하면, 대학생들의 정치적 성향에 영향을 주는 것은 아버지의 영향이 아니었다. 또한, 대학교육 변인도 아니었다. 사회성, 사회적 지위추구, 경청태도 등의 변인도 대학생들의 정치적 성향에 전혀 영향을 주고 있지 못했다. 이들 변인 전체는 대학생의 정치적 성향에 관련된 전체변량 가운데 **1%** 정도 밖에는 더 이상 실명·예언할 수 없

었다. 한마디로 대학생들의 정치적 성향을 결정하는 현상은 대학교육에 관련된 변인으로는 더 이상 설명할 수 없게 된 셈이었다.

본 연구가 제시하는 경험적 결과는, 대학생들의 정치적 성향을 결정 혹은 설명할 수 있는 대학교육 변인 이외의 변인이 어떠한 것인지에 대해 아무런 설명, 해석을 가하지 못하고 있다. 단지, 본 연구는 대학교육이 대학생들의 정치적 성향에 일정한 영향력을 행사할 것이라고 전제하고 있었을 뿐이었다.

결국 본 절은 세 가지로 요약될 수 있었다. 첫째, 한국 대학생들에 의해 인지된 한국의 정치권력 분포형태는 소수집단에 대한 권력운영 형식이었다. 즉 사회·문화·경제·군사적 경력을 갖고 있는 일정 소수의 지위집단에 의해 한국의 정치제도가 운영된다고 판단되고 있었다. 둘째, 한국 대학생들의 일반적 정치성향은 네 가지 특성을 갖고 있었다. 즉 신중성, 비판성, 준법성, 강력한 정부시책 시행에 대한 기대가 한국 대학생들의 정기성향이었다. 셋째, 그러나 한국 대학생들의 정치성향은 대학교육 변인과는 무관했다. 즉 대학교육 변인들은 통계적으로 대학생들의 정치성향에 큰 영향을 미치고 있지 못했다. 본 연구의 경험적 자료는 대학교육 이외의 어떤 변인, 요인들이 대학생들의 정치성향에 영향을 주고 있는지에 대해서도 크게 도움을 주고 있지 않다. 오히려, 대학교육 변인이 대학생들의 정치적 성향과 무관하다는 판단은 본 연구의 소극적인 기대를 전면적으로 수정하게 만들어 놓았을 뿐이었다. 왜냐하면 본 연구는 기존연구와 문헌들의 주장들(즉 대학교육은 정치사회화의 연마장이어야 한다는 주장)이 실증적으로 입증되어 주었으면 하는 기대를 갖고 있었기 때문이었다. 결국 후속적인 대안적 연구가 요청될 뿐이었다.

5. 大學敎育과 社會性 態度

사회성 태도 및 기술(sociability or social skills)은 한 개인의 "생애를 통해서 다른 사람과의 관계 지움을 가지려는 마음가짐"(참고: 김란수, 1979, p.248)을 표현하는 기술이다. 따라서 개인에게 사회성 기술이 있다는 말은 한 개인이 다양한 사회적 배경을 가진 다른 사람들과 적절한 방식으로 적절하게 교제, 대처할 수 있는 기술을 갖고 있다는 것을 의미하게 된다. 즉 원만한 사회생활을 전개할 수 있다는 것을 의미한다.

학교는 사회성 기술을 의도적으로 함양하는 곳이다(참고: Dreeben, 1968). 일반적으로 학교에서 강조되는 사회성 기술이 있다. 그것은 민주시민으로서의 공민적 자질 함양을 위한 것이라고 집약할 수 있다. 공민적 자질 함양을 위해 학교에서 강조되는 사회성 기술 함양은 두 가지 양식으로 제시된다. 첫째, 동료 학생들과 갈등 없이 생활, 공부하게 만드는 양식으로 표출된다. 즉 급우, 기타 학생들과의 원만한 인간적·사회적 관계를 유지시키려는 노력으로 표출된다. 둘째, 학교의 권위체제와 협동할 수 있는 양식으로 사회성 기술의 중요성이 제시된다. 예를 들어 예외 없이 학교행정가들 (예: 교장, 교감)에게 복종, 협동할 수 있는 능력발휘 등으로 제시된다.

학교에서 촉진되는 사회성 기술은 직업세계에서도 중요시 여겨지는 기술이다. 개인은 직업세계에서 복종을 요구하는 무수한 상황에 처하게 된다. 심지어 공격적 혹은 지배의 성향을 보여야만 되는 상황에 처할 수도 있다. 한마디로 다양한 인간·사회관계 기술의 발휘를 요구받는 곳이 직업세계이다. 어느 한 가지 특정 사회성 기술만이 효과적인 수만으로 받아들여지지 않는 곳이 직업세계인 셈이다. 결국 직업의 종류에 따라 서로 다른 사회성 기술이 요구되는 셈이다. 따라서 학교는 민주시민이 갖추어야할 자질로서의 직접적인 사회성 기술 함양뿐만 아니라 직업의 종류, 위계질서에 해당되는 사회성 기술 역시 비의도적으로 훈련시켜 놓게 된다(참고: Bowles & Gintis, 1976). Bowles와 Gintis는 사회성 기술 함양에 대한 학교의 기능을 교신이론(correspondence theory)으로 설명한다. 교신이론에 의하면, 학교급별 위계상황(예: 초·중·고·대학)은 직업구조의 위계상황(예: 산업의 기술직, 관리직 등)에서 통용되는 사회·인간관계 기술을 재생산(reproduction)하게 된다. 예를 들어 고등학교에서의 학교생활은 규칙으로 일관되어 있다. 규제에 의한 타율적인 학교활동이 요구된다. 마찬가지 형식으로 일반 하위직종 근로세계에서도 근로자들에 의한 일반 작업활동은 규칙에 의해 통제된다. 하위직종일수록 규제가 많게 된다. 따라서 고등학교를 졸업했다는 말은, 근로세계에 들어갔을 때, 최소한 하위직종이 요구하는 인간·사회관계 기술을 적절히 발휘할 수 있는 사회성 기술을 구비하고 있음을 의미하게 된다. 기술적 도구(technological instrument)를 기술적으로 다루기에 앞서, 하위직종에서 요구되는 복종, 규율엄수 등을 자율적으로 감당해 낼 수 있음을 의미한다.

그러나 대학교육은 독창성, 독립심과 결부된 인간·사회관계 기술을 강조한다. 교양인으로서 상징(symbol)과, 인적 자원을 기술적으로 다룰 수 있는 인간·사회관계 기술을 강조한다. 예를 들어 인간·사회적 상징을 효과적으로 관리할 수 있기 위해 "관광학"을 전공하는 학생도 자연·사회 과학 등을 배워야 한다고 강조된다. 왜냐하면 "관광학"이라는 특정 학문만을 익히는 것만으로는 직업세계에서 요구되는 사회성 기술 함양에 부족함이 있다고 판단되기 때문이다. 결국 인간과 사회적 상징을 적절히 관리할 수 있는 사람은 다양한 상황 속에서도 다양한 인간관계 기술을 발휘할 수 있는 사람이라고 평가받게 된다. 인간과 사회적 상징을 조작할 수 있는 사람은 일반적으로 관리직에 적합한 것으로 이해된다. 관리직 근로자들은 해당직종조직의 규범(예: 애사심)을 자기의 규범으로 삼아 하위 근로자들을 관리할 수 있는 사람들로 판단되기 때문이다.

Bowles와 Gintis의 견해는 한국사회에서도 검토될 만한 것으로 판단된다. 이유가 있다. 한국의 각급 학교에서는 실천적인 생산기술 획득보다는 직업세계에서 필요한 사회성 기술을 강조하고 있는 것으로 판단되기 때문이다. 예를 들어 이정근(참고: 이정근과 윤인경, 1981)의 조사연구에 의하면, 대부분의 학교는 교과서 중심, 강의 중심의 산업교육을 강조하고 있었다. 즉 조사된 초등학교의 63.9%, 중학교의 86.2%, 고등학교의 92%가 1인교사의 강의 위주, 교과서 암기 중심 교육에 의해 산업 기술교육을 진행시키고 있었다. 한마디로 학교에서 중요하게 여겨졌던 것은 실천적인 산업기술이 아니었던 셈이었다. 단지, 산업기술은 산업체 현장에서 보다 실용적으로 배우게 될 것으로 판단되고 있는 것 같았다. 따라서 교실에서보다 강조될 수 있는 것은 산업체에서 필요하게 되는 규율·예의·이론적 조작방법 등일 수밖에 없었음도 시사 받을 수 있었다. 또한, 학교교육은 학교급별의 위계에 따라 서로 다른 사회성 기술을 강조할 것이라고 추론할 수 있었다. 왜냐하면 첫째, 고등학교에서 강조되는 사회성 기술의 내용이 중학교에서 강조되는 사회성 기술의 내용과 동일할 수는 없다는 일반적 상식이 무시될 수 없었기 때문이다. 둘째, 생산성 향상을 위해 생산직 종사자와 관리직 종사자 사이에 서로 다른 사내훈련이 바람직한 것으로 판단되고 있었기 때문이다. 예를 들어 박내희(1982)는 생산직 근로자들은 기능향상을 위한 노동관 확립이 사내교육 실시에 있어서 무엇보다도 중요한 도입단계라고 지적했다. 반면, 박내회는 관리직 종사자들이 가장 먼저 경험해야 될 것은 직무숙련 및 인간관리 증진을 위한 애사심 증진훈련이라고 주장했다. 한마디로 직위별 다른 차별적 사내교육 내용과 목표가 생산성을 향상 유도할 것으로 추천되고 있었던 셈이었다.

결국 한 가지 결론이 나올 수 있었다. 즉 사회성 기술의 개발은 현 경제체제 내의 시장구조에 자신을 적절하게 투입할 수 있는 일련의 지표인 셈이었다. 또한, 사회성 기술은 바람직한 행동(good behavior)을 요구하는 사회·문화·정치적 요구에 순응할 수 있는 상표적 가치가 있다는 점을 내재시키고 있었던 셈이었다. 따라서 사회성 기술이나 일반적 산업기술(technical skills)을 개발시키는 일은 학교에 있어서 두 가지 입장으로 중요했던 셈이다. 즉 첫째, 학교는 학생들에게 기업주의의 경영체제, 복지사회 지향적인 정치체제, 사회적 인간관계를 중시하는 사회체제에 알맞은 태도를 함양하게 만드는 공식·비공식적 사회화 기관으로서 중요했던 것이다. 둘째, 학교는 기업주의적 경제체제, 복지 지향적 정치체제, 사회관계 중요성을 강조하는 사회 체제가 요구하는 일련의 가치를 직접적으로 조작, 학생들에게 투입하는 일선 교도기관으로서 중요했던 것이다.

대학교육은 학교의 두 가지 기능을 보다 높은 차원에서 발휘하는 것 같다. 즉 대학은 일반적인 사회성 기술을 학문이라는 고등한 차원에서 다루고 있는 것 같다. 예를 들어 Jacob(1957)의 고전적인 연구에 의하면, 대학교육의 효과는 사회성 기술 함양에 있었다. Jacob은 대학생들의 태도변화에 관한 1920년 이래의 연구물들을 요약·분석했었다. 요약된 연구물들의 결과를 토대로 대학교육이 학생들에게 끼칠 수 있는 영향을 분류·종합했다. 대학교육이 강조하는 학문이라는 활동이 대학생의 종교적 가치, 사회성, 도덕성 등에 미칠 수 있는 효과를 검토했었다. Jacob에 의하면, 대학생들은 대학교육을 통해 최소한 네 가지 덕목에 관련된 사회성 기술을 내면화하고 있었다.

첫째, 대학생들은 대학교육을 통해, 보다 독선주의적인 성향을 감소시키고 있었다(less dogmatism). 둘째, 대학생들은 편견들에서 벗

어나고 있었다(less prejudiced). 셋째, 인내심을 기르고 있었다
(tolerance). 넷째, 인간관계에 있어서 융통성, 아량성을 보여주고 있
었다. 한마디로 대학은 결코 개인 학생들에게 혁신적인 입장에서 새
로운 가치를 습득하게 하고 있지 않았다. 단지, 보수적인 입장에서
사회화의 기능을 발휘하고 있었을 뿐이었다. 즉 Jacob에 의하면, 대
부분의 대학교육은;

> 가치변화에 개혁적인 영향(liberalizing impact)보다는 사회화의 영
> 향(socializing impact)을 끼쳤다. 대학은 개인이 갖고 있던 극단적인
> 견해를 완화시켜 주었다. 일반적인 가치관, 견해 등을 재고하게 만
> 들었다. 대학교육은 서로 다른 신조, 사회적 집단, 행위의 표준 등에
> 대한 인내심을 길러 주었다. 따라서 서로 다른 이질적 문화에 최소
> 한도의 가찰을 갖게끔 교화할 수 있었다. 결국 대학교육은 기존사회
> 질서 (prevailing social order)에 대한 존중심을 강화하고 있는 것이
> 다.(p.53)

Jacob의 연구결과는 다른 연구들(참고: Feldman & Newcomb,
1969)에 의해 부분적으로 재확인되기도 했다. 그러나 대체로 Jacob
연구결과의 타당성은 부인되고 있었다. 예를 들어 Nichols(1965,
1967)에 의하면, 대학교육을 통해 4학년 남학생들은 사회성을 기르
고 있다고 판단되었다. 그러나 여학생의 경우, 학년이 높을수록 사회
성은 오히려 감소되었다. Harrington(1965)의 연구에 의하면, 4학년
공학도들은 1학년 공학도들보다 덜 사회화된 성향을 나타내 보이기
도 했다. Stern(1966)의 연구에 의하면, 인문과학전공 4학년 학생들
은 동일계열 1학년 학생들보다 학교체제 등에 덜 우호적인 태도를
갖고 있었다. 반면, 경영학전공 4학년 학생들은 같은 계열 1학년생
들보다 월등한 우호적 인간관계를 지속하고 있었다. 결국 한 가지
결론이 가능하게 되었다. 즉 대학생들이 대학 생활을 통해 사회성
기술, 대인관계 기술을 익히고 있다는 주장은 아직은 결정적인 견해

가 아니라는 결론도 가능할 수 있었던 셈이다. 이런 주장은 Jacob의 주장과 견적으로 상반된다.

그럼에도 불구하고, Jacob의 연구결과는 한국적인 상황에서 타당성이 있다고 판단될 수 있었다. 왜냐하면 많은 연구들(참고: 안덕자와 표경회, 1971; 양재옥, 1969; 숙대 학생생활연구소, 1970; 김태완, 1978; 황정규, 1979; 이경화와 안범희, 1981)이 사회성 기술은 한국 대학교육에 의해 함양되고 있음을 서로 다른 양식으로 보고하고 있었기 때문이다. 즉 양재옥(1969)은 이화여자대학교의 풍토를 조사 연구했다. 조사대상자들(N=100)에게 PaCe가 제작한 대학환경척도(College and University Environmental Scale)를 번역해서 조사했다. 대학환경척도는 학생들이 대학의 네 가지 성격(실용성, 예절성, 단결성, 학술연구성)을 평가하도록 제작되어 있었다. 양재옥의 연구결과에 의하면, 이화여대생들은 예절성에 가장 민감하게 반응했다. 학생들은 집단의 규준에 순종하려는 경향을 보여 주었다. 자기를 내세우거나 반항, 모험적 행동을 삼가려고 했다. 숙대 학생생활지도연구소 (1970)는 숙대생들의 가치관을 조사했었다. 전 학년 1,381명에게 가상적인 질문을 던졌다. 즉 "당신이 만약 부모라면 당신의 자녀는 어떠한 인간이 되기를 원하느냐?"하는 질문에 응답하도록 했었다.

표 29. 자녀들이 지녀야 할 이상적인 특성*

	1학년	2학년	3학년	4학년	전체
신념 있는 인간	22.9%	24.9%	26.3%	20.6%	23.6%
학문적으로 성공할 수 있는 인간	7.2	7.2	6.9	6.0	6.8
원만한 성품의 인간	64.1	60.8	61.5	63.9	62.6
신체 건강한 인간	.9	2.4	1.5	1.1	1.6
기　타	.5	1.1	—	—	1.6
무 응 답	4.1	2.9	4.6	9.1	5.1

* 숙대 학생생활지도연구소. 숙대생의 가치관. 「학생생활연구」, 1970.4 pp.21-42

응답의 결과에 의하면(참고: 표 29), 전 학년에 걸쳐 응답자 중의 63%가 원만한 성품의 인간성을 갖는 인간이 되도록 하겠다고 응답했다. 즉 자기들의 자녀들에게 있어서 무엇보다도 중요한 것은 원만한 대인·사회관계를 맺을 수 있는 능력과 기술의 획득이라고 판단하고 있었다.

안덕자와 표경희(1971)는 1,577명의 이대생들에게 자기들이 당면한 문제를 열거하도록 했었다. 안덕자와 표경희의 연구결과에 의하면, 학년이 높을수록 인간관계 유지의 문제가 중요한 문제거리라고 지적하고 있었다. 결국 안덕자와 표경회의 연구결과는 대학생들은 학년이 올라갈수록, 대인관계 기술, 사회성 태도의 필요성을 깨닫고 있음을 시사하고 있었다. 김남순(1978)은 436명의 여학생(간호학과 학생 210명, 비간호학과 학생 226명)에게 대인관계 진단척도를 적용, 한국 여대생들의 대인행동 유형을 연구한바 있다. 연구결과에 의하면, 한국 여대생들의 특징적인 대인행동 유형은 책임감과 협동성으로 요약될 수 있었다. 반면, 한국 여대생들에게서 가장 낮은 성향은 공격적, 경쟁적 태도라고 지적될 수 있었다.

김태완(1978)의 연구 역시 대학교육에 의해 사회성 기술이 촉진되고 있음을 보고하고 있다. 김태완은 전국의 1, 2, 3, 4학년 대학생 965명들의 가치관을 조사한 바 있었다. 연구결과에 의하면, 학년이 올라갈수록 대항, 도전적인 성향이 완화되고 있었다. 일반적으로, 1, 2학년 때에는 반항·도전적 성향이 가장 농후했었다. 그러나 3, 4학년이 될수록 반항·저항적인 태도보다는 원만한 대인·사회관계가 삶에 있어서 중요한 것으로 느끼고 있다고 지적했었다.

황정규(1979)는 중학생(N=839), 고등학생(N=590), 대학생(N=496) 등 총 1,925명의 학생들을 대상으로 학생들의 의식구조에 관한 연구를 시도했었다. 나타난 연구결과에 의하면, 첫째, 중학생들은 전통 지향적 가치관을 갖고 있었다. 둘째, 대학생들은 타자 지향적 가치관을 보다 뚜렷하게 부각시키고 있었다. 셋째, 고등학생들은 전통

지향적 가치관과 타자지향적 가치관 사이의 절충식 가치관을 갖고 있었다. 황정규의 연구에 의하면, 대학생이 타자지향적 가치관을 갖고 있다는 말은 최소한 한 가지 의미를 뚜렷하게 제시하고 있는 것 같았다. 즉 대학생들 자신의 행동이 타인의 사고와 행동의 의미에 따라 결정될 수도 있음을 의미하는 것 같았다. 다시 말해서, 짝패집단, 교수, 대중매체의 내용·규범 등이 대학생들의 행동준거로서 등장할 수도 있었던 셈이었다. 따라서 대학생들은 어느 정도의 극기적 인내심을 갖도록 사회화되어 있다고 판단될 수도 있었다. 만약, 이런 견해가 옳다면, 한국 대학생은 대학교육을 통해 그의 행동이 행동자체로서 평가되는 것이 아니라, 타인에게 주는 효과에 의해서도 평가된다는 사실을 배우고 있는 셈이었다.

안범희와 이경화(1981)는 강원대학교생(N=255)에게 대인관계 진단검사를 적용, 강원대학교생의 대인관계 성향을 알아보았다. 연구결과에 의하면, 강원대생은 경쟁적 성향에 높은 반응을 보였다. 그러나 우월적인 태도나 독선적 성향을 갖고 있지는 않았다. 즉 원만한 대인·사회관계를 유지하려고 노력하는 것으로 나타났다.

지금까지의 연구결과 즉 한국 대학생의 가치관, 대인관계에 관계된 연구결과를 요약하면, 한 가지 결론이 가능했다. 그것은 이렇게 진술되어야 할 것 같았다. 한마디로 한국 대학생은 대학교육을 통해 원만한 대인관계, 사회성 기술을 함양하고 있다고 진술되어야 할 것 같았다.

그렇다면 과연 한국 대학생의 학교생활은 사회성 기술에 얼마만한 영향을 미치고 있는가? 즉 강의, 교수면담, 지적 성장, 학교분위기에 대한 학생들의 태도, 만족감 등은 사회성 기술 획득에 얼마만한 영향을 주고 있는가? 본 연구는 다음절에서 한국 대학생들의 사회성 기술 함양을 통계적인 방법으로 검토, 분석한다. 다음절에서는 중다상관관계 분석, 빈도분포 분석 등을 시도한다. 독자들의 손쉬운 이해를 돕기 위해 가능한 한 비통계학적인 용어를 활용하기로 한다.

社會牲 態度에 대한 經驗的 資料分析

표 30은 대학생들의 일반적 사회성 태도에 영향을 준다고 간주된 변인들과의 중다상관관계 분석결과를 보여주고 있다. 표 30에 의하면, 대학생들의 일반적 사회성 태도에 영향을 준다고 판단되는 변인은 학생들의 경청태도 뿐이었다(Beta=.64). 다시 말해서, 경청태도가 양호하면 양호할수록, 더욱더 일반적인 사회성 태도가 함양되어 있다고 판단될 수 있었다. 기타의 변인들(교수강의에 대한 판단, 재산 정도, 학교성적, 권위주의, 정치적 성향, 아버지의 교육 정도)은, 통계적인 분석에서, 대학생들의 일반 사회성 정도와 거의 무관한 관계에 있음이 노출되고 있었다. 왜냐하면 대학생들의 경청태도 변인 하나만으로, 대학생들의 일반적 사회성 태도에 관련된 전체변량(variance) 중 41%를 설명하고 있었기 때문이었다. 다른 변인들은 일반적 사회성 태도 변량을 겨우 2% 정도 밖에는 더 이상 설명하지 못하고 있었다(참고: 표 30의 결정계수).

표 30. 대학생들의 일반적 사회성 태도에 대한 중다관관계 분석					
변 인 군	중다상관관계계수(R)	결정계수(R^2)	R^2의 변환	단순상관관계계수(r)	희귀계수(Beta)
경청태도	.65	.42	.41	.65	.64
교수강의에 대한 판단	.65	.42	.00	.15	.07
재 산	.65	.43	.00	.07	.06
평량평균	.65	.43	.00	.01	−.02
권위주의 태도	.65	.43	.00	.04	.02
정치적 성향	.65	.43	.00	−.00	.01
아버지의 교육 정도	.65	.43	.00	.00	.00

일반적으로 교수들의 강의에 대한 판단의 변인은 대학생들의 일반적 사회성 태도에 통계적으로 의의 있는 단순상관관계계수(r=.15, p<.001)를 보여 주고 있었다. 그러나 중다상관관계 분석에 있어서 나타난 회귀계수(Eeta=.07)는 기대 이하였다. 즉 대학교수 강의에 대한 판단변인들은 거의 대학생들의 사회성함양에 결정적인 영향을 발휘하고 있지 못하는 것으로 나타났다.

만약, 대학생들의 일반적 사회성 태도에 경청태도 변인 이외의 변인들이 일정한 영향을 주지 못하고 있다면, 대학생들의 일반적 사회성 태도는 어떠한 상황으로 표출되는가? 이 문제에 응답하기 위해 본 연구는 대학생들의 일반적 사회성 태도에 관한 빈도분포를 검토했다(참고: 부록 Ⅱ, 문항 31~40).

표 31에 의하면 한국의 대학생들은 일반적으로 긍정·적극적인 사회성 태도를 갖고 있는 것 같았다. 왜냐하면 지역사회와 국가에 봉사해야 한다는 의견에 응답자의 72%(찬성+매우 찬성 응답률)가 동의하고 있었다. 과업에 대한 책임감(문항: 35, 38)도 매우 긍정적인 것으로 나타났다.

표 31. 대학생들의 사회성 태도에 대한 반응빈도(%)

문항번호(내용요약)	반 대	중 립		찬 성		무응답
	1	2	3	4	5	
31. 사회적 문제에 대한 참여유무	.1	.3	.4	.1	.1	99.0
32. 지역사회 봉사유무	4.1	6.4	16.5	37.9	34.4	.7
33. 교수와의 인간관계 및 직장연결유무	4.5	14.1	24.2	41.0	15.5	.7
34. 학우에게 무안주기유무	4.8	14.8	25.4	33.7	19.9	1.4
35. 자기책임 완수유무	6.3	2.6	4.5	21.8	64.0	.9
36. 일정한 거리감 유지유무	5.4	4.4	7.4	27.0	55.0	.9
37. (문항삭제)	—	—	—	—	—	—
38. 일에 대한 완결감유무	5.7	14.3	14.2	41.6	23.5	.8
39. 성공적인 사람은 원만하다에의 판단유무	4.5	11.7	19.0	40.4	23.4	.9
40. 전직은 인간관계에 나쁘다에의 판단유무	4.7	20.6	30.0	35.2	8.8	.8

그러나 학생들은 사회적 문제 참여여부에 관해 응답하는 것을 의도적으로 거부하고 있었다(참고: 문항 31; "요즘 공공연히 들먹여지는 일들에 대해서는 걱정할 필요가 없다. 좌우간 나는 그런 일에 상관하지 않을 것이다"). 또한, 학생들에 의하면, 대학교육을 통한 교수와의 원만한 인간관계는 취업 후에도 상사들과 원만한 인간관계를 맺게 해준다고 판단하고 있었다(참고: 문항 33). 즉 문항 33번에 응답한 응답자 중 **57%**가 긍정적으로 반응하고 있었다. 반면, 부정적인 응답을 한 대학생은 **19%** 미만이었다. 따라서 대학생들은, 성공적인 사람은 원만한 인간관계를 맺고 있는 사람들이라고 판단하고 있는 것으로 나타났다(참고: 문항 39). 왜냐하면 응답자 중 **64%** 정도가 문항 39번에 대해서 긍정적인 방향으로 그들의 의견을 제시하고 있었기 때문이었다. 또한, 직장을 자주 바꾸는 사람이 꼭 상사와의 인간관계가 나쁘다는 것을 의미한다고 판단하는 것 같지도 않았다. 왜냐하면 문항 **40**번에 대한 응답자들의 반응은 일반적으로 골고루 확산되어 있기 때문이었다. 즉 상당수(30%)가 문항 **40**번에 대해 판단이 불가능한 것으로 반응하고 있었다. 일반적으로 그런 경향이 있다고 지적한 사람은 약 **35%**이었다. 반면, 그렇지 않을 수도 있다고 지적한사람 역시 **21%** 정도였었다. 따라서 원만한 인간관계와 이직·전직유무는 상호 연관된 개념으로 파악될 수 없었던 셈이었다.

표 31의 결과를 재분석하면, 학생들의 긍정·적극적인 사회성 태도에 관해 아버지의 학력, 재산, 교수강의, 정치성향, 학업성적 유무 등의 변인들은 극소한 영향을 끼칠 뿐임을 알 수 있었다. 그러나 대학생들의 경청태도는 대학생들의 사회성 태도 파악에 결정적이었다. 사회성과 관련된 권위주의 태도 소유 정도 변인은 대학생들의 일반적 사회성과 별로 두드러진 관련을 맺고 있지 않았다(참고: 표 30, 회귀계수＝.02, r＝.04).

그렇다면 첫째, 과연 한국의 대학생들은 경청태도가 양호한가? 둘째, 과연 한국의 대학생들은 낮은 권위주의 태도를 갖고 있는가? 두 가지 문제에 대한 대답은 그렇다로 집약될 수 있었다. 왜냐하면 첫째, 경청태도에 관한 대학생들의 점수분포는 5점에서 42점까지 나타났다. 전체집단의 평균점수는 28점이었다. 경청태도에 관해, 한 개인이 득점할 수 있는 최고점수는 45점이었다. 최하점수는 9점일 수 있었다. 따라서 일반적으로 경청태도 척도상에 나타날 수 있는 득점분포의 평균점수는 25점이어야 했던 셈이었다. 그러나 본 연구에서 나타난 전체 응답자들의 평균점수는 28점이었다. 결국 응답자들의 평균점수는 기준점수의 예상평균보다 3점이 더 많았던 것이다(N＝1,164, 표준편차(α)＝5.316).

둘째, 권위주의에 대한 대학생들의 점수분포는 0점으로부터 18점까지로 나타났다. 응답자들의 평균점수는 6.48이었다. 그러나 권위주의 척도의 기본 기준점수분포는 0점에서부터 26점까지 있다. 즉 개인이 받을 수 있는 점수는 최하 0점으로부터 최고 26점이었다. 따라서 기준점수상 나타날 수 있는 예상 평균점수는 13점이었다. 그러나 본 연구에서 나타난 응답자들의 평균 점수는 6.48에 불과했다. 결국 한국 대학생들은 일반적으로 낮은 권위주의 태도를 갖고 있다고 판단될 수 있었다.

결국 본질은 여섯 가지 형식으로 요약될 수 있었다. 첫째, 한국 대학생들의 경청태도는 양호한 셈이었다. 둘째, 한국 대학생들은 낮은 권의주의 태도를 갖고 있다. 셋째, 한국 대학생들은 일반적으로 적극·긍정적인 사회성 태도를 갖고 있다. 예를 들어 국가·지역사회를 위한 봉사와 책임감을 긍정적으로 인지·수용하고 있는 것 같았다. 또한, 대학에서 맺는 교수와의 원만한 인간관계 유지는 사회적으로 유용하다는 생각도 갖고 있었다. 넷째, 일반적 사회성 발달과 경청태도는 중요한 연관관계에 있는 것 같다. 즉 경청태도가 양호한 사람은 긍정·적극적인 사회성 기술을 체득하고 있다는 주장을 도출시킬 수도 있었다. 물론, 일반적 사회성 태도가 긍정·적극적인 학생은 경청태도 역시 양호하다는 판단을 가할 수도 있었다(회귀계수

=.64, r=.65). 다섯째, 일반적 사회성 태도와 권위주의 대도 사이의 관계는 서로 무한한 것 같았다(회귀계수=.02, r=.01). 다시 말해서, 낮은 권위주의 태도를 갖고 있는 학생이 언제나 긍정·적극적인 사회성 기술을 갖고 있을 수 없다는 판단이 가능하게 되었다. 여섯째, 일반적으로 학교성적, 아버지의 교육 정도, 재산소유 정도, 교수강의에 대한 판단, 정치적 성향, 낮은 권위주의 태도 등의 변인은, 통계적으로 판단할 때, 학생들의 사회성 태도에 큰 영향력을 행사하고 있지 못하는 것 같았다. 특히, 교수강의에 대한 판단, 학교성적(회귀계수=.02, r=.01) 등은 일반 사회성과 미약한 연계관계를 유지하고 있었다. 따라서 대학교육과 사회성 기술은 통계적으로 큰 관계가 없다고 판단할 수 있었다.

대학교육과 직접적 사회성 기술 함양은 무관하다는 주장은 예상 밖의 주장이 되게 된다. 왜냐하면 여러 대학교육관계 평론과 기존 연구결과들은 대학교육이 대학생들의 사회성발달을 도모한다고 주장하고 있었기 때문이었다. 본 연구의 경험적 자료에 의하면, 대학교육에 의한 사회성 촉진여부 및 도모 정도에 관련된 기존의 주장은 긍정적인 판단을 보류 받을 수밖에 없었다. 왜냐하면 본 연구의 경험적 자료는 대학교육과 사회성 태도 사이의 관계에 대해 일정한 적극적인 판단을 가할 수 있는 근거를 전혀 제공하고 있지 못했기 때문이다. 다만, 본 연구에서 시도된 단순한 통계적인 자료분석 결과는 한국 대학교육이 사회성발달과 미약한 관계를 갖고 있을 수도 있다는 경향을 추론하도록 강요하고 있었을 뿐이었다.

6. 大學敎育과 地位集團 形成

大學生人口 增力에 대한 發展敎育論的 觀點

한 20년 전만 해도 보통학교(초등학교)만 나와도 면서기(面書記)
는 해먹는다고 했다. 30여 년 전이면 바로 일정(日政) 때이고, 우맹
(愚氓)정책 아래서의 제한된 취학률로 봐서 보통학교만 해도 희소가
치가 있던 때의 얘기이다. 그러고, 그것은 또한 사실이기도 했다. 그
러나 오늘날은 어떠한가…… 좀 과장해서 말하면, 오늘날의 대학은
옛날의 보통 학교만도 회소가치가 없다는 얘기가 된다. 양의 동서를
막론하고 아직까지의 교육제도로서는 대학이라면 글자 그대로 최고
학부이다. 이 최고 학부의 시세가 왜 이렇게 떨어졌는가?(조덕송,
1968, p.118)

조덕송(1968)에 의하면, 한국의 대학교육은 쓸모나 희소가치가 없
는 '그저 그렇고 그런 것'들인 셈이다. 따라서 대학은 인기 없는 곳
으로 평가받을 수밖에 없었던 셈이었다. 결국 학생들이 몰려들지도,
다니려고 하지도 않을 고등교육 기관일 수밖에 없는 노릇이었다. 그
러나 한국 고등교육사는 이러한 견해가 너무 과장되어 있음을 증명
하고 있다. 왜냐하면 한국의 대학은 지금까지 과포화상태의 학습장
으로 존재하여 왔었기 때문이다.

희소가치에 관계없이, 대학인구와 대학기관은 증가해 왔다. 예를

들어 1945년 해방 당시 한국에는 19개의 고등교육기관(실업고등전문학교, 전문학교, 초급대학, 교육대학, 간호학교, 각종사범학교, 대학교포함)이 존속해 있었다. 이 당시 학생수는 7,819명에 불과했다(참고: 김종철, 1979, p.799). 해방 후 10년이 지나는 동안(1955년), 한국의 고등교육기관은 74개로 늘어났다. 대학생수는 84,996명으로 늘어났다. 10년 동안 약 11배의 학생수가 증가했던 셈이다. 5·16 혁명 이후인 1965년에는 약 141,636명이 162개 고등교육기관에서 공부하고 있었다. 다시 10년 동안(1975년경), 대학생 인구는 약 2배로 증가하게 되었다. 왜냐하면 204개의 학교에 297,219명의 학생들이 재학하고 있었기 때문이었다. 1981년 현재 한국에는 약 247개의 고등교육기관(전문대학, 교육대학, 대학, 대학 수준의 각종 학교 포함)이 약 75만 명의 학생을 수용하고 있게 되었다(참고: 표 32).

표 32. 고등교육기관과 학생수의 증가

	1945*	1955*	1965*	1975*	1981**
고등교육기관수	19	74	162	204	247
학 생 수(명)	7,819	84,996	141,636	297,219	752,476
증 가 율***	1	10.8	18.1	38.0	96.2

* 김종철. 「한국고등교육연구」. 서울: 배영사, 1979, pp.789-801.
** 문교부. 「문교통계연보」. 서울
*** 1945년 당시 고등교육기관 재학생수를 1로 간주했을 때의 증가율임.

한마디로 한국의 대학과 대학생수는 매년 증가해 왔던 셈이었다. 대학생 인구의 증가와 대학기관 증가현상은 비단 한국적인 현상만은 아니었다. 미국, 영국, 프랑스, 독일, 호주, 스웨덴, 캐나다, 일본에서도 역시 1950년 이래 계속 대학과 학생수의 증가현상이 나타나고 있었기 때문이다(참고: Burn, Altbach, Kerr, & Perkins, 1971). 대학생 인구의 증가 못지않게 교육의 질적인 수준도 향상되었다. 그러나 문제도 양산되기 시작했었다. 문제의 성격은 서로 비슷하였다. 각

나라의 교육제도나 교육내용이 비슷했던 것은 아니었다. 문제발생의 원인에 대한 공통점 역시 비슷했다. 일반적으로 모든 문제는 대학생 증가와 관련된 것들이었다. 한마디로 대학인구가 너무 많다는 것이었다. 따라서 교육경비를 비롯한 사회적 문제가 끊임없이 노출되고 있다는 것이었다.

희소가치도 없는 대학에 고등학교 졸업생들이 왜 매년 입학하고 있는가? 대학인구가 왜 기하급수적으로 증가되어야만 하는가? 문제화된 대학생 인구 증가 현상은 왜 치유되지 못하고 있는가? 문제의 성격은 한 가지 정답을 요구하고 있지 않는 것 같다. 몇 가지 설명 방법이 있을 뿐이다. 대체로 다섯 가지 방식으로 대답할 수 있을 것이다. 그 대답은 대학생 인구증가의 원인에 대한 문제제기 형식과 연관되어 있다. 질문의 형식 역시 다섯 가지로 집약할 수 있다. 첫째, 대학의 희소가치를 무시하는 사람들이 있다. 이들은 대학인구의 증가가 한국국민의 "선천성 치매증(癡呆症)"의 부산물(조덕송, 1968)이라고 판단하는 것 같았다. 고교졸업생들이 남이 시장에 갈 때, 쓸데없이 덩달아 따라가는 식으로 대학에 들어가기 때문에 대학연구가 증가했다는 것이다. 대학의 희소가치 부정론자에 의하면, 대학의 성격 역시 국민들의 치매증 때문에 바뀌어졌다고 판단한다. 즉 상아탑으로서의 대학이 우골탑으로 변질되었다고 판단한다.

그러나, 한국인의 선천적 치매증에 의한 대학인구 증가론 주장자들은 자기들의 입장이 타당하도록 인정할 만한 강력한 이론적·경험적 자료들을 갖고 있는 것 같지는 않았다. 따라서 이들의 견해나 주장의 타당성에는 일정한 한계가 있게 되는 셈이다. 예를 들어 홍웅선과 이형행(1976)은 재수 경험이 있던 대학 재학생(N=582)에게 대학에 진학하려던 목적을 불어본 적이 있었다. 응답자의 **4.1%**만이 모두들 대학에 가기 때문에 대학에 입학하려 했다고 응답했다. 한마디로 홍웅선과 이형행의 조사연구 결과에 의하면, 남이 대학에 가니까 덩달아 대학에 간다는 식의 이해는 재검토될 필요가 있음을 제시하는 셈이었다. 그럼에도 불구하고, 체계적인 대학입학 목적에 대한 연구는 아직까지 결여되어 있다. 따라서 한국의 대학생 인구증가가 국민들의 선천적 치매증에 의한 것인지 아닌지는 확실하지 않은 상태에 있다. 따라서 보다 타당한 이유를 밝히는 이론적·실증적 연구가 계속될 필요가 있는 셈이다.

둘째, 한국 대학인구의 증가가 문교행정력의 미숙함에서 기인된다는 주장도 있다(참고: 조덕승, 1968; 이숭녕, 1957). 즉 문교당국의 교육정책빈곤이 대학생 증가를 야기시켰다고 판단하는 주장도 있다. 또한, 교육정책이 무엇인지 모르기 때문에 문교행정가들은 대학인가. 학생정원 등의 정책을 조령모개식으로 전개한다는 판단도 가미되게 된다. 따라서 문교당국의 교육정책은 대학의 질을 저하시키는 데 결정적인 역할을 수행해 왔다는 것이었다. 문교행정의 정책적 빈곤상태와 문교당국의 단견이 대학인구의 무절제한 급증의 원인이 될 수 있다고 판단하는 사람들은 대학의 문제해결에 대한 방안을 이상적으로 제시한다. 즉 대학의 질을 높이기 위해 대학인구의 자질을 정비시켜야 한다는 것이었다. 예를 들어 장병림(1964)은 대학자체의 질적 저하가 질적으로 낮은 고교졸업생을 수용했기 때문이라고 판단한다. 장병림은 대학예비고사에 합격되지 못한 학생들은 낙방했다는 사실만으로도 "어느 정도의 불량성이나 비행성"(p.76)을 갖고 있다고 판단한가. 따라서 이런 고등학생들이 대학을 못 들어오게 막는 제도적 장치가 있어야 한다는 것이었다. 훌륭하고 똑똑한 학생만이 대학에 들어 왔었어야 된다는 것이었다. 마침내, 질을 높이기 위해 학생수를 현실적으로 줄여야 한다는 주장이 등장하게 된다. 예를 들어 이숭녕(1957)은 "학생수가 줄어야 학생들의 실력도 상승할 것이고, 철저한 지도가 가능하다"(p.30)고 주장하고 있었다.

문교행정을 비판하는 주장은 어느 정도는 타당할는지도 모른다. 왜냐하면 대학에 관한 문교행정이 대학생인구 억제에 큰 공헌을 할 만큼 성숙해 왔다고 판단할 수 있는 강력한 증거가 아직은 제한되어 있기 때문이다. 사실 이 주장은 옳을는지 모른다. 왜냐하면 구체적인 대학정원제 실시는 1965년 이후부터의 일이었기 때문이다. 따라서 문교부가 대학정원제에 대한 체계적인 검토와 분석에 조직적인 영향력을 행사할 수 없었을는지도 모르는 일이었다. 그러나 문교행정력의 한계만을 거론하는 것은 최소한 두 가지 오류를 가질 수 있다. 왜냐하면 첫째, 1965년 이래 강력히 실시된 행정적 정원규제 정책에도 불구하고 대학생 인구는 계속 급증되어 왔다는 사실이 간과되고 있기 때문이었다. 둘째, 행정적 지도나 규제가 대학인구의 억제와 질적 향상의 결정적 변인이 될 수만은 없기 때문이다. 예를 들어 김종철(1979)에 의하면, 정원제 실시에 관계없이 대학인구의 증가는 사회경제적으로 바람직한 현상이라고 판단되어 왔었다. 즉 경제발전, 사회발전에 대학졸업자들과 대학교육이 기여한다고 판단되어 왔다는 것이었다. 결국 대학인구의 증가현상은 대학에 대한 국민의 무절제한 치매증, 문교행정의 난맥상 이외의 요인으로 분석해 볼 필요가 있게 되는 셈이었다.

셋째, 가능한 방법은 인구학적 방법(demogaphic analysis)이었다. 다시 말해서, 대안적 방법으로 한국 대학생인구 증가현상과 더불은 자연적 대학인구 증가현상을 분석하기 시작했다. 결론은 기대 이상은 아니었다. 기대 이하도 아니었다. 간단했다. 급증한 인구증가가 자연적인 대학인구 증가현상을 초래했다고 판단했다. 대체로, 인구학적 분석방법론자들의 판단은 한 가지 사실을 시사하고 있다. 즉 학령인구의 증가에 따른 상대적, 혹은 타율적 대학생인구 증가현상은 교육기회 평준화라는 부수적인 사회적 결과를 유도했다는 시사점을 제공하고 있었다. 고등교육을 받을 수 있는 기회가 학령인구 증가에 의해 확대되었다고 판단할 수 있었다.

타당성에도 불구하고, 인구학적 설명은 대학생 인구 증가현상을 이해하기 위한 부분적 참고자료로서의 의의만을 제공한다고 볼 수 있었다. 왜냐하면 첫째, 인구학적 분석에 의한 학령인구의 증가는 대학생인구 증가현상을 숫자적으로 기계적인 진술(description)만을 시도하고 있기 때문이었다. 둘째, 인구학적 분석은 왜 교육기회 평준화의 원칙이 대학교육에도 적용되게 되었는가에 대해 충분한 이론적 설명을 제공하고 있지 못하기 때문이었다.

왜 교육기회 평준화의 원칙이 고등교육에도 적용되게 되었는가? 고등교육기회 평준화는 교육사회학적으로 무엇을 의미하는가? 두 가지 질문은 인구학적 분석, 문교행정력에 대한 분석, 한국 국민의 기질에 대한 분석방법 이외의 이론적 설명을 필요로 한다. 즉 이들 방법론과는 다른 대안적 분석방법을 필요로 하고 있다. 어떤 교육사회학자들은 고등교육의 기회평준화 문제를 발전 교육 이론의 입장(developmental educationalists)으로 접근·분석해 왔다(참고: 차경수, 1977). 예를 들어 차경수는 발전교육이론의 전개를 위해 교육과 경제·정치·사회적 발전과 관련된 기존 연구문헌들을 섭렵한 바 있다. 차경수는 한국 교육제도에 서구식 발전교육이론의 이식(transfer) 가능성을 제안하기도 했다. 물론, 서구식 발전교육 이론 전개는 한국 교육계에 있어서 새로운 시도는 아니었다. 왜냐하면 이미 한국의 정치·경제학자들은 교육과 경제발전과의 관계, 사회정치화 및 정치발전과 교육과의 관계를 체계적으로 연구해 왔었기 때문이다(참고: 이영호, 1979; 김광석과 박준경, 1979).

발전교육 이론에 의하면, 교육은 국가발전을 위한 투자로서 이해되게 된다. 고등교육의 확대는 국가발전을 위한 투자기회의 확장이 되는 셈이다. 발전론자들은 고등교육기관이 국가발전을 위한 양질의 투자 장소가 되어야 한다고 주장한다.

따라서 한국 대학생인구 증가현상을 고등교육 기회평준화와 투자의 관점에서 분석하는 방법은 넷째, 사회학적 검토방법이 될 수 있었다. 왜냐하면 대학인구의 증가는 사회·경제·정치적으로 요구된 당위론적인 현상으로만 파악되었기 때문이다. 따라서 대학생 인구 증가에 관한·발전론자들의 입장은 병적인 한국인의 기질론을 거론하는 입장과는 대치되는 셈이다. 왜냐하면 발전론자들은 대학의 사회적 기능, 역할을 인정하기 때문이다. 즉 대학의 희소가치를 그들의 이론적 배경에 내재시키고 있기 때문이었다.

그렇다면 왜 고등교육 기회의 확장과 평준화가 필요했는가? 국가발전을 위한 고등교육 기회의 평준화에 대한 사회학적 의미는 무엇인가? 라는 문제제기가 다시 가능해진다. 두 가지 문제제기에 대한 논의는 고등교육 현상을 새로운 입장에서 해석하는 것과 같게 된다. 왜냐하면 전통적으로 고등교육은 소수층을 위한 소비활동(consumption)의 한 부분으로 이해되어 왔었기 때문이다. 혹은, 고등교육의 수혜기회는 사회계층적으로 특정집단에 한정적으로 개방되어 왔다고도 이해되었기 때문이다. 즉 서로 다른 사회계층화, 혹은 서로 다른 유전적 혈통에 기인한 능력의 차이에 따라 고등교육 수혜의 기회가 제한 혹은 개방되어 왔다고 이해할 수도 있었기 때문이다. 이런 주장에 의하면, 고등교육의 기회는 학생의 출신배경을 중심으로 한 귀속적 출세(ascriptive success)를 대변하는 것에 불과한 셈이었다. 혹은, 후원적 출세(sponsored mobility)를 위한 수단제공 현상으로 판단할 수도 있었던 셈이었다(참고: Turner, 1960). 결국 후원적 출세, 출신배경의 중요성을 강조하는 교육사회학적 이론은 귀속적인 사회(ascriptive society)의 교육특징을 실명하고 있게 된다. 따라서 대학교육은 이들 귀속적 사회에 있어서 소비재·수단에 불과하게 된다.

그러나 발전 교육론자들은 성취사회 (achievement·oriented society)를 가정하고 있다(참고: Parsons, 1959; Dreeben, 1968). 즉 개인의 성취와 업적을 중요하게 여긴다. 교육에 의해 사회적 이동이 가능한 사회를 구상하고 있다. 성취사회 전개론 자들에 의하면, 현대사회는 개인의 업적주의에 의해 발전되게 된다(참고: Bell, 1973). 개인의 업적을 중요하게 여기는 장점주의사회(meritocracy)의 전개는 공학의 급속적인 발달과 병행한다. 공학의 발달은 경제적 생산성 향상, 조직운영의 합리화를 촉진시킨다. 따라서 경제적 생산성, 조직운영의 합리화에 관한 기술을 훈련받은 사람은 공학적 기술과 가치관이 응용된 사회에서 출세할 수 있는 실력을 구비한 것으로 간주되게 된다. 발전론자들에 의하면, 고등교육은 경제적 생산성향상과 고도의 조직운영의 합리화에 필요한 양질의 기술을 제공한다고 판단된다. 따라서 고등교육은 현실적으로 취직 및 취직 후의 출세(occupational success)의 결정인자로서 기능하는 것으로 판단된다.

경제·사회 발전교육론자들에 의하면, 고등교육 기회의 확대는 세 가지 의미를 갖고 있게 된다. 즉 첫째, 고등교육 기회의 확대는 국가적인 사회·정치·경제적 발전을 도모한다. 둘째, 고등교육 기회의 확대는 이념적으로 개방사회를 의미한다. 셋째, 고등교육 기회는 현실적으로 개인에게 취업의 기회와 출세를 보장한다. 왜냐하면 개방사회는 장점주의 사회의 구축을 전제로 하고 있기 때문이다. 결국 개인의 취업, 출세에는 해당 개인의 가정적 배경보다 학력이 중요하게 작용한다는 판단이 가능하게 되었다.

발전교육론자들의 주장은 어느 정도 옳았었다. 그 타당성이 경험적으로도 입증되기 시작했기 때문이었다(참고: Blau & Duncan, 1967; Sewell & His associates, 1970; Smigel, 1964; Hargens & Hagstrom, 1967). 예를 들어 Blau와 Duncan(1967)은 미국전역을 연구대상으로 한 조사연구에서 세 가지 사실을 뚜렷하게 발견했다. 첫째, 아버지의 작업과 아들의 직업 사이에는 어느 정도의 근접상관관계(r=.40)가 있었을 뿐이었다. 둘째, 아버지의 직업과 아들의 교육수혜 정도 사이에도 역시 어느 정도의 상관관계(r=.44)만이 유지되고 있었다. 결국 아버지의 배경은 아들의 취업, 교육경력 유지에 결정적인 역할을 발휘하고 있지는 않았던 셈이었다. 그러나 셋째, 학생의 취업 혹은 직업수준(occupational level)과 교육수혜 경력(years of education)사이에는 .60의 상관관계가 노출되고 있었다. 따라서 개인의 취업, 직업수준은 고등교육수혜 유무에 의해 크게 영향 받는다고 볼 수 있었다. 또한, Blau와 Duncan에 의하면, 연구에 투입된 각종 변인들은 개인의 취업

(occupational attainment)에 관계된 변량(variance) 가운데 약 42% 정도를 설명하고 있었다. 설명된 42%의 변량 가운데 약 24%는 교육변인에 의해 설명될 수 있었다. 반면, 아버지의 직업변인은 전체변량의 약 18% 정도만을 결정할 뿐이었다. 결국 아들이 수혜한 교육의 힘은 아버지 배경의 힘보다 산술적으로 우위에 있었던 셈이었다.

Sewell과 그의 동료들(1970) 역시 개인의 취업·직업수준은 교육에 의해 결정된다고 판단하고 있었다. 왜냐하면 7년 동안 추적한 Sewell과 그의 동료들의 1957년도 미국 Wisconsin주 소재 고등학교 졸업생 취업연구에 의하면, 교육은 개인의 직업수준과 늪은 상관관계(r=.62)를 유지하고 있었기 때문이었다. 반면, 아버지의 직업수준은 아들의 직업수준과 어느 정도의 관계(r=.33)만을 유지하고 있었다. 아들의 특수전문직 종사와 교육경력과의 관계도 예외는 아닌 것 같았다. 왜냐하면 변호사 자격획득은 아버지의 직업보다는 개인의 학력에 의해 결정되고 있었기 때문이다(참고: Smigel, 1964). 과학자 직종 역시 개인의 교육적 배경에 의해 좌우되었다(참고: Hargens & Hagstrom, 1967).

결국 발전교육론자들의 연구결과는 산업사회와 교육 사이의 관계에 대해 세 가지 의미를 부여하고 있었던 셈이었다. 즉 첫째, 대학교육은 직업획득에 필요한 기술을 습득하게 만든다. 둘째, 대학교육을 통해 획득한 기술은 직장생활에서의 성공(예: 적응, 승진)을 도모하는 주요결정인자로서 노출된다. 셋째, 교육수혜의 정도는 기술 혹은 직업의 위계질서와 상응한다. 즉 교육수준의 서열성(예: 초·중·고등학교, 대학 등)은 기술응용, 활용수준의 서열성 및 능숙도(예: 단순직, 전문직 등)와 상응한다. 따라서 고등교육을 끝낸 사람은 단순기술직보다는 전문적 기술·관리직 종사·에 적합한 사람으로 판단되게 되는 셈이었다.

한마디로 산업사회와 교육 사이의 연계성에 관한 발전교육론자들의 입장은 두 가지 점을 부각시키려고 노력했던 셈이었다. 첫째, 지도자(elite)로서의 출세는, 가정적 배경 또는 정치적 조작보다는 개인이 획득·보유하고 있는 지식 및 기술정도에 의거해서 이루어져야한다. 왜냐하면 산업사회는 개인의 장점(merits)을 최대한도로 인정하는 사회이기 때문이다. 또한, 개인의 장점은 개인이 소유하고 있는 기술의 정도(고등·저등)에 의해 평가되기 때문이다. 둘째, 교육적 수요는 직업구조 변화의 관점에서 시간적으로 변해 왔다. 즉 교육기회 확대의 필요성(requirement)은 산업사회의 직업구조의 확대에 의해 요청되었다는 것이었다.

발전론적 주장은 한국사회에서도 어느 정도 타당한 것 같았다. 예를 들어 한국의 내무부(1960)는 국세조사용으로 1950년대 한국의 표준직업의 종류를 분류한 바 있었다. 1950년대 표준직종은 96개로 분류되었다. 96종의 분류는 약 150개 정도의 직업으로 구성되어 있었다. 1966년 경제기획원의 한국 표준직업분류에 의하면, 약 2,100개 정도의 직업이 한국사회에 존재하게 되었다. 1969년에는 약 10,000여 종의 직업(유사직종 포함)이 한국사회에 나타나게 되었다(참고: 인력개발연구소, 1969). 1980년대에는 무려 20,000여 개의 직공이 한국사회에 나타나고 있다(참고: 한국일보, 1982. 5.9, p.7). 한마디로 각종 자료에 의하면, 직종과 직업의 수는 매년 늘어나고 있었다. 궁극적으로, 직업분류 조사는 한국의 산업구조가 양적으로 증가·변모해 왔음을 시사하고 있었다. 예를 들어 1950년대의 한국산업구조는 기계부품 100개 정도를 만들 수 있었다. 그러나 1960년대의 한국 산업구조는 부품 1,000여 개 정도를 필요로 하는 흑백 TV를 만들 수 있게 되었었다. 1970년대에는 이미 부품 3,000개 정도로 만들 수 있는 칼라 TV생산 산업구조에 돌입하고 있었다. 마침내, 1980년대에는 부품 1만여 개를 생산하는 중화학 산업구조를 갖게끔 산업구조가 변해 왔던 것이다(참고: 한국일보, 1982. 5.9, p.7). 산업구조의 변화·성장에 따라 고급 노동인력에의 수요도 발전적으로 요구되었던 것 같다. 고급노동인력 요구현상은 고등교육 기회확대를 촉진시키게 되었다.

발전교육론자들의 주장을 분석·요약하면 한 가지 결론이 나온다. 한국사회 역시 장점주의 사회(meritocracy)에 돌입해 있다는 점이다. 장점주의 사회는 "교육주의 사회(educationocracy)" 형성을 근간으로 삼게 된다. 결국 한국의 산업구조 역시 한국을 교육주의의 사회로 전환시키고 있다는 함의까지 제공하고 있는 것 같았다(참고: Collins, 1979).

따라서 발전교육론자들은 한국 대학생인구 증가를 장점주의 사회가 요청하는 기술확대, 산업확대의 원칙에 입각해서 판단할 수밖에 없었던 것 같았다. 왜냐하면 현대 한국의 산업구조·직업구조의 확대가 고등인력을 요구하고 있었기 때문이다. 결국 고등인력 배출을 위한 고등교육 기회의 확대, 이에 바탕을 둔 대학생인구 증가는 자연적인 현상이었던 셈이다.

지금까지 논의한 것을 간추려 보자. 문제제기는 이렇게 시작되었다. 즉 왜 한국 대학생 인구는 매년 증가하는가? 대학생인구 증가 현상을 설명하는 노력들이 있었다. 그 노력은 네 가지 정도로 집약될 수 있었다. 첫째, 한국 국민 특유의 심리·문화적 치매증 현상으로 대학생인구 증가를 실명하는 방법이 있었다. 둘째, 문교행정력의 무정책성 및 비전문성으로 대학생인구 폭발현상을 이해하는 방법도 있었다. 셋째, 학령인구의 기계적인 증가현상으로도 고등교육 기회 확대현상을 설명할 수 있었다. 넷째, 한국사회의 산업화 요구를 충족시키기 위한 발전교육론으로 대학생인구 증가현상을 파악할 수도 있었다.

네 가지 접근방법 중에서 가장설득력이 있었던 접근방법은 발전교육이론이었다. 왜냐하면 발전교육론자들은 산업구조의 확대, 취업기회의 확대가 고등인력을 요구하고 있다는 이론적·경험적 자료를 제공하고 있었기 때문이었다. 따라서 대학생인구의 증가는 한국의 산업발전을 위해 필수적이었다고 이해되게 된다. 발전교육론의 함의에 의하면, 이제 한국은 이념적으로 장점주의 사회에 들어와 있다. 장점주의 사회이론에 의해, 한국의 고등교육은 중요한 일을 하고 있다.

왜냐하면 개인의 출세와 취업이 가정배경보다는 교육에 의한 개인의 기술습득에 의존되고 있다고 판단하기 때문이었다. 결국 한국 대학은 개인에게 고등한 기술을 가르치는 곳인 셈이었다.

그러나 발전교육론자들에 의한 장점주의 사회관과 대학교육 사이의 관계분석은 두 가지 점을 분명하게 밝히지 못하는 약점도 있었다. 발전교육론자들에 의하면, 직업구조의 변화는 교육적 수요, 기술 확대의 필요성을 증가시켰다. 또한, 이들은 교육기회 확대의 필요성이 시간에 따라 변화되어 왔다고 주장한다. 첫째, 발전교육론 자들은 한국에 있어서 대학교육 확대의 필요성이 구체적으로 무엇을 의미하는지 분명하게 분석하지 않았다. 또한, 실제로 산업구조의 변화, 취업구조의 확대에 의해 고등교육 기회가 확대해 왔는지 어떤지에 대한 인과율적인 구체적 증거를 제시하고 있지도 못했다. 주장을 정당화하기 위한 다양한 통계적·설교적 자료들만을 제공해 왔을 뿐이었다. 오히려, 한국사회에서의 고등교육 기회는 아직까지도 특수직업 계층에 의해 독점되어 있다는 연구결과가 한국교육계에 회자되고 있다(참고: 김영모, 1975). 김영모의 판단에 의하면, 한국사회의 하류 근로자 계층에는 대학진학의 기회가 실질적으로 폐쇄되어 있었다.

둘째, 발전교육 이론에 기초를 둔 연구결과에 상반되는 연구결과들이 교육계에 회자되고 있다. 이들 인구들은 발전교육이론의 단순성을 지적하기 시작했다. 예를 들어 McGinn과 그의 동료들(1980)은 해방 이후부터 1975년까지 한국의 교육발전 촉진의 원인을 추적한 바 있다. McGinn과 그의 동료들에 의하면, 한국교육의 성장요인은 세 가지로 간추릴 수 있었다. 첫째, 교육제도의 효율성, 둘째, 공교육에 대한 가정의 공헌, 셋째, 외국원조의 혜택 등으로 간추려지고 있었다. 다시 말해서 값싼 노동력을 제공한 교사들의 공헌, 부모들의 경제적 희생, 미국의 일방적이고 무성의한 경제적 원조와 한국정부의 무계획적 활용 등이 한국의 교육을 그나마 양적으로 성장시킬 수 있었다는 것이었다. 결국 McGinn과 그의 동료들의 연구에 의하면,

한 가지 사실이 구체화된다. 즉 한국의 경제발전과 교육발전은 인과관계를 유지하고 있었던 것이 아니라는 사실이 구체화되게 된다. 오히려, 교육발전은 경제적 생산성보다는 비경제적인 요인들과 일련의 관계가 있는 것 같았다. 즉 대학교육의 발전과 성장은 지위집단 형성, 지위추구, 사회정치화 등과 상당한 연관관계가 있었던 것 같았다. 결국 McGinn과 그의 동료들은 이렇게 주장해 버렸다;

"한국 교육제도의 분석을 통해 배운 바를 요약하면 다음과 같다. 교육신장과 경제성장은 둘 다 한국 개발사에 있어 독특한 사건들이다. 이 양 현상 간에는 어떤 관계가 있는데, 그것은 단순한 인과관계도 아니며 촉진적 관계 (facilitation linkage) 도 아니다. 나타난 증거는 교육이 개개인을 전통적 인간에서 근대적 인간으로 변형시킴으로써, 또는 인적 자본의 형성을 통해·경제성장을 가져왔다고 하는 어떤 결론과도 일치하지 않는다. 한국사회의 다른 부문에서 일어나고 있는 변화가 교육부문에서도 역시 발생하였으며, 그런 일치성은 개발과정에 있어서 도움이 되었을 것이다.

한국의 교육은 근로자들에게 보다 높은 수준의 능력을 요하도록 한 경제 내의 기술적 개선에 부응해서 확대 된 것 같지는 않다. 1960년대의 경제호황을 예상해서(우연적으로라도) 교육받은 사람들의 수가 늘어났다는 증거도 없다. 물론, 이러한 주장은 문자해독자와 어느 정도 교육을 받은 사람들이 상당수 있었다는 사실이 1960년대 초에 혁명정부 밑에서 경제조직을 용이하게 해 주었다는 가능성을 부인하지는 않는다. 명백한 것은, 교육에 주어진 역할이 국민들(학생 및 성인들)에게 강력한 중앙정부에 추종하도록 하는 기본적 태도를 갖도록 하는데 있었다는 사실이다. 정부는 경제개발에 공헌하는 수단으로서 교육을 촉진했다고 하지만 교육의 주된 추세는 기술습득이나 개발적 가치관(서구인들이 이해하는 것처럼)의 방향으로 진행되었다고 하기보다는 학생들에게 법인국가로서의 한국의 장래를 강조하는 방향으로 흘렀다. 따라서 교육신장은 새로운 경제·정치체제에 타당성을 부여하려는 욕망에도 의존했던 것이다."(메이슨,

김, 퍼킨스, 김과 콜, 1981, p.386)

한마디로 McGinn과 그의 동료들의 연구에 의하면, 한국의 발전교육론자들의 주장은 과장되어 있는 셈이다. 이런 주장은 한국 대학(교) 입학생에 관계된 자료를 분석했을 때, 보다 타당성 있는 것으로 나타나게 된다. 예를 들어 표 33에 의하면, 1965년 당시 대학입학 가능 연령층 인구의 총수(17세 기군)는 약 52만 명으로 추산된다. 이 가운데 약 6%만이 대학에 진학할 수 있었다. 1975년경에는 대학입학 연령인구 가운데 10.16%가 대학에 진학할 수 있었다. 1981년도 대학진학률은 대학입학 가능연령층의 약 36%를 차지했다. 결국 역사적으로 판단할 때, 고등교육기회는 계속 확장된 것으로 간주될 수 있었다.

그러나 이런 판단이 발전교육론자들의 입장을 강화할 수 있을는지 의문이었다. 이러한 주장은 네 가지 점을 발전론자에게 만족시켜 주지 못하고 있기 때문이다. 첫째, 인구증가가 대학인구 증가에 끼친 영향을 배제해 주지 못하고 있기 때문이다. 둘째, 1981년도의 대학진학률(36%)이 정말로 장점주의의 이상, 업적주의의 이상을 실현하기 위한 고등교육기회 확대를 의미하는가에 대한 의문이 제기될 수 있다는 점을 간과하기 때문이다. 한국의 신문보도에 의하면, 1981년도 대학진학률과 업적주의의 이상과는 무관한 것 같이 판단된다. 대학입학 정원의 확대는 과열과외와 같은 사회적 문제를 해결하기 위한 사회정책용 대안이었던 것 같다. 셋째, 대학진학률이 국가의 문교정책에 의해서 철저하게 제도적으로 통제되어 왔다는 점을 무시하기 때문이다. 즉 문교부 정원인가 정책에 의해 매년 대학 입학생수가 결정되어 왔다는 사실이 무시되기 때문이다. 통제의 의미는 대학생의 자질을 여과하기 위한 것일 수 있다. 그럼에도 불구하고, 만약 이 주장이 옳다면, 이 주장은 결코 발전교육론자들의 입장을 대변하지는 못하게 된다. 왜냐하면 이 주장은 문교통제가 점증적인 대학교육기회의 확대에 의한 공개적 업적주의(contest mobility) 이상보다는 제한적이며 후원적인 선발주의(sponsored mobility)를 제도적으로 뒷받침해 왔다는 것을 시사하기 때문이었다. 넷째, 1981년도 한국의 대학진학률이 미국사회에서 볼 수 있는 교육현상(참고: Trow, 1961)인 고등학교 교육의 일반화 추세 정도를 반영하고 있다는 비교교육학적인 이해와 관점을 일방적으로 무시하고 있기 때문이었다.

표 33. 17세 총인구수와 연도별 대학입학률

	문교부인가 정원수*					고등학교 졸업생수			17세 인구수**			백분율(%)		
	전문대	초급대	교육대	대학(교)	계(A)	인문계	실업계	계(B)	남	여	계(C)	A/B	B/C	A/C
1965	3,071	5,073	2,285	22,088	32,463	76,902	47,289	124,191	263,184	254,905	518,089	26.14	23.97	6.27
1966	3,379	8,254	4,342	30,420	46,395	82,420	53,077	135,427	257,378	253,871	511,249	34.26	26.49	9.07
1967	3,940	6,107	4,745	30,000	44,792	82,239	55,611	137,850	255,332	248,546	504,278	32.50	27.34	8.88
1968	4,512	5,321	5,043	34,879	49,755	81,533	56,093	137,626	244,037	242,682	486,719	36.15	28.28	10.22
1969	5,534	3,207	5,898	36,933	51,572	79,637	57,023	136,660	331,830	302,664	633,494	37.74	21.57	8.14
1970	5,292	2,221	6,412	40,616	54,541	82,208	62,854	145,062	306,068	279,670	585,738	37.60	24.77	9.31
1971	7,734	1,940	6,311	43,190	59,175	93,699	80,173	173,872	344,274	309,950	654,224	34.03	26.58	9.05
1972	10,671	2,229	6,266	47,120	66,286	97,754	85,754	183,508	385,558	376,393	761,951	36.12	24.09	8.70
1973	14,778	2,334	6,234	50,053	73,399	101,619	103,968	205,587	356,032	351,187	707,219	35.70	29.07	10.38
1974	19,805	1,923	4,866	54,575	81,169	117,343	117,533	234,876	384,738	370,411	755,149	34.56	31.10	10.75
1975	22,836	2,139	3,609	58,253	86,837	137,228	126,141	263,369	439,146	415,535	854,681	32.97	30.81	10.16
1976	32,012	2,251	2,225	64,185	100,673	173,016	137,103	310,119	460,100	432,123	892,223	32.46	34.76	11.28
1977	46,761	2,380	1,682	71,295	122,118	217,015	150,266	367,281	484,140	453,500	937,640	33.23	39.17	13.02
1978	59,099	3,804	2,617	80,095	145,615	236,052	164,369	400,412	487,007	453,513	940,520	36.37	42.57	15.48
1979	75,205	265	4,717	109,938	190,125	257,919	181,929	439,848	473,221	437,462	910,683	43.23	48.30	20.88
1980	83,149	251	4,771	130,395	218,566	266,331	201,057	467,388	487,503	452,562	940,065	46.76	49.72	23.25
1981	112,161	48	5,624	199,635	317,466	279,020	217,980	497,000	453,313	420,431	873,744	63.88	56.88	36.33

* 「문교부. 통계영감」, 각 해당년도 참고.
** 경제기획원. 「1975년 총인구 및 주택조사 보고」. 한국 경제기획원 조사통계국, 1977, p.22

단, 위의 자료는 1975년에 17세인 사람을 기준으로 환산 추정한 추정치임.

예: ① 1965년도 17세 인구는 1975년의 27세 인구의 총수와 같음. ② 1981년도 17세 인구는 1975년의 11세 인구를 가지고 추정한 것임.

大學生人口 增加에대한 새로운 敎育社會學的 觀點

　발전교육론자들의 주장, 즉 재능사회의 이상, 획득한 기술 정도에 입각한 출세원리, 장점주의의 이상을 실현하기 위한 고등교육 기회확대론의 단순성과 몰이해성을 지적하는 주장들은 세 가지 견해로서 요약할 수 있었다. 즉 첫째, 행운론(참고: Jencks & His associates 1972), 둘째, 학교무용론 및 교화론(참고: Illich, 1970; Reimer, 1971; Bowles & Gintis, 1976), 셋째, 문화자산론(Bourdieu & Passeron, 1977)이 발전교육론 자들의 견해에 대치되고 있었다. Jencks와 그의 동료들(1972)은 고등교육기회확대 현상을 우연성(chance)으로 해석하고 있다. 즉 직업구조의 계층화 현상(career stratification)을 교육기회 확대만으로는 다 설명할 수 없다는 논지를 취하고 있다. 왜냐하면 직업구조 계층화 현상에 관계된 통계적 변량을 교육변인은 40% 정도 밖에는 더 이상 설명할 수 없었기 때문이었다. 결국 Jencks와 그의 동료들은 나머지 60% 정도의 변량이 '우연'이라는 변인에 연관되어 있다고 판단한 것이다. 이러한 결론은 미국 센서스 조사연구 자료에 입각해서 도출된 것이었다. Jencks와 그의 동료들의 가설적 예측(hypothetical projections)에 의하면, 교육기회의 확대는 보상분배 (distribution of rewards)구조의 변화와 하등의 관계가 없다는 것이다. 즉 교육기회의 균등화가 이루어진다 해도 교육받은 개인이 얻을 수 있는 보상, 혹은 혜택(즉 출세)은 구조적으로 변화하지 않을 것이라는 것이었다. 따라서 Jencks와 그의 동료들의 주장에 의하면, 한 가지 추론이 가능하게 된다. 즉 고등교육 기회확대는 경제적인 분배구조의 변화나 편파적 경제구조(economic inequality)의 모순을 해결하기 위한 대안이 될 수 없음을 시사 받을 수 있었다.

　Illich(1970) 및 Reimer(1971)는 학교교육 무용론으로서 발전교육론자들이 주장한 교육기회 확대의 단순성을 비판한다. Illich에 의하면, 교육은 기술획득을 위한 기반이 될 수 없다. 단지, 교육이라는 현상은 특정 직업에의 수혜기회를 독점하기 위한 수단의 제공에 불과했다. 특정 직종을 특정인의 기득권 영역으로 만들기 위해 동원되는 수단에 불과했다. 따라서 교육은 실제에 있어서 고용기회 확대의 수단이 못 되는 셈이었다. 고용기회 확대와 특정 기술획득을 제한하는 수단으로 전락될 뿐이었다. Illich는, 높은 학력과 졸업장을 요구하는 전문직종은 현대적 사회 계층화 현상을 대표하는 견본이라고 판단한다. Illich에 의하면, 교육기회 확대의 진정한 모습은 학교교육이 폐지된 상태일 수밖에 없었다. 즉 형식적·의무규정적 학교교육의 제거가 이루어진 상태가 교육기회의 현상이 균등화된 상태이었다. 한마디로 제도화된 학교교육은 폐기되어야 했다(참고: Illich, 1970). 왜냐하면 제도화된 학교교육은 특정 집단의 이익만을 대변하기 때문이었다. 예를 들어 교육과 취업관계에 있어서 학교교육은 특정직종을 위해 해당 직종에서 요구되는 심리적 속성(예: 복종심, 애사심)만을 교육시킨다. 직종에 따라 서로 다르게 요구되는 겸양의덕(즉 복종)으로 길들여진 근로자들을 양성하는 장소가 학교라고 판단되기 때문이다(참고: Bowles & Gintis, 1976). 학교는 소수의 특정 집단들이 일방적으로 논의, 상정해 놓은 가치를 피교육자에게 주입(injection), 교화(indoctrination), 혹은 제도화(institutionali zation)시키는 기회를 제공, 현실화시키는 장소에 불과했던 셈이었다(참고: 한준상, 1981).

Bourdieu와 Passeron(1977)은 문화자산(cultural capital) 이론으로서 학교교육을 통한 장점주의 사회 실현의 단순성을 지적했다. Bourdieu와 Passeron의 경험적 연구에 의하면, 사회계층의 이해관계는 교육체제를 통해 확산되었다. 한마디로 사회계층의 이해관계는 문화자산으로 집약되게 된다. 문화자산은 일차적으로 일반 가정환경으로부터 수용되게 된다. 그 후, 교육기관에 투영되어 일반적인 문화적 속성, 성향 등 일련의 소양으로 전환하게 된다. 소양으로서의 문화적 자산은 서로 다른 단계별 학교교육을 통해 누적된다. 제도적인 학교교육을 통해 결손되기도 한다. 결국 문화적 자산의 확보 정도는 개인의 진로에 결정적인 역할을 담당하게 된다. Bourdieu와 Passeron은 가정환경에 의해 전수된 문화적 가치가 학교기관에 의해 다시 재강조, 재전수되는 과정을 문화가치의 재생산 과정이라고 불렀다. Bourdieu와 Passeron에 의하면, 개인의 진로는 문화자산의 재생산과정(reproduction) 속에서 결정되게 되는 셈이었다. 따라서 개인이 수혜한 학교교육의 결과 정도는 특정 사회계층의 이해관계 및 특정 문화적 가치가 부가된 정신적 자산의 축적 정도를 대변할 수밖에 없었던 셈이었다(참고: Bourdieu & Passeron, 1977).

문화적 자산의 축적 정도는 구매력 크기 정도를 결정하게 된다. 예를 들어 고등교육을 받은 사람은 초등학교 졸업생보다 양과 질적으로 월등한 문화적 자산을 소유한 것으로 판단된다. 문화적 자산 정도에 따른 출세는 사회계층적으로 보장되게 되는 것이다. 결국 고등교육에 의한 특정기술 획득과 재능에 의한 장점주의 사회의 실현 사이에는 특별한 인과관계가 있을 수 없게 된다. 왜냐하면 대학교육은 처음부터 의도된 진로결정 계획에 불과했기 때문이다(참고: Bourdieu & Passeron, 1977).

그러나 학교교육 현상을 새로운 입장에서 판단하는 이들 비판론자들(예: 행운론자, 교차론자, 문화자산론자) 역시 최소한 세 가지 점을 개별적으로 분명하게 밝혀 놓지 못한 약점도 갖고 있다(참고: Collins, 1979). 첫째, Jencks와 그의 동료들은, 왜 사회계층화 현상이 부분적이나마 교육의 수혜 정도에 관련되어 있는지에 대한 명쾌한 대답을 주지 못하고 있다. 또한, 왜 보상제도가 구조적으로 변화하고 있지 않은가에 대해서도 불분명한 입장을 취하고 있다. 둘째, Illich에 의하면, 학교교육은 기술교육을 위한 수단으로서는 부적절했다. 그러나 Illich는 학교교육과 취업구조, 기회제한 사이의 관계를 불분명하게 처리하고 있다. 즉 Illich는 교육이라는 수단이 고용구조의 기회를 어떤 식으로 독점하거나 제한하고 있는지를 증명하지 못하고 있다. 만약, 교육이 고용기회와 고용구조를 제한한다면, 과연 어떤 기제(mechanism)가 교육에 의한 고용기회 제한을 통제하는가에 대해 대안적 해석도 미진하게 남겨 놓고 있다. 셋째, Bourdieu와 Passeron 역시 교육수혜에 입각한 출세 이론을 전면적으로 거부하는 것 같지는 않았다. 왜냐하면 Bourdieu와 Passeron은 교육요인에 유전적인 요인을 첨가한 복합적 요인을 문화적 자산으로 판단했기 때문이었다. 사실, 직업세계에 있어서 복합적 요인의 소유 정도는 고용되는 기회의 가능성을 높여 줄 뿐이다. 결국 문화 자산론은 발전교육 이론을 수정주의적인 각도에서 비판, 혹은 보완하는 것과 별 차이가 없을는지도 모르는 일이었다.

　각기의 약점에도 불구하고, 발전교육 이론을 비판하는 급진주의 교육론자들은 한 가지 주제를 공통적으로 제시하고 있었다. 학교교육 현장은 특정 집단들의 문화적 이해관계가 얽혀 있는 곳이라는 주제를 부각시키고 있다고 판단할 수 있었다. 다시 말해서, 문화적 소양·이해관계는 취업구조, 취업 기회의 확대·축소에 따라 서로 다른 형식으로 학교교육 현장에 나타날 것이라는 점이 부각되고 있었다. 만약, 급진주의적 교육론자들의 주장이 옳다면, 학교에서 강조하는 성적의 중요성, 전공 유무 등은 취업에 있어서 결정적인 요인이 될 수 없게 된다. 학교에서 강조하는 성적과 관련된 성취의 기준은 취업구조에서 요구하는 자격 기준으로서의 타당성을 상실하게 된다. 또한, 취업유무, 장점주의 사회의 이상, 개방주의 사회의 이상 역시 학교교육에서 강조하는 업적주의의 현실과는 별개의 문제일 수도 있다.

　그렇다면 과연 학생들은 학교에서 무엇을 배우는 것인가? 대학교육의 결과는 무엇인가? 이미 본 연구에서 사회성, 학교성적, 학교분위기, 사회정치화에 관련된 각 장·절에서 지적했듯이, 한국 대학교육은 학생들에게 학업성취, 정치사회화, 사회성 기술, 학교분위기에 대해서 뚜렷한 만족감, 성취감을 제공하는 것 같지 않았다. 대학교육에 의해 그러한 요인들에 대한 만족과 성장이 강력하게 촉진, 유도되고 있지도 못했다. 비판적인 안목으로 볼 때, 대학교육은 대학생들의 상식 이외의 구체적인 지적 성장 외에는 별로 공헌하고 있지 못하는 것 같았다. 기

대한 만큼, 사회정치화의 기관으로서도 제 기능을 발휘하고 있지 못했다. 오히려, 정치적 규범, 정치적 성향의 유도·촉진인자는 학교 이외의 잠재적 교육과정으로 생각하도록 유도하고 있었다. 대학자체의 분위기에 대한 만족 역시 대학교육에 의해 촉진되고 있는 것 같지 않았다. 물론, 대학당국, 면학 분위기에 대해 일정한 판단을 하도록 만드는 요인으로 교수의 강의에 대한 판단, 학교성적, 학년변인을 지적할 수는 있었다. 그럼에도 불구하고, 대학교육은 대학생들에게 대학의 분위기에 만족하도록 만들지는 못했다. 학년이 올라갈수록 학생들은 학교분위기(예: 행정당국, 면학 분위기)를 부정적으로 비판하게 만들었다. 그러나 대학교육을 통해 학생들이 얻고 있는 것이 아무 것도 없을 수는 없었다. 고등교육에 관한 연구물들에 의하면, 학생들은 일반적으로 학교교육을 통해 비인지적인 것에 대해 만족하고 있었다. 대학교육만큼 학생들에게 비인지적인 것을 향유하도록 강조하는 곳도 없는 것 같다(참고: Waller, 1932; Holt, 1964 Becker et al, 1968). 결국 학생들이 대학교육을 통해 실제적으로 얻는 것은 취업에 필요한 지적, 혹은 도구적 기술이 아닌 셈이었다. 실제로 얻는 것은 개인의 이해관계나 사회성(sociability)에 관계된 전통적인 표준규범들의 내면화였었다.

현실적으로 한국 대학생들의 학교성적, 학점은 취업 조건으로서 결정적인 역할을 발휘하고 있지 않을 것 같았다. 물론, 이런 주장은 학교성적이 전혀 취업조건에 영향을 주지 않는다는 것을 의미하지는 않는다. 왜냐하면 대학에서의 높은 점수는 높은 수입(income)과 어느 정도 관련이 있기 때문이었다(참고: Wdffle & Smith, 1956; Husband, 1957). 그러나 많은 연구들(참고: Jepsen, 1951; Sharp, 1970; Jencks & Riesman, 1968; Price et al., 1963; Goslin, 1996; Perrucci & Perrucci, 1970; 숙대 신보, 1965)은 취업과 대학성적 사이의 낮은 관계를 보고하는 경향이 있었다. 예를 들어 Jepsen은, 학교 성적은 수입획득에 뚜렷한 영향을 주고 있지 않다고 보고한 바 있다. Sharp 역시 학교성적과 취업 후의 수입 사이에는 거의 무관한 관계에 있음을 보여 주고 있다. Goslin(1966), Jencks와 Riesnmn(1968) 등은 대학성적과 각 전공분야(예: 경영계, 공학계, 의학계, 교사, 과학연구계) 사이의 낮은 상관관계를 보고하고 있다. Perrucci와 Perrucci(1970)에 의하면, 대학의 성적은 해당 전공분야(예: 공학계)에서의 활동, 책임성 발휘 정도를 미리 인지하게 해주는 요인으로 사용될 뿐이었다. 결코, 대학의 성적이 수입을 위한 요인은 아니었다. 숙대신보(1965)는 졸업반 학생들(N=223)에게 가상적인 질문을 던졌다. 즉 정규시험이 없을 때 취업의 조건은 무엇인가? 하고 질문했다. 응답자의 70.4%(157명)가 배경, 소위 '빽', '연줄'이라고 응답했었다. 돈이 취업의 조건이라고 응답한 사람도 있었다(약 3%). 그러나 실력이라고 응답한 학생은 약 26% 정도에 머무르고 있었다.

학생들의 전공 유무가 취업에 결정적인 영향을 주는지 어떤지도 아직은 분명하지 않다. 예를 들어 중앙교육연구소(1966)는 대학졸업자(N=222)에게 전공과목과 현재 직업과의 연관성 유무를 물어 보았다. 연구결과에 의하면, 응답자 가운데 약 87%가 전공과목이 현재의 직업과 어느 정도, 혹은 깊은 관련이 있다고 보고했었다(참고: 표 34).

표 34. 취직자의 전공과목과 현재의 직업과의 관련 정도*

	깊은 관련이 있다.	다소 관련이 있다	전혀 관련이 없다	잘 모르겠다	계
사회과학계	24명 (29.6%)	43명 (53.1%)	13명(16.1%)	1명 (1.2%)	81명 (100%)
공 학 계	76 (88.4)	10 (11.6)	—	—	86 (100)
사 범 계	13 (68.4)	3 (15.8)	3 (15.8)	—	19 (100)
인 문 계[1]	4 (17.4)	8 (34.8)	11 (47.8)	—	23 (100)
자 연 계[2]	6 (46.2)	6 (46.2)	1 (7.6)	—	13 (100)
계	123 (55.4)	70 (31.5)	28 (12.6)	1 (0.5)	222 (100)

* 중앙교육연구소. 「대학졸업생의 동태조사」. 서울: 중앙교육연구소, 1966, p.24. 본 표는 독자의 편의를 위해 새롭게 재구성된 것임.
1) 인문계: 어문학계, 예술학계, 인문과학계가 포함되었음.
2) 자연계: 자연과학계, 의약학계, 농림학계가 포함되었음.

그러나 대학교육을 통한 전공유무가 취업에 일률적으로 높은 관련을 맺고 있는 것 같지는 않았다. 왜냐하면 인문계 졸업자는 전공과 현 직업 사이에 별 뚜렷한 상관이 없음을 보고하고 있었기 때문이다. 반면, 자연계는 전공과 현 직업 사이의 높은 상관관계가 있음을 보고하고 있었다.

중앙교육연구소의 연구결과는 오기형(1964)의 연구결과와 거의 같은 입장을 취하고 있다. 오기형의 연구결과에 의하면, 의사를 비롯한 자연계 직종 종사자들은 현재 보유하고 있는 직업과 대학에서의 전공이 일치되고 있다고 보고한 바 있다. 그러나 사회사업가, 기업경영인 등과 같은 직종의 종사자들은 자신의 전공분야와 현재 직업 사이의 연관관계를 뚜렷하게 인정하지 않았다.

한국교육개발원(1981)은 학생들의 진학동기에 관한 연구를 수행한 바 있다. 대학진학 동기는 경제적 동기와 비경제적 동기로 나눌 수 있었다. 연구결과에 의하면, 학생, 교사, 학부모로 구성된 응답자(N=9,003)의 30%미만 만이 대학진학의 경제적 동기를 좋은 직장을 갖기 위한 전문지식, 기술습득으로 지적했었다. 반면, 비경제적동기로서의 폭넓은 교양을 위해 대학에 진학한다고 응답한 사람 역시 전체의 20.9%나 달했었다. 이러한 비경제적인 동기 면에서 교양 우선을 지적한 사례수(20.9%)는 친구사귀기(0.5%), 부모의 권유(2.1%), 남이 가니까(3.3%) 등의 동기를 지적한 사람보다 월등히 많았었다.

결국 한 가지 결론이 가능하게 되었다. 즉 실제로, 한국 대학생들은 대학교육을 통해 직업에 필요한 기술이나, 해당 전문지식을 얻으려고 하지는 않는 것 같다. 예를 들어 황응연과 김태련(1970)은 이화여자대학교 재학생(1, 2, 3, 4학년) 2,078명에게 대학 생활에 대한질문을 던져 보았다. 연구결과에 의하면, 응답자의 53%가 현재의 전공을 선택한 이유로서 적성과 취미를 살리기 위해서라고 했다. 단지, 응답자의 8.4%만이 취업을 위해 현재의 전공을 선택했다고 응답했었다. 최정훈과 한종철(1971)은 연세대학교 재학생(N=1,838)에게 현재의 전공학과를 선택한 이유를 질문하였었다. 응답자의 40.5%가 적성 및 흥미가 전공 선택의 원인이라고 응답했었다. 유네스코 한국위원회(1970) 역시, 최정훈과 한종철, 황응연과 김태련의 연구결과와 비슷한 결과를 보고하고 있었다. 응답자 2,923명의 대학생 중 82%가 대학교육을 통해 교양을 높이고 싶다고 응답했다. 경제기획원(1982)의 보고 역시 예외가 아니었다. 한국의 대학 졸업자들은 발전성(promotion)이나 보람(meaning)을 위해 직업을 선택하는 것 같지 않았다. 물론, 경제 기획원의 연구는 발전성이나 보람이 구체적으로 무엇을 지칭하는지를 분명하게 밝히지는 않았었다. 그러나 대학시절의 전공영역을 확장시키는 것은 개인의 발전성이나 취업에의 보람을 도모하는 길이라고 판단될 수 있다. 만약, 이런 주장이 타당하다면, 한국의 대학졸업자 들은 전공에 기초한 적성위주의 직업선택보다는 편안함을 도모할 수 있는 직종을 구하려는 의욕이 강하다고 판단된다(참고: 표 35). 이런 판단은 한국직업시장의 영세성, 비전문성을 고려해야만 되는 약점도 있다.

표 35. 교육 정도별 직업선택 요인*

	명성·명예	안정성	수입	보람	발전성	계
무 학	2.0%	23.0%	67.6%	2.7%	4.7%	100%
국 졸	1.7	25.7	61.4	3.0	8.2	100
중 졸	2.6	27.8	53.3	4.6	11.7	100
고 졸	4.8	32.6	37.8	8.5	16.3	100
대 졸	10.1	30.8	22.0	18.4	18.7	100

* 경제기획원. 「한국의 사회지표」. 서울: 경제기획원, 1981, p.81의 도표를 변형시켰음

표 35에 의하면, 대졸자들은 대학 이외의 낮은 학력 소지자보다 명성·명예 지향적 취업경향이 있다고 판단된다. 반면, 교육경력이 무학인 사람들은 수입요인이 취업의 결정적 역할을 담당하고 있는 것 같았다. 한마디로 학력이 높을수록 명성·명예를 위한 직업선택 경향이 높아지고 있다고 판단된다. 따라서 한국의 대학생들은 대학교육을 통해 취업에 필요한 도구적 기술이나, 지적 기술만을 추구하

는 것은 아니라는 판단도 가능하게 된 셈이었다.

대학은 명예를 취득하기 위한 곳이 라는 판단은 교육사적으로도 타당한 것 같다. 예를 들어 일제시대 설립된 경성제국대학은 1924년 이래 약 1,030명의 한국인을 입학시켰었다. 이들의 전공은 법학, 문학, 의학, 이공학부 등으로 구분되었다. 전공이 많았던 것이 아니었다. 한국인학생들은 열심히 공부했다. 결국 문과 졸업생 가운데 55명이 고등문관시험(행정, 사법 포함)에 합격하기도 했었다(참고: 이충우, 1980). 그러나 모든 한인학생들이 열심으로 공부만 했던 것은 아닌 것 같았다. 오히려, 자부심에 편승한 호연지기의 기개가 경성제국대학 한인학생들을 대표할 수 있었다고 판단하는 편이 더 옳을는지도 모르는 일이었다. 왜냐하면 한인학생들은 '방(蠻)컬러'라는 자유분방한 기질로 그들 한인학생들의 신분을 돋보이게 만들기까지 했기 때문이다.

'방컬러'란 대학생들의 자유분방한 기질을 일컬었다. 즉 술을 퍼마시고 고성방가에 대언장어(大言長語)하는 기풍이 '방컬러'이었다. 심지어, 한인학생들은 머리를 길게 기르고 찢어진 망토를 걸치고 큰소리로 노래를 부르면서 대로를 활보하기까지 했던 것으로 기록된다(참고: 이충우, 1980, p.77);

> "또 몽둥이를 손에 들고 다니다 정복순사가 눈에 띠기만 하면 때려 주는 자도 있었다. 경찰파출소에다 소변을 누기도 했는데…… 그러나 학교 당국은 거의 못 본체 했다. 그 까닭은 앞으로 국민을 지도할 수 있는 기상을 키우는 데 필요하다는 견해 때문이었던 것 같다."(이충우, 1980, p.79)

> "……엔젤 카페 여급 峰子가 경성제대생과의 못 이룰 사랑을 저 세상에 가서 이루고자 한강에 몸을 던졌고, 이 소식을 들은 장본인도 한강 그 자리에 달려가 뒤따라 몸을 던졌던 것이다. ……중로에서 술을 마시다가 밤 12시가 넘어 전차가 끊기면 하숙집이 있는 청량리까지 걷기 일쑤였다. 걷다 보면 창신동쯤 가서 커다란 솟을대문

앞을 지나게 마련이었고, 그날따라 술이 얼큰한 예과대학생들은 왜 대문이 그리 크냐고 수위에게 시비를 걸었다. 이 솟을대문 집이 바로 일제로부터 후작칭호를 받은 朴泳孝(1861-1939)의 집이었다.”(이충우, 1980, p.232)

한마디로 경성제국대학 한인학생들은 사회적으로 특권의식을 누렸던 것 같았다. 특권의식은 전공에 관계없이 인정되었던 것 같았다. 대학생이라는 신분이 이 특권을 인정하게 만들었던 것이었다.

지성인스런, 경성제대 한인학생들이 취업을 위해 문과·이과를 택했다고는 볼 수 없었다. 예를 들어 문과·이과 전공에 관계없이 경성제대 한인졸업생들은 경성제국대학이 없어진 뒤에도 한국사회의 지도적 인사로서 활동해 왔기 때문이었다. 또한, 열성적인 학문의욕, 호연지기 발휘 정도에 구애되지 않고 이들은 한국사회의 각계각층에서 지도자로 군림하여 왔었기 때문이었다.(참고: 표 36)

표 36에 의하면, 확인된 경성제대 졸업생 857명 중 39.1%가 한국 교육계의 중요인물로서 봉사해 온 것으로 판명되었다. 즉 대학교수, 초·중·고등학교장, 교육감 등으로 한국 교육계에 영향을 미쳤다. 경제계에도 경성제대 출신 인사의 약 33%가 주요역할을 담당해 왔다. 행정관료로서 정책입안에 참여하기도 했다(10.4%). 정치 및 법조계에도 경성제대 출신들 중 약 7%정도가 지도급 인사로서 활동해 왔다고 판단된다. 한마디로 경성제대 출신 졸업생들의 활동이나 취업이 학부시절의 전공과 구체적으로 연결되어 있다는 증거를 확보하기 어려웠다. 오히려, 경성제대 졸업생과 면담한 이충우의 기록에 의하면, 경성제대 한인학생들은 취업을 위한 전공선택 유무에는 거의 둔감했던 것으로 판단되고 있었다.

표 36. 경성제국대학 한인 졸업생들의 취업활동*

년 도		1924	’25	’26	’27	’28	’29	’30	’31	’32	’33
현 황	입 학	48	44	60	47	63	45	39	53	52	55
	졸 업	45	40	56	41	58	39	35	47	49	51
	확인된 수	42	35	45	34	56	37	34	44	45	49
교 육 계	교 수	20	5	14	12	19	11	12	21	12	16
	교 장	3	1	6	1	1	2	—	1	—	1
	교 육 감	—	1	—	—	—	—	—	—	—	1
	기 타	1	3	—	—	2	1	—	—	—	1
	계	24	10	20	13	22	14	12	22	12	19
정 치 계	국회의원	5	6	1	1	4	3	2	5	—	2
	각 료	2	—	—	—	—	2	—	2	—	1
	기 타	1	1	—	1	—	1	—	—	—	—
	계	8	6	1	2	4	6	2	7	—	3
행정관료	차관·도지사	1	—	1	1	—	5	3	1	2	2
	국 장 급	—	1	—	1	—	—	2	2	4	1
	기 타	3	1	2	1	2	1	—	2	1	1
	계	4	2	3	3	2	6	5	5	7	4
법 조 계	판 사	—	2	1	1	—	—	—	2	2	1
	검 사	—	—	1	1	—	1	—	1	—	1
	변 호 사	—	4	2	3	3	2	4	6	3	1
	기 타	1	—	—	—	—	—	—	—	—	—
	계	1	6	4	5	3	3	4	9	5	3
언 론 계	언 론 인	—	—	1	2	3	2	—	1	—	1
	문 인	—	1	—	—	—	—	—	1	—	1
	기 타	—	—	—	—	—	—	—	—	—	—
	계	—	1	1	2	3	2	—	1	—	1
경 제 계	금 융	2	—	—	—	1	1	1	3	2	2
	기 업	1	1	4	3	3	3	1	3	1	4
	의 료 업	7	10	8	7	21	7	6	12	3	11
	기 타	—	1	—	—	—	—	—	—	1	4
	계	10	12	12	10	25	11	8	18	7	21
이 북		6	14	12	11	13	7	8	14	10	10
해 외		3	1	4	1	4	1	3	2	4	5
기 타		—	—	—	—	—	—	—	—	—	—
	계	—	—	—	—	—	—	—	—	—	—

* 이충우.「경성제대」. 서울: 다락원, 1980. pp.266-297. 각 계층활동은 한 졸업생
의 지나온 모든 경력들을 중복기재한 것임.

년 도		1934	'35	'36	'37	'38	'39	'40	'41	계
현 황	입 학	52	54	57	58	77	78	71	77	1,030
	졸 업	49	40	55	55	69	65	59	60	913
	확인된수	45	44	50	57	65	56	61	58	857
교 육 계	교 수	14	6	9	21	10	12	17	19	250(33.8%)
	교 장	—	1	—	—	2	1	1	2	23(3.1)
	교 육 감	—	—	—	—	—	—	—	—	4(0.5)
	기 타	—	2	—	—	—	2	—	—	12(1.6)
	계	14	9	9	21	12	15	18	23	289(39.1)
정 치 계	국회의원	—	1	1	1	2	1	1	—	36(4.9)
	각 료	3	1	—	2	2	1	—	—	16(2.2)
	기 타	—	—	1	—	—	—	—	—	4(0.5)
	계	3	2	2	3	4	2	1	—	56(7.6)
행정관료	차관·도지사	1	2	—	—	1	2	—	1	23(3.1)
	국 장 급	—	3	1	2	—	1	—	—	18(2.4)
	기 타	1	2	3	4	2	2	6	2	36(4.9)
	계	2	7	4	6	3	5	6	3	77(10.4)
법 조 계	판 사	2	—	—	2	—	—	—	—	13(1.8)
	검 사	—	—	—	—	—	—	—	—	5(0.7)
	변 호 사	2	3	1	—	—	—	—	—	34(4.6)
	기 타	1	—	—	—	1	—	—	—	3(0.4)
	계	5	—	3	3	1	—	—	—	55(7.4)
언 론 계	언 론 인	1	—	2	—	—	1	1	—	13(1.6)
	문 인	—	—	—	—	—	—	—	—	3(0.4)
	기 타	—	—	—	—	—	—	—	—	—
	계	1	—	2	—	—	1	1	—	16(2.2)
경 제 계	금 융	3	2	3	1	3	—	—	1	25(3.4)
	기 업	3	2	7	4	4	4	4	8	60(8.1)
	의 료 업	8	9	6	1	12	9	5	7	149(20.1)
	기 타	—	—	—	—	1	—	3	—	10(1.4)
	계	14	13	16	6	20	13	12	16	244(33.0)
이 북		20	15	22	18	28	23	23	18	272(31.7)
해 외		4	2	1	2	11	4	3	4	59(0.7)
기 타		—	2	—	—	—	—	—	—	3(0.4)
	계	—	—	—	—	—	—	—	—	740

경성제대 한인학생들의 호연지기 기질은 한국 대학사에서 일정한 전통으로 스며 있는 것 같다. 예를 들어 대부분의 인사들이 회고한 학창기들(참그: 김동욱, 1982; 이종복, 1979; 이영일, 1979; 오탁번,

1979; 구혜영, 1982; 윤익한, 1982; 이철위, 1979; 홍승기, 1979)은 한국 대학 생활이 취업과는 무관했음을 증거하고 있었다. 예를 들어 김동욱은 1940년대의 좌우익 대립과 혼돈의 와중에서 대학 생활을 보냈다고 진술했다. 그러나 김동욱(1982)이 대학 생활을 통해 얻었던 것이 있었다. 그것은 인생이란 자기경험에서 배워야 한다는 인생관이었다. 이종복(1979)온 자기의 대학 생활을 군가 속에서 지냈다고 기술하고 있었다.

> "이런 엉터리 대학 생활이었지만 그런대로 나에게는 뜻이 없지도 않았다. 그 덕분에 좋은 시를 읽고 아름다운 음악을 듣고 훌륭한 친구와 사귈 기회가 있었다고 믿기 때문이다."(p.192)

구혜영(1982)은 6.25동란 속에서 미술을 전공했었다. 한마디로 대학에서 배운 것이 없었던 셈이었다. 전쟁 중에 대학에서 배운 것이 시·공적으로 제한되어 있었기 때문이었다. 그럼에도 불구하고, 지금은 소설가로서 활동하고 있다. 구혜영은 소설가가 된 동기를 학교교육보다는 학교 밖의 요인으로부터 찾고 있었다. 즉 "……이렇다 할 긍지도 애착도 없이 매양 채워지지 않은 지적 고갈을, 교내에서보다는 교외에서 새로 알게 된 신문사, 통신사의 팔팔한 선배기자들과의 정신적 교환"(p.76)에 의해 소설가로 변신해 버렸던 것이었다. 이영일(1979) 역시 그가 보낸 대학생활은 "……확실히 적은 지식, 적은 정보, 적은 절망, 그때그때의 정당성(jeweilige gerechtigkeit)에 따라 쉽게 결정하고, 쉽사리 판단하고, 쉽사리 행동에 옮기는"(p.197) 그런 시기에 불과했었다. 오탁번(1979)에게 있어서도 1960년대의 대학 생활은 엉망이었다. 왜냐하면 오탁번은 이미 이때쯤 방황졸업자, 좌절졸업자로 변신되어 있었기 때문이었다. 그는 이렇게 적을 수밖에 없었다.

　　"그 당시에는 강의계획서나 진도표 같은 것도 애당초 없었다. 교수
가 이따금 생각났다는 듯이 강의실에 나타나서 두서없이 이야기를 하
다가는 또 몇 주일씩 멋대로 휴강이 계속되었다. 그럴 때면, 우리들은
강의실에서 빈둥대면서 담배나 피우고 낙서나 즐겼다. 그러다가는 아
무 때나 종강이 되었고 교재로 쓴 책은 제1장 서론도 다 끝나지 않고
있는 경우가 대부분이었다. 서론에서 종강이 되는 것은 참 크나큰 진
리를 내포하고 있다고 우리는 느꼈다. 영원한 서장(序章), 우리들은 늘
불완전함 속에서 새롭게 출발하는 신세였다."(p.202)

　　윤익한(1982) 역시 1960년대의 대학생활을 정치적 소용돌이 속에
서 보냈다. 아예 공부는 뒷전으로 몰아붙였다. 그러나 때로 숙제를
요구받는 경우도 있었다. 예를 들어 미국작가의 소설을 한 권씩 읽은
후 독후감을 내라는 숙제를 받기도 했었다. 그러나 숙제는 바쁜 중에
서도 요령껏 해냈다. 왜냐하면 동생이 갖고 있던 만화 '톰 소여의 모
험'을 보고 독후감을 썼기 때문이었다. 1970년대의 대학생활 역시 예
외는 아니었다. 이철위(1979)는 선망의 냉가슴을 앓던 서울, 그리고
서울 안에 있는 대학에 들어 왔었다. 그러나 곧 괜히 왔다는 생각이
들기 시작했다. 결국 1학년 1학기 종강이 되던 어느 날 학우들을 모
아 놓고 '오늘과 같은 이러한 사회적 정황 속에서 대학과 대학인들은
역사와 사회가 우리에게 요구하는 사명이 무엇인가를 책임 있게 사
색하고 실천할 필요가 있다'고 고함을 지른 다음, 미리 가불한 2학기
등록금을 청진동 대폿집에 다 쏟아 놓은 후 시골로 내려가"(p.207)
버리고 말았었다. 홍승기(1979)는, 1970년대 말을 보낸 대학졸업생이
다. 그러나 "기대에 부풀어 들어간 강의실은 고교시절 생각하던 상아
탑이 아니라 낡은 책상, 칠판, 백묵 등 12년 동안 보아 온 교실 모습
그대로였고, 배우는 내용도 별반 새로운 것이 없어 친구에게 대리출
석을 부탁하고 강의는 빼 먹는 날이 많았다. ……그런 중에도 '미팅'
만은 끈질기게 지속해 두 달 동안 20회를 마크하기도 했다"(p.212).
그래도 1970년대 후반은 취직이 잘 되었다. 해방 이후 최대의 호황을

누리던 시대였기 때문이었다. 그러나 "비인기학과는 여전히 취직난에 허덕여야 했다. 그런 가운데에도 대학원 진학을 희망하는 학생 수는 크게 늘어 갔다. 그러나 대학원이 학문탐구에 대한 목적보다는 대학 졸업장 만으로는 간판이 부족하니까"(p.216) 학생들은 대학원에 진학하기 시작했던 것이다. 한마디로 홍승가의 판단에 의하면, 대학원은 일종의 피난처에 불과했다. 즉 간판을 만드는 피난처에 불과했던 셈이었다.

결국 소개된 학창기의 대부분에 의하면, 대학은 장점주의의 이상, 업적주의의 이상, 취업의 조건 등과는 크게 관련이 없는 것 같았다. 왜냐하면 이들 졸업생들은 대부분 전공과는 관계없는 직종에 취업했기 때문이었다. 그럼에도 불구하고, 이들 모두는 사회적으로 중요한 직책에서 중요한 인물로서 부각되고 있다. 왜냐하면 이들은 어떤 식으로든 대학교육을 끝낸 교양인들이었기 때문이었다. 아울러, 대학 교과과정의 변천사는 이들 졸업생들의 기억, 주장, 판단이 타당함을 입증하고 있다. 함종규(1971)에 의하면, 대학 교과과정의 변천은 정책적 일관성, 이념 등이 반영되어 나타난 결과가 아닌 것 같았다. 예를 들어 1950년대에는 대학생은 졸업하기 위해서는 최소한 180학점을 이수해야만 했다. 그러나 교육정책의 특별한 근거 때문에 180학점의 필요성이 제기되었던 것은 아니었다. 단지, 대학이 안고 있었던 문제 때문에 180학점이 요구되었다. 즉 '참고문헌의 부족, 자율자습을 위한 환경적 여건의 결여 등이 대학으로 하여금 과다한 강의시간의 배정을 요구하게' 만들었던 것이었다(참고: 함종규, 1971, p.5). 졸업생들의 기억, 추억에 의하면, 한국사회는 대학만 나왔다는 조건만으로도 취업의 기회가 보장되는 사회였다. 이런 주장은 어느 정도 옳다. 왜냐하면 기술습득의 많고 적음에 구애받지 않고 대학졸업생들의 취업률은 언제나 높았기 때문이었다. 예를 들어 1958년 3월 31일 현재 고등학교 졸업생수는 85,001명이었다. 이 가운데 12.5%(10,594명)만이 취업할 수 있었다. 그러나 대학졸업생(11,620명)은 76%(8,794명)가 취직할 수 있었다(참

고: 한국교육십년사 간행회, 1960). 이 당시(1958년 3월 31일) 한국에는 47개교의 대학기관이 설립되어 있었다. 1965년 이래 산업역군 양성의 필요성이 전반적으로 강조되었어도 실업고등학교 졸업생의 취업률은 50% 미만이었다. 이러한 주장은 부분적으로 발전교육론자들이 제시한 업적주의의 이상이 과장되어 있음을 시사한다. 예를 들어 표 37에 의하면, 한국의 일반대학 졸업생들은 1966년 이래 실업계 고등학교 출신 졸업생들 보다 높은 취업률을 기록하고 있다. 일반적으로, 실업계 고등학교 졸업생들의 취업률은 건국 이래로 대학졸업생 취업률보다 낮았다. 언제나 일반대학 졸업생의 취업률은 전문대학(초급대 포함) 출신 졸업생들의 취업률보다도 높았다.

　왜 대학졸업생들의 취업률은 실업계 고등학교 졸업생의 취업률보다 높은가? 몇 가지 추론들이 가능했다. 첫째, 산업구조의 문제를 지적할 수 있었다. 즉 실업계 고등학교 졸업생을 수용 할 수 있는 중공업 산업구조의 불비 때문일 수도 있었다. 그러나 이러한 주장은 재고될 필요가 있다. 왜냐하면 1970년도 이래 한국은 생산, 제조업중심 중화학 산업구조의 성격을 지닌 사회로 변신하고 있었기 때문이다. 즉 생산직 종사자들의 고용기회가 보다 늘어났던 시기로 인식되고 있기 때문이었다. 중공업 산업구조에로의 강력한 정책적 추진·전환에도 불구하고, 실업계 고등학교 졸업생의 취업률은 1975년 이대 평균 54%(1975~1981년) 수준 이상을 유지할 수 없었다. 즉 100명의 졸업생 중 54명 정도가 취업할 뿐이었다. 반면, 대학졸업생의 취업률은 1975년부터 1981년 사이 평균 59.4%를 유지했었다. 따라서 실업계 고등학교졸업생의 취업률과 대학졸업생의 취업률의 차이를 산업구조의 구조적 요인에 기인하다고만 주장할 수도 없는 셈이었다.

표 37. 실업계 고등학교, 전문대학, 일반대학 졸업생들의 취업비율*

연 도	실업계 고등학교			전문대(초급대 포함)			일반 대학			(다)를 1.00으로 보았을 때 (가)와 (나)의 비율		
	졸업자수 (A)	취업자수 (B)	B/A: 가	졸업자수 (C)	취업자수 (D)	D/C: 나	졸업자수 (E)	취업자수 (F)	E/F: 다	가	나	다
1958	85,001**	10,594**	0.13	—	—	—	11,620	8,794	0.76	0.17	—	1.00
1965	47,289	16,674	0.33	7,841	3,452	0.44	36,180	12,564	0.35	1.00	1.26	1.00
1966	53,077	19,913	0.38	7,758	3,456	0.45	22,166	10,084	0.45	0.84	1.00	1.00
1967	55,611	22,895	0.41	7,221	2,338	0.32	22,338	10,123	0.45	0.91	0.87	1.00
1968	56,093	21,636	0.39	7,780	3,065	0.39	26,974	13,938	0.51	0.76	0.76	1.00
1969	57,023	27,332	0.48	6,832	3,218	0.47	22,684	12,659	0.56	0.86	0.84	1.00
1970	62,854	31,569	0.50	6,947	3,462	0.50	23,515	13,743	0.58	0.86	0.86	1.00
1971	80,173	39,685	0.49	5,469	2,736	0.50	27,168	14,448	0.53	0.92	0.94	1.00
1972	85,754	36,445	0.42	6,139	2,721	0.44	29,544	15,078	0.51	0.82	0.86	1.00
1973	103,968	44,908	0.43	7,731	3,290	0.43	28,775	16,139	0.56	0.77	0.77	1.00
1974	117,533	57,394	0.49	10,362	4,728	0.46	30,153	17,227	0.57	0.86	0.81	1.00
1975	126,141	63,437	0.50	13,861	6,175	0.45	33,610	19,635	0.58	0.86	0.78	1.00
1976	137,103	72,338	0.53	18,707	8,493	0.45	34,725	21,299	0.61	0.87	0.74	1.00
1977	150,266	85,030	0.57	22,772	10,016	0.44	37,374	22,807	0.61	0.93	0.72	1.00
1978	164,369	97,532	0.59	30,902	12,296	0.40	41,680	26,287	0.63	0.94	0.63	1.00
1979	181,929	110,908	0.61	39,630	16,733	0.42	45,424	29,378	0.65	0.94	0.65	1.00
1980	201,057	102,812	0.51	51,507	17,836	0.35	49,735	28,349	0.57	0.89	0.61	1.00
1981	217,980	101,579	0.47	59,042	16,633	0.28	55,846	28,524	0.51	0.92	0.55	1.00

* 문교부. 「문교통계연보」, 각 해당 년도 참고.
** 한국교육십년사 간행회. 「한국교육십년사」. 서울: 풍문사, 1960. 졸업자수와 취업자수는 실업·인문계 고등학교가 함께 합계된 수임.

따라서 둘째, 가능한 해답은 대학교육의 결과로부터 찾아야 될 것 같았다. 즉 대학교육의 결과는 실업계 고등학교의 교육결과보다 가치가 있는 것으로 판단되는 사회적 평가, 사회적 인식이 논의의 초점으로 고려되어야 할 것 같았다. 대학교육의 결과가 얼마나 실업계 고등학교 교육의 결과보다 사회적으로 가치 있는 것인지에 대한 평가자료는 발견되고 있지 않다. 그러나 일반적으로 대학교육이 고등학교 교육보다 더 가치 있는 것으로 인식되고 있는 점을 강력하게 부정할 근거도 모호하다. 왜냐하면 대학교 졸업장은 고등학교 졸업장보다 더 가치가 있는 것으로 인식·이해되고 있기 때문이다. 대부분의 취업광고들은 대학졸업장을 취업응시 구비서류로 제출할 것을 요구하고 있다. 예를 들어 국가공무원 5급 임용, 대기업의 사원채용, 장교임용 등은 아직까지도 대학졸업증 및 대학성적을 응시원서에 첨부하도록 요구하고 있다. 결국 대학졸업장이 무엇인가 값어치 있다는 것을 상징하고 있는 것이라고 판단할 수밖에 없다.

과연, 졸업장은 값어치 있는 무엇을 의미하는 것인가? 과연, 졸업장은 생산성향상과 일정한 연관관계를 갖고 있는가? 즉 학력이 높을수록 보다 더 생산적인가? 대답은 부정적이다. 예를 들어 Berg(1970)는 교육이 개인의 생산성(individual productivity)에 끼치는 영향관계를 연구한 바였다. Berg의 연구에 의하면 학력이 높은 사람일수록 일반적으로 생산적이라는 생각은 처음부터 상정하지 말았어야 했다. 오히려, 미국의 경우, 교육경력이 높을수록 비생산적이었다. Berg는 자기의 주장을 정당화할 수 있는 증거를 보강했다. 즉 학력급별로 취업자들의 각종 직급을 분류하기 시작했다. 예를 들어 공장노동자, 청소부, 상점종업원 등의 학력은 다양했었다. 그러나 일반적으로 공장노동자, 청소부, 상점종업원의 학력은 고등학교 미만이었다. 은행원, 비서, 보험판매원, 공장의 기술자 등은 고등학교 및 대학교육 정도의 학력 소유자들이었다. 또한, 학력과 생산성 사이의 관계도 분석했다. 결국 두 가지 결과를 갖게 되었다. 첫째, 고등학교 정도의 학력소유자는 고등학교 이상의 학력소유자보다 더 생산적이었다. 둘째, 고등학교 정도의 학력소유자는 고등학교 이하의 학력소유자보다 더 생산적이었다. 따라서 Berg는 교육과 생산성과는 일반적으로 무관한 관계라고 결론을 내릴 수밖에 없었다. 왜냐하면 학력이 높을수록 더 생산적이라는 인과관계를 거론하기조차 어려웠기 때문이었다. Berg의 연구결과에 의하면, 무학의 종업원이 대학졸업자들보다 더 생산적일 수는 없었다. 그렇다고, 대학졸업자들이 무학의 학력소유자보다 더 생산적이라는 결론도 내릴 수 없었다. 오히려, Berg에 의하면, 학력이 높은 종사자일수록 직장이 불만족스럽다고 반응하고 있었다. 혹은, 전직하려고 노력한다고도 반응했었다.

이런 주장은 한국에서도 어느 정도 타당한 것 같았다. 예를 들어 중앙교육연구소(1966)에 의하면, 한국 대학졸업생들은 직장생활에 낮은 만족도를 갖고 있는 것 같았다. 왜냐하면 응답자의 14%만이 현재의 직장에 만족한다고 반응했었기 때문이다. 반면, 응답자의 85% 정도는 현재의 직장 생활이 불만족스럽다고 반응했다. 중앙교육연구소의 연구결과는 서울사대 교육심리연구실(참고: 한국일본, 1961. 3.19)의 조사연구결과를 재확인한 것에 불과한 것 같았다. 서울사대 교육심리연구실의 조사에 의하면, 응답자(N= 1,600) 가운데 약 43% 정도(전공, 비전공, 유사전공직 포함)만이 현 직장에 만족하고 있다고 반응했다. 비전공영역 직장 종사자들은 현재의 직장에 매우 불만스러운 것 같았다. 예를 들어 응답자의 약 25% 만이 현직 장에 만족하고 있다고 반응했다. 두 연구결과로서는 비교대상(예: 고등학교를)이 없기 때문에, 얼마만큼 대학졸업생들이 다른 학력소유자들보다 직업에 불만족스러운지 밝힐 수 없었다. 그럼에도 불구하고, 한 가지 결론은 가능했다. 즉 학력은 교육을 받은 사람들이 소유할 수 있는 지위상징에 불과할 뿐이라는 결론이 가능했다. 따라서 대학은 고등학교보다 더 값어치 있는 훈장(decoration)에 불과할 수도 있었던 셈이었다.

그렇다면 학력을 표시하는 졸업장은 무엇을 의미하는 지위상징인가? 경우에 따라 다양할 수 있었다. 일반적으로 사회성 기술 소유의 상징일 수 있었다. 예들어, Hollingshead(1949)의 연구에 의하면, 고용주들은 입사기준으로 졸업장을 추천했다. 왜냐하면 그들에게 있어서 학력은 중산층의 문화적 교양과 속성의 소유 정도를 의미했었기 때문이다. 반면, 중퇴자들은 고용주에게 있어서, 종업원으로서의 자질을 결여하고 있는 사람들로 인식되었다. 심지어, 믿을 수 없는 사람으로 평가받기까지 했다. Noland와 Bakke(1949)의 연구 역시 피고용자 선발기준으로 학력이라는 변인이 채택되고 있음을 보고한 바 있다. 고용주들은 학력 정도를 바람직한 종업원과 말썽꾼을 구별하는 판단도구로 삼았었다. 한국에서는 대학에 입학하지 못한 사람은 문제아로 인식되기도 했다. 예를 들어 이미 지적했듯이, 장병림(1969)은 대학입학예비고사 낙방생은 "합격되지 못했다는 그 사실 자체 만으로서도 어느 정도의 불량성이나 비행성"(p.76)을 갖고 있다고 판단했다. 따라서 장병림은 직장의 고용주가 대졸자와 대학재학시의 성적을 입사조건으로 채택하는 것이 타당하다고 제안했다. 왜냐하면 성적이 좋은 사람들은 "학생시절에 자기가 맡은 직무에 충실했었음을 의미한다. 그러므로 이런 사람이 장차 직장에 들어가서도 또한 자기가 맡은 직무를 완수할 가능성을 지닌 사람으로 인정"(참고: 장병림, 1969, p.76) 할 수 있기 때문이라는 것이었다.

장병림의 견해는 한국 재벌기업의 인사정책과도 유사한 것으로 나타나고 있다. 예를 들어 D라는 기업의 인사선별 정책은 성적을 중요시했다(참고: 박진근, 정익주와 홍정수, 1982). 왜냐하면 "성적이 좋다는 것은 성적이 곧 능력이라는 뜻이 아니라 생활이 건전한 것으로 평가되고 그것이 회사에서의 근무자세와 자연스럽게 연결되기"(참고: 코리아 리크루트, 1982, p.9) 때문이었다. 한마디로 생산성 제고만을 위한 기술, 자격 등의 소유 여부는 입사조건의 결정적 요인이 아닌 셈이었다.

그러나 장병림이나 각 기업체의 인사관계자들은 자기들의 주장이 얼마만큼 정당한지에 대한 타당성을 입증할 만한 자료를 갖고 있지

는 못했던 것 같았다. 즉 용모, 성적, 태도 등이 생산성 향상에 결정
적 영향을 준다는 증거들을 확보하고 있지는 못했었다. 오히려, 사회
학자들의 실증적인 연구결과는 장병림의 생각이 지나치고 있음을 보
여 주고 있었다(참고: Berg, 1970). 결국 대학졸업장은 조직체에서
다른 종업원들과 인화, 협동할 수 있는 사회성 소유증명서라는 판단
이 가능할 수 있었던 셈이었다. 따라서 대학졸업장은 특수한 의미를
갖게 된다고 판단된다. 즉 대학졸업장이 고용주에게 있어서는 믿을
만한 인물, 교양 있는 집단의 일원임을 표시하는 징표로서 인식되게
된다. 한마디로 졸업장은 사회에서 일정한 신분상징으로 통용되고
(참고: Bird; 1975) 있는 셈이었다. 한국에서도 졸업장의 사회적 의
미는 큰 것 같다. 왜냐하면 학교교육의 결과로서 얻어지는 졸업장은
최소한 두 가지 의미를 배제할 수 없기 때문이다. 첫째, 졸업장은
사회적 경쟁에 필요한 자격을 의미한다. 둘째, 상위 사회계층으로 이
동할 수 있는 학벌, 지연, 혈연상의 연결을 도모하게 만드는 유유상
종의 '줄'(참고: 이종재, 1980, p.194), '배경'으로서의 사회적 가치를
의미한다. 한마디로 졸업장은 일정 집단에 끼일 수 있는 자격, 소양
의 증표 획득을 의미하게 된다.

> "소양(culture)은 그 자체가 일종의 상품(goods)이다. 또한, 사회적
> 자원(social resource)이 된다. 일상생활에 있어서, 소양은 신체적으로
> 나타나는 용모(style of physical appearance), 사상의 표현(expression
> of thought), 대화나 의사소통을 통한 감정 속에서 표출된다. 따라서
> 소양은 개인 스스로의 이미지를 극화(dramatization)시키는 역할을 담
> 당한다. 일련의 분위기(moods)를 조성시키기도 한다. 정신적으로는
> 지난 과거의 일(past realities)을 재현시키기도 하고, 미래의 새로운 현
> 실을 창조시키기도 한다."(Colins, 1979, p.58)

　결국 Collins의 판단을 대학졸업장에 연결시키면, 대학졸업장은 소
양획득증명서에 불과한 셈이다. 일정 집단에 끼일 수 있는 소양과

자질의 증명서로서의 대학졸업장은 경제적 거래를 가능하게 하는 가치를 창출시킨다. 이 주장 역시 어느 정도 타당한 것 같다. 예를 들어 Kraus, Maxwell과 Vanneman(1979)은 Thailand, India, China에 있어서 고등교육에 관한 행정관료들의 이해관계를 연구한 바 있다. Kraus, Maxwell과 Vanneman의 논지에 의하면, 동양 3국에 있어서 고등교육정책은 역사적으로 행정관료들의 이해관계를 반영하고 있었다. 왜냐하면 고등교육기관 졸업과 행정관료직에의 채용에 관계된 연계관계가 분명했었기 때문이었다. 즉 행정관료들은 자기들의 이해관계를 보존하기 위해 대학의 특별한 선발기능을 강조했었다. 따라서 입학, 졸업, 학사내용에의 통제는 행정관료들의 이해관계에 의해 확대되기도 했다. 때로는 축소되기도 했었다. 한마디로 대학은 관료직을 위한 배출과 관료로서의 자질·소양을 위한 훈련장소에 불과했던 셈이었다.

한국의 대학은 역사적으로도 특정 소양을 창출하는 의도적인 특수교육기관 가운데 하나였던 것 같다. 예를 들어 이씨조선의 성균관은 오늘날의 고등교육기관과 조직·이념 등이 비슷했다. 성균관은 학생들에게 일반적으로 군자불기(君子不器)의 소양을 길러 주고 있었다. 막노동은 할 수 없다는 소양을 길러 군자를 만드는 곳이 성균관이었다. 군자불기의 정신은 양반층의 소양이었다. 예를 들어 한말개화파의 영수적인 박 영효는 한때미국으로 건너가 망명객의 신세에 있었던 적이 있었다. 경제적·정치적 상황이 어려웠음에도 불구하고, 결국 이렇게 점잖을 수밖에 없었다. 즉;

> "미국 사람은 양반을 몰라본다. 양반이 아무리 하더라도 노동을 할 수는 없다. 일본에서는 내가 양반인 것을 알아주므로 설마 천역(賤役)은 아니하게 될 것이다."(손인수, 1981, p.196)

따라서 박영효는 양반을 괄시하는 미국에 더 이상 체류할 수가 없었다. 결국 양반이 대접받는 일본으로 건너갈 수밖에 없었다. 또한, 황성신문의 보도에 의하면, 조선의 부모들도 예외는 아니었다. 왜냐 하면 일본으로 공부하기 위해 건너간 자녀들에게 실업교육에 관한 학문을 멀리 하라고 경고하고 있었던 것으로 나다나고 있었기 때문 이었다.

> "監査院卿 中箕善氏의 令男이 學界의 必要를 觀察하고 將來 實地事 業을 做得할 思想으로 工業學校에 入業하였더니, 同氏가 聞而大怒口 (sic) 兩班의 子息이 政治나 法律을 學할 깃이지 工業이 무엇이냐 하고 卽時 召還하였다하며, 其他 大官도 또한 其子弟에게 命令하기를 政治 法律 外에는 學하지 勿하라 하므로 其子弟들이 學問의 自由를 不得하 여 悵然回還한 者도 有하다하니 異哉라."(손인수, 1981, p.198)

따라서 한 가지 의문이 생긴다. 즉 양반의 자제들은 근로정신의 소 양대신 무슨 종류의 소양을 가꾸었겠는가? 한마디로 입신양명, 지배의 소양을 가꾸었다고 판단된다. 입신양명, 지배의 소양은 지연, 혈연, 학 연에 의해 더욱더 정선되었다. 그러나 지연, 혈연, 학연은 과거합격에 의해 더욱더 발현될 수 있었다. 즉 혈연, 지연, 학연에 의해 길러진 소 양은 과거시험 합격을 통해, 지배능력 인정으로 실현되게 되는 셈이었 다. 예를 들어 당상관은 아무나 될 수는 없었다. 첫째는, 혈연, 지연, 학 연이 당상관의 자질여부를 판단하게 만들었다. 그러나 둘째, 당상관이 되기 위해 과거합격은 필수적이었다. 셋째, 과거에 합격하였더라도 주 로 문과출신이어야 당상관이 쉽게 될 수 있었다.

김영모(1977)의 연구에 의하면, 이씨조선 왕조사에 있어서 삼의정 (參義政)은 거의 과거합격자였다. 예를 들어 삼의정 출신 가운데 90.9%가 과거 합격자였다. 또한, 과거 합격자 가운데 문과출신이 삼 의정 자리를 거의 독점했었다. 예를 들어 363명의 삼의정 출신 가운 데 88%가 문과출신이었다(참고: 표 38).

표 38. 삼의정의 시기별 입관요인*

	문과	무과	소과	문음	천거	훈공	무	합계
태종－예종	40(65.6%)	3(4.9)	－	14(23.0)	1(1.6)	1(1.6)	2(3.3)	61(100)
성종－명종	52(88.1%)	2(3.4)	－	4(6.8)	－	1(1.7)	－	59(100)
선조－현종	72(88.9)	3(3.7)	1(1.2)	3(3.7)	－	－	2(2.5)	81(100)
숙종－정조	103(95.4)	－	1(0.9)	－	－	－	4(3.7)	108(100)
순조－고종	52(96.3)	－	1(1.9)	－	－	－	1(1.9)	54(100)
합　계	319(87.9)	8(2.2)	3(0.8)	21(5.8)	1(0.3)	2(0.6)	9(2.5)	363(100)

* 김영모. 「조선 지배층 연구」. 서울: 일조각, 1977, p.439.

한마디로 과거의 문과응시 자격과 당상관이 될 수 있는 자격은 제한되어 있었다. 즉 양반의 자제와 유생들만이 응시, 당상관으로 천거될 수 있었다. 다시 말해서, 정규고등교육을 받은 사람만이 출세할 수 있었다. 결국 유생들은 출세하기 위해 학문했던 것으로 이해받을 수 있었던 셈이었다. 과거에 합격하면 상징이 주어진다. 상징은 홍패(紅牌)였다. 홍패는 두 가지 기능과 의미를 갖고 있었다. 첫째, 사람을 거느릴 수 있는 소양, 자질소유의 상징이었다. 둘째, 재화를 누릴 수 있는 자질의 상징으로 부각되었다. 결국 학문의 결과와, 결과에 의하여 인정받은 상징들은 누릴 수 있고, 누려야 마땅한 신분상징으로서 활용되었던 것이다.

예를 들어 박지원(朴趾源)은 호질문(虎叱文)에서 양반하는 자들을 이렇게 빗댈 수밖에 없었다.

"……국가의 법(法)도 그들(저자주: 양반)의 생활을 보장하고 있다. 그러나 학문과 도덕을 닦아 물 속의 고기처럼 미끈미끈하게 세상의 물결을 헤엄쳐가기만 한다면……값비싼 비단옷을 알몸에 휘감은 요조숙녀들이 기다리고 있고, 권력과 재산을 가져다주는 벼슬은 어서 오라고 대기하고 있다."(손인수, 1981, p.194)

한마디로 과거시험을 위한 성균관의 교육과 과거합격 증서로서의 홍패는 문학적 재산, 경제적 재형축적의 상징이었던 셈이었다. 교육을 통해 얻어지는 소양은 재형축적 같은 금전적 가치를 환원시키는 효능(currency)을 갖고 있었던 셈이었다.

따라서 두 가지 결론이 가능했다. 첫째, 이씨조선의 성균관 교육에 의해 길러졌던 소양은, 입신양명(부귀영화)을 위한 것이었다. 다시 말해서, 성균관의 교육목적은 인재양성을 위한 것이었다. 인재양성을 위해 성균관은 행정적·제도적 정치도 구비해 놓았었다. 심지어 인재양성을 의도적으로 강화하기 위해 성균관 관계당국은 "과거 응시와 연락을 취하여 실제 인물과 학교교육과 분리 안되기를 항상 꾀⋯⋯"(참고: 박상만, 1958, p.155)하기까지 했었다. 정책적으로 성균관은 학생들의 "평소 학과의 점수를 과거(科擧)점수에 통산하여, 조행, 재예가 출중한 자를 위에 알려 벼슬에 오르게⋯⋯"(참고: 박상만, 1958, p.157)끔 조력하기도 하였다. 또한, 제도적으로 절일제(節日製) 형식의 과거시험을 베풀기도 했다. 절일제 형식의 과거는 성균관 유생들만이 응시할 수 있도록 구안된 것이었다. 즉 3월 3일(三一製), 7월 7석(七夕製), 9월 9일(九日製)에 과거를 시행하게 하여, "성균관 학생에게 대책(對策), 표전(表箋) 등을 짓게 하고 우등자를 급제시키는"(참고: 박상만, 1958, p.217) 특별 과거제도를 성균관 유생들에게 마련해 주었었다.

둘째, 이씨조선 성균관의 교육목적은 지위집단 형성을 위한 것이었다. 다시 말해서, 명예, 특권에 의한 집단형성을 위한 것이었다. 성균관이 신분집단 형성을 위해 주력했었다는 사실은 성균관 입학 조건에서도 분명히 노출되고 있다. 예를 들어 성균관의 수용인원은 최대 200명이었다. 원칙적인 입학 자격은 생원(生員), 진사(進士)이어야 했다. 정원 미달시에는 세 가지 방법으로 충원시켰다. 즉 사학(四學) 출신으로서 소학, 사서 중 어느 한 가지에 능통한 13세 이상된 자, 공신의 적자손(嫡子孫)으로서 소학에 능한 자, 문과나 생진과의 향시(鄕試)에 급제한 자로서 충원시켰다. 한마디로 일정한 지위와 신분을 갖고 있는 자들만이 성균관생으로 보충될 수 있었다(참고: 박상만, 1958).

형성된 지위집단 사이의 갈등 역시 지위와 신분을 둘러싼 것들이었다. 예를 들어 사색당쟁은 양반들이 갖고 있었던 소양들 사이의 부조화, 갈등의 결과라고 판단된다(참고: 김영모, 1977, p.446). 양반들 사이의 정치·문화적 이해관계의 갈등을 막기 위해 과거 응시지역을 적절히 안배하는 제도가 창출, 실시되기도 했었다. 예를 들어 경국대전(經國大典)은 문과의 초시합격자를 지역별 쿼터로 묶어 일정 선을 넘지 못하게 했다. 즉 한성(漢城) 출신은 40, 경기도 20, 충청도 25, 전라도 25, 경상도 30, 강원도 15, 평안도 15, 황해도 10, 함경도 10명 등(참고: 손인수, 1981, p.199)으로 응시생수를 제한시켜 버렸다. 응시제한에도 불구하고 과거제도를 통한 인재들은 과잉 공급될 수밖에 없었다. 또한, 양반들의 이해관계가 과거를 통해 상충되기 시작했다. 예를 들어 조선왕조 기간동안 14,708명의 문과합격자가 배출되었다(참고: 김영모, 1977, p.55). 14,708명은 총 785회의 과거에 걸쳐 배출된 합격 숫자였다. 1회당 18명씩 문과에 합격했던 셈이었다. 또한, 소과에 합격한 사람은 229회에 걸쳐 47,748명에 달했었다. 결국 과거합격자수는 관직수요의 5배를 넘게 되었다(참고: 김영모, 1977, p.55). 결국 소양의 금전적 가치에 대한 '인플레이션' 현상이 나타날 수밖에 없었던 셈이었다(참고: Collins, 1979). 결국 양반끼리의 경쟁, 갈등은 과거제도를 둘러싸고 심화될 수밖에 없었던 셈이다. 이들의 갈등은 배타성으로 집약된다. 교양인, 문화인으로서의 양반들은 소양의 근간이었던 지연, 학벌, 문벌을 중심으로 경쟁할 수밖에 없었다. 경쟁에 이기기 위해 이들은 일정한 신분 집만을 형성하게 되었던 것이다.

예를 들어 이상백에 의하면(참고: 김영모, 1977, p.55);

> "조선시대의 문반의 내·외직이 각각 400과(窠) 정도이고 그 중에서
> 당상관의 자라는 불과 소수(정이품 이상은 10여 개)이다. 따라서 관료양
> 반 계급의 배타성은 극심하여 신분상, 지역상 그 밖의 여러 모에서 관
> 로 (官路)를 제한" 했기에 서로 경쟁할 수밖에 없었던 것이었다.
> (방점 첨부).

한마디로 이씨조선의 성균관에서 길러졌던 소양은 신분과 지위를
의미했다. 신분과 지위추구의 증표로서 소양과 자질은 집단(group)이
나 공동체(community) 형성의 결정인자로 등장했던 셈이었다. 이런
주장은 사회학적으로도 타당성을 갖고 있다. 왜냐하면 학연·혈연·지
연 등에 의해 특수하게 구체화되는 소양은 특별한 방식의 명예
(honor)·특권 (prestige)·사회 생활양식을 대변하고 있다고 판단되기
때문이었다(Weber, 1946). Weber에 의하면;

> "……지위집단들(status group)은 보통 공동체 (communities)를 의
> 미한다. 그러나 공동체로서의 지위집단은 법칙성을 갖고 있다. ……
> 지위상황(status situation)은 한 인간의 삶에 관련된 모든 요소를 의
> 미한다. 즉 명예를 중심으로 한 특수한 사회적 평가에 의해 긍정적
> 이든, 부정적이든, 한 인간의 지위상황은 결정되게 되는 것이다. 내
> 용에 있어서, 지위명예(status honor)는 보통 특수한 삶의 양식에 의
> 해 노출된다. 즉 어디엔가 소속하고 싶어 하는 사람들에 의해 표출
> 되는 특정한 삶의 양식에 의해 구체화된다."(Gerth & Mills, 1946,
> pp.186-87)

Weber(1946 Collins, 1975)는 지위추구를 상징하는 신분집단은
삶의 다양한 양식에 따라 서로 다른 소양을 노출시키게 됨을 의미하
고 있었다. 즉 각 신분집단들은 일반사회인에게 부과·기대되는 일
반적 역할발휘와 더불어 일정한 사회적 평가(social evaluation)를 받
을 수 있는 특정 소양들을 다르게 발현시키고 있는 집단임을 시사하

고 있었다.

지금까지의 논의를 요약하면 한 가지 결론이 나올 수 있었다. 즉 한국대학교육은 학생들에게 일련의 지위집단형성에 필요한 소양을 길러 주는 곳이다. 소양을 내면화했다는 증표로서 학위나 졸업장이 수여된다. 소양획득은 세 가지 사회적 기능을 발휘한다. 첫째, 현대인을 만들어 준다. 즉 현재의 산업사회가 필요로 하는 문화인·사회인·교양인으로서의 현대인을 만들어 준다(참고: 김경근, 1982). 즉 졸업장, 학위 등은 조직 생활에서 성공적으로 적응할 수 있는 사회성 기술을 습득했다는 것을 사회적으로 인정하는 기능을 갖고 있다. 둘째, 금전적 가치화의 기능이 발휘되게 된다. 즉 정치적 조건 및 필요의 변동에 따라, 물질적 가치를 확보할 수 있다는 힘을 지닌 상징으로서 존재할 수 있다. 셋째, 일정한 신분집단의 구성원으로 편입될 수 있는 자격부여의 기능이 있다.

그러나 세 가지 사회적 기능 가운데서 지위집단 형성의 기능이 가장 중요한 것 같다. 왜냐하면 지위집단의 일원이 되면, 소속집단의 규범, 문화에 상응하는 인관관계, 사회관계, 재화획득의 영예와 특권을 인정받게 되기 때문이다. 따라서 대학교육의 결과는 신분지위 형성의 기능을 갖는 소양의 창출인 셈이었다. 창출된 소양은 매일같이 일어나는 쿤화적 상호작용(cultural exchange)에 의해서 보다 뚜렷이 나타나게 된다. 왜냐하면 매일같이 발생하는 문화적 상호작용은 지위집단의 형성과 지위집단의 소양을 재생산하는 과정이기 때문이다. 예를 들어 대화(dialogue)는 문화적 상호작용이다. 대화를 통해 개인은 서로의 소양을 주고받는다. 서로가 같은 집단의 구성원이 될 수 있는지를 확인하게 된다. 예를 들어 Collins(1975)의 연구에 의하면, 대화의 관계, 대화의 내용, 형식의 유형은 서로 다른 인간·사회관계를 맺는 변수로서 작용했다. 즉 일반적으로 피상적인 인간관계에서는 대화자들이 자기의 활동 등과 같은 실제적인 것들에 관해 이야기했다. 이야기 내용들은 단순했다. 일반적인 행정적 처리를 요구하는

것들이었다. 그러나 보다 의미 있는 긴밀한 인간관계 사이에서는 이
념적인 토론, 여론, 경험담, 개인적인 문제 등에 관한 내용이 전달,
수용되고 있었다. 대화만이 지위집단의 상징은 아니었다. 왜냐하면
음악연주회 참가, 미술감상, 오락활동에의 참여 등도 특정 지위집단
의 상징으로 활용되고 있었다(참고: Weber, 1979). Weber에 의하면,
1840년대 당시의 기업가들은 대중음악이 공연되는 유흥장소에 자주
나타났었다. 또한, 이들은 음악가들이 활동, 연주할 수 있도록 재정
적으로 적극 후원했었다. 그러나 이들은 지원하는 목적이 있었다. 재
정적 후원을 통해 그들의 재화를 은근히 문화적으로 과시하기 위해
서였다. 그러나 전문직종의 종사자나 관료들은 고전음악을 연주하는
모임에 자주 나타났었다. 그들의 지성적 신분을 상징화하기 위해서
였었다.

결국 Collins나 Weber(1979)의 견해를 종합하면 한 가지 추론이 가
능해진다. 즉 특수지위 집단으로서의 대학생 역시 그들의 신분, 지위
를 강화하는 문화적 활동을 전개한다. 문화적 활동은 경제적 발전이
나, 대학조직의 발전과는 특별한 연관관계가 없는 신분강화의 활동에
국한될 것이라는 추론이 가능하다. 예를 들어 McGinn, Snodgrass와
그의 동료들(1980)은 1945년부터 1975년까지의 한국 교육제도 전개
과정을 연구한 바 있다. 이들의 연구는, 한국의 교육제도가 지난 30년
동안 대학생들이 특정 지위집단으로 행세하거나, 특정 사회집단의 구
성원이 될 수 있게끔 일련의 문화활동을 제공했다고 판단할 수밖에
없었다. 이들에 의하면, 한국사회에서는;

"특정 종류 또는 수군의 교육을 받은 사람들에게 부여되는 직위
에 있는 사람들은 그런 직위에 어울리는 태도와 가치관을 갖게 되
며 고등학교 졸업생은 초등학교 졸업생들과는 다르게 생각하고 행
동할 것이 기대되고 있다. 마찬가지로, 대학졸업생들에게는 일련의
상이한 사회적 역할을 기대하고 있는 것이다. 이런 기대성이 근대화

된 사회에 널리 인정되고 있기 때문에 학위소지자는 본인 스스로 그의 능력을 과시할 필요 없이 타인들이 자진해서 그에게 어떤 특권을 주기를 원하고 있음을 알게 된다. 동시에 이런 기대성은 학위소지자들을 특정한 행동유형 속으로(certain pattern of behavior) 밀어 넣는다."(p.235; 방점 첨부)

전체를 종합해 보자. 대학인구의 증가현상은 장점주의 사회실현을 주장하는 발전교육론 이외의 다른 대안적 이론으로써 설명이 가능했던 것이다. 즉 당위론 적인 입장에서 대학인구 증가현상을 해석하는 방법을 지양할 수도 있었던 것이었다. 대안적 이해의 준거들은 지위집단 형성론이라고 판단할 수 있었다. 지위집단이론은 철학적, 기업주의적, 의료기관형 대학 이해방식을 수렴할 수 있었다. 즉 철학적 이해방식에 의하면, 대학은 지성인의 공동체이다. 의료기관 모형에 의하면, 대학은 사회정치화의 수단이 된다. 사회정치화의 수단으로서의 대학은 사회적 지배방식 뿐만 아니라, 조직의 생존에 관한 규범까지를 교화시키는 곳이다. 기업주의식 대학 이해방식은 효율적인 관리행정과 사회성을 갖춘 직업인의 양성을 목표로 한다. 그러나 기업주의적 대학은 학생의 성패에 책임이 없다고 판단한다. 왜냐하면 개인의 실패는 개인의 문제이기 때문이다. 따라서 기업주의 대학관은 학생들에게 대학의 기구가 행정적으로 학생들에게 최선을 다했다는 인상만 남기면 된다는 식의 태도를 갖고 있게 된다.

한마디로 전체를 요약하면, 대학은 조직적인 경영방식으로 지성으로서의 소양을 갖출 사람들을 위해 사회적 목적뿐만 아니라 대학자체 조직의 이해관계를 위해 일정한 문화를 형성하는 곳이다. 사회적 목적달성은 대학조직의 목적 달성상 부산물에 불과하다. 즉 대학조직 목적이 달성되면, 사회적 목적이 부수적으로 달성되는 것으로 판단된다. 대학조직의 목적은 소양의 창출과 소양의 전수에 있다. 소양의 창출을 위해 대학은 학생들에게 지식, 사회성 기술, 정치적 교화 등을 지성이라는 이름으로 투입하는 것이다. 지성에의 투자는 대학만이 합법·조직적으로 행할 수 있는 특권 중의 하나이다. 왜냐하면 대학은 의도적으로 "중하층 계급(lower-middle class)과 중상층(upper-middle class)을 갈라놓으려는 의식(initiation rite)의 장소이다. 또한, 대학은 덜 정형화된 사춘기(semi-amorphous adolescent)를 덜화석화된 성년(semi-identified adult)으로 전환시키는 의식창조의 고장인 것이다. ……일반적으로, (대학은) 중상층을 위한 감시견(watchdog)의 노릇을 하는 곳"(참고: Riesman & Jencks, 1962, p.78)에 불과할 뿐이다. 따라서 대학은 특정 계층집단과 그들에 의한 문화, 직업구조 속에서 일정한 위치와 지위를 점유하는 한 회원의 자격을 개인 학생들에게 의도적으로 준비해 주는 곳인 셈이다.

지위집단 형성론적 관점에 의하면, 대학인구의 증가현상은 지위집단 사이의 이해상충의 결과로서 해석될 수 있는 셈이었다. 예를 들어 1960년대 한국의 고등교육계에는 졸업정원제를 둘러싸고 시끄러운 논쟁을 일으킨 바 있었다. 즉 대학정원제 찬성 측과 반대 측의 논쟁이 격렬했었다. 논쟁의 근저에는 대학정원제로 인한 사회계층(중상층, 하류층) 사이의 이해관계와 갈등이 침잠되어 있었던 것으로 판단되었다(참고: 이규환, 1962). 결국 대학교육에 의해 생산되는 소양이라는 물품(cultural goods)에의 투자는 다른 집단과 사회지배력에 대한 논쟁을 불가피하게 만든다고 판단할 수밖에 없는 셈이다. 예를 들어 "지성인의 자산(capital of the intellectual)은 그의 배움(learning)이라는 것으로 환산된다. 배움을 갖는 이들 지성인들은 대지주(landowner), 기업가, 노동자들과 안전, 수입, 혹은 사회적 존경 같은 것을 향해 늘 상호경쟁 관계……"(참고: Laswell, in Bruce-Briggs, 1979, p.14)를 지속해 왔었다.

따라서 지위집단이론에 의하면, 대학 생활에 대한 한가지 결론이 가능하게 된다. 즉 대학교육을 통해 얻게 되는 학교성적, 사회성 소유 정도, 강의를 통한 대학교수와의 관계맺음, 대학행정당국, 면학 분위기에 대한 만족도 등은 사회적 지위추구 및 소양획득에 중요한 인자로서 작용한다라는 결론이 가능하다. 과연, 이런 주장은 어느 정도 타당성이 있는가? 다음 절에서는 이런 견해의 타당성이 검증되게 된다.

社會的 地位追求에 대한 經驗的 資料分析

과연, 대학교육을 통해 얻어지는 경험들은 대학생들의 사회적 지위추구에 얼마만한 영향을 끼치고 있는가? 대학교수의 강의, 학교의 면학 분위기 및 행정당국에 대한 판단, 각종 사회성, 정치적 성향 등은 대학생들의 사회적 지위추구 성향에 일정한 영향을 끼치는 강력한 요인들인가?

표 39에 의하면, 대학생들의 사회적 지위추구 성향에 영향을 주는 요인들은 학생들의 일반적 사회성 태도, 권위주의 태도, 교수의 강의에 대한 태도, 학년 변인 등 네 가지 변인뿐이었다. 표 39는 대학생의 사회적 지위 추구를 실명하기 위해 만들어진 회귀방정식에 투입된 각종 변인들 중 행정당국 및 면학 분위기에 대한 판단변인, 학교성적(GPA), 경청태도, 아버지의 학력과 직업변인, 대학생들의 정치성향변인 등은 대학생들의 지위 추구욕과는 거의 무관한 관계에 있음을 통계적으로 예시하고 있다.

표 39. 대학생들의 사회적 지위추구 성향에 대한 중다상관관계 분석

변 인 군	중다상관 관계계수 (R)	결정계수 (R^2)	R^2의 변화	단순상관 관계계수 (r)	회귀계수 (Beta)	F가치
일반적 사회성 태도	.35	.12	.12	.35	.35	84.26*
권위주의 태도	.37	.14	.02	.17	.14	20.81*
교수의 강의에 대한 판단	.40	.16	.01	.18	.14	16.95*
학　년	.40	.16	.01	.07	.07	4.75*
학교분위기에 대한 판단	.41	.17	.01	.04	−.05	2.37
평량평균(GPA)	.41	.17	.00	.07	.03	1.46
아버지의 교육 정도	.41	.17	.00	.05	.07	2.84
아버지의 직업	.41	.17	.00	−.00	−.07	2.83
정치적 성향	.41	.17	.00	−.01	−.02	.52
경청태도	.41	.17	.00	−.18	−.04	1.48

* $p < .001$

　대학생들의 일반적 사회성, 권위주의, 교수의 강의에 대한 판단, 학년변인 등 네 변인은 대학생들의 지위추구 성향에 관련된 전체변량 중 16%만을 설명할 뿐이었다. 다시 말해서, 네 가지 변인에 의해 대학생들의 지위추구 성향이 통계적으로 설명되는 정도는 예상 밖으로 미약했던 셈이었다. 왜 대학교육의 변인들이 대학생들의 지위추구 성향을 기대 이하로 설명하고 있는지에 대해서 본 연구는 구체적으로 밝힐 수 없었다. 추후연구, 재분석이 구체화되기를 기대할 뿐이었다.

　그러나 한가지 유추적인 결론은 가능할 수 있었다. 대학교육에 의해 대학생들의 지위추구 성향은 미약할 정도로 촉진, 유도될 뿐이다는 유추 해석적인 결론이 가능할 수도 있었다. 그럼에도 불구하고, 대학생들의 지위추구 성향에 대한 예상 밖의 중다상관관계 분석결과라 할지라도 대학교육이 지위추구의 수단으로 학생들에 의해 파악되고 있다는 점마저 부정할 수는 없는 것 같았다. 왜냐하면 대학생들에게 제시했던 지위추구 성향, 여가활동 등에 관한 빈도수 및 관련 자료 분석결과는 대학생들이 대학교육을 사회적 지위, 신분추구의

도구로 파악, 수용하고 있음을 분명히 밝혀 주고 있기 때문이었다
(참고: 부록 Ⅱ 문항 9부터 30번 까지). 예를 들어 응답자 중 72%
(대체로 그렇다와 매우 그렇다에 대한 반응의 합산)가 사회적 지위
를 높이려는 욕망은 학력이 높을수록 강하다고 판단하고 있었다(참
고: 문항 17). 또한, 높은 지위를 갖고 있는 사람은 대학졸업자들이
라고 판단(60.3%)되기도 했다(참고: 문항 22). 유식한 사람은 고등교
육을 받은 사람이라고 판단한 응답자는 51.4%였다(참고: 문항 26).
결국 대학교육에 의해 학생은 문화적 소양을 길러내고(55.1%; 문항
18), 성공적인 삶에로 유도 받게 된다(50.3%; 문항 20)고 판단되는
셈이었다. 따라서 대학교육은 어느 정도 사회적 지위를 높이는 수단
(46.2%)이 되는 셈이었다(문항 24). 반대로, 지위와 학력은 무관하다
(문항 17); 높은 지위의 소유자는 대학졸업자가 아니다(문항 26); 문
화적 소양과 대학교육과는 무관하다(문항 18); 대학교육은 사회적
지위수단이 아니다(문항 24)라는 식으로 반응한 사람은 각 문항별로
30% 미만이었다.

결국 한국 대학생들은 대학교육을 사회적 지위, 문화적 소양, 유
식함, 성공적인 삶에로의 유도인자라고 판단하고 있는 경향이 높았
던 셈이었다. 즉 대학교육은 출세의 수단·상징으로 판단되고 있었
던 셈이었다.

한국 대학생들에 의하면, 고등교육은 사회적 인간관계 맺음까지도
결정하는 요인인 것 같았다. 예를 들어 표 40은 대학생들에게 가상
적인 질문을 던진 후 반응한 자료를 요약한 결과이다. 질문은 간단
했다(참고: 부록 Ⅱ 문항 27-30까지). 즉 다른 조건은 거의 비슷하지
만 학력이 서로 다른 네 명의 기업가들이 있다면, 학력이 다른 기업
가는 각각 얼마만한 사회적인 인간관계를 유지할 것 같은가?에 대한
판단을 요구했었다.

<table>
<tr><td rowspan="3">학　　　력</td><td colspan="3" align="center">반　　　　　응</td></tr>
<tr><td>폭넓은 인간관계
를 맺지 못한다</td><td>폭넓은 인간관
계를 맺는다</td><td>A와 B 사이
의 차이</td></tr>
<tr><td>(A)</td><td>(B)</td><td>(B-A)</td></tr>
<tr><td>무학의 기업가</td><td>51.3%</td><td>12.4%</td><td>−38.9%</td></tr>
<tr><td>중·고등학교 기업가</td><td>17.4</td><td>24.2</td><td>+6.8</td></tr>
<tr><td>대학교(교) 졸업의 기업가</td><td>7.3</td><td>65.4</td><td>+58.1</td></tr>
<tr><td>대학원 이상의 학력소유 기업가</td><td>12.9</td><td>50.2</td><td>+37.3</td></tr>
</table>

표 40. 학력별 사회적 대인관계유지 정도

　한마디로 표 40에 의하면, 대학생들은 학력이 낮을수록 별로 폭넓은 인간관계를 맺지 못한다고 판단하고 있는 것 같았다. 반면 학력이 높을수록 보다 폭넓은 사회적 인간관계를 맺고 있다고 판단하는 경향이 뚜렷이 부각되고 있었다. 예를 들어 대학졸업 기업가의 경우, 폭넓은 인간관계를 맺지 못한다고 반응한 사람(전혀 폭넓은 인간관계를 맺지 못한다+거의 폭넓은 인간관계를 맺지 못한다의 항목에 반응한 비율의 합산)은 7.3%에 불과했다. 반면, 폭넓은 인간관계를 맺는다고 응답한 학생은 65.4%에 달했다(매우 폭넓은 인간관계를 맺는다+대체로 폭넓은 인간관계를 맺는다고 응답한 사례수 비율의 합산)·결국 판단을 기피한 반응률(27.3%)을 제외하면, 두 반응집단 사이의 차이는 약 58.1%에 달했다. 한마디로 대학교육은 인간관계에도 중요한 역할을 발휘하고 있는 셈이었다. 왜냐하면 무학의 기업가 경우 인간관계 정도에 관한 판단을 기피한 응답자는 36.3%에 달했다. 반면, 폭넓은 인간관계를 맺는다와 맺지 못한다에 반응한 비율의 차이는 38.9%정도였다. 중·고등학교 출신기업가의 경우, 두 가지 대조적 판단에 반응한 비율의 차이는 불과 14.8% 정도였었다.

　한국 대학생들은 대체로 여가활동을 즐기지 않는 것 같았다. 만약 즐긴다면, 매우 건전한 것으로 판단될 수도 있었다. 왜냐하면 여가활동에 관한 반응결과(참고: 부록 Ⅱ 문항 9-16)에 의하면, 한국의 대학생들은 한달에 한두 번 정도의 영화관람을 하는 것 같았다(47.4%). 한번도 가지않은 사람도 41%나되었다. 각종 모임에 나가지 않는 사람은 23.1%였다. 반면, 최소한 한 달에 한두 번 모임에 참여하는 학생은 약 34.8%에 달했다. 한국 대학생은 운동경기 관람에 거의 둔감한 것 같았다. 응답자의 41.2%는 지난 한 달 동안 운동경기를 한번도 관람하지 않았다고 반응했다. 29.6%만이 지난 한달 동안 한두 번 정도 운동경기를 관람했다고 반응했다. 그러나 야외활동(낚시, 캠핑 등)은 대체로 즐기는 것 같았다. 예를 들어 응답자의 47.5%가 지난 한달 동안 최소한 한두 번 정도의 야외활동을 가진 경험이 있다고 반응했다. 물론, 한번도 나가지 않은 학생도 41.5%나 되었다. 한국의 학생들은 운동경기 관람뿐만 아니라 운동하기에도 별로 관심이 없는 것 같았다. 왜냐하면 지난 한달 동안 가벼운 운동(테니스, 소프트볼, 볼링 등)을 한번도 해본적이 없다고 지적한 사람은 47.6%였었다. 반면, 최소한 두서너 번 경험했다고 반응한 학생은 40.9%(1~2회 항목과 3~4번 항목에의 반응합산) 정도였었다.

한국의 대학생들은 나이트클럽, 고급술집 등에는 거의 가는 것 같지 않았다. 한번도 가지 않았다고 반응한 사람은 응답자의 약 76.6%에 달했다. 반면, 한두 번 갔다고 반응한 사람은 16.7% 정도였었다. 7회 이상 갔었다고 반응한 사람은 8%에 불과했다.

한국의 학생들은 연주회나 박람회, 박물관 등에도 한달에 한두 번 정도 관심을 갖고 나가는 것 같았다(문항 15, 16). 한달에 한두 번 가본다고 응답한 학생은 평균 40.75%였다(문항 15과 16에의 반응을 합산하여 평균을 내었을 때). 물론, 한번도 가보지 않았다고 진술한 응답자 역시 평균 47.4%나 되었다.

결국 한국 대학생들의 여가 생활은 두 가지 양식으로 종합될 수 있었다. 첫째, 전혀 여가활동을 즐기지 않는 집단이 있었다. 둘째, 한달에 한두 번 정도 즐기는 집단으로 대별될 수 있었다. 따라서 한국 대학생들의 여가활동은 어느 정도 건전성을 갖고 있다고 판단될 수도 있었던 셈이었다. 대학생들의 여가활동에의 참여정도는 대학생들의 지위추구욕에 어느 정도 영향을 주고 있는 것 같았다. 왜냐하면 지위추구 변인과 여가활동 참여변인사이의 단순상관관계(r=.12, p<.001)는 긍정적으로 높았었기 때문이었다. 그러나 구체적으로 왜 그런지는 본 연구의 자료로서는 밝힐 수 없었다.

  본 장의 연구결과는 여섯 가지 형식으로 요약될 수 있었다. 첫째, 대학교육은 대학생들의 지위추구 성향에 미약한 영향을 주고 있다고 판단된다. 이런 결과는 예상 밖의 일이었다. 왜냐하면 각종 문헌분석의 결과와 본 연구의 경험적 결과 사이에는 부합되는 점이 별로 없었기 때문이었다. 사실, 본 연구의 통계적 자료는 왜 예상 밖의 결과가 나왔는지를 구체적으로 밝혀 줄 수 없었다. 둘째, 그럼에도 불구하고, 대학교육과 관련된 변인 중 네 가지 변인은 대학생들의 사회적 지위추구 성향에 통계적으로 의의 있는 요소로 부각되고 있었다. 일반적인 사회성 태도, 권위주의, 교수의 강의에 대한 판단, 학년의 변인들은 대학생들의 지위추구욕에 어느 정도 통계적으로 의의 있는 변인으로서 간주될 수 있었다. 셋째, 대학생들은 대학교육을 사회적 지위 획득의 상징 수단으로 인지하고 있었다. 다시 말해서, 지위를 높이려는 욕망은 학력에 비례한다고 판단되고 있었다. 또한, 높은 지위를 갖고 있는 사람은 대학졸업자라고도 판단되고 있었다. 결국 한국 대학생들은 사회적 지위, 문화적 소양, 유식, 성공적인 삶을 영위하기 위해서 대학교육이 필요하다고 판단하고 있었다. 넷째, 대학생들에 의하면, 학력이 높을수록 폭넓은 사회적 인간관계를 맺는 것으로 판단되고 있었다. 다섯째, 한국 대학생들의 여가활동은 사회적 지위추구와 어느 정도의 긍정적 연관관계가 있는 것으로 판단되었다. 여섯째, 한국 대학생들의 여가활동은 제한되어 있는 것 같았다. 전혀 여가활동을 즐기지 않는 집단과 한달에 한두 번 정도 즐기는 집단으로 대별될 수 있었다. 과잉적으로 여가활동에 몰입되는 것 같지는 않았다. 따라서 한국의 대학생들의 여가활동은 어느 정도 건전하다고 판단될 수 있었다.

7. 要約: 韓國 大學敎育의 犧牲

본 연구에서 제기되었던 연구문제는 세 가지였었다. 첫째, 대학교육의 결과는 무엇인가? 둘째, 대학생들의 교육적 변화를 결정하는 요인은 무엇인가? 셋째, 한국 대학교육의 특성은 무엇이라고 규정될 수 있는가? 라는 세 가지 문제가 본 연구의 연구문제였었다. 각 연구문제에 대한 대답은 각 장에서 충분히 제시, 논의되었다. 본 장에서는 독자들의 빠른 이해를 위해 연구된 결과를 간단하게 요약하게 된다.

일반적으로, 대학교육의 기능은 대학관에 따라 서로 다르게 규정되어 왔다. 철학적 대학관은 대학을 학문의 전당으로 판단했다. 학문의 전당으로서 대학의 사명은 지성인을 만드는 데 있었다. 따라서 학문적 성취에로의 유도는 철학적 대학관의 주요 이념이었다. 기업주의적 대학관의 특색은 관료화된 행정체제, 기업성의 극대화였었다. 기업성의 극대화는, 경영학적으로, 대학생들의 사회적 배출을 염두에 두고 있다. 대학생들을 기업식으로 직업세계에 대량 배출시키려고 한다. 따라서 기업주의식 대학관에 의하면, 대학은 직업세계에 효율적으로 적응할 수 있는 기술을 대학생에게 습득시켜 주어야 된다. 그 기술은 직업기술과 사회성 기술이었다. 일반적으로, 인간관계 및 조직사회에 필요한 것으로서 사회성 기술 함양을 보다 강조한다. 직업사회가 원하기 때문이다. 또한, 대학은 학생들에게 어느 정도 대학사회, 대학행정에 만족할 수 있는 호감과 느낌을 주도록 최대한 노력하게 된다. 따라서 대학행정·면학 분위기에 만족시키는 노력을 집중하는 것도 기업주의 대학관의 또 다른 주요 기능일 수밖에 없었다.

의료기관형 대학관은, 정치사회화 대학관을 대변하고 있다. 정치사회화 대학관은 대학생이 무엇인가 부족하며 불완전한 상태로 대학에 들어온다고 판단한다. 부족하다고 판단된 것은 인지적 기술이 아니었다. 부족한 것은 사회·정치적으로 적응할 수 있는 공민적 자질이었다. 따라서, 의료기관형 대학관에 의하면, 대학의 주요 기능과 효과는 대학생들에게 사회정치적으로 사회화 시키는 데 있었다. 지위집단 형성형 대학관에 의하면, 대학은 현실적으로 사회적 특수 부문의 발전을 위해 크게 공헌하는 것이 없었다. 단지, 일정한 지위집단에 끼일 수 있는 자격자를 만들어 놓을 뿐이었다. 즉 교양, 멋, 자질, 기품 등을 학생 개인에게 키우고 있을 뿐이었다. 대학을 통해 획득되는 졸업장, 멋, 자질, 교양은 사회적으로 일정한 집단의 구성원으로 살아가는 데 필요한 상징일 뿐이었다. 따라서 대학은 대학생들에게 사회적 지위추구 욕만을 키워줄 뿐이다. 지위집단 형성형 대학관은 철학적 대학관, 기업주의적 대학관, 사회정치회, 대학관이 주장하는 당위성을 비판하는 입장에서 대학의 기능을 논의하고 있음에 주의를 집중해 둘 필요가 있었다.

본 연구는 다섯 가지 대학교육의 기능을 파악하기 위해 전국의 11개 대학(교) 학생(N＝1,171)에게 대학교육에 관한 질문지를 배부, 응답하게 했다. 수집된 자료는 빈도, 단순상관관계 분석, 중다회귀분석법에 의해 처리되었다. 통계적 분석으로 미진하게 설명된 부분은 비구조화된 질적 연구방법(qualitative research methods)에 의해 보완되기도 했다. 나타난 결과에 의하면, 한국 대학교육은 대학생들에게 기대 이하의 영향력을 행사하고 있었을 뿐이었다. 왜냐하면 이미 지적한 다섯 가지 대학의 기능과 역할에 대한 대학생들의 반응은 거의 무감각했었기 때문이었다. 한마디로 학업성취는 대학교수의 강의에 의해 강력하게 유도되고 있지 못했다. 사회성 기술 역시 대학교육에 의해 기대 이상으로 촉진되고 있지 못했다. 대학행정, 면학 분위기에 대한 만족도가 대학교육 변인과 큰 상관관계를 맺고 있는 것도 아니었다. 사회·정치적 사회화 역시 대학교육에 의해 촉진되는 것 같지는 않았다. 사회적 지위추구욕은 대학생들에게 어느 정도 부각되고 있었다. 그러나 사회적 지위추구욕이 대학교육에 의해서 강력히 유도된다는 결론을 내릴 수는 없었다. 따라서 본 연구의 둘째 질문은 이렇게 응답되어야 할 것이었다. 대학생들의 교육적 변화를 결정하는 요인은 대학교육 변인 이외의 것일 것이다라는 추론으로 응답해야 할 것 같았다. 왜냐하면 본 연구에서 동원, 투입된 대학교육 관련 변인들은, 자료분석결과 대학생들의 지적·사회적·정치적 신념, 태도, 가치관 변화에 큰 영향을 주는 변인들이 아닐 수 있다고 판단되었기 때문이었다.

대학생들에게 큰 영향을 주지 못하는 대학교육 현상을 무엇으로 진술·설명할 수 있는가? 본 연구는 적극적으로 이렇게 주장할 수밖에 없었다. 즉 대학생들은 학부모 못지않게 대학교육에 의해 희생되고 있다고 주장할 수밖에 없었다. 왜냐하면 대학생들에게 기대 이상의 큰 효과와 영향을 발휘하지 못하는 대학교육은 대학생들에게 일정한 희생을 강요하고 있는 현상으로 파악해 볼 수도 있었기 때문이었다. 일정한 연령층의 학생들에게 그들의 지적·정서적·신체적 역량을 대학교육이라는 현상 속으로 구속·제한시키는 행위를 대학교육이라고 부르고 있을 수도 있기 때문이다. 만약 그렇다면 대학교육은 대학생들의 희생을 전제로 하고 있는 것에 불과한 셈이다. 또한, 대학생들의 학업을 위해 경제적, 심리적으로 보조하는 학부형의 노력 역시 희생당하고 있다고 판단될 수 있었다. 한국 대학교육은 대학생, 학부모의 회생을 전제로 하고 있는 특성을 지닐 수도 있는 셈이었다. 따라서 본 연구의 셋째 연구문제는 한국 대학교육의 회생에 대한 파악·논의로 집약될 수밖에 없었다.

다시 요약해 보자. 본 연구가 제시했던 전체적인 경험적 자료에 의하면, 한 가지 소극적인 결론이 가능하게 되었다. 즉 대학생들은 대학교육이라는 사회·문화적인 경험을 통해 미약한 사회성 기술, 기대 이하의 인지적 성취, 학교행정과 면학 분위기에 대한 소극적인 만족, 뚜렷하지 않은 사회·정치적 성향과 미진한 사회적 지위추구 성향을 인지·함양시키고 있을 뿐이라는 소극적인 결론이 가능하게 되었다. 따라서 이들은 졸업하면 사회인이 된다. 일정한 교양을 쌓은 지식인 집단에 끼이게 된다. 대학교육의 결과 여부에 관계없이 교양인이 되는 것이다. 결국 대학교육의 잠재적 교육과정에 의하여 대학인, 교양인이라는 대학동문들이 만들어지는 것이다.

그러나 본 연구는 경험적 자료에서 나다난 소극적인 사회적·정치적 성향, 인지적 학업성취, 학교에 대한 만족도, 사회적 지위추구 욕에 대한 기대 이하의 결과를 통계적 자료가 제시하는 대로 사회, 대학, 정치구조에 반응하는 대학생들의 직접적인 태도와 동일한 것으로 판단하지는 않는다. 왜냐하면 대학교육의 영향에 관계없이 한국 대학생들은 대학, 사회, 정치구조에 일정한 양식으로 반응하고 있었기 때문이다. 예를 들어 대학생들의 정치성향은 건전했다. 또한 건전한 것만큼 비판적이었다. 법에 대한 순종, 모든 국민에게 공정히 적용되어야 할 시책에 대한 순종 경향이 대학생들에게 뚜렷하게 나타났다. 그러나 일정한 사회적 현안문제에 대해서는 신중한 판단을 제시하기도 했다. 경우에 따라 파격적인 태도를 보여줄 것 같은 경향도 갖고 있었다. 결국 한국 대학생들은, 한국 대학교육에서 강조된다고 판단되는 의도적인 여러 기능에 의해 성공적으로 교화되는 것 같지는 않는 셈이었다. 따라서 대학생들이 보여 주고 있는 사회, 정치, 대학교육에 대한 태도는 결코 대학교육을 통해 제공되는 각종 조립식 교과과정의 영향에 의해 나다난 직접적 결과가 아닌 셈이었다. 오히려, 대학교육 이외의 사회적·정치적·문화적·경제적 요인들이 대학생들의 가치·규범·태도 결정에 강력한 유인체제로 등장하고 있을는지도 모른다는 점을 시사하고 있었다. 잠재적 교육과정의 중요성이 대학교육 현장에서 부각되고 있었다.

　결론적으로, 본 연구자가 내세울 수 있었던 가능한 추론(best guess)은 이렇게 진술되어야 할 것 같았다. 즉 한국 대학교육의 현실적 결과와 기능은 졸업증서 수여와 졸업생 배출이라고 진술되어야 할 것 같았다. 대학동문(alumni)을 만들어 내는 작업만이 대학교육을 통해 이루어질 수 있었던 현실적 결과였다. 이미 지적했던 다섯 가지 결과들(인지·학업적 성취, 사회성 태도 함양, 정치사회화, 대학기관에의 만족도, 사회적 지위추구욕)은 대학의 잠재적 교육결과로서 파악될 수 있을 뿐이었다. 잠재적 교육결과는 한 학생이 졸업하여 동문으로 사회적 활동을 시작할 때 무의도적으로 개인에게 현실적으로 인지, 노출되게 된다. 결국 대학동문이라는 현시적 결과와 다섯 가지 잠재적 결과는 사회활동의 전개과정을 통해 상승효과를 갖게 되는 셈이다. 상승효과는 대학교육 때문이라기보다는 졸업생 개인의 사회적인 노력, 욕심, 기대에 의해 더욱더 가속화되게 된다. 개인은 대학졸업생이라는 신분에 알맞은 다고 판단되는 교양인다운 태도를 발현시키는 것이다. 이점은 왜 대학교육의 잠재적 결과들 가운데 사회적 지위추구욕이 가장 두드러지게 부각되는가를 설명하는 데 도움을 준다.

　본 연구는, 대학의 잠재적 교육결과라고 간주된 다섯 가지 결과 가운데 사회적 지위추구욕이 다른 네 가지 결과들보다도 대학생들에 의해 비교적 뚜렷하게 부각되어 있었음을 보여 주었다. 결국 본 연구는 한 개인이 대학졸업생 즉 한 대학(교)의 동문이 되었을 때, 사회생활과 더불어 가장 집약적으로 장기간에 걸쳐 나타낼 수 있는 잠재적 효과 가운데 하나가 사회적 지위추구욕이 될 수 있었음을 강력히 시사하고 있었다. 따라서 본 연구를 통해 우리는 왜 학업적 성취, 사회성 태도, 정치사회화, 대학기관에의 만족도 등이 대학교육에 의해 즉각적으로 나타날 수 없는지를 이해하게 된 것이다. 또한, 우리는 왜 대학교육 속에 사회적 지위추구욕이 가장 강력하게 잠재적으로 현재화되어 있는지도 이해할 수 있게 되었다. 우리는 왜 대학교육이 대학생들에게 공식적으로 큰 영향력을 발휘할 수 없는지를 이해할 수 있게 된 것이다. 한국의 대학은 대학생들에게 형식적으로 그리 큰 영향력을 행사하지 못하고 있는 고등한 교육기관일 뿐이었다.

결국 한국의 대학생들은 더 이상 공식적 대학교육에 의해 큰 영향을 받지 않는다는 적극적인 결론마저 가능하게 되었다. 따라서 대학교육 관계 전문가, 정책가들은 미래의 고등교육에 관한 계획을 현실적으로 입안하기 위해 한 가지 시사점을 얻게 될 수 있는 것 같았다. 대학의 역사적 기능, 현실적 기능을 무엇이라고 진술하거나 분류하든 대학(교)은 부여된 그 기능을 어떻게 구체적으로 행동화할 수 있는가를 배워야만 할 것이라는 점을 제공받을 수 있었다. 다시 말해서, 대학의 속성을 학문의 전당으로 기술하든, 정치사회화의 기관으로 부르든, 기업주의 기관으로 묘사하든, 또는 사회적 지위집단 형성기관으로 주장하든, 대학교육관은 한 가지 조건을 충족시켜 주지 않는 한, 현실적 대학교육과는 무관한 것이 될 것 같았다. 즉 기본적으로 대학교육의 조직에는 국민이 겪을 수 있는 희생을 제거시켜 주어야 하는 모습과 상식이 충족되어 있어야 했다. 다시 말해서, 국민이 겪을 수 있는 고동을 제거시키는 모습으로 대학교육은 재편성되어야 할 것 같았다. 대학은 국민의 희생을 감소시키기 위해 필요한 것을 서로가 점검할 수 있도록 재조직되어야 할 것 같았다. 대학이 국민의 불행과 고통을 제거시킬 수 있는 모습으로 재조직되어야 한다는 판단은 한국 고등교육사가 요구하고 있다는 점에 주목해 두어야 한다.

역사적으로 한국 대학교육은 국민의 희생을 제거시키기 위한 모습으로 일관되게 조직되어 오지 않았던 것 같았다. 다시 말해서, 대학교육의 모습은 한국교육사에 등장한 초기부터 체계적인 선발, 가르기의 원칙을 제도화시켜 놓은 고등학교 다음의 사다리 교육기관이었을 뿐이었다. 즉 둔재, 낙오자를 전제로 한 영재들의 선발과 간추려 묶는 일들을, 한국 대학교육은 처음부터 유일하게 행할 수 있는 임무와 내용으로 표준화시켜놓고 있었다. 이러한 부정적인 한국의 대학의 모습은 다음 장에서 보다 구체적으로 논의되게 된다.

대학교육 전문가, 행정운영가, 개혁가들, 이해관계 집단들은 모든 국민이 겪을 수 있는 회생과 고난을 제거할 수 있는 대학의 속성, 기능, 현실적 조건, 방법 등을 구체화시켜 주어야 한다. 이런 일들이 구체화되지 않는 한, 한국 대학은 서로 다른 이해관계를 갖고 있는 이해관계 집단들에 의해 국민들의 불행이 확장되어질 뿐이다. 왜냐하면 이해관계 집단들은 그들이 갖고 있는 서로 다른 대학교육의 목표와 기능을 대학교육 속에 침잠시켜 놓을 것이기 때문이다. 따라서 한국의 대학은 이해집단들의 이해관계가 끊임없이 서로 갈등하기만 하는 교육현장으로 부각되게 될 것이다.

지금까지 본 연구에서 분석·논의한 기존 연구·평론들의 견해와 경험적 자료들에 의하면, 한국 대학생들의 가치, 신념, 태도 등은 대학교육에 의해 기대 이상으로 확인·증대되고 있지 않았었다. 왜 한국대학교육은 대학생들에게, 대학교육의 효과라고 판단되는 각종 사회·정치적 성향, 사회성 등 일련의 가치와 신념 등을 강력히 교육·내면화시키는 데 역량 부족의 현상을 노출시키고 있는가? 왜 대학교육은 대학생들에게 특별한 영향력을 행사하고 있지 못하는가? 이러한 질문은 보다 적극적으로 한국 대학교육의 한계를 초래한 원인에 대한 논의를 요구하는 문제제기인 것이다.

다음 3부에서는 한국대학교육의 한계가 어쩔 수 없는 역사적인 조건에 의해 표출되어 왔음을 제한된 교육사 관계사료로서 논의한다. 한국 대학교육의 한계는 역사적으로 조건 지워져 왔음을 논의한다. 또한, 한국 대학교육의 한계와 역량부족 현상을 치유하려고 시도했던 소수의 교육개혁가, 전문가들의 만병통치적인 처방 역시 또 다른 식으로 한국 대학교육의 역량부족 및 한계 속에 스며들어, 한국 대학교육의 성숙과정에 있어서 사회사상적 갈등의 원인이 되었었다는 점도 간접적으로 논의하게 된다.

제3부 韓國 大學敎育의 限界

한국 대학교육은 문제투성이의 화신으로 인식되고 있었다. 대학교육은 국민이 기대하는 정도의 기능을 발휘하고 있지 못한 실정이다. 이런 두 가지 점은 본 연구가 지금까지 대학교육의 효과를 경험적으로 분석한 결과를 재현하는 것에 불과했다. 한국 대학교육의 문제는 대학교육을 바라보는 시각의 다양성에 의해 보다 더 심각하게 지적된다. 김종철(1968)에 의하면, 소수 정예분자만을 위한 엘리트중심 교육관, 귀속주의, 간판위주의 상징적 가치와 의미부여의 교육관, 무사안일주의의 인습적 교육행정과 사고방식이 한국교육을 병들게 하는 시대착오적인 교육관이었다. 서울대학교대학원 학원자유수호위원회(1971)의 판단에 의하면, 한국의 대학은 최소한 세 가지 근본적인 약점을 지니고 있는 허약한 교육기관이었다. 첫째, 이념의 불모지였다. 둘째, 대학은 단순한 직업보장을 위한 소개소에 불과했다. 셋째, 학문의 자유를 보장받지 못하는 곳이었다. 한국의 대학은 "이념 없는, 창조의 능력에 있어 이미 불구인 도구적 기능인만을 배출하며, 근시안적이고 피상적인 사회의 요구에 대해 수동적으로 끌려가고"(p.10) 있다고 판단되고 있었다.

김종철(1979)과 서울대학교 대학원 학원자유수호위원회(1971)가 제기한 한국 대학의 문제들은, 두 가지 양식으로 요약, 표현될 수도 있었다. 한국 대학은 첫째, 교육기회 평균화의 문제와, 둘째, 탁월성 유지의 문제점에 직면하고 있는 것으로 요약될 수 있었다. 왜냐하면 김종철과 서울대학교 대학원 학원자유수호위원회의 문제제기는 고등교육의 질적 향상과 개선을 끊임없이 요구하는 문제제기였었기 때문이었다.

1. 韓國 大學教育의 問題와 犧牲

　고등교육 기회확대 문제와 대학교육의 수월성 유지문제는 한국 대학 관계 문교행정당국이 1945년 이래 직면해 오고 있었던 난제였다. 물론, 고등·교육 기회확대와 수월성 유지문제를 해결해 오기 위한 노력이 없었던 것은 아니었다. 오히려, 그 반대라고 판단하는 것이 보다 타당하다. 왜냐하면 문제를 해결하기 위한 노력이 계속되어 왔기 때문이었다. 고등교육의 평준화 문제, 대학교육의 질적 향상을 위한 노력의 흔적이 한국 고등교육사에 점철되어 있었기 때문이다. 정치적 처방과 효과를 판단하는 평가활동 역시 끊임없이 계속되어 왔었다. 예를 들어 1980년 말부터 획기적으로 실시된 대학교육 개혁사업(참고: 대한교육연합회, 1981, p.130)은 고등교육 기회의 평준화 및 대학교육의 질적 향상을 도모하기 위한 국가적인 활동이었다. 첫째, 국가관리 대학예비고사 실시와 내신제 채택, 둘째, 졸업정원제 실시, 셋째, 전일제 수업 실시는 고등교육 기회의 확대와 대학교육의 질적향상을 촉진하는 획기적인 고등교육 정책이었다.

　왜냐하면 첫째, 대학입시용 본고사폐지정책은 과열과외 현상을 제도적으로 불식시켰던 주요 고등교육 관련 정책이었기 때문이다. 따라서 중·고등학교 교육의 정상화를 추진하게 만들었다고 판단되고 있기 때문이었다. 둘째, 졸업정원의 130% 수준에 해당하는 입학정원의 확대는 학문하는 대학, 공부하는 대학생의 모습을 부각시키는 데 결정적인 영향을 끼쳤던 것으로 판단되기 때문이다. 셋째, 전일제 수업 실시는, 대학시설의 확대·보완·점검을 대학당국으로 하여금 실제적으로 마련해야만 되는 현실적 압력으로 등장했다고 판단되기 때문이었다. 한마디로 고등교육 기회 평준화의 이상과 대학교육의 질적 우수성 유지에 대한 고등교육 정책과 이상은 한국 정부수립 이래 점진적으로 실제화 되어 가고 있는 것 같다고 판단할 수도 있는 셈이었다.

그러나 개혁·급진·현실지향 적으로 주도된 대학교육 개혁사업이 기대한 것처럼 성공적이라는 평가를 받을 수만은 없었던 것 같았다. 왜냐하면 대학교육 개혁사업은 수많은 '전제'를 가정하고 시작된 현실적 문제해결용 정책이었기 때문이다. 예를 들어 대학본고사 폐지, 졸업정원제 실시, 전일제 수업 등과 같이 고등교육 기회의 평준화 정책은 대학교육의 질적 향상이 보장될 것이라는 전제를 내재한 고등교육 정책이었다. 즉 교수요원이 확보될 것이라는 전제, 곧 교육시설이 구비될 것이라는 전제, 장학금을 위한 각종 학생복지·후생제도가 제도적으로 구비될 것이라는 전자를 강력하게 시사해 주었던 고등교육 정책이었다.

수많은 전제들은 쉽사리 현실화되지 않았다. 따라서 대학교육 개학사업은 구체적인 시행과정에서 많은 난관에 직면될 수밖에 없었던 것이다. 결국 대한교육연합회(1982)같은 교직자 연합단체는 이렇게 지적할 수밖에 없었다;

> "졸업정원제도로 인한 중도탈락자 처리문제, 교수 및 교육시설의 부족, 대학입시에 있어 무제한적인 복수지원 허용으로 허수 발생과 일부 일류대학의 입학인원 미달사태, 그리고 지원과정에서의 비교육적 현상이 그것이다. 이러한 것들은 개혁의 선행조건이 성숙되어 있지 않은 상태에서 개혁을 시도하는 데 수반되는 문제로 볼 수 있다."(p.134)

대학교육 개혁사업 추진을 위한 제도적 장치가 갖추어지지 않았다고 지적될 때마다 비판받는 대상으로 부각되고 있는 교육관련 집단들이 있었다. 그런 집단 가운데 한 집단으로서 예외 없이 문교당국이 지적되곤 한다. 즉 대학교육정책에 대한 문교당국의 비전문성을 대학교육개혁사업의 부진함과 연결시켜 설명하려는 경향이 한국 교육계에 팽배해 있다. 따라서 문교당국의 역기능적 관료주의 체제가 문제로 지적되곤 한다. 또한, 문교당국자들의 보수적인 태도도 문제영역으로 부상되고 있다. 한마디로 문교부의 대학국은 비판자들에 의해 문제의 근원지라고 판단된다.

　문교부의 대학국은 직제상 여러 과를 갖고 있다. 대학행정과, 대학학무과, 대학재정과, 학술진흥과 등의 과를 갖고 있다. 대학국의 국장은 이사관(부이사관 포항), 각 과장은 서기관으로 충원되고 있다. 각 과는 뚜렷한 업무내용(job description)을 갖고 있다(참고: 표 41). 그러나 각과의 기능은, 대학교육에 관한 지도·감독·평가를 효율화시키는 작업으로 요약될 수 있다. 다시 말해서, 대학국은, 첫째, 대학교육을 위해 필요하다고 판단되는 행정적 처방을 대학에게 지시한다. 둘째, 지시된 것이 수행되고 있는지의 여부를 점검·통제한다. 셋째, 감시된 결과를 일정한 양식으로 정기적으로 보고·평가한다. 그러나 평가는 일반적으로 전시효과(visual effect)를 극대화시킬 수 있는 방향으로 제시되게 된다. 각과의 지도·감독·평가의 세 가지 기능은 문교당국의 한 가지 목적을 위해 적절히 활용된다. 즉 연속적인 처방을 위해 활용된다. 결국 문교부 대학국에 의해서 대학은 환자의 신세를 벗어날 길이 없는 것이다. 왜냐하면 한 처방의 효과나 여운이 사라지기도 전에 다른 처방이 투입되기 때문이다. 따라서 대학은 실제로 어떤 처방이 어떤 식으로 효과가 있는지 없는지 깨달을 정신적·시간적 여유를 가질 수 없게 된다. 결국 대학은 약물중독에 의한 만성숙취 상태로 머물러 있게 된다. 만약, 이런 유형의 비판적 판단이 타당하다면, 대학문제를 다루는 대학교육 문제 전담 문교당국의 전문성은 재조명되지 않을 수 없을 것이다. 왜냐하면 무절제한 처방과 투약을 강요하는 의사의 의학적 전문성은 일차적으로 의심받을 수 있기 때문이다. 의사의 처방과 전문성은 환자의 고통을 경감하는 방식으로 발휘되어야만 할 것이다. 그럼에도 불구하고, 의사의 과다한 처방과 처방에 대한 전문성이 옳은 것이라면, 우선적으로 한 가지 판단은 옳을 수도 있다. 즉 대학은, 다양한 처방을 연속적으로 투입 받아야 할 만큼, 난치의 중병을 앓고 있다는 판단이 옳을 수도 있다.

표 41. 대학국의 업무내용

대학 행정과: ① 대학과 이에 준하는 각종 학교의 설치·폐지 그 운영의 지도·감독
② 대학원의 설치·폐지 및 그 운영의 지도·감독
③ 제①호 및 제②호에 해당하는 학교를 설치·경영하는 학교법인과 기타 법인의 설립·해산 및 그 운영의 지도·감독
④ 제①호 및 제②호에 해당하는 학교의 학생정원의 관리
⑤ 국·공립 대학(대학원 포함)교육 공무원의 인사관리
⑥ 사립대학 교원의 임용에 관한 사항
⑦ 교수자격 인정의 심사
⑧ 기타 국내(局內) 다른 과의 주관에 속하지 아니하는 사항

대학 재정과: ① 제③항 제①호 및 제②호에 해당하는 학교의 수업료 및 학생 부담의 조정
② 사립 대학(대학에 준하는 각종 학교의 포함)과 이를 설치·경영하는 학교 법인과 기타 법인의 예산·결산에 관한 지도·감독
③ 제②호에 해당하는 법인의 재산관리에 관한 지도·감독
④ 대학기성회의 운영·지도
⑤ 대학병원의 지도·감독

대학 학무과: ① 대학(대학에 준하는 각종 학교를 포함)과 대학원 학생의 학적등록 및 학위수여
② 대학입학 학력고사의 관리
③ 대학 편입학 자격 검정고시의 관리
④ 대학도서관의 운영에 관한 지도·감독
⑤ 대학 교육과정의 개발 및 대학의 특성화
⑥ 대학의 과학·기술교육 및 산학협동의 지원·육성
⑦ 대학 및 대학원 제도의 개선

학술 진흥과: ① 학술진흥 계획의 수립
② 기초과학 연구의 지원
③ 학술단체의 지도·감독
④ 학술원 및 예술원의 지원
⑤ 학술연구 조성 및 교수국외연수
⑥ 연구보조비 관리
⑦ 장학금 확충 계획의 수립·시행 및 각급 학교의 장학금 운영의 지도·감독
⑧ 한국장학재단의 지도·감독
⑨ 각종 학술활동 및 학예행사의 지원

---

　* 대한교육연합회. 「한국교육연감」 (1981-1982). 서울: 대한교육연합회, 1982, p.87을 요약, 도표화시켰음.

　　그러나 문교당국의 전문성, 변화에 대한 지향, 역기능적 관료 체제에 대한 비판자들의 판단은 과장되어 있는 것 같았다. 즉 대학교육 개혁사업이 대학당국의 저항의지와 문교당국의 몰전문성에 의해 유산되고 있다는 비판은 어느 정도 과장되어 있는 것 같았다. 왜냐하면 문교당국자들의 비전문성, 역기능주의적 관료체제 운영, 변화에 대한 보수주의적 기능만이 한국 대학교육 문제의 원인이 될 수만은 없었기 때문이다. 또한 문교부 관계자들의 비전문성을 필요할 때마다 우선시키는 비판이나 판단은 이제 너무 진부한 느낌마저 들기 때문이다.

　　현재 문교부에는 교육학자, 교육연구전문가, 대학교수 출신도 정책입안에 참여하고 있다. 이들의 참여회수, 참여 정도는 점차 증대될 것으로 전망된다. 또한, 현직 대학교수, 교육관계 전문가로 구성된 문교관계 자문협의위원회도 한국 고등교육 문제에 관한 탁견을 갖고 있다. 각종 연수원, 교육연구기관은 구체적으로 문교행정에 반영될 수 있는 연구결과를 제공하고 있다. 한마디로 현재의 문교부는 대학교육의 문제를 보다 천문적으로 해결할 수 있는 환경과 조건을 너무 많이 구비하고 있는지도 모른다. 따라서 현재 한국 대학교육의 문제를 문교당국의 비전문성, 대학당국의 보수성으로만 판단하려는 태도는 일정한 한계가 있게 되는 셈이다.

　　그렇다면 한국 대학교육 문제의 원인은 어디에 있는가? 왜 한국 대학교육의 문제가 계속 심화되고 있는가? 다시 말해서. 왜 전문적으로 체계화되어 가고 있는 문교당국의 노력에도 불구하고 대학교육 개혁사업은 새로운 변화로서 수용되지 못하고 있는가?

　　한국 대학교육에 대한 문제제기는 교육사상적인 논의를 요구한다. 왜냐하면 문제제기 자체가 대학교육에 관한 영역·종류별 문제내역보다는 대학교육 문제의 근원에 대한 조명을 요구하고 있기 때문이다. 다시 말해서, 대학교육 문제에 관한 종류별 나열은 왜 한국 대학교육의 문제가 심각할 수밖에 없는가에 대해 별다른 설명력을 갖고 있지 못하기 때문이다.

2. 韓國 大學教育에 대한 文化植民主義的 理解

　　한국 대학교육이 당면하고 있는 문제들의 근원을 밝혀줄 수 있는 이론적 시도가 있을 수 있다. 대체로, 두 가지 방향으로 거론할 수 있다. 첫째, 문화적 식민(제국)주의(cultural imperialism) 입장에서 한국 대학교육이 당면하고 있는 문제들의 근원을 밝힐 수 있을 것 같다. 둘째, 문화적 식민주의의 한계를 극복, 점검하는 입장에서 한국 대학교육의 문제의 근원을 밝혀 볼 수도 있을 것 같다. 본 연구에서는 한국 대학교육에 대한 문화식민주의적 설명과, 문화적 식민주의의 설명이 한국 대학교육의 문제를 어느 정도 이해시켜 주면서도 극복하지 못하고 있는 약점이 점검 논의된다.

從層理論家들의 文化植民主義 教育觀

　　문화적 식민주의라는 용어에 대한 정확한 개념파악은 아직 미진한 상태에 있다. 「교육은 문화적 제국주의의 편법」(Education as Cultural Imperialism)의 저자인 카노이(M. Carnoy) 역시 문화적 제국·식민주의에 대한 정확한 개념파악을 기피하고 있다. 한마디로 문화적 식민주의에 대한 해석은 식자에 따라 다양할 수밖에 없다. 문화적 식민주의의 관점이 성숙되어 있는 것도 아니다.

문화적 식민주의란 무엇을 의미하는가? 종속이론가들의 입장에 의하면, 일반적으로 문화적 식민주의는 국제관계에 있어서 문화적 조합관계를 의미하게 된다. 즉 중심적 강대국(core country)과 주변위성국(periphery) 사이의 정치적·경제적·문화적·사회적 공생 관계를 의미한다. 물론, 공생 관계는 평등의 관계가 아니다. 종속의 관계일 뿐이다. 즉 강대국의 지배세력과 주변국가의 지배세력 사이의 문화적 이해관계의 종속적 유대 및 공생적 관계를 의미한다. 각 나라에는 그 나라마다 정치·경제·사회제도를 운영하는 중심집단이 있다. 중심·종속 국내 권력집단사이의 문화적 공생관계는 양국 일반 국민의 문화적 갈등, 이해상충에 관계없이 지속된다. 결국 양국민 사이의 문화적 갈등, 이해상충은 시·공적으로 소멸되게 된다. 왜냐하면 중심국과 주변국 안의 지배집단은 각기 끊임없이 자기들의 정치·경제·문화·사회적 이해관계를 위해 국민들 사이의 갈등과 이해 상충을 무마하기 때문이다. 무마를 위해 문화적 기제(예: 교육기관, 종교기관 등)를 동원한다.

따라서 강대국의 중심세력이 갖고 있는 가치, 태도, 문화적 속성 등 일련의 문화·사회적 제도는 주변국가의 문화적 지배이념, 도구로 등장하게 된다. 그러나 주변국가에서 재현되는 중심국 중심세력의 제도 및 문화적 속성은 주변국의 상황에 따라 다양한 형식으로 표출되게 된다. 왜냐하면 주변국 중심지배집단의 정치적·문화적 이해관계가 시공 적으로 가감·첨부·삭제·변형되기 때문이다.

결국 다양한 종속이론가들의 문화적 식민주의에 대한 비판은 네 가지 가정을 근거로 하고 있게 되는 셈이다. 첫째, 중심국의 문화적 이해관계는 주변국에 이식된다. 즉 중심국의 영향력은 경제적 분야뿐만 아니라 교육, 정치, 법률 등 다양한 분야에 걸쳐 주변국에 이식된다. 둘째, 주변국의 문화적 소비양식은 중심국의 문화적 소비양식과 유사하게 된다. 셋째, 중심국의 문화적 이해관계를 이식시키기 위해 주변국의 지도자, 권력가들은 학교(교육)제도를 활용한다. 넷째, 따라서 주변국의 전반적인 문화적 상황은 중심국가들의 문화적 이해관계 및 착취를 위해 관리된다는 가정을 근거로 종속이론가들의 이론이 전개된다. 그러나 종속이론가들의 네 가지 가정은 한 가지 논리를 부연하는 것에 불과하다. 즉 문화적 식민주의의 핵심은 제도의 성공적 이식(successful transfer of institutions)에 있다는 논리를 장황하게 설명하는 것에 불과하다.

제도의 이식화(transfer of institutions): 제도의 이식화란 인력, 군사, 정치, 기술, 지식, 사상, 언어 등 일련의 사회·경제·정치·문화적 제도를 한 나라에서 다른 나라에 전파하여 만개시켜 보자는 노력을 의미한다. 제도의 이식화가 성공하기 위해서는 두 가지 조건이 충족되어야 한다.

첫째, 이식되는 제도에 대한 중심국의 가치를 주변국의 국민들에게 내면화시켜 주는 일이다. 다시 말해서, 이식되는 제도를 주변국의 국민들에게 소화시켜야 된다. 주변국의 국민들이 영위하는 일상적 삶의 현장에 도입, 채택하게 만들어야 한다. 따라서 이식되는 제도수용에 긍정적인 반응을 갖도록 적절한 문화·정치·경제제도를 동원하여 주변국의 국민들을 적절히 유도하여야 한다.

둘째, 기존의 행동양식과 체제를 부정하는 태도를 주변국의 국민들에게 함양시켜야 한다. 최소한 기존의 행동양식을 주변국 국민들 스스로 비능률적인 것으로 판단하게끔 유도해야 한다. 결국 전통적 행동강령을 의식적으로 폐기하는 작업을 시도해야 한다. 주변국 국민 스스로 전통적 가치관, 행동준거를 기각, 매장하는 행동의 변화가 있어야 한다. 한마디로 주변국의 국민들을 교화하는 작업을 성공적으로 추진해야 한다. 왜냐하면 교화는 발전과업의 추진요소로 간주되기 때문이다. 발전과업의 결과는 근대사회, 산업사회 형성의 기초로 인식되기 때문이다. 따라서 주변국 지도자들은 교화의 전담기관을 끊임없이 모색하게 된다. 일반적으로 교육기관·제도는 교화 전담용 하부기관으로서 등장하게 된다.

제도의 이식과 학교교육의 역할: 종속이론을 지지하는 학자들에 의하면, 학교교육은 중심국의 사회·정치·문화적 제도를 이식시키기 위한 교화기관·수단으로 판단된다. 왜냐하면 학교는 사회화의 기능을 발휘하고 있는 곳이기 때문이다. 전통적인 가치와 새로운 가치를 서로 다른 비중으로 학생들에게 전수시키기 때문이다. 또한, 지식과 기술을 가르치는 곳이기 때문이다. 종속이론가들에 의하면, 주변국 지배계급은 중심국의 문화적 이해관계에 따라 주변국의 전통적인 가치와 중심국의 새로운 가치 및 지식, 기술을 서로 다른 형식으로, 서로 다른 비중을 두어 주변국 학교현장에 투입한다.

결국 문화적 식민주의론에 의하면, 외국제도의 이식과정은 두 가지 두드러진 상황 속에서 진행되게 된다. 첫째, 주변국의 문화, 연구활동은 외국사조, 제도의 영향권 안에서 장려된다. 즉 주변국은 중심국의 문화·경제·정치제도를 무비판적으로 수용하게 된다. 비판이라는 용어 그 지체가 발전을 거부하는 것으로 인식되기도 한다. 둘째, 외국제도의 수입은 동시 기적으로 수용되지 않는다. 외국제도의 만개현상이 끝난 후, 일정한 시간이 지난 후, 주변국에 수입, 이식되는 특징을 갖게 된다. 다시 말해서, 문화, 사회, 제도, 사상의 접촉에 있어서 일정한 지체현상이 주변국에서 나타난다(참고: 한준상, 1982). 이런 현상은 어느 정도 한국 교육계에도 나타났던 것 같았다. 예를 들어 1945년대 한국 교육계를 조명해 보자. 문교부(1980)의 자료에 의하면, 미군정청 학무국 주도 아래 구성된 68명의 한국교육심의회(1945년 11월)는 6-3-3-4의 기간 학제를 구상했었다. 6-3-3-4의 단선형 학제는 미국의 단선형 학제를 일방적으로 이식·모방한 것이었다. 교육연구활동 역시 예외가 아닌 것 같았다. 왜냐하면 Dewey의 진보주의 사상에 입각한 아동중심 학습법·이론연구가 1950년대 국내 교육연구계에 만연되어 있었기 때문이다. 즉 Dalton Plan, Winnetka Plan, 문제해결학습, 단원학습 등이 한국 교육을 구할 수 있는 이론, 실천으로 인정, 풍미된 바 있었다. 교육연구 과제는 아동 중심의 학습지도법들이었다. 그러나 이때 미국 교육계는 이미 Dewey의 진보주의 이론을 비판하고 있었다. Counts같은 재건주의자들에 의해 Dewey의 이론은 사상적으로 서서히 붕괴되고 있었다. 또한, Dewey식 교육과정도 일정한 비판을 받고 있었다(참고: Tanner & Tanner, 1975).

한국 교육을 위해 외국 교육학자의 교육 사상적 도움 역시 강화되었다. 즉 교과과정기(1954~1963년)에는 이들 외국 교육학자들의 개입이 보다 직접적이었다. 예를 들어 1952년부터 1955년 6월까지 미국 교육사절단이 3차에 걸쳐 내한했다. Unitarian Service Commitee 에서 파견한 교육사절단이 1952년, 1953년, 1954년도에 각기 내한했다. 또한, George Peabody 사범대학 교수단이 1956년부터 1962년까지 내한했었다. 외국학자들의 교육적 조언은 다양했었다. 민주적 교육행정, 학습지도법 개선, 현직교육식 교사양성 교육의 혁신에 관한 광범위한 처방들이었다. 한마디로 이미 미국에서 강력히 실시되고 있었던 과학적 학교행정 원리 등이 한국에 소개되고 있었다.

생활중심 교육과정(1963~1973년)은 재건주의(reconstructionism)를 표방하는 교과과정이었다. 학교를 단편적인 지식암기에서 벗어나게 만드는 교육과정이었다. 따라서 한국에서는 향토개발, 국민교양 생활운동에의 적극적인 참여가 고취되었다. 한마디로 아동중심의 학습지도를 벗어난 사회운동에의 참여가 장려되었다. 그러나 주창된 생활중심 교과는 미국의 재건주의 학파인 Brameld의 교육사상을 재현하는 것에 불과했다. 1960년도부터는 Bruner를 중심으로 한 학문중심 교육과정이 한국 교육계에 소개되고 있었다. 결국 1973년부터 한국의 초등학교 교육과정은 학문중심 교육과정으로 바뀌게 되었다. 이 당시 유행했던 학습방법은 Bloom과 Carrol의 완전학습법 이었다. 마침내, 각급 학교에서는 "완전학습 참고서"가 주요부교재로 등장하게 되었다. 그러나 이미 1973년 미국에서는 Bruner와 Bloom의 교육적 처방이 미국 안의 사회문제와 문화적 갈등을 수렴하는 데 전혀 도움이 안 된다고 비판받고 있었다(참고: McNeil, 1977).

결국 교육사상의 접촉, 수입, 흡수에 있어서의 지체현상은 한국

교육계의 특징을 이루었던 셈이었다. 그러나 학술·학문적 지체현상 만으로 언제나 한국 교육계의 학문적 수준을 판가름할 수는 없었다. 왜냐하면 한국교육계가, 외국의 이론을 수용하는 과정에 있어서, 지체현상을 비교적 둔화시킨 채 수입한 교육사조들도 있었기 때문이었다. 학문적 지체현상을 극복한 사조를 가운데 하나가 행동주의 교육학이었다. 행동주의 교육학이 한국 교육학계에 문화적 지체감을 경험하지 않은 채 등장했던 것이다. 서구식 행동주의 교육학은 한국 교육계에 문제이론으로 등장하기까지 했었다. 행동주의 교육학에 관한 찬반 논란은 한국 교육계의 성숙과 고난을 함께 하고 있었다고까지 판단되기도 한다. 왜냐하면 행동주의 교육학과 문화적 식민주의에 대한 연결, 해석상의 문제가 한국의 사범교육계, 일반교육계에 중요한 논제로 등장했었기 때문이었다.

독자들의 이해를 위해 행동주의 교육학을 논의해 보자. 또한, 행동주의 교육학과, 한국의 사범대학과 교육대학의 교육과정, 교육에 관한 가능한 문화식민주의적 연결과 해석을 논의해 보자.

한국적 행동주의 교육학자들은 교육학이 "인간을 계획적으로 변화시키는 방법을 연구하는 과학이고 교육은 그렇게 연구된 방법을 갖고서 인간을 변화시키는 전문적 작업"(참고: 김인희, 1982, p.365)이라는 명분 아래 행동주의 교육학을 미국으로부터 도입, 주창했던 것 같았다. 다시 말해서, 심리학적 행동주의에 입각한 교육학은 과학이고, 인간을 가르치는 교육은 작업이라는 이분법적인 입장이 한국적 행동주의 교육학의 주요 신조이었다. 이분법적 판단이 사범대학 교육과정에 도입되기 시작했다. 행동주의적 교육학의 도입에 한국의 기존 교육학자들이 어리둥절하기 시작했었다. 왜냐하면 새 교육, 홍익인간의 이념과 달랐었기 때문이었다. 행동주의적 교육학자들은 한국 교육계를 쉽게 이해시켜야 했다. 따라서 우선 간단한 예부터 소개하기 시작했었다. 즉 과학으로서의 교육학과 작업으로서의 교육의 차이와 효과를 이해시키기 위한 실례들을 소개하기 시작했다. 그러나 그 가운데 극적인 예화의 하나가 한국 교육계를 경악하게 만들어 버렸던 것 같았다. 그 예는 이렇게 지적되고 있었다;

> "사람을 몇 년씩 가르쳤으면서도 목적한 바대로 변화시키지 못하는 교사보다는 남의 아이를 납치해다 며칠 만에 유능한 소매치기로 길러내는 소매치기 왕초가 인간을 변화시키는 능력에 있어서는 훨씬 우수한 교육자……"(참고: 김인희, 1982, p.369).

이런 유의 소개는 한국의 교육자, 식자들을 당황하게 만들었다. 행동주의 교육학에 의하면, 종래의 한국에서 길러냈던 사범대학・교육대학생들은 인간행동의 변화를 계획적으로 변화시키는데 무력할 대로 무력했던 셈이었다. 왜냐하면 기존의 사범대학, 교육대학의 교육과정은 교육이라는 활동만을 위한 무력한 교육과정을 투여 받고만 있었다는 함의까지 도출할 수 있었기 때문이었다.

따라서 행동주의 교육학을 지지하는 사람들은 인간행동의 변화에 대한 계획적・과학적 접근방법을 더욱더 조직적으로 소개하기 시작했다. 즉 이제부터라도 한국교육의 장래를 위해 사범・교육대학 교과과정에 행동과학적 지식, 교육과정이 투입되어야한다는 입장을 역실하기 시작했었다. 따라서 작업・예술일변도였던 한국의 사범・교육대학들은 인간을 변화 시기는 작업에 필요한 상식, 지식, 기술, 방법, 이론을 받아들었다. 따라서 한국의 사범・교육계는 인간변화에 관한 기술・지식을 행동주의 교육학의 골격으로서 수용하기 시작했다. 한국 교육계에 있어서 행동주의 교육학의 영향은 지대했던 것으로 평가된다(참고: 김인희, 1982). 심지어, 초등학교에서 대학 문교행정에 이르기까지 행동주의 교육학은 인간변화의 학문으로서의 독자적인 위치를 굳히는 것 같았다. 한마디로 행동주의 교육학은 이제 더 이상 과학의 위치에 머무를 수가 없었던 셈이었다. 결국 한국 교육을 지배하는 사회적・교육적 사상(ideology)으로 변신하기 시작했다.

다시 말해서, 과학으로서의 행동주의적 교육학의 처방이 많은 교육학자, 교육자, 일반인들에게 강력히 회자·인정되기 시작했다. 교육계에 회자되기 시작하면서 교육자들의 심리·정신구조를 압박하는 상벌체계적인 힘을 갖기 시작했다. 왜냐하면 행동주의 교육학의 방법론과 처방을 모르면 교육, 교육학을 이해하기에 적절하지 않을 수도 있는 사람이라는 심리적 압박감, 부담감을 갖게끔 이념화되어 버리려고까지 했기 때문이었다.

한마디로 한국교육계에 소개된 행동주의 교육학은 이제 더이상 과학으로 머물지 않게 되었다. 결국 행동주의 교육학은 한국의 사범·교육대학에서 과학 이상의 힘을 갖게 되었다. 사실, 행동주의는 기본적으로 과학일 수가 없었다. 왜냐하면 처음부터 행동주의는 과학으로 시작하지도 않았었기 때문이었다. 행동주의가 과학으로 출발하지 않았다는 점은 Skinner에 의해 천명되고 있다. Skinner에 의하면, "행동주의는 인간행위에 대한과학이 아니다. 행동주의는 그 과학을 가능하게 하는 철학이다"(1974; 1976, p.3). 한마디로 행동주의는 이념·철학이었다.

그러나 한국적 행동주의 교육학은 처음부터 '과학'으로만 소개, 도입되었다. 논란이 계속되는 동안 행동주의 교육학은 언제부터인지 교육이념으로 한국 교육계에서 한 세대의 교육학 위에 군림하기 시작했던 것이다. 즉 행동주의의 과학철학적 성격이 논의되어 볼 틈도 없이 교육적 이념으로 한국 교육계를 지배했던 것이다. 그럼에도 불구하고, 행동주의 교육학은 기대 이상으로 한국 교육을 변화시켜 주지 못했다. 왜냐하면 행동주의 교육학이 한국 교육계를 변화 지향적인 과학주의로 유도했다고 해도, 한국 교육계는 기대 이상으로 변화해 주지 않았었기 때문이었다. 또한, 사범·교육대학 학생들에 의한 교육에 대한 신념과 행동 역시 기대 이상으로 변화했다는 증거를 보여 주지도 않았었다. 심지어, 행동주의 교육학의 영향을 반영했던 한국의 사범·교육대학 교육과정이 한국 교육의 변화를 위해 기대 이상으로 공헌 했다는 흔적이 발견되지도 않았다. 오히려, 행동주의 교육학의 영향이 지대했다고 주장되면 주장될수록, 행동주의 교육학에 대한 반성과 비판만이 더욱더 거세어졌다. 마침내 행동주의 교육학 관계 학자들 사이에서 마저 행동주의 교육학은 비판의 대상으로 부각되기에 이르렀다.

행동주의 교육학을 비판하는 학문적 안목은 성숙될대로 성숙되어 있었다(참고: 김인희, 1982). 성숙된 비판세력들은 행동주의 교육학이 한국교육의 발전에 방해가 되었을 가능성이 높다는 식으로 그들의 입장을 전개하기까지 했다. 심지어, 행동주의 교육학은 외국교육적인 지배집단의 이해관계 및 정신적 영향력 행사를 위해 한국 교육계를 통제하려 한다고 하는 식의 움직임으로까지 우려되었었다. 한국 교육을 지배하는 외국 교육사조에 대한 비판은, 적극적인 입장에서, 문화적 식민주의의 관점을 극단적으로 대변하는 입장일 수도 있었다. 왜냐하면 이미 지적했듯이, 문화적 식민주의는 사회, 정치, 문화에 관한 국내·국제관계에 있어서 중심적인 강대국의 문화적 지배집단과 주변적인 약소국 안의 중심적 지배집단 사이의 문화적 결속·조합·이해의 연결 관계를 의미했기 때문이었다.

그러나 행동주의 교육학을 문화적 식민주의의 관점에서 파악하는 입장들 역시 한 가지 미진한 점을 남겨놓고 있었다. 그들은, 한국 교육의 행정, 제도적 혼란이 행동주의 교육학에 의해 유도되었다는 강력한 자료(hard data)를 제공하지 못하고 있었다. 또한, 한국 교육계의 문제가 행동주의 교육학에 의해 방조되었다는 직접적인 증거들도 쉽사리 제공할 수 없었다. 다시 말해서, 문화적 식민주의의 관점으로 행동주의 교육학을 비판하는 이론가들이 한국 교육계의 혼란과 와중이 외국의 교육적 지배집단과 국내의 교육적 지배집단의 이해관계와 착취를 위해 방기, 혹은 통제되어왔다는 직접적·전반적인 실증적 사료들을 체계 있게 확보하고 있었던 것은 아니었다. 문화적 식민주의의 관점을 갖고 있는 교육이론가들이 직접적 전반적인 사료들을 포착할 수 없었던 이유가 있을 수 있었다. 첫째, 행동주의 교육학자들이 학문적·기술적으로 교묘했었기 때문일 수도 있다. 둘째, 행동주의 교육학을 비판하는 교육학자들이 학문적·전술적으로 행동주의 교육학의 발전에 둔감했을 수도 있었다. 그러나 이런 두 가지 입장은 행동주의 교육학이 한국 교육계에 끼친 공과를 판단할 수 있는 사료확보의 부진함을 설명하는 데 부적절할 수 있다. 왜냐하면 행동주의 교육학자나 비판자들은 한국 교육학계에서 서로가 서로를 잘 이해하고 있었기 때문이었다. 또한, 서로가 학문적 성숙을 위해 서로 다른 교육학적 입장을 견제하는 식으로 대처해 왔었기 때문이었다. 따라서 행동주의 교육학자가 교묘하다든가, 비판하는 학자들이 행동주의 교육학에 둔감하다는 판단은 너무 낭만적인 셈이었다. 결국 다른 입장으로 외국의 교육이론·사조의 수입과 한국 교육계의 문제를 조경할 필요가 있는 셈이었다. 새로운 입장은 그러한 사료들을 발전하지 못했던 것이 당연했을 것이라는 입장을 견지하고 있다. 왜냐하면 두 가지 이유가 있기 때문이다. 첫째, 결코 행동주의 교육학이, 국내의 중심적 교육학자들의 사회·문화적 이해관계와 국의 중심국 교육학자들의 사회·문화적 이해관계와의 연결만을 위해서 한국 교육계에 이식되었을 리는 없었기 때문이다. 둘째, 한국 교육계를 혼란시키기 위한 촉매적인 역할을 강당 할 목적으로 행동주의 교육학이 한국에 도입되었을 리도 없었기 때문이다. 왜냐하면 행동주의 교육학자들의 학문적 입장 역시 한국교육의 성장과 발전을 위한다는 대의명분들을 독자적으로 견지·확보했었을 것이기 때문이었다. 다시 달해서, 자기들의 학문적·사회적 주도권 장악에 대한 이해관계가 우선했을 것이기 때문이다.

만약, 이런 판단이 과장되어 있는 것이 아니라면, 문화식민주의의 입장으로 한국의 전반적인 문화, 정치, 교육을 판단하는 시각은 최소한 세 가지 점에서 새로이 검토되어야 할 것이라는 합의를 얻을 수도 있게 된다. 다시 말해서, 종속이론가들에 의한 문화적 식민주의 관점은 최소한 세 가지 약점이 있다고 판단된다.

이제, 종속이론가들이 교육을 문화적 식민주의의 편법으로 파악하려는 시각을 세 가지 입장에서 새로이 검토해 보자. 첫째, 종속이론가들은 주변국과 중심국을 획일적으로 양분하려 한다. 그 기준으로 경제학적 지표를 활용한다. 빈·부의 차이로서만 주변, 종속국을 가르려 한다. 즉 경제성장의 규모와 양태에 입각, 국가들을 선진과 후진, 중심과 종속으로 나누려 한다. 결국 종속·중심국 사이의 관계를 획일적인 2분법으로 기술하는 셈이다. 즉 가난과 부유, 미개와 문명 등의 2분법적 기준만을 사용한다. 그러나 획일적인 경제적 지표에 의해 종속·중심국이 양분된다고 해도 문제는 풀리지 않는다. 왜냐하면 양국 사이의 종속적인 혹은 의존적인 관계는 중심국과 중속국 사이에만 한정되어 나타나는 현상이 아니기 때문이다(참고: Mendel, 1970). 중심국가들 사이에도 예의없이 어느 정도의 종속현상은 나타난다. 예를 들어 중심국 역시 공업·기술면에 있어서 외국기술에 종속적인 태도를 갖고 있음에 유의할 필요가 있다(참고: Lall, 1975). 따라서 종속의 개념보다도 상호의존의 개념이 국가 간의 문화적 이해관계를 설명하는 데 보다 유용한 셈이다. 즉 협조가 늘 복종을 의미할 수는 없는 셈이다.

둘째, 중심국과 주변국 사이의 소비양식의 유사성이 의존적인 관계에 의한 결과라는 종속이론가들의 논지를 주장할 만한 강력한 증거가 범세계적으로 미비한 형편이다. 물론, 식민지 경험이 현재까지 지속되는 몇몇 국가 사이에 나타나는 식의 종속관계가 없는 것은 아니다. 그러나 범세계적으로 소비성향, 멋, 유행 등의 공통성은 현대적 매체와 공학의 발달, 여행수단의 향상 등에 의해 가속적으로 추진되어 왔다. 이것을 부인할 수만은 없다. 또한, 한 나라 안에서도 서로 다른 계층은 서로 다른 멋, 유행양식, 소비성향을 갖는다. 즉 서로 다른 소비성향은 한 나라의 사회, 문화 등의 역사적·구조적 특성과 심층적으로 연관되어 있다. 이점 역시 필요 이상으로 부정될 수도 없다.

셋째, 종속이라는 하나의 가설적 개념 수준의 기준으로서 개발도상국이 갖고 있는 사회발전, 그에 따르는 갈등의 다양한 유형과 내적인 문제를 일방적으로 개발국과 저개발국가 사이의 종속적 관계의 결과로 해석하는 종속이론가들의 논리는 너무 낭만적일 수도 있는 셈이었다.

결국 종속이론가들의 주장을 어느 정도 받아들인다 해도, 한 국가의 교육문제에 대한 이해는 새로이 검토될 필요가 있는 셈이었다. 선진국의 문화적 이해관계를 이식·부식시키기 위해, 후진국의 지배계급이 학교교육을 활용·통제한다는 견해는 후진국의 식민지적 경험 유무에 따라 질적으로 다르게 파악되어야 한다. 또한, 식민지 경험을 탈피·극복한 국가의군사적·정치적·사회적 조건도 충분히 고려되어야 한다.

만약, 종속이론가들의 세 가지 약점이 어느 정도 극복된다면, 문화적 식민주의 관점으로 한국 대학교육을 실명하는 입장은 최소한 두 가지 점에서 한국 대학교육 문제의 파악에 대해 중요한 시사점을 제공할 수 있을 것이다. 첫째, 근대화된 전형적 한국 대학교육의 모습은 대학 설립 당시부터 한국교육 현실을 반영하고 있는 것만은 아니었다라는 점을 어느 정도 뚜렷하게 시사 받을 수 있다. 외국제도의 이식에 불과했다는 점을 발견할 수도 있다. 이런 판단은 역사적으로 타당할 것 같다. 왜냐하면 근대적인 한국 대학의 이념, 교육과정, 행정제도, 교수, 학생에 관한 학사 등은 외국으로부터 이식된 것을 수용, 수정시킨 것에 불과하다는 판단이 가능했기 때문이다. 이 견해는 한국 고등교육사에 뚜렷이 부각되고 있었다. 예를 들어 교육사학자들의 판단에 의하면, 일제시대의 고등교육기관은 일제의 중심세력에 의해 통제되어 왔다. 일제식 고등교육을 받은 조선의 지식층은 사회의 중심세력이 되었다. 이들은 조선의 가치·기술은 낙후된 것으로 조선의 국민들에게 소개했다. 새로운 가치와 기술을 일제로부터 인식 받기 위해 이들 지배중심 세력은 일제의 두뇌와 기술의 도입을 추진했다. 혹은, 필요에 따라 두뇌가 유출되기도 했다. 조선의 문화계 역시 출세의 본고장은 일본이었다. 따라서 저선의 교육제도는 조선 고유의 특성을 상실할 수밖에 없었던 것이다. 결국 Memmi(1965)가 주장하는 것 같이, 조선에서 가르쳐지고 있었던 역사는 조선의 역사가 아니었다. 모든 것은 조선 밖에서 일어난 것으로 생각되게 되었던 것이었다. 교과서는 조선 것을 생각하지 않게 하는 세계에 대해 이야기하고 있었다. 조선의 선각자들 역시 그들의 조상과, 아버지가 받은 교육·역사적 교훈을 따르지 않았다. 결국 더 이상 교육적 선각자들은 조선의 청년들에게 희망을 주는 계승자들로서 존재할 수 없었다(참고: 한준상, 1982).

따라서 한국의 문화식민주의론자들의 관점은 일제 식민지 교육과 한국의 교육을 점검하는데 어느 정도 옳은 셈이 된다. 왜냐하면 교육에 의해 한국 교육의 문화, 규범, 가치가 변질되었다는 사실을 일본제국주의의 조선침략사에서 발전할 수 있기 때문이다. 그러나 문화적 식민주의를 비판하는 사람들의 도움이 없이도 우리는 식민지 교육의 모습을 이해한다. 한국의 피식민지적 교육경험의 세 가지 부정적 교훈을 피부로 느끼기 때문이다.

즉 첫째, 일본제국주의자들과 제국주의자들의 입장을 옹호하는 일제 및 조선의 교육자들은 여과교육 정책(screening educational policy)을 조선교육의 지침으로 삼았다. 조선의 특수 지배층만을 선정, 교육시키려고 했었다. 특수 지배층의 자녀에게 수용·인식된 일제의 문화·가치가 선각의 징표로서 인정된 것도 사실이다. 선각자들은 무지몽매한 조선의 대중을 교도 하도록 교육받았다. 따라서 여과교육 정책은 조선 민중교육의 필요성을 부정하는 문화적 착취·이식정책이었던 것이다.

둘째, 일제 및 조선의 교육관리자들은 고등교육기관을 관료 양성기관으로 만들었다. 관료기관과 조선인 관료들에게 각종 명예와 특권이 베풀어졌다. 따라서 이미 풍류, 멋, 지식, 글놀이에 익숙해 있던 고등 지식인인 유한계급(leisure class)으로서의 일부 선각자들은 새로운 고등교육기관에 참여하려고 최선을 다했던 것이었다.

셋째, 조선의 고등교육기관은 일본식 고등교육기관의 분신으로 등장하기 시작했다. 건물의 규모·구조, 교수진의 권위, 학문적 흐름마저 일본의 학문적 정통성을 대변하고 있었다. 따라서 고등교육기관의 주요과업은 조선의 산업을 위한 새로운 기술전파·혁신일 리가 없었다. 단지, 조선의 고등교육기관의 임무는 보조적 지도자로서의 자질을 보충하는 학위수여에 집중되어 있었다. 결국 종속이론자들의 교육관은, 조선 교육계에 끼친 일제 식민주의의 문화적 식민주의에 관한 한, 우리의 상식적 견해와 거의 일치되는 셈이다.

따라서 대학역사라는 거울 속에 나다난 한국 대학교육의 모습은 외국 대학의 모습 혹은 외국 대학의 잔영이 남기고 간 앙금을 반영하고 있었던 셈이었다. 물론, 역사라는 거울이 잘못 된 것일 수도 있었다. 그러나 거울은 만들어진 도구에 불과한 것임에 주목해야 한다. 보임을 주기 위해만 들어진 도구는 그곳에 비친 불체를 그대로 보여 줄 뿐이다. 거울이라는 역사를 아무나 만드는 것도 아니다. 따라서 누가 이 거울을 만들고, 누가 한국 대학의 모습을 분장시켰는가에 대한 문화식민주의론자들의 질문은 타당할 수가 있는 것이다. 만약, 이 문제에 적절한 해답이 찾아지지 않는 한, 한국 대학교육이 당면해 왔던, 당면하게 필 문제들(issues)은 풀리지 않을 것이다. 단지, 문제는 계속적으로 누적될 뿐일 것이다.

결국 한국 대학교육은 적응하기에 여념이 없었을 것이라는 두 번째 부정적 교훈을 문화식민주의론자들의 입장으로부터 제시받을 수 있었다. 다시 말해서, 외국 대학의 모습·제도·교육과정이 변하면, 한국의 대학제도, 교육과정 역시 시차적으로 변형되기에 여념이 없었을 것이라는 가정이 가능했다. 예를 들어 교육정책에 참고자료로서 제공되는 비교교육학적 연구결과들의 입장은 한 가지 점을 뚜렷이 부각시키고 있었다. 외국의 대학교육 제도에 관한 비교교육학적 고찰의 결과들은 두 가지 관점에서 한국대학교육에 소개, 도입되어야 할 것을 전제로 삼고 있었다. 첫째, 원인론적 입장에서 외국의 대학제도가 한국대학교육계에 소개되고 있었다. 다시 말해서, 한국의 현재의 대학조건과 상황에는 외국 것을 흡수할 만한 능력과 조건이 구비되어 있지 않다. 따라서 이러한 한국의 조건과 능력이 정비·향상되어야만 한다는 입장이 제시되고 있었다. 즉 한국 대학교육이 낙후된 원인을 극복하기 위해 외국의 교육제도가 도입되도록 처방되고 있었던 것이다. 둘째, 목적론적인 입장에서, 외국의 대학제도는 한국 교육계에 수입되도록 비교교육학적으로 처방되고 있었다. 외국의 대학제도, 교육제도와 견주기 위해 외국의 대학·교육제도가 수입되어야 한다는 입장이 제시되고 있었다. 즉 한국 고등교육의 발전을 위해 외국 교육제도가 참고용으로 처방되는 것이었다. 이러한 두 가지 견해는 한국 교육학 연구계에서도 발견된다.

예를 들어 이규환(1973)의 조사에 의하면, 한국의 비교교육학회는 1968년에 창립되었다. 한국 비교교육학회의 설립은 유럽, 미국, 일본 교육계와 거의 동세기적이었다. 즉 유럽 비교교육학 협회는 1961년에 창립되었다. 미국 비교교육학회는 1950년에, 일본의 비교교육학회는 1965년에 창립되었다.

한국 비교교육학회의 창립은 합목적적이었다. 왜냐하면 "한국에서는 구라파에서 장기간을 통해 이룩한 것을 단시일 안에 이룩하려니까, 이를테면, 학문의 근대화를 지름길을 거쳐 성취하려" 참고: 이규환, 1973, pp.175-176)고 한국 비교교육학회를 창설했었기 때문이었다. 이 당시 한국 비교교육학회의 내용들은 외국교육을 시찰한 인사들의 견문기, 인상기, 참관기 등으로. 편성되었다. 이런 활동은 비교교육학회의 주요활동인 것으로 판단되었다. 학문적 성숙을 위해 한국 비교교육학회(후에, 한국교육학회 산하 비교교육학연구회로 개칭)는 월례발표회도 활발하게 개최했다. 월례발표회에서 발표된 내용도 다양했다. 그러나 아시아 교육제도에 관한 것이 주종을 이루었다. 내용·국가별로는 일본의 교육제도에 관한 잡다한 사실들이 가장 많이 소개, 취급되었었다 (참고: 이규환, 1973, p.205).

원인론적 혹은 목적론적 비교교육학의 연구·고찰과 의견제시는 외국 교육제도의 한국수용을 전제로 한 처방이라는 점에 주목할 필요가 있었다. 즉 한국의 대학교육을 이해·판단하기 위한 기준이 외국 대학교육제도이었다는 데 주목할 필요가 있는 것이다. 예를 들어 한국교육십년사 간행회(1960)에 의하면, 한국 고등교육 제도는 미국의 고등교육 제도를 모방한 것이었다. 서울대학교 종합대학안도 학제상 미국학제를 모방했다. 대학에서 가르칠 교육내용으로 채택된 일반 교양과목도 미군정청이 특별 배려한 것이었다. 한마디로 한국 고등교육 기관이 미국의 교육내용을 차용한 셈이었다. 결국 일반 교양과목에서 영어는 제1외국어의 위치를 굳히게 되었다. 교육제도 역시 기본적으로 미국제도를 이식했다. 단과대학과 종합대학교의 분류·명칭 역시 미국의 것을 모방했다. 정부수립 후 반포된 교육법(1949년 12월 31일) 역시 미군정 당시 미국으로부터 이식, 실시했던 교육제도와 내용을 재답습하는 것을 확인하는 것에 불과했었다. 결국 한국의 대학교육은 외국 대학제도와 내용에 끊임없이 적응하도록 강요당하고 있었던 셈이다. 따라서 한국 대학교육의 전개는 적응의 역사로서 구체화되었을 가능성이 있었던 것이다. 결국 한국 대학교육의 적응성에 간한 문화식민주의적 관점 역시 어느 정도 타당성을 입증하고 있는 셈이었다.

역사적 타당성에도 불구하고, 문화식민주의론자들은 한 가지 실명을 보류하고 있다. 왜 한국 대학교육이 외국제도 수입과 적응 일변도이어야만 했는가? 이에 대해 분명한 설명을 결여하고 있었다. 이 문제는 문화적 식민주의의 관점으로서는 제한적으로 설명될 뿐이다. 왜냐하면 한국대학교육의 문제, 외국사조에의 적응 일변도인 한국 대학교육의 문제는 한국의 사회사상과 교육사의 관점으로 조명되어야 되기 때문이었다. 다음 장은 미군정 당시부터 1950년대 말까지 회자된 제한된 교육관계 자료를 중심으로, 왜 한국 대학교육이 외국 교육제도, 교육전문가들의 처방에 적응 일변도이어야만 했는가 하는 이유를 논의한다. 적응 일년도 정책에 관계한 개혁가, 식자들의 문화적·정치적 전략 등도 간접적으로 논의되게 된다. 한국 교육개혁가, 대학교육 관계자들의 이해관계에 대한 논의는 한국 대학교육 문제에

대한 문화식민주의론자들의 이론적 한계를 점검·보강하는 데 도움
을 줄 수 있을 것이다.

3. 敎育界 指導者들의 改革意志

　본 장에서는 왜 한국 대학교육이 문제투성이일 수밖에 없었는가를 논의하게 된다. 특히, 한국 대학교육의 한계를 교육의 사회학적 관점에서 논의하게 된다. 한국 대학교육 전개상의 역사적 한계를 점점하기 위해 본장은 세 가지를 논의한다. 첫째, 한국 대학교육의 성립과 발전을 촉진했던 지도자, 개혁자, 교육전문가들의 전문성·개혁의지를 논의한다. 둘째, 일부 사립 고등교육기관 운영자의 기업성을 논의하게 된다. 셋째, 한국 대학생들의 특권의식을 논의하게 된다. 본 장은, 궁극적으로, 개혁자의 의지, 대학운영자의 의지, 대학생의 의지가 결코 극민이 겪을 수 있는 불행과 희생을 감소시키는 방향에서 현실화되지 않았을 가능성을 논의하게 된다.

　본 장의 첫머리는 이렇게 시작되어야 할 것이다. 미군정청의 과도기적 정부수립 아래 나타난 한국 대학의 발흥은 국민들의 입장을 대변하는 것이었는가? 즉 일반 국민들이 염원했던 대학교육을 전개·실시하기 위해 일련의 국민적 의사 및 견해가 집약·수렴된 적이 있었는가?

　판단은 셋 중의 하나일 것이다. 그렇다, 그럴는지도 모른다, 혹은 아니다 중의 하나가 될 것이다. 본 연구는 두 가지 극단적인 입장을 배제한다. 즉 아니다와 그렇다라는 판단을 배제한다. 왜냐하면 주요 한국고등교육사(참고: 오천석, 1964; 김종필, 1979; 한국교육십년사 간행회, 1960)는 한국 대학의 발전과정이 전반적인 국민적 의사, 견해, 판단을 수렴한 적이 있었다는 사실을 강변해 주고 있지 않기 때문이었다. 또한, 적극적으로 국민들의 견해를 부정·무시했다는 뚜렷한 증거도 포착하기 어려웠기 때문이다.

한국의 대학교육 제도는 외국유학의 경험이 있는 지식인들에 의해 처음부터 의욕적으로 처리되었음을 보여 줄 뿐이었다. 예를 들어 미군정청 당국은 1945년 11월 100명으로 구성된 교육심의회를 설치했다. 이때부터 한국교육의 문제는 본격적으로 논의되기 시작했다. 교육심의회에는 10개의 독립 분과위원회가 설치되어 있었다. 교육이념 분과를 제외한 나머지 9개 분과에는 군정관계 미군장교가 최소한 1명 이상씩 끼어 있었다. 특별히, 고등교육 분과에는 2명의 미군측 장교(크로프트 소령과 고든 소령)가 관여하고 있었다(참고: 오천석, 1964). 고등교육 분과 위원은 6명이었다. 미국인 장교 2명을 제외한 한국인 4명은 백남훈, 유진오, 김성수, 박종홍이었다. 반면, 교육제도 분과는 김준연, 김원규, 이훈구, 이인기, 유억겸, 오천석, 에레토해군 소령이 위원이었다. 이들 7명의 교육제도 분과위원들의 학력은 고등학교 이상이었다. 예를 들어 일본유학자가 3명이나 되었다. 일본과 미국에서 공부했던 사람도 2명이었다. 일본과 독일에서 유학한 식자도 1명이나 있었다(참고: 오천석, 1964, p.404). 한마디로 외국 유학 경험이 있는 식자들이 한국의 교육을 논의했던 것이었다.

교육이념 분과위원들은 즉각적으로 한국 교육이념을 논의했다. 교육이념을 구체화할 수 있는 교육방침도 논의했다. 논의·발의된 교육이념, 실천방안들이 전체 교육심의회에 회부되었다. 교육심의 회는 별 이의 없이 교육이념 분과에서 발의한 교육이념과 교육방침을 결의·채택했다. 결의된 교육이념은 홍익인간의 교육이념이었다. 즉 한국교육은 "홍익인간의 전국이상에 기하여 인격이 완전하고 애국정신이 투철한 민주국가의 공민을 양성"(참고: 오천석, 1964, p.401)하는 건국신화적 사상을 한국 교육정신으로 삼게 되었다. 그러나 홍익인간 이념의 발의는 선각자, 지도자, 교육자들의 순간·집약적인 발상의 결과인 것 같았다. 왜냐하면 홍익인간 이념을 제안했던 백낙준은

홍익인간 이념의 제안과정을 이렇게 회고하고 있었기 때문이었다;

> "여러분들이 교육이념을 두세 개 제출해 가지고 토론했는데, 처음
> 에는 우리 교육이념이 될 만한 것을 하나도 발견하지 못하였습니다.
> 그러다가 나중에 어떻게 되어서 내가 생각이 나서 '홍익인간'이라고
> 정하는 것이 어떠냐고 말할 때, 그때 모두가 좋다고 하였습니다."
> (백낙준, 1963, p.93; 한기언, 1973, p.450)

결국 한국 대학교육에 관한 국민들의 견해와 의사의 반영과정이 교
육심의회에 반영되지 않았다는 판단을 주장할 수만은 없는 셈이었다.
왜냐하면 해방 당시 대학교육 정책에 관여했던 사람 가운데는 한국인
학자·교육자들도 있었기 때문이었다. 예를 들어 미군정 초기 미군정
당국은 한국교육담당 Lockard 대위의 영향력 아래, 한국교육위원회
(The Korean Committee on Education)를 발기시켰다(1945년 9월 16
일). 한국교육위원회는 7명으로 구성되었다. 이들 7명은 각 교육분과
를 관장했었다. 예를 들어 초등교육(김성달 담당), 중등교육(현상윤 담
당), 전문교육(유억겸 담당), 교육전반(백낙준 담당), 여자교육(김활란
담당), 고등교육(김성수 담당), 일반교육(최규동 담당) 등의 7개부서가
한국교육위원회에 설치되었다. 11월에는 3명이 더 추가되었다. 즉 윤
일선(의학교육담당), 조백현(농업교육담당), 정인보(학계 대표)가 한국
교육위원회에 참여하였다. 한마디로 이들 10명은 한국의 문화계, 사회
계, 교육계를 대표하는 지도자, 선각자, 전문가들이었다(참고: 오천석,
1964; 김종필, 1979). 즉 자기들이 갖고 있는 교육에 관한 가치나 의미
를 세상에 맞게 편성하거나 합리화시킴으로로써, 한국인이 전개할 사
회·정치·경제·교육적 활동에 확신을 보장·재해석시킬 수 있는 지
성적 전문가들이었다(참고: Weber in Gerth & Mills, 1972).
　한국교육위원회 위원들이 "해방 후 제시했던 교육의 지도이념은
전래의 교육사상에 도전하는 반항정신"(참고: 오천석, 1973, p.208)
과 일맥상통했었다. 왜냐하면 선각자들의 교육이념, 교육정책은 혁신

적, 개혁적, 반항적인 것처럼 제시되었기 때문이었다. 그러나 이들 역시 국민의 한 사람이었다. 따라서 국민의 입장에 서서 대학교육의 문제를 선각적·개혁적으로 논의했다고 해석될 수도 있는 셈이었다.

그러나 두 가기 판단은 너무 낭만적인 것 같았다. 왜냐하면 이들은, 교육에 관한 한, 선각자·지도자·전문가들이었기 때문이었다. 비공식적인 정치가들이었다. 보수주의적 경향이 짙었던 정치가·개혁가들이었다(참고: 민주주의 민족전선, 1946). 학문적으로, 이들은 미래를 예견할 수 있고 다스릴 수 있었다. 정책적으로도 처방할 수 있었던 인물들이었다. 현실적으로, 훈련된 눈으로 교육의 문제를 처리할 수 있다고 판단되었던 한국의 식가·교육자들이었다. 전문가들인 이들은 한국의 교육적 사태와 문제를 비교적 객관적으로 판단해야만 했었을 것이다. 또한, 객관적 판단에 따라, 합리적인 교육처방을 내려야만 했었을 것이다. 왜냐하면 이들에게는 이미 평범한 국민의 감정을 벗어난 교육전문가로서의 공인(公人)스런 입장이 요구되고 있었기 때문이다.

Larson(1977)에 의하면, 전문가 집단은 두 가지 점을 대중에게 부각시키는 특성을 갖고 있다. 첫째, 전문가 집단은 전문성(professionalism)을 강조한다. 전문성을 강조하기 위해, 전문가들은 자기들이 갖고 있는 기식과 기술이 표준화된 것(a standardized commodity)이라고 주장한다. 전문가 집단들이 전문성을 갖고 있다는 사실을 대중에게 확인시키는 작업은 간단하다. 전문가가 일정한 분야에서 특수한 지식을 기초로 전개하는 전문활동은 아무나 할 수 없다는 것을 인식시키면 된다. 또한, 전문성은 아무 곳에서나 구하거나, 발휘할 수 있는 것도 아니다라는 인식을 불어넣으면 된다. 따라서 둘째, 전문성을 발휘할 수 있는 전문가를 양성하는 일이 중요하다. 결국 전문가의 수를 제한시키는 일이 전문가 집단에게 있어서 중요한 것이다. 전문가를 양성하기 위해 전문적 능력(professional competence)이 강조되게 된다. 천문영역에 속한 내용, 사실, 문제 등을 다 볼 때에는 전문가와 대중 사이에는 어느 정도 대화의 단절이 불가피하게 된다. 왜냐하면 전문가들은 전문성에 입각한 처방을 내려 주는 역할을 발휘하는 사람들로 간주되기 때문이다. 대중은 전문가들이 처방한대로 마르도록 강요받게 되는 것이다. 만약, 이 주장이 어느 정도 옳다면, 한국 대학교육에 관한 결정은 사사로운 일반 교육전문가, 정치지도자의 안목과 식견을 넘어서는 것이어야 했을 것이다. 고등교육에 관한 교육지도자, 전문가들의 입장과 더불어 고등교육 정책은 합리적·지성적인 사고방식으로 한국사회에 도입되었을 것이라는 판단이 가능하게 된 셈이었다. 지도자나 전문가들은 일반 대중의 의사를 의도적·의식적으로 반영할 필요가 없었을 것이라는 판단이 가능한 셈이었다. 또 한번, 이런 판단이 옳다면, 한국의 고등교육 정책은 초기부터 일반 국민의 의사, 견해가 무시된 채 제시되었을 것이라는 판단이 배제될 수만도 없는 셈이었다. 고등교육에 관한 정책적 정보도 제한된 소수들에게만 제공되었을 것으로 예측된다.

결국 한국 고등교육정책의 출현은 두 가지 입장으로 요약될 수 있었다. 첫째, 한국 고등교육은 교육자, 선각자, 전문가, 사회·정치적 지도자의 구국이념을 표방하는 양식으로 출현되었을 것이다. 왜냐하면 구국이념은 지도자 배출을 위한 대학이념과 일맥상통하고 있었기 때문이었다. 둘째, 구국적 상징으로서의 대학교육 및 교육기관설립은 지성인들의 합리적 사고방식 속에서는 논의되었을 것이다. 대학제도, 교육과정, 행정기구 등에 대한 비교교육학적 관찰, 경험, 지식을 기초로 한 고등교육 정책이었을 것이다.

따라서 구국에 대한 대의명분, 현대적·과학적 지식과 기술을 참고 한 대학교육에 대한 전문가들의 견해를 일반 국민들이 의심·부정할 수는 없었을 것이다. 왜냐하면 지도자와 전문가들에 의해 제시된 대학교육관을 의심하는 것은 사회적인 규범과 결속력을 위한 지도자, 전문가들의 구국적 노력을 의심하는 것과 일맥상통하는 것으로 판단될 수도 있었기 때문이었다. 만약, 교육전문가, 지도자, 선각자들의 고등교육관, 고등교육 정책을 의심하는 사람이 있다면, 그는 두 가지 점을 의식했어야 했었을 것이다. 첫째, 사회적 일탈자(social deviant)로서 낙인찍혔을 것이다. 왜냐하면 구국적 사회이념을 거부하는 것으로 판단되기 때문이었다. 의심하는 자는 인재를 배출하기 위한 대학교육과 구국정신에 대한 부정적인 태도를 보여주는 것이었기 때문이었다.

둘째, 무능력자(incompetent)로서 판단되었을 것이다. 왜냐하면 전문성이 결여된 채 의심하는 사람들이란 전문가·선각자적 지식, 지혜, 기술을 제대로 소화시킬 수 없는 사람들임을 스스로 노출시키는 것으로 이해될 수 있기 때문이었다. 따라서 그 누구도 이들 선각자, 지도자, 교육전문가들의 대학교육 정책을 부인하거나 반대하지 못했을 것으로 판단된다. 다시 말해서, 교육전문가들이 소개하는 새롭다고 판단된 외국의 대학교육제도, 이념, 현상 등을 소개하는 그대로 수용했었어야 했을 것이다. 그러나 이들 전문가, 교육자, 선각자들이 외국으로부터 수용, 변형한 한국 고등교육체제가 그 다음 세대가 무감각하게 당할 수도 있는 고통과 불행을 억제, 감소, 또는 제거시킬 수 있는 모습으로 제시·조직되었다고 판단될 수 있었는가? 한번쯤은 생각해 보아야 될 문제인 것 같았다. 만약, 이 문제에 대한 적절한 대답이 있다면, 우리는 한국 고등교육의 문제가 왜 풀리지 않고 있는가를 알게 될 것이다.

해방 당시의 대학 교육전문가 들은 한국 대학의 사명을 세 가지로 제시했었다. 첫째, 학술하는 사람의 양성, 둘째, 지식을 응용·연구하는 사람의 양성, 셋째, 지도적 인격 소유자의 양성이었다. 미군정청의 문교부장과 정부수립 후 문교부장관이 각기 제시했었던 대학교육의 목적도 지도자 양성이었다. 인재양성에 관한 의지는 한국의 정부수립 후 제정·실시된 교육법에도 그대로 반영되고 있었다. 즉 "대학은 국가와 인류사회 발전에 필요한 학술의 심오한 이론과 그 광범 정치한 응용방법을 교수·연구하며, 지도적 인격을 도야"(참고: 한국교육십년사 간행회, 1960, p.91)하는 고등교육 기관이어야 했다. 세 가지 사명은, 한마디로 인재·엘리트를 양성해야만 하는 것이었다.

미군정 및 한국 정부수립 후 교육선각자들이 부각시키려고 했던 인재(엘리트)들은 최소한 두 가지 모습을 갖고 있어야 했다. 첫째, 도덕적으로 건전해야 했다. 한마디로 인재들은 사회적 일탈자가 되지 말아야 했다. 다시 말해서, 선각자들이 제시했던 이념, 규범 등으로부터 떨어져 나가면 엘리트로서의 자격은 손실될 수밖에 없었다. 둘째, 유능해야만 했다. 현대적 공학기술, 인문·사회과학적 지식을 유효적절하게 사용, 응용할 수 있는 사람들이어야 했다. 한마디로 이들 새로운 인재들은 선각자의 모습을 재현하는 형식으로 양성되어야만 했던 셈이었다. 엘리트의 조건은 유능함을 보여 주는 것이었다. 여러 부문에서 일등을 하면 할수록 더욱더 인재·엘리트다울 수밖에 없었다. 한마디로 대학교육을 통해 배출되는 엘리트들은 구국의 주역으로서, 국민이 애꿎게 당할지도 모르는 고통을 제거하여 살기 좋은 사회를 구축할 것으로 판단되고 있었다.

그러나 이런 판단은 처음부터 잘못된 것일 수도 있었다. 왜냐하면 인재들은, 일반 국민이 경험할 수 있는 고통을 경감시킴으로써 나타나게 된 차연인일 수는 없었기 때문이다. 다시 말해서, 엘리트들은 국민의 불행과 고통을 전제로 사회, 정치, 교육기관이라는 사회인간 생산공장에서 만들어진 제품과 같다고 비유될 수 있었기 때문이다(참고: 오천석, 1964).

결국 영거·인재양성에 대한 대학교육의 철학적 안목은 일반 국민의 고통을 암시하고 있는 셈이었다. 왜냐하면 교육기관이 일반 국민의 고통을 제거할 수 있는 모습으로 조직된 사회체제일 수만은 없었기 때문이었다. 대학교육이 국민의 고통과 불행을 제거할 수 없다는 말은 최소한 두 가지 입장에서 재음미해 볼 수 있다. 첫째, 철학적으로 대학교육은 국민이 경험 할 수 있는 불행을 제거하지 못하고 있다. 둘째, 경제적으로도 대학교육은 일반 국민의 희생을 감소시켜 주지 못하고 있다. 왜냐하면 무엇보다도 1등이 되기 위해서는 2등이 있어 주어야 했기 때문이었다. 다시 말해서, 1등이 있기 위해서 꼴찌는 필연적으로 만들어져 있어야했다. 결국 1등의 생산을 강조할수록 꼴찌 역시 양산되어야 한다는 필연성이 당연해지는 것이었다. 따라서 엘리트 배출을 강요하는 사회정치적 힘은 대학교육 현장을 모순투성이로 만들어 놓을 수밖에 없는 셈이었다. 왜냐하면 대학교육은 두 가지 서로 상반되는 기능을 조직하여 의도적으로 완성시키는 곳이어야만 했기 때문이었다. 즉 일등과 꼴찌를 의도적으로 구분해야 하는 것이었다. 또한, 일등과 꼴찌를 의도적으로 생산해 놓는 곳이어야만 했기 때문이었다. 예를 들어 대학생 선발로 나타나는 대학 입학자와 탈락자 사이의 구별은 삶의 양식, 경제적 부, 지위를 판가름 하는 것으로 인식된다. 다시 말해서, 꼴찌와 일등이 받을 수 있는 사회경제적 보상의 차이가 제도화됨을 의미하게 된다. 대학교육의 과정 역시 예외가 아니다. 왜냐하면 대학교육 과정을 통해 일등과 꼴찌는 정선된 모습으로 구분되어 생산되기 때문이다. 예를 들어 입학생 선발 과정에서의 탈락자에게 붙여지는 의미는 단순하기 마련이다. 왜냐하면 인재라는 상품을 생산하기 위한 원료로서는 무엇인가 부적절 하다는 의미가 스며있기 때문이다. 반면, 대학교육 과정에서 낙오되는 꼴찌들은 인재라고 불리우는 상품으로서의 가치가 떨어지는 불량품으로 간주된다. 즉 어디엔가 흠집이 있고 규격에 맞지 않는 불량품으로 판단된다. 결국 대학 교육 과정에 의해 1등과 꼴찌가 의도적으로 생산된다는 주장은 논리적으로 타당성이 있는 셈이다. 일반적으로, 대학교육은 꼴찌의 처우에 무감각하기 마련이다. 예를 들어 꼴찌에 대한 특별예우는 대학의 현대화와 동일한 속도를 유지하고 있는 것 같다. 대학들이 최근 꼴찌들을 위해 일반적으로 마련하는 대책들을 예로 들어 보자. 그것은 학사징계 기준의 강화(참고: 중앙일보, 1981. 2. 4, p.7) 같은 것들이었다. 즉 학생들의 평량평균에 대한 기준평점을 높이는 방법이 제안되기도 했다. 또한, 일반

학사경고 강화세칙을 만들고, 집행하는 일들도 활용되고 있다.

결국 대학은 학사징계소와 비슷한 일들을 수행하고 있는 셈이다. 예를 들어 한국 대학은 1979년 현재 대학인구 20명당 1명꼴로 징계하고 있었다. 한 신문보도(참고: 일요신문, 1979. 9. 23, p.17)에 의하면;

"서울대학교의 이번 학기 학사징계 대상자는 총 4백9명, 이 가운데 학사경고가 354명, 근신이 31명, 제명이 24명이다. 이는 지난 학기의 3백50명 보다 59명이 증가된 숫자이다. 각 단과대학 별 학사징계자를 보면, 공대가 1백 40명으로 가장 많고, 다음 자연대 67명, 농대 45명, 사대 44명 순이며 공대의 경우 지난 학기보다 3배 이상 증가한 것으로 나타났다. 이번 학기의 학사제명자 24명은 지난 학기의 19명에 비해 5명이 늘어난 것이다.

연세대는 평점 1.50 미만인 학생 5백 17명에게 학사경고조치를 내려 78학년도 2학기의 1백 70명보다 무려 3배에 가까운 학생들을 징계했다.

고려대는 학부 총 9천 7백 9명 가운데 6백 61명을 무더기로 징계, 학사경고 조치를 내렸는데 이는 학생 16명당 1명꼴로 작년 1학기보다 6.2%가 증가한 숫자이다.

또 숙명여대도 지난 학기 24명의 배가 넘는 52명에 대해 학사경고를 했고, 서강대도 지난 학기보다 1.5배가량 증가한 3백 8명을 학사경고 조치하고, 5명을 제적시켰다. 명지대는 36명을 무더기로 제적했는데 이중 28명이 군사교육 12시간 이상을 불참한 교련학점 미달자이었다.

이밖에도, 건국대 1백 82명, 동국대 2백 32명, 세종대 1백 70명, 홍익대 2백 23명, 외국어대 47명, 성균관대 5백 91명, 서울여대 34명, 덕성여대 30명 등이 학사경고를 받은 것으로 알려졌다."

한마디로 학사경고, 근신, 제명(제적) 등의 방법에 의해 대학인구 20 명당 1명씩은 꼴찌 가능성의 대상자들로 꼬리표(label)를 달게 되는 셈이었다. 결국 영재형 대학들의 모습은 학사징계자의 수와 비례하는 셈이었다. 즉 꼴찌 가능성의 대상자를 가려내는 것이 엘리트 양성기관이 할 일이었다. 이 일을 잘할 때 대학의 명성은 부각되어질 수도 있는 셈이었다.

또한, 문제학생들에게는 휴학을 시키거나 군입대를 권장하는 식의 대책도 마련된다(참고: 한국일보, 1981. 2. 21, p.7). 따라서 한국 대학사회는 대학생용 과외학원이 필요하게끔 변질되어 버리기까지 했던 것이었다. 예를 들어 한국에는 대학생 과외학원도 생겨나고 있었다(참고: 조선일보, 1981. 3. 12, p.7). 학생들이 대학생 과외학원에 다녀야 할 만큼 대학교육은 꼴찌들에게 무감각·냉정했던 셈이었다. 어느 대학 1학년생은 이렇게 자기 소속대학교육의 비정함을 간접적으로 진술하고 있었다.

> "아슬아슬한 성적으로 합격했기 때문에 신학기 초부터 열심히 공부하지 않으면, 졸업정원제의 희생물이 될 것 같아 마음을 죄던 중 이 학원에서 대학교재를 가르친다고 하기에 왔다."(조선일보, 1981. 3. 12, p.7)

반면, 영재들에게는 특별혜택이 제도적으로 주어지고 있었다. 예를 들어 교육과정이 달랐다. 즉 영재교육이 대학에도 도입, 실시될 전망도 교육계, 학계에 회자되고 있었다(참고: 동아일보, 1981. 2. 21, p.6). 또한, 이들 영재들은 특별한 대우를 받게 된다. 즉 영재반 학생들은 장학금 수혜, 대학원 입학시 교수요원 채용, 선발특권 부여, 해외연수기회 제공, 기숙사압사 우선권 등을 제도적으로 부여받게 되어있다.

한마디로 대학교육의 정책이나 대학교육당국들은 대학이 일등과 꼴찌를 의도적으로 만들어내야 한다는 것에 이의가 없는 것 같았다. 따라서 결국 엘리트양성론은 꼴찌양산론을 전제로 하는 셈이었다. 엘리트 양성론은 꼴찌의 희생을 기초로 한, 제도적인 사회장치인 셈이었다. 교육제도나 사회정책 적으로도 엘리트 양성론은 꼴찌들의 양산을 전제로 하고 있는 것이다.

 꼴찌양성을 전제로 한 대학교육과, 대학교육을 통한 엘리트 양성론은 두 가지 상반된 가정을 필요로 한다. 첫째, 교육은 사회출세의 결정인자라는 가정을 필요로 한다. 다시 말해서, 사회적 경쟁은 교육이라는 변수에 의해 거의 완벽하게 통제된다는 가정을 필요로 한다. 둘째, 엘리트들은 꼴찌보다 사회적·경제적·문화적으로 보다 더 많은 보상을 받을 수 있다는 가정도 필요로 한다.

 두 번째 가정, 즉 엘리트와 꼴찌들은 각기 지위에 해당하는 서로 다른 보상과 대우를 받아야 한다는 가정은 어느 정도 사회적으로 수용되는 것 같이 나타난다. 예를 들어 이미 지위집단형성형 대학관을 기술하면서 논의했듯이, 대학졸업자들은 인문·실업계 고등학교 졸업생보다 취업률이 높았다(참고: 한국일보, 1977. 4. 10, p.7). 물론, 예외도 있었다. 즉 전문대 졸업생들이 꼭 고졸보다 취업률이 높은 것은 아니었다(참고: 조선일보, 1980. 10. 11, p.7). 특수 대학출신들은 아예 취업의 길이 없는 것으로 지적되기도 한다. 예를 들어 한국체육대학 졸업생들은 졸업해도 갈데가 없다고 지적된 바 있었다(참고: 조선일보, 1981. 2. 8, p.8). 그러나 한국 체육대학생들에게는 이미 1인당 1천만 원씩의 국비가 대학졸업 때까지 투자되어 있었다. 투자받은 유사엘리트였던 셈이었다.

 취직난에도 불구하고, 학력은 임금수준의 결정인자였다. 왜냐하면 학력에 따라 취직 후 받는 임금이 차이가 났기 때문이었다. 예를 들어 1976년 말 대졸 평균임금은 월 167,492원이었다. 그러나 고졸은 121,313원, 중졸은 94,838, 국졸은 39,492원씩을 받는 것으로 나타났다(참고: 한국일보, 1977. 9. 20, p.2). 한마디로 임금은 학력에 따라 비례하는 셈이었다. 즉 엘리트들은 꼴찌보다 더 많은 보수를 받는 것으로 나타나는 셈이었다.

 그러나 이런 판단은 두 가지 사실을 염두에 두고 검토해야 될 필요가 있었다. 예를 들어 배종근(1975)의 연구에 의하면, 첫째, 학생들은 학교재학시 높은 교육비 지출을 강요받고 있었다. 그러나 졸업 후, 졸업생들은 교육비 지출에 상응하지 못하는 비교적 낮은 임금을 받도록 되어 있었다. 둘째, 대학 등록금의 상승폭은 일반적으로 물가상승폭을 앞지르고 있었다. 학력별 임금차는 한국 특유의 현상인 것 같았다. 왜냐하면 한국에 있어서 학력별 임금격차는 일본보다도 더 높은 것으로 나타나기 때문이다. 반면, 직급별 격차는 한국이 낮았다(참고: 매일경제신문, 1980. 10. 13, p.3). 한국의 경우 대졸초임을 100으로 잡았을 때, 고졸은 64.2, 중졸은 54.6이었다. 반면, 일본은 80.9, 69.1로 학력별 격차가 어느 정도 완화되어 있었다. 직급에 있어서, 대졸초임을 100으로 보았을 때, 한국은 대리급이 138.6, 과장급이 174, 부장급이 240.2이었다. 반면, 일본은 직급별로 각각 226.2, 266.4, 354.1이었다.

그러나 학력별 임금격차 현상만으로는 출세의 결정인자가 학력이라는 것을 의미하는지 어떤지는 확실하지 않았다. 학력이 부의 축적, 수입의 결정인자임을 구체적으로 밝힌 경험적 연구는 아직 한국에서 체계화되어 있지 않은 실정이다. 기존 서구학자들의 연구결과에 의하면(참고: Carnoy, 1978; Berry, 1970; Berg, 1970; Collins, 1979), 교육은 출세의 결정인자가 아니었다. 또한, 출세와 경쟁은 교육이라는 변수에 의해 완전하게 통제되고 있지도 않았다(참고: 한준상, 1981). 사회적 출세와 경쟁 현상은, 교육에 의해서 길러진다고 판단되는 능력만으로 설명될 수 있었던 사회현상은 아니었다. 예를 들어 재산 유무가 학교교육 경력에 의해 좌우되지는 않았다. 학교교육을 전혀 안받았기 때문에 재산이 없을 수는 없었다. 표 42는 최현숙 (1981)이 서울시민, 도시민, 읍민, 면소재지 거주인, 농촌인 등 총 1,720명을 대상으로 실시했던 복지의식 조사결과 가운데 일부를 요약한 결과이다. 표 42에 의하면, 개인의 학력이 초등학교 학력정도 (무학, 한학, 국졸자의 합계)이기 때문에 재산이 없을 수는 없었다. 이들 가운데 12.16%는 3천만 원 이상의 재산을 갖고 있었다. 또한 이들 가운데 전문직 종사자도 약 15%나 되었다. 월수입이 25만 원 이상 되는 초등교육 정도의 학력수준자 역시 33.3%나 되었다.

표 42. 학력, 직업, 수입, 재산 사이의 분배관계*　　(N = 1,720)

학　　　　　력	직업(전문직, 관리직, 사무직)		월수입 (25만원 이상)		재산 정도 (3천만원 이상)	
무 학(N=107)	9.4%		17.8%		5.6%	
한 학(N=28)	25.9	14.73%	55.5	33.3%	18.5	12.16%
국 졸(N=280)	8.9		26.7		12.4	
중 퇴(N=53)	20.8		41.5		17.1	
중 졸(N=299)	12.3	21.42	52.3	45.10	26.6	21.65
고 퇴(N=33)	15.7		28.2		12.4	
고 졸(N=464)	36.9		58.4		30.5	
대퇴·전문졸(N=149)	54.8	63.40	66.8	75.00	46.3	50.95
대 졸 이 상 (N=308)	72.0		83.2		52.6	

* 최현숙. 「한국교육기회의 불평등에 관한 연구」. 중앙대학교 대학원 석사학위논문, 1981, pp.39~42. 도표 37, 38, 39를 편의상 변형시켰음.

　그러나 표 42를 해석할 때 주의할 점이 있었다. 왜냐하면 본 연구는 한학(漢學) 경력을 가진 집단을 초등학교 정도의 학력소유자로 판단했었기 때문이었다. 본 연구에서는 한학의 학력소유자가 현대식 교육제도에 편입되지 않았다는 것을 의미할 뿐이라고 판단했음을 기억할 필요가 있다. 물론, 표 42에 의하면, 고학력자가 직업, 월수입, 재산소유에 있어서 높은 점유율을 보이고 있다. 한마디로 표 42는 학력이 출세, 전문직 획득, 높은 월수입의 결정인자(determinant)라는 판단을 허용하지는 않고 있다. 왜냐하면 학력이 낮아도 높은 재산, 전문직, 높은 월수입을 갖고 있음이 증명되기 때문이었다. 학력과 사회경쟁·출세의 완전성에 관한 명제(proposition)는 일단 판단불가의 상태에 있게 되는 셈이었다.

　따라서 한국의 대학교육은 결코 일반서민의 고통과 희생을 제거할 수 있게끔 조직되지 않았다는 판단이 가능할 수 있었다. 왜냐하면. 꼴찌들을 전제로 한 엘리트 양성의 사회사상적 의지, 꼴찌와 엘리트를 의도적·계획적으로 만들어내고 있는 대학교육, 만들어진 꼴찌들에 대한 무감각·냉정한 대우, 서민의 가계를 상식 이하의 수준에서 압박시키는 대학교육에의 의지와 찬양이, 일반인들의 고통과 회생을 제거하기 위한 의지와 강요일 수 없다는 판단이 가능하게 되었기 때문이었다. 일반 서민의 희생을 제거하지 못하도록 조직화된 대학교육은 소수의 이해관계를 대변하는 곳이라는 함의를 제공하고 있는 것이다.

왜 대학교육은 미군정 초기부터 일반 서민의 고통을 경감시키지 못하는 방향으로 조직되어야 하였는가? 왜 대학은 미군정 초기부터 문제투성이로 등장하기 시작했는가? 과연, 대학은 미군정 시기 이래 누구의 이해관계를 대변해 오고 있는가?

이러한 문제제기들은, 왜 대학교육은 미군정 이래 일반 서민의 희생을 감소시키지 못하고 있는 가라는 문제제기로 재 요약된다. 일반 서민의 불행과 희생의 제거에 크게 공헌 할 수도 있는 대학교육을 무기력 (impotence)하게 만든 원인은 세 가지 집단적 이해관계에서 찾을 수 있는 것 같았다. 본 연구는, 첫째, 대학교육전문가, 둘째, 학생집단, 셋째, 대학기업가들의 이해관계가 대학교육을 문제투성이의 무기력한 존재로 만들었다고 판단한다. 한마디로 한국의 대학교육은 현대적 모습을 갖기 시작할 때부터 누군가의 이해관계들에 의해 갈등하도록 조직되었던 것으로 판단한다.

大學敎育과 理解關係集圖의 欲求

첫째, 대학교육을 통제·조정할 수 있다고 판단했던 교육전문가, 지도자들의 이해관계는 한국 대학을 무절제하게 성장하도록 방기(放棄)했던 것 같았다. 교육계 지도자들의 이해관계는 일반서민이 겪을 수 있는 희생과 갈등을 한국 대학이 적극적으로 완화시켜 주지는 못했다고 판단된다.

표 43. 미군정 초기 한국교육관계 관여 지도자들의 경력*

	직 업	교육정도	종 교	관 련 정치단체	미군정기 교육위원회 및 교육심의회에서의 위치	
김성달	교육자				교육위원회(초등교육)	
현상윤	교육자 사학가	대졸(일본)	기독교	한민당	교육위원회(중등교육) 교육심의회(교육행정)	보전교장
유억겸	교육자	대졸(일본)	기독교	한민당	교육위원회(전문교육) 교육심의회(교육제도)	미군정기 한인학무과장
백낙준	교육자 사학가	Ph.D.(미국)	기독교	한민당	교육위원회(교육전반) 교육심의회(교육이념)	연전교장
김활란	교육자	Ph.D.(미국)	기독교	독립촉성 부인회	교육위원회(여성교육) 교육심의회(교육이념)	이전교장
김성수	교육자 정치가	대졸(일본)	불분명	한민당	교육위원회(고등교육) 교육심의회(고등교육)	미군정기 행정고문
최규동	교육자	상고졸(한국)		–	교육위원회(일반교육) 교육심의회(교육행정)	서울대 이사장
윤일선	교육자 의사	대졸(일본)	기독교	–	교육위원회(의학교육) 교육심의회(의학교육)	
조백현					교육위원회(농업교육) 교육심의회(농업행정)	
정인보	교육자 사학가	(중국)		–	교육위원회(학계대표)	
백남훈	교육자 정치가	대졸(일본)	기독교	한민당	교육위원회(고등교육) 교육심의회(교육행정)	
오천석	교육자	Ph.D.(미국)	기독교	–	교육위원회조직에관여 교육심의회(교육제도)	미군정기 학무차장

* 이숙경. 「미군정기 민주화의 성격과 민주주의 교육이념의 한계」. 이화여대 대학원 석사학원 청구논문, 1982, p.53

지도자들의 이해관계는 초기 미군정 시절 교육관계 전문가 인선과정에서부터 시작된다. 교육과정 구성 역시 전문가·지도자들의 이해관계를 반영하고 있는 것 같았다. 미군정 초기 군정장관의 한국인 고문으로 11명이 선임되었다. 한국인 고문 11명들의 경력은 다채로웠다. 김성수는 교육가·언론인이었다. 김용운, 김동권, 윤기억 등 3명은 사업가였다. 변호사도 2명(김용무와 강병순)이나 선임되었다. 정치가는 여운형(수락 거부), 송진우, 조만식 등 3명이었다. 11명중의 마지막 두 사람은 은행가인 오영수와 의사인 이용설이었다(참고: 윤형섭, 출판일 불명). 이들 중 대부분은 외국유학 경험이 있었다. 또한, 지성인·식자라고 불렸다. 교육전문가들 이기도 했다. 정치가적 역량도 충분했다. 한마디로 한국을 이끌어 갈 수 있는 선각자적 개혁·지도자였다. 이들 한국인 11명의 자문으로 한국의 정치, 경제, 교육, 사회, 문화부문의 정책들이 입안되기 시작했다.

군정청 산하 문교부에는, 1946년 당시, 179명의 한인 직원이 한국교육을 위해 일하고 있었다(참고: 정일형, 1946). 군정청 산하 각 부처에 근무할 수 있었던 한인들은 최소한 다음 중 한 가지의 특성은 갖고 있었다. 첫째, 영어를 할 줄 아는 사람들이 군정청 직원으로 뽑혔다. 둘째, 일제의 관료로서 재직했던 사람도 군정청 직원으로 뽑혔다. 셋째, 특정 정당과 정치적 관계를 맺고 있어야 관리로 뽑힐 수 있었다(참고: 윤형섭, 출판일 불명). 넷째, 비교적 개신교 계통의 종교적 배경을 지니고 있는 사람들이 미군청정관리로 뽑혔다. 미군청정 초기 교육관계 지도자들도 유사한 경력·특성을 갖고 있었다(참고: 표 43). 조건과 경우에 따라, 기회주의적 보수 우파·중립인사들이 끼일 수도 있었다(참고: 진덕규, 1979). 또한, 민족독립 운동과정에서 소극적이었던 인사들도 미군정청 교육·사회관계에 끼어들었다(참고: 김용섭, 1978; 임종국, 1979; 최민지, 1977). 결국 군정청산하 문교부 직원 역시 지위보존을 위해 일제시대 때의 신분을 속이거나, 주요 정치세력에 동조할 수밖에 없었을는지도 모르는 일이다(참고: 이종훈, 1979). 아니면 한민당과의 특수한 정치적 연결을 십분 발휘할 수도 있었을 것이다. 혹은, 최소한 통역 정부의 특성대로, 영어를 이해하거나 구사할 수는 있어야 관리로 채용될 수 있었다(참고: 수주, 1954). 영어에 대한식자들의 관심은 미군정 초기부터 열렬했던 것 같았다. 교육계 식자·전문가들은 1945년 9월 9일 미군의 서울진주와 때를 맞추어 영자신문(The Korea Times)을 발간하려고

까지 했었기 때문이다(참고: 오천석, 1974). 한마디로 미군정 정책과 미군정청 고급관리를 예우로서, 헌신적으로 봉사할 수 있는 특수 신분 집단의 구성원이 미군정처의 교육문제 담당관리로 채용될 수 있었다. 이런 판단은 옳았다. 왜냐하면 미국 측 인사들에 의한 한국인 관리 인선과정이 처음부터 특수 신분집단 선발을 목표로 하고 있었기 때문이었다. 예를 들어;

"일본인 관리 추방 후 하지 중장과 그의 막료들은 일본인보다 미국인을 더 이해하는 한국인을 구하기 시작했다. 복장이 단정하고 언어 사용이 점잖으며 서양 예의에도 어느 정도 익숙한 인사를 선택하였다는 것은 당연하다. 재한국 선교사의 영식이며 해군 소좌인 조지·젤·우임스 씨가 한국인 관리선택의 임무를 맡게 되었다. 동소좌는 이들 관리를 주로 조선기독교 신자 중에서 뽑았는데 대부분은 한국민즈당에 속한 사람이었다." (라우터 베크, 1948, pp.45~46)

결국 군정청의 통역정치(government of interpreters) 아래(참고: Werth, 1949) 문교행정을 관장한 한국 사람들은 근대화된 엘리트이거나, 유사엘리트였던 셈이었다. 예를 들어 초대 문교부장 유억겸, 차장이었던 오천석 역시 선각자적인 교육계 지도자들이었다. 이들이 기회주의적인 보수우파일수는 없었다. 이들만이 특정 정당의 정치적 수단으로 쓰였다는 증거도 없다. 그러나 이들이 식자, 지도자, 지성인을 대표했다는 사실이 부인될 수는 없었다. 또한, 이들은 교육전문가들이었다. 미군정 측이, "피정복 국으로 간주한 한국을" (참고: 라우터 베크, 1948, p.40)효과적으로 다스릴 수 있기 위해서 구체적으로 교육에 관한 기술, 정보를 제공받을 수 있다고 판단된 사람들이었다. 미군정측은 초기 교육관계 전문가들이 국민들로부터 정치적·사상적으로 비판받고 있었음도 알고 있었다. 그러나 활용하기 위해서는 사상성의 옳음·그름의 문제는 그리 큰 비중을 차지하지 못했던 것 같았다.

예를 들어 미군정청의 초대 문교부장 유억겸에 내한 인물평은 라

우터 베크에 의해 이렇게 진술되고 있었다;

> "유억겸씨는 전시 중 일본인을 위하여 한국청년들에게 소국에 신
> 명을 바치려고 수차의 격려연설을 한 사람인데, 이 사람이 미군정청
> 문교부장의 직에 취임하였다. 유씨의 변절은 널리 한국인에게 알려
> 지고 있었지만, 하지중장이 씨를 정치고문으로 기용한 짓은 그 경력
> 을 고려하였기 때문이었을 것이다." (라우터 베크, 1948, p.46)

유억겸에 대한 라우더 베크의 진술은 과장·오해일 수도 있다. 왜냐
하면 유억겸은 민족주의자·애국자로 평가받고 있기도 하기 때문이다
(참고: 연세대학교출판 위원회, 1982; 수주, 1954). 그러나 인물평 및
사실에 대한 과장을 어느 정도 인정하더라도, 라우터 베크의 생각이
전적으로 틀렸다고 판단할 수만도 없었다. 왜냐하면 통역 정부의 미국
관리들은 일반적으로 한국에 대해 무지했었기 때문이다. 따라서 한국
의 교육문제를 효율적으르 유용하게 해결할 사람들은 사상·정치적 이
권, 이해관계에 심각하게 구애됨이 없이, 능력에 따라 관리로 기용될
가능성이 높았었기 때문이었다(참고: 이상구, 1962). 예를 들어 심의회
초창기, 오천석은 문고관계 연락사무와 통역을 담당했었다(참고: 오천
석, 1974). 오천석은 일본 동경의 청산학원(1919)을 다닌 적이 있었다.
이어, 미국의 코넬대학에서 학사학위(1925)를 받았다. **North Western**
에서 석사학위 **(1927)**, **Columbia** 대학에서 철학박사학위(1931)를 받
고 귀국했다. 한 마디로, 선각자이며, 교육혁신가이었다(참고: 한국교
육학회, 1980). 따라서 오천석은 한국교육의 방향을 학문적으로 논의
할 수 있었던 식자 가운데 한 사람이었던 셈이었다.

교육관계 입법을 관장할 것으로 기대되었던 미군정 시절 입법위원
들 역시 높은 수준의 학력을 갖고 있었다(참고: 표 **44**). 전체 입법위
원 **68**명 가운데 전문학교 이상의 학력소유자는 **76.1%**를 차지했다
(참고: 윤형섭, 출판일 불명, p.62). 이들 가운데 외국유학을 다녀온
사람이 **55%**나 되었다.

표 44. 미군정기에 선출된 입법위원들의 학력별 배경*

	대졸	전문졸	고졸	중졸	소졸	한문수학	군관교	계
위원수(명)	36	15	1	10	3	2	1	68
비 율(%)	53.7	22.4	1.5	14.9	3	3	1.5	100

* 윤형섭. 「미군정의 정치적 충원에 관한 연구」. 서울: 연세대학교 정법대학 정치외교학과, 출판일 불명, p.62

정부부처의 각료급 고급공무원(2급 이상) 역시 1948년 이래 1967년까지 해외유학 경험자들이 대거 차지했던 것으로 나타난다. 예를 들어 1948년부터 1967년까지 정부에서 고급공무원(2급 이상)의 위치에 있었던 총 497명 중 36%(179명)는 해외대학 출신이었다. 그러나 1980년대에는 해외 대학 출신이 고급공무원 1,391명 중 3.9%에 불과했다(참고: 백완기, 1981). 1980년 당시 고급공무원 중 해외 대학 출신수가 적었던 이유가 있었다. 그것은 공화당정권이 1970년대 당시 특수한 정치·군사·경제적 그건, 상황적 요구에 부응하는 사람들을 필요로 했었기 때문이었다.

외국유학경험을 갖고 있으며, 영어이해 능력이 있는 통역정치의 문교관계 주역들은 미군정 문교정책의 테두리 아래 세 가지 일을 적극적으로 추진·강행했던 것으로 나타났다.

첫째, 정치사회화(political socialization)를 학교교육의 핵으로 삼았었다. 공민 생활의 중요성을 일깨우기 위한 공민과목(참고: 윤형섭, 출판일 불명)이 강조되었다. 6·25동란 후 한국사회와 교육계를 시찰한 UNTKRA 역시 대학교육이 우선적으로 할 수 있는 것을 처방했다. 그것은 정치사회화였었다. 대학교육이 할 수 있는 것은 "인민들로 하여금 현실과 정치적 실천에 관계된 사실의 중요성을 납득하도록 협력하여 정치적 문제를 계발할 수 있고, 또 계발시켜야"(참고: 김종서와 이홍우, 1980, p.84)하는 일이라고 처방했던 것이다.

둘째, 외국 것에 대한 적극적인 인식·소개 작업을 추진했다. 예를 들어 미군정 초기 문교관계 전문가들이 처방한 교수요원에 대한 자격 및 직급규정, 학제, 교육내용, 종합대학과 단과대학의 분리, 대학원제도 등 모두가 외국 것을 근간으로 한 것이었다(참고: 한국교육 십년사 간행회, 1960). 특히, 미국 것이 차용되었다. 외국어에 대한 특별 배려도 강조되었다. 예를 들어 서울대 문리과대학의 교과과정이 검토될 당시(1947년), 국어(국문학 포함)와 외국어(외국문학 포함) 과목은 똑같이 8학점을 배당받았다. 몇 개월이 지난 1947년 9월에는 국어가 8학점, 외국어가 2학점으로 조정되었다. 그러나 1948년부터는 다시 국어 8학점, 외국어 8학점으로 재조정되어, 학생들이 영어를 필수적으로 수강해야만 되었다(참고: 고윤석, 1973). 셋째, 외국유학에 대한 적극적인 권장을 강화했다·외국 후원단체도 적극적으로 한국의 인재양성 계획을 조력했다. 외국 교육전문가 들은 철학적인 안목으로 한국의 인재양성 계획이 다망함을 역설하기도 했었다.

예를 들어 Werth(1949)는 이렇게 권고하고 있었다. "미국이 미래의 한국교육을 위해 공헌할 수 있는 최상의 길은, 가능한 많은 남녀 한국학생을 미국 대학에 받아들이는 것이다. 미국 대학교육을 받은 후 귀국, 혁신적으로 한국교육을 위해 써먹을 수 있는 기초를 배우게 하는 일(p.309)"이 한국교육을 위해 미국이 할 수 있는 최상의 일이었었다. 따라서 해외 유학생수가 늘어나기 시작했다. 해방직후부터 1948년 2월 10일까지, 미국으로 유학간 사람은 112명에 달했다(참고: 한국교육십년사 간행회, 1960). 이들의 유학은 1947년 10월 1일 미국 Utah대학이 제공하는 장학금으로 가능하게 되었다. 또한, 하와이 한국 동포가 도미 유학생을 위해 모금한 장학기금(12, 800달러)으로도 가능하게 되었다. 1948년 9월 22일에는 중국 상제 대학으로 5명의 한인학생이 유학의 길을 떠났다. 여학생도 유학을 갈 수 있었다. 예를 들어 1952년 4월 2일 경에는 미국의 핀취대학의 레마르크 총장의 주선으로 한국에서는 최초로 여학생 4명이 도미 유학할 수 있게 되었다(참고: 한국교육십년사 간행회, 1960).

유학 권장 못지않게, 문교관계 관리·식자·전문가들의 해외시찰도

분주하게 진행되었다. 외국 교육제도, 문물에 대한 바른 이해를 도모하기 위해서였다. 또한, 한국교육에 외국사조를 바르게 전달, 이식시키기 위한 노력이었다. 예를 들어 문교부차장 오천석은 Lockard대위와 함께 1946년 3월 20일(목요일) 일본으로 떠났다. 일본거류 유학생 지도와 한국의 민주교육제도 확립을 위한 자료를 수집하기 위한 각료급 한국 문교관계자의 해외 나들이였다. 당시, 일본에는 미국의 행동주의 심리학자 Thorndike가 일본의 민주주의 교육을 위해 미국 교육사절단과 체류하고 있었다. 오천석은 4월 6일 귀국했다(참고: 서울신문, 1946. 4. 9). 한마디로 짧은 기간 동안 웅대한 것을 배우게 되어 있었던 것이다.

1946년 4월 11일에는 조선교육문화사절단도 미국으로 견학나들이를 떠났다. 6명으로 구성되어 있었다. 즉 허즈 대위, 문강욱(외무처장), 구영숙(전 세브란스의전 의학부장), 라기호(광공국 화학기사), 고봉경(경기여고 교장), 김훈(농상국 행정관), 장리욱(서울 사범대학) 등이었다. 인솔책임자는 허즈 대위였다. 경비는 미군정청이 전담했다(참고: 동아일보, 1946. 4. 17). 조선교육문화사절단은 체류 4개월 동안(1916년 8월 16일 귀국) 미국교육, 사회제도의 전모에 숙지되도록 기대 받고 있었다. 귀국 후 조선교육문화사절단은 배우고 익힌 바를 이렇게 주장, 제시하고 있었다(참고: 동아일보, 1946. 8. 18, p.2). 김훈은 새로운 이앙법, 과일 병충해 예방법을 관찰했다. 나중에는 미곤충학자의 내한초청을 권고하였다. 구영숙은 조선의 의학발전을 위해 조선유학생 선발을 권장하였다. 고봉경은 미국의 후생국을 조사했다. 후생국을 관찰한 후 "조선의 사회봉사원 훈련학교가 필요하다는 것을 깨닫고 또 세계연합 '걸스카웃'에서도 조선의 '걸스카웃'의 훈련운동을 원조하기 위하여 지도원의 파견을 언명하였다"(참고: 동아일보, 1946. 8. 18, p.2) 여류인사였던 이화여자대학교 총장 김활란도 미국을 6개월 동안이나 순방했다. 1946년 8월 16일 귀국했다. 귀국 후 체미소감을 이런 서두로 꺼냈다. "별로(히) 하는 일 없이 6개월간이나 머물"(참고: 동아일보, 1946. 8. 18, p.2)면서 미국에 조선의 실정을 소개했다고 서두를 꺼냈다. 그러나 배우고 느낀 것이 많이 있었다. 그것은, 일반 미국인이 조선을 제대로 인식한다고 있지 못하다는 사실이었다. 따라서 김활란은 국외·국제사회에 조선을 잘 알리는 선전을 게을리하지 말아야 한다고 제안했었다.

물론, 정치사회화에 대한 강조, 외국 것에 대한 수용과 이식, 유학권장 등은 초기 지도자들이 외국 지도자들의 이해관계를 대변한 문교정책이라고만은 판단할 수 없었다. 왜냐하면 미군정당국은 초기의 한국 교육지도자들의 정치적·교육적 기선에 당황했던 것으로 나타나고 있기 때문이다. 예를 들어 오천석의 진술에 의하면, 미군정측은 교육심의회 구성에 대해 처음부터 반대의사를 표명했던 것으로 나타났다. 결국 교육심의회는 한국 교육지도자의 의지와 독자적 교육노선을 표방하기 위한 일련의 교육기구였던 셈이었다. 이들 교육지도자들은 우리에게 맞는 교육을 끊임없이 염두에 두었던 것으로 나타난다. 즉 민족문화 전수, 사회적 면천, 피교육자에게 맞는 교육을 우리에게 맞는 교육으로 제창하곤 했었다(참고: 백낙준, 1963, pp.72-79).

해방 당시의 한국 교육지도자, 개혁가·전문가들이 주창했던 외국 것에 대한 수용과 모방은 외국의 교육지도자, 전문가 등의 이해집단을 위한 것만은 아닌 셈이었다. 오히려, 국내 지도자들의 이해관계를 위한 것이었다고 판단하는 편이 더 타당한 것 같았다. 왜냐하면 선각자의 개혁의지, 야심, 사회 정치적 역량을 보여 주기 위한 수단으로 외국사상, 문물, 제도가 활용되었기 때문이다. 다시 말해서, 치국(台國)의 이상적 실현을 위해 외국에서의 경험, 생각, 구상했던 체제, 이념들을 한국사회에 적용시켜 보았던 것이다.

교육의 선각자, 사상가, 지도자, 전문가, 개혁자들의 의지는 교육법에 반영될 수밖에 없었다. 홍익인간의 이념이 한국교육의 이상으로 등장했다. 다시 말해서, 한국의 교육이념은 널리 인간을 유익하게 만드는 인간교육으로 승화되었다. 백낙준(1963)에 의하면, 홍익인간이 되기 위해, 학생들은 "……적어도 남에게 해를 끼치지 않는, 또한 해가 되지 아니할 만한 사람"(p.23)이 될 수 있는 교육을 받아야만 했다. 한국의 대학교육은 홍익인간의 이상을 높은 차원에서 실현시키는 제도적 장치였던 셈이다. 즉 만인을 이롭게 할 수 있는 영재를 육성하는 곳이 대학이어야 했던 셈이다. 홍익인간의 이상은 한국대학교육에서 얼마나 실현되어 왔는가? 대답은 부정적이다. 왜 부정적일 수밖에 없는가? 대답하기 위해, 한국교육의 중심기조인 홍익인간 이념에 대한 혼란과 와중에 대한논의가 필요했다. 왜냐하면 미군정 초기부터 홍익인간의 이상을 실현하기 위해 등장했던 교육정책이 한두 가지가 아니었기 때문이었다. 예를 들어 안호상 초대 문교부강관은 민족교육(참고: 오천석, 1973, p.216)으로서의 일민주의를 주장했었다. 일민주의는 국수주의적 색채가 짙었던 것으로 평가되고 있다. 일민주의에 의하면, 홍익인간의 이념이 국수주의 속에서 부화되도록 기대되었다. 그러나 곧이어 새로 부임한 문고부장관 백낙준은 민주주의에 기초한 신문교정책을 천명했다. 신문교정책은 네 가지 교육시책을 권면하고 있었다. 첫째, 지식교육, 둘째, 기술교육, 셋째, 도의교육, 넷째, 국방교육이었다(참고: 백낙준 1963, p.90). 신교육정책이 기존 문교정책을 극적으로 변화시킨 것인지 어떤지는 분명하지 않다. 그러나 한 가지 뚜렷한 것은 홍익인간의 교육이녁을 새로운 교육실천 방법론으로 구체화시켜야 된다는 의지가신교육 방법론에 침잠해 있었던 것 같았다. 왜냐하면 백낙준은 교육을 사회건설의 수단으로 보았었기 때문이다. 즉 "새 건설을 하려면 우리의 생각조차 새로이 해야 한다. 사고방식부터 새로이 해야 한다. 여기에 새 건설 즉 새 형태의 건설이 있는 것이다. 재래의 방식을 떠나서 새로운 방식으로 우리 사회를 건설하게 만드는 원동력은 교육에 있는 것이다."(참고: 백낙준, 1963, p.89)라는 주장을 했기 때문이었다. 결국 백낙준의 신문교정책은 1930년대를 풍미했던 미국 교육계의 실용주의에 대한 한국적 수용론이었던 셈이었다. 물론, 군정 초기부터 1950년대까지 강조되어 왔던 한국의 새교육 운동이 Dewey의 실용주의적 진보주의 교육(progressive education) 혹은 새 교육(New Education)과 동일한 것인가에 대한 체계적 점검이 필요한 것도 사실이다(참고: 이칭찬, 1973). 왜냐하면 군정 당시부터 한국교육계에 일정한 영향력을 행사한 오천석은 한국의 새교육과 Dewey의 실용주의적 진보주의는 아무런 유기적 관련이 없다고 주장하고 있기 때문이다. 또한, 이념도 달랐다고 주장했기 때문이었다. 오천석은 한국 초기의 새교육이 "……전통적 교육을 지양하고 민주주의 이념 위에 교육을 세우려는 운동이었다"(참고: 오천석, 1960, pp.54-55)고 진술했다. 그러나 오천석은 자신의 논리를 정당화시킬 만큼 뚜렷한 주장을 하고 있지는 않았던 것 같았다. 오천석의 주장은 조금 지나친 감이 있다고 지적받을 수도 있었다.

왜냐하면 첫째, 오천석이 진술한 한국적 새교육 운동의 다섯 가지 성격 가운데 최소한 세 가지가 서구의 새교육 운동과 일치하고 있었기 때문이었다. 실제로, 서구의 새교육 운동의 원리나 방법은 이미 1920년대 조선의 대학에서 논의된 것도 사실이다. 예를 들어 새교육 운동의 이론·실천 중의 한사람인 Kilpatrick이 이미 1920년대에 한국 교육계에 소개되고 있었다(참고: Fisher, 1970). 한국적 새 교육의 성격(참고: 오천석, 1964, pp.410-412)은 첫째, 계급주의와 차별주의 배격운동이었다. 둘째, 교육의 도구화에 반기를 드는 운동이었다. 셋째, 억압적 교육에 항의, 자유에 기반을 두는 교육운동이었다. 넷째, 획일주의적 교육을 거부, 개인차를 존중하는 개성증진 교육운동이었다. 마지막으로 지식위주의 암기교육을 지양한 새로운 교육운동이었다. 지식위주의 암기교육을 지양한, 삶과 생활교육 권장을 위한 실천적 아동교육(참고: 최현배, 1962, p.183) 운동이었다. 다섯 가지 특성 중 개인차 존중교육, 생활중심 교육, 도구화 지양 교육 등은 서구 실용주의, 진보주의 교육관을 한국 교육현장에 처방했던 UNKRA 사절단 및 미국 교육사절단의 교육이론·처방과 흡사, 일맥상통했다(참고: American Education Team, 1956; 문교월보 특집, 1953)는 점에 주목할 필요가 있다.

둘째, 1950년대 당시 한국 교육현장에 등장했던 갖가지 교육방법 역시 오천석의 주장을 약화시키고 있기 때문이다. 즉 Dalton Plan, Winnetka System, Project Method 등의 도입 및 한국적 실천은 한국의 새교육 운동이 미국적 진보주의 교육운동의 영향을 직접·간접적으로 배제하지 않고 있음을 예시하기 때문이다. 예를 들어 미군정 문교당국은 1946년 10월 25일 한국 최초로 새로운 교수법을 채택했었다(참고: 한국교육십년사간행회, 1960, p.11). 한국 최초로 공개된 새로운 교수법은 미국의 진보주의 교육실천 현상과 흡사했다. 왜냐하면 이날 발표된 윤재천의 새로운 교수법은 미국의 진보주의 교육실천 사례와 크게 차이가 나지 않았었기 때문이었다. 윤재천은 효제초등학교에서 새로운 교수법 활용 가능성을 시범했다. 새 교육 교수방법은 이과, 국어, 사회생활과의 공개수업으로 시범되었다. 윤재천의 새로운 교수법의 적용현장은 조선일보(참고: 오천석, 1964, p.413)에 의해 이렇게 묘사되고 있었다.

> "이 날의 연구회에서는 일반 학파와 운동경기가 공개되었는데, 가장 특색 있는 점은 선생의 강의가 거의 없는 것이었다. 선생은 교단에서 직접 교수를 하지 않고, 아동들이 스스로 연구한 결과를 자기네끼리 토론하게 되면, 그 진행방법을 필요한 범위 안에서 지도하여 주었다. 아동들은 각자의 토론에 있어서 때로는 맹렬한 논쟁을 거듭하였다. ……이 날의 교수방법은 대체로 보아 좋은 성과를 거두었으며, 따라서 장차 남조선의 각 초등학교에서 채택할 것이라고 본다."
> (조선일보, 1946. 11. 8. p.4.)

결국 윤재천이 보여 준 새 교수법은, 오천석이 주창하는 만큼, 한국의 새교육 운동이 미국의 진보주의적 교육과 다르다는 점을 보여주지는 못한 것 같았다.

셋째, 윤재천 등에 의해 시범된 새로운 교수법은 이미 미국 교육계에서 공격받고 있었기 때문이었다. 예를 들어 미국의 새교육 운동

(New Education)은 1870년대, 미국 Massachusetts 주 Quincy 시에서
부터 실천된 교육운동이었다. Project Method는 Columbia 대학교수였
던 Kilpatrick이 1918년경 구체적으로 주창했던 아동중심 교육의 한
방법론이었다. 즉 학습에 있어서 아동의 주도권인정을 강조한 교수법
이었다. 이 당시 Columbia대학교 학술지인 Teachers College Record
에 게재되어 있던 Kilpatrick 의 논문 "The Project Method"는 1950년
대까지 계속적으로 교육계에 배포되어 왔었다. Kilpatrick의 논문 "The
Project Method"는 약 6만부 이상 재판, 복사되어 전 세계의 학계에
배포돼 있었다(참고: Tanner & Tanner, 1975, p.256). Winnetka
System에 의한 Winnetka 교육과정은 1927년대 미국 Illinois 주 교육
감이었던 C. Washburn에 의해 주도된 새교육 운동의 일종이었다.
Washburn과 그의 동료들은 Winnetka에서 학생들이 가장 효과적으로
독서하는 때가 언제인지를 연구했었다. 이 연구를 통해 Washburn이
제시했던 교수방법이 Winnetka System이었다. 현대식으로 말하면, 계
획 교수법(Programmed Instruction)이었다. Washburn이 주도한
Winnetka Curriculum은 두 부분으로 구성되어 있다. 도구(tool)교과
(산수, 독서, 언어, 공민과목)와 실제활동(activities)이었다. 그러나 공
민과목은 활동교과로서 처리되게 되었다. Winnetka Curriculum은 개
인 학생을 위한 자율학습 기회를 제공하는 특징을 갖고 있었다. 일정
한 교과를 숙달하기 위해 필요한 일정한 과제, 시간들을 허용했다. 교
과 과업활동은 개별적으로 진행된다. 즉 자기 학습(self-instruction), 자
기평가(self-correction)가 개인·교사에 의해 각기 진행된다. 숙제나
암기는 Winnetka Curriculum에서 찾아볼 수 없는 특징이었다. 한마디
로 미국의 새교육 운동은 사회의 발전을 위해 개개인의 성장과 발전을
촉진시키고 이를 위하여 개인의 능력을 최대한 고양시키려는 교육이었
던 셈이었다.

미국의 새교육 운동은 Dewey의 두 가지 가설을 검증하기 위한
노력이라고 요약할 수도 있었다. 첫째, 삶 그 자체는 학교 교과과정

의 중심이 되어야 한다는 가설을 지지하려는 움직임이었다. 둘째, 표현의 자유는 개인의 성장에 있어서 필요조건이라는 가설을 지지하려는 운동이었다. 결국 군정 초기부터 1950년대까지 한국 교육계에서 보아 왔던 새교육 운동이 미국의 새교육 운동과 실제로 얼마나 다른지에 대해 오천석은 명쾌한 판단을 가하지 않았던 셈이었다. 실제로 명쾌한 해답을 줄 것 같지도 않았다. 왜냐하면 오천석은 사제관계를 직·간접적으로 맺고 있는 Dewey, Thorndike, Kilpatrick, Rugg 등의 진보주의적 개혁주의 이상으로 민주교육의 이념을 한국 교육계에 응용, 실천하려고 했었기 때문이었다(참고: 오천석, 1978; 서울대학교 30년사 편찬위원회, 1976, p.18). 한마디로 한국의 새교육 운동이 미국의 진보주의 교육운동과 차이가 있다는 점을 인정하더라도, 미군정 초부터 1950년대 중반까지 한국 교육계의 교육운동은 홍익인간 이념을 진보주의의 방법으로 실천하려는 운동이었다고 요약필 수밖에는 없을 것 같았다. 왜냐하면 일부 학자들은 이 시기(1945~1953년)를 홍익인간의 이념에 입각한 Dewey 교육철학의 주도 시기라고 판정하기 때문이었다(참고: 한기언, 1962). 그러나 홍익인간의 이념이 어떻게 Dewey의 실용주의적 교육철학과 연결되는지에 대해서 이 당시의 교육전문가, 개혁가들이 소홀히 했었던 것 같았다.

弘益人簡 理念과 大學敎育 사이의 非連繫牲

결국 Dewey의 교육철학과 한국의 교육법에 명시된 홍익인간의 이념이 서로 융합되었더라도, 한국 교육계를 위해 실제적으로 공헌할 수 있는 방법론의 모색은 구체화될 수 없었던 셈이었다. 이런 주장은 결코 Dewey의 교육철학적 사상, 실천방법이 한국 교육계에 잘못 소개되었다는 것만을 의미하지는 않는다. 오히려 너무 많은 지방들이 한국 고등교육계 및 일반 교육계에 의도적으로 투약되었음을 시사한다. 잡다한 교육학적·정치적·사회적 처방에도 불구하고, 우리는 홍익인간의 이념과 Dewey의 교육철학이 융합될 수 없었다는 데 주목할 필요가 있었다. 즉 Dewey의 실용주의 교육철학이 홍익인간의 이념을 한국 교육계에 실현시키는 데 성공할 수 없었다는 데 주목할 필요가 있었다.

물론, 이유가 있을 수 있었다. 첫째, 한국의 교육법에 명시된 홍익인간의 이념이 구체성을 결여하고 있었기 때문일 수도 있었다. 예를 들어 한국교육십년사 간행회(1960)의 판단에 따르면, 홍익인간의 이념은 추상적이었다. 또한, 초시간적인 개념이었다(p.173). 추상적·초시간적인 개념으로서의 홍익인간의 이념은 시·공적인 제한 없이 교육계를 지배할 수는 있었다. 그러나 추상적·초시간적이기 때문에 홍익인간의 이념이 한국 교실현장에 적용되는 데에는 모호할 수밖에 없었을는지도 모르는 일이었다. 또한, 추상적·초시간적이기 때문에 구체적인 처방을 의도적으로 기피하고 있을 수도 있었다. 즉 때에 따라 적용상 기이한 모습들을 갖고 나타날 수도 있었다. 둘째, Dewey의 교육철학을 기반으로 삼은 새교육 운동에 대한 부정확한 이해, 도입, 적용이 홍익인간의 이념과 실용주의 새교육 운동과의 접목상 괴리·단절현상을 초래했을 가능성도 배제할 수 없었다. 예를 들어 백낙준(1963, pp.515-517)에 의하면, 새교육 운동은 다섯 가지 관점을 새롭게 하는 운동이어야 했다. 첫째, 교육이념의 새로운 정립, 새로운 실천을 강화하는 운동이어야 했다. 교육심의회의의 주도에 의해, 이미 한국의 교육법은 홍익인간의 이념을 근간으로 하고 있다. 따라서 한국의 교육자가 할 일은 "……지적(智的)으로만 시인하지 말고, 그 이념을 믿고 열의를 다 하여서 실천"(p.516)하는 일 뿐이었다. 둘째, 교육자상의 자성과 혁신을 일으키는 운동이어야 했다. 셋째, 시대의 사회적 변화와 조건에 순응하는 운동이어야 했다. 넷째, 학생들의 생활경험을 중시, 생활경험에 맞는 교과과정을 구비하는 운동이어야 했다. 다섯째, 근대 심리학적 연구결과를 기초로 한 교육과정운영 운동이어야 했다. 한마디로 한국에서의 새교육 운동은 심리학적 기초 위에 아동생활중심 교과과정을 구비한 사회적응 교육으로서 홍익인간이념의 실현을 도모하는 운동이어야 했다. 다섯 가지 강령 가운데 비교적 결과가 체계적으로 현실화된 한 가지 강령이 있었다. 그것은 근대 심리학적 연구를 교육현장에 처방시키는 강령인 것 같았다. 예를 들어 새교육 운동에 학문적 근거를 제시하는 노력은 해방 직후부터 강행되었다. 즉 1946년 11월 20일, 한국에서는 최초의 학술집회가 열렸었다. 교육심리학 학술연구발표회가 이화여자대학교에서 개최되었었다(참고: 한국교육십년사 간행회, 1960, p.11). 또한, 군정 초기부터 지능검사 표준화작업도 활발하게 추진되었었다. 예를 들어 "시카고대학 교수로 있다가 귀국한 염광섭 박사가 주동이 되어 문교부의 후원을 얻어 지능검사의 표준화작업에 착수하기도 했다"(참고: 한기언, 1962, p.81). 그러나 한국판 지능검사 표준화는 북괴의 남침 때문에 미완성으로 끝났다. 노력이 끝난 것은 아니었다. 동란 후 한국판 지능검사 표준화작업은 체계적으로 조직화되기 시작했다. 예를 들어 서울환도 후, 정범모는 중고등학교 학생용 간편지능검사를 제작했다. 학생용 간편지능검사가 제작된 이래 심리학적 측정·평가작업은 한국 교육계에서 의욕적으로 추진, 확장되게 되었다. 그러나 지능검사, 표준화검사 제작에 대한 철학적 검토, 사회학적 의미에 대한 분석은 미진했던 것 같았다. 그럼에도 불구하고, 심리검사 결과는 사회공학적으로 활용되기 시작했다. 예를 들어 지능·적성검사가 입시를 위한 측정도구로서 교육계에 도입·적용되기 시작했었다(참고: 한국교육십년사 간행회, 1960). 결국 지능검사 등이 사회 공학적 통제용으로, 인간의 불행을 제거하기 어렵게 만드는데 일익을 담당하기 시작했거나 할 수 있다는 점(참고: 한준상, 1981, pp.216-245)을 무시한 채 한국의 교육계에 직수입, 적용되기 시작했던 셈이었다.

그러나 새로운 심리학적 측정도구를 사용하더라도 새교육 운동은 결코 홍익인간의 이념을 구체화시키는 데 성공한 것 같지는 않았다.

예를 들어 UNKRA(문교월보 특집, 1953) 사절단은 한국교육의 실패요
인을 학교현장에서 체계적으로 찾아냈었기 때문이었다. UNESCO-
UNKRA(국제연합 한국재건위원단)는 교육계획 사절단을 한국에 파견
했었다(1952~1953년). 교육계획사절단은 교육전문가 6명으로 구성
되었었다. 이들은 1952년 9월부터 3개월 동안 한국에 머물렀다. 한
국교육의 현장을 답사, 연구하기 위해서였었다. 12월에 예비조사 보
고서를 내었다, 1953년 2월에는 최종보고서를 내었다. 최종보고서는
UNESCO의 본부가 있는 프랑스의 Paris에서 발행되었다. 교육계획
사절단의 평가·제언에 의하면, 한국 교육계는 새로운 교육을 실천
하는데 교육적 결함을 갖고 있었다(p.19). 한국 교육계는 새로운 교
육에 관한 이론·지식에 관해 상당히 알고는 있었다. 그러나 개선된
방법을 교육현장에 옮기는 데에는 일정한 결함을 갖고 있었던 것이
었다. 다시 말해서, 학교교실 현장은 단편적인 지식의 암시, 암기한
지식을 시험보기(필기시험 등), 인간존엄성 무시의 현장이었다. 한마
디로 이들 교육계획사절단은 새로운 교육이 필요로 하는 교육실천
요소를 한국교육 현장에서 찾아볼 수 없었던 것이다. 결국 사절단이
통렬하게 느낀 것이 있었다. 그것은 한국 학교교실에서 강조·표
현·주입되는 집단경험은 학생들에게 민주주의의 이상을 반영시키는
것이 아니었다는 사실이었다(참고: 김종서와 이홍우, 1980, p.84). 또
한, 생활에서 나오는 것을 교과내용으로 삼는 생활교육과정 실현의
현장도 아니었다(참고: 김종서와 이홍우, 1980, p.86). 한국교실에서
나타난 새교육 운동은 한국의 홍익인간 이념의 실현에 실천적으로
위배되고 있었던 셈이었다.

　UNKRA 사절단의 진단과 처방이 끝난 후, 이어 미국교육사절단
이 한국에 들어오기 시작했었다. 이들은 1952년부터 1962년까지 내
한했었다. 10년 간 4차에 걸쳐 서로 다른 미국 교육전문가들이 내한
했었다. 내한 후 한국 교육계를 연구한 이들 전문가들은 한국의 교
육계에 일정한 처방을 내려 주곤 했었다. 미국교육사절단의 처방은

비교적 단순하게 요약될 수 있었다. 왜냐하면 이들 미국교육사절단은 한국교육에 관한 UNKRA의 진단을 다시 처방화시키는 작업을 수행하는 임무를 갖고 있었기 때문이었다. 그 임무는 한국의 교과교육과정을 경험교육과정으로 개조시키는 처방이었다(참고: 김중서와 이홍우, 1980, p.87). 다시 말해서, 새교육 운동을 실천적으로 새교육화시키는 학문적 처방의 임무가 미국 교육사절단에게 주어졌었다. 예를 들어 미국 교육사절단은 한국 교육계가 지닌 고질적인 오류를 지적하기 시작했었다. 다섯 가지 정도로 지적될 수 있었다. 학습자 도외시의 오류, 학습경험상 단편화의 오류, 개인차를 무시하는 획일적 경험의 오류, 전통 교과 중시·편중의 오류가 한국 교육현장으로부터 지적되기 시작했다. 지적 후, 경험교육과정의 효율적 운영을 위해 단원법, 동일요소설, 개인차, 동시 학습 등의 심리학적 지식과 실천지침에 관한 처방을 내려 주곤 했다. 따라서 한때 한국의 교육계는 새로운 교육운동이 실제적으로 만개 되는 듯한 인상을 주기도 했다. 민주주의 이념이 제도 작으로 학교현장에서 나타나는 것 같이 보이기조차 했다.

그러나 한국 교육학자들은 이러한 미국교육사절단이 처방한 새교육 운동이 구체적으로 한국의 홍익인간 이념과 어떻게 접착되어야 하는 지를 명확하게 알지 못했었다. 접착·실천의 방안을 구체적으로 준비해 둔 것 같지도 않았다. 홍익인간의 이념은 새교육 운동과 접목될 수 없었던 셈이었다. 실제에 있어서 한국의 새교육 운동은 "……교육학개론의 장을 하나하나 시행착오적으로 해본 것"(참고: 한기언, 1969, p.251)에 불과했다고 판단되고 있었을 뿐이었다.

홍익인간의 이념과 새교육 운동 실천방법론 사이의 접목이 실패한 이유는 세 가지 정도로 논의될 수 있는 것 같았다. 첫째, 군정 초기부터 일선교육자들의 무지를 논하는 방법이 있을 수 있었다. 즉 한국 교육자들에게 "열의는 있었으나, 확고한 지도이념이 박약했기 때문에"(참고: 오천석, 1964, p.414) 홍익인간의 이념과 새교육 운동은 접목될 수 없었다는 판단이 있을 수 있었다. 오천석(1964)의 진술에 의하면, 한국의 교육자들은 "민주주의에 대한 충분한 이해가 빈약하였고, 그 이념을 어떻게 교육과정에 반영시켜야 할 것인가 하는 데 대한 뚜렷한 신념이 부족하였다. 결과는 새교육 운동의 실제 모습은 미국의 모방의 범위를 벗어나지 못하였다"(p.414).

둘째, 홍익인간이념과 새교육 운동, 인재양성을 위한 대학교육 사이의 연결의 실패에 있어서 한국 교육전문가 집단들은 그들의 책임을 회피할 수는 없는 셈이었다. 왜냐하면 전국 초기 한국교육에 영향을 주었던 교육학자들은 실제적으로 한국 현실이나 외국교육사조에 연구부족이었다고 판단되기 때문이었다(참고: 한기언, 1969, pp.256-257). 보다 정확히 말하면, 해방 당시 교육학자, 교육관계 지도자, 교육관계 혁신가들의 관심은 학문연구에 있지 않았던 것 같았다. 일반적으로 정치적 야심, 집단적 이해관계 유지에 있었던 것 같았다. 예를 들어 한기언(1969)의 판단에 의하면, 해방 당시의 교육관계 학자들은;

> "일제 말기의 특수사정도 있고 해서 거의 학문연구를 단념하다시피 하였고, 직업마저 바꾸어 지내다가 갑자기 해방을 맞이하였으니, 그들에게 맡겨진 일이 너무 벅차게 느껴졌던 사람들이라는 것이었다."(p.255)

따라서 벅찼던 일을 기대 이하로 완만하게 처리했을 것이라는 함의를 추출해 낼 수도 있었던 셈이었다. 그러나 이런 판단은 너무 성급한 것 같았다. 왜냐하면 이미 지적했듯이, 군정 초기부터 한국교육에 관계한 인사, 개혁가, 전문가, 입법가들은 대부분 유학경험이 있었던 식자들이었기 때문이었다. 또한, 미국의 교육을 경험하였고 영어를 적절히 구사·이해할 수 있었던 식자들이었기 때문이었다. 따라서 교육에 관해 일정한 식견이 있었던 사람들이었기 때문이었다. 결코, 이들 교육전문가·식자들이 적당히 한국교육을 처리했을 리는 없었다.

예를 들어 군정 초기부터 한국교육계에는 학문적 관심이 고조되어 있었다. 학문연구에 있어서 교육학적 연구와 저작활동이 끊임없이 고조되어 왔었다. 한기언(1969; 1973; 1976) 및 홍웅선(1973) 등의 개략적인 조사에 의하면, 1945년부터 1950년대까지 한국 교육계에는 약 8권의 교육학 관계 저서가 출간되게 되었다. 물론, 많은 수의 저작은 아니었다. 그러나 해방 직후의 혼란, 정치적 불안을 고려할 때 8권의 저작은 교육학자들의 높은 학문적 관심을 집약시켜 주는 현상일 수도 있었다. 8권의 교육관계 서적 가운데는 고등교육에 관련된 저서도 있었다. 그것은 김성식이 저술한 대학사(1950)이었다. 김성식이 대학사를 저술한 동기가 있었다. 김성식은 대학사의 집필 동기로서, 그 당시 불길같이 일어나던 한국의 대학설립 운동을 지적하고 있었다. 즉 자기가 쓴 대학사가 한국 대학설립자들에게 참고가 되기를 바랐었다. 김성식의 대학사는 대학의 정신이 사회·정치적 독립성, 학문발표의 자유성, 지혜 향유의 낭만성, 진리탐구의 선구자적 지도성을 근간으로 하고 있다고 주장했었다. 따라서 한국의 대학은 이러한 네 가지 속성을 대변해 주는 곳이어야 한다는 시사점을 제공하고 있었다.

1951년부터 1954년까지는 17권의 교육학 관계서적이 한국교육에 등장하게 되었다. 이어 31권의 교육전문서적(1955~1959년)이 교육관계자들에 의해 읽혀질 수 있게 되었다. 교육관계 논문도 1953년 이래 다양하게 교육계에 회자되었다. 예를 들어 1953년부터 1959년까지 새교육, 문교월보, 교육문화, 교육(서울사대 간행) 등의 교육관계 잡지에는 교육사조(최소한 23편 이상), 교육측정(최소한 6편 이상), 생활지도(최소한 10편 이상), 교육과정(최소한 8편 이상), 학교와 지역사회(최소한 7편 이상), 교육제도 및 행정(최소한 17편 이상)에 관한 외국 및 한국 교육학자들의 논문이 게재되어 있었다. 한마디로 해방 초기부터 교육학 관계 전문가들은 다양한 분야에서 다양한 목적으로 교육을 연구했던 것으로 판단될 수 있었다.

또한, 해방 당시부터 새교육에 관한 교육전문가의 모임도 활발했던 것 같았다. 결국 시대적 조건에 비교한다면, 교육에 대한 전문적 논의와 활동은 오히려 혼란스럽게 전개되었다고 판단해 볼 수도 있었던 셈이다. 예를 들어 한국 교육계에는 조선교육연구회, 새교육협회, 한국교육문화협회, 조선교육연합회, 민주교육연구회, 조선교육자협회, 아동교육연구회 등이 등장했었다(참고: 한기언, 1969, p.245; 오천석, 1964, p.414; 대한 교육연합회, 1977; 강길수, 1980, p.249). 이 가운데 조선교육자협회는 군정 초기인 1948년 경부터 결성되어 활약했다. 조선교육자협회는 교육자의 단결과 미군진주 후 교육의 문제를 한국교육자들이 주도할 목적을 갖고 결성되었다. 그러나 결성된 지 11년도 채 못 되어, 조선교육자협회는 좌익의 손으로 넘어가게 되었다. 반면, 조선교육자협회와는 별도로 한국교육을 설계하기 위한 교육지도자, 선각자들의 모임도 활발했다. 즉 김성수, 유억겸, 백낙준, 김활란, 오천석의 모임이 비공개적으로 진행되고 있었다. 드디어, 1945년 9월 16일 미군정청 한국문교담당 Lockard 대위는 유억겸, 김성수, 현상윤, 이양묵, 백낙준, 최현배, 조동식, 이덕봉, 김활란, 임영신, 김성달, 이극노 등 교육관계 지도자들을 초청, 한국교육의 문제를 공식적으로 논의하게 했다(참고: 매일신보, 1945. 9. 16). 후에 이들 교육계 인사들 중 대다수는 한국교육위원회(The Korean Committee on Education)의 위원들로 선임되었다. 이들 중 백낙준, 오천석은 각기 새교육 제창과 실천을 위한 교육전문가 교직단체를 결성했었다. 예를 들어 백낙준은 한국교육문화협회를 만들었다. 반면, 오천석은 새교육협회를 만들었다. 한국교육위원회 위원에 참여하지 못했던 안호상은 조선교육연구회를 결성했다. 안호상은 군정시 공민교과서 편찬을 전담했었을 뿐이었다. 그러나 안호상은 건국 후 초대 문교부장관을 역임했었다. 이승만 대통령의 배려가 작용했었기 때문이었다. 조선교육연합회는 1947년 11월 23일 창립되었다. 교직단체로 출발한 조선교육연합회(정부수립 후 대한교육연합회로개칭)는 1956년 제1회 전국교육심의위원회를 구성하고 교육행정, 교육자, 생애교육, 반공도의교육, 새교육의 추진 등을 검토한 바 있었다(참고: 대한교육연합회, 1956). 그러나 이들 단체 가운데 한국교육문화협회, 조선교육연합회 등을 제외한 기다 단체들에 의해 전개된 활동상은 아직 구체적으로 밝혀지지 않고 있다.

각 단체의 활동상에 대한 미진한 파악에도 불구하고 한 가지 사실을 추출해 낼 수 있었다. 즉 새교육을 위한 각양각색의 교직자운동, 학술활동, 연구활동이 활발했었다는 점이었다. 교육관계 인사들은 학술활동을 통해 교육조건을 충족시킬 수 있는 교육사상, 이념 등을 학문적인 이해관계에 합당하게 취사선택할 수 있었던 사람들이었다. 특정 학문에 대한 교육전문가들의 선호도가 특별하게 한국 교육현장에 개재되어 왔다는 사실은 1960년대 에도 예외는 아니었다. 예를 들어 1960년대 교육학을 주도했던 인사, 전문가들은 사범대학 교과과정에서 중요시되어야 할 과목으로 교육과정, 교육측정·평가, 교육심리학 일반, 교육행정이라고 판단했었다. 이중에서도 가장 핵심적인 과목으로 교육과정을 내세웠었다. 따라서 교육원리, 교육사, 교육철학, 교육사회학 등은 주변학문으로 경시 당하게 된 적도 있었다(참고: 한기언, 1969, p.330). 결국 군정 초기부터 예외 없이 특정학문에 대한 한국 교육학자들의 특별선호도가 있을 수도 있다는 판단은 무리가 없을 수도 있었다. 이 판단은 옳은 것 같다. 왜냐하면 1950년대 교육관계 정책입안 인사, 혁신가, 전문가들은 대체로 Dewey 교육철학을 깊게 이해하고 있었던 것으로 나다났었기 때문이다. 또한, 이들 교육전문가들은 학문적으로 새교육 운동의 약점도 잘 알고 있었던 것 같았다. 허현(1967)은 Dewey의 학문을 잘 이해했던 사람 중의 한 사람이었다고 평가받고 있었다(참고: 한기언, 1969). 허현은 이렇게 한국교육과 실용주의의 관계를 진술했다;

　　"……어떠한 청년이 나에게 '선생님, 한국서 듀이교육을 하였는데 어찌하여 성공치 못합니까?'하였다. 나는 말하기를 한국 교육자들이 듀이를 받아들이고 버리기 때문입니다. 언제 듀이가 한국에다 미국 교육을 하라 하였습니까? ……"(허현, 1967, pp.238-239).

　　허현의 진술에 의하면, 특정 외국교육사조의 수입·이식은 교육 전문 집단들의 국내적인 전문가적 이해관계와 밀접되어 있음을 암시 받을 수 있었다. 따라서 새교육 운동과 홍익인간 이념의 접목이 실패하게 된 것은 교육전문가, 식자, 교육처방가들이 보여 준 집단적 이해관계의 불화, 학문적 오만으로부터 기인되었다고 할 수 있었다. 다시 말해서, 전문가들은 교육관계 주도권 장악, 이해관계 유지를 위해 외국사조를 수용하거나 폐기할 수도 있었던 셈이었다. 외국사조와 내용의 현실화·토착화는 해방당시나, 정부수립 당시의 한국의 사회·교육·정치현실로 보아 급히 해결되어야 할 문제가 아니었다고 식자들에 의해 인정되었는지도 모르는 일이었다. 따라서 홍익인간의 이념이 구체적으로 Dewey의 실용주의적 진보주의, 새교육, 서구식 대학제도 속에서 어떤 식으로 경과되어야 할는지 불분명할 수밖에 없었을는지도 모르는 일이었다. 토착화문제는 큰 문제꺼리로 부각되지 않을 수도 있었던 것이다. 다시 말해서, 외국사조의 토착화에 대한 무감각한 태도는 시대상황이라는 변인에 의해 전문가들의 의식구조 속에 침잠될 수도 있었던 셈이었다.

　　외국 교육사조에 대한 무감각한 수용·이식과 전문가들의 학문적 이해관계를 위한 적절한 변형·토착화에 대한 비적절한 대처에 의해 나타날 결과가 있을 수 있었다. 그것은 한 나라의 교육현상에서 나타날 수 있는 불행·희생을 제거시킬 수 없는 모습으로 나타나게 되었을 것이다. 다시 말해서, 전문가 집단의 학문적·직업적 오만은, 결코, 학생들이 경험할 수 있는 불행을 제거하는 모습을 가진 교육을 제도화 시켜줄 수가 없었을 것이다, 왜냐하면 무감각한 외국사조

의 수용, 전문가 집단의 이해관계로 빚어지는 비현실적 접목의 노력
은 전문적 지식과 실천에 있어서 동상이몽의 비현실적 결과를 초래
할 수 있기 때문이다. 이런 판단은 미군정 초기 교육정책 관계 활동
에서 보다 뚜렷하게 부각되는 것 같았다. 예를 들어 1945년 10월
교육심의회 (National Committee on Educational Planning)가 결성
되었다. Werth(1949)의 보고에 의하면, 교육심의회는 81명으로 구성
되었다. 분과는 12개였다. 이 점은 오천석의 진술(1964)과 달랐다.
왜냐하면 오천석은 100명의 위원으로 10개 분과를 두었었다고 진술
하고 있기 때문이었다. 그러나 서로 다른 진술은 큰 문제가 되지 않
는다. 왜냐하면 문제는 위원의 수에 있지 않았기 때문이었다. 12개
분과는 6개월의 각고 끝에 한국교육의 기본이념과 철학적 방향을 제
시하게 되었다. 이념은 홍익인간의 이념이었다. 홍익인간의 이념은
다섯 가지 지상절대원칙(cardinal principle)을 갖고 있었다. 다섯 가
지 원칙은 이렇게 진술되고 있었다.

1. 민족적 독립·자존의 기풍과 국제우호·협조의 정신이 구·전
   (具·全)한국민의 품성을 도야함.
2. 실천궁행과 근로역작의 정진을 강조하고, 충실한 책임감과 상호
   애조의 공덕심을 발휘하게 함.
3. 고유문화를 순화·앙양하고, 과학 기술의 독창적 창의로써 인류
   문화에 공헌을 기함.
4. 국민체위의 향상을 도하며, 견인불발의 기백을 함양하게 함.
5. 숭고한 예술의 감상, 창작성을 고조하여 순후·원만한 인격을 양
   성함(오천석, 1964, p.401).

그러나 홍익인간의 이념 아래 강조된 다섯 가지 교육실천의 원칙
은 교육심의회에 참여했던 미군정 측 인사들과 미군정의 미국 교육
관계자들에게 괴이하게 판단되었다. 왜냐하면 미군정측이 생각했던
한국교육의 재건과 한국 측 교육 전문인사들이 생각했던 한국 교육

중흥 사이에는 상당한 간격이 있었기 때문이었다. 다시 말해서, 한국교육중흥에 관해 서로가 동상이몽을 하고 있었기 때문이었다. 예를 들어 다섯 가지 교육실천을 보장하기 위해 한국 측 교육계 인사들은 미국식 교육제도인 6-3-3-4 제도를 제시했었다. 오천석의 진술에 의하면, 6-3-3-4제는 한국 실정에 타당한 교육적 근거를 갖고 있는 학제였었다(참고: 오천석, 1964, p.404). 그러나 한국 측 인사들이 제시한 6-3-3-4제에 미군정측이 기이하게 생각했다. 이유가 있었다. 예를 들어 그 당시 미국의 학제가 일반적으로 8-4-4제를 채택하고 있었기 때문일 수도 있었다(참고: 오천석, 1964, p.404). 그러나 보다 중요했던 이유가 있었다. 그것은 한국의 교육재건이 한국 측 인사가 제시한 추상적인 다섯 가지 원칙에 의해 실현될 수 있을 것인가 하는데 대한 미군정 미국 측 간부들의 사회·경제·정치적 의구심이었던 것 같았다. 왜냐하면 미군정청 교육관계인사들의 눈에는 한국 측 개혁자, 교육전문가, 인사들이 제시했던 다섯 가지의 교육실천원칙이 교육재건·복구를 겨냥하고 있지 않았다고 판단되었기 때문이었다. 단지, 정치적인 입장에서 민족주의(nationalism) 발흥을 도모하기 위한 이념적 열기, 추상적 처방으로 채색되어 있다고 이해되고 있었기 때문이다. Werth(1949, p.306)의 증언에 의하면;

> "……교육실천 원칙을 실행하기 위해, 괴이하게도, 한국 측 교육심의회 위원들은 6-3-3-4제를 들고 나왔다. 추측컨대, 교육심의회에 참여하고 있는 미국 측 위원들은 현실적인 관점에서 한국 학교체제의 재건에 보다 적극적이었던 것 같았다. 반면, 한국 측 교육심의회 위원들은(다섯 가지 원칙이) 민족주의 부흥(revival of nationalism)을 가능하게 한다는 데 일단의 만족감을 얻는 것 같았다."

전체를 요약해 보자. 제한적으로 취사선택된 교육관계 사료에 의하면, 다섯 가지 사실을 발견할 수 있었다. 첫째, 한국교육은 미군정 시기부터 사회개혁가, 정치지도자, 교육관계 선각자들만에 의해 주도되었었다. 대학의 팽창 역시 개혁적 교육관계 전문가들이 의욕적으로 처방한 부산들이었다. 실제적으로, 미군정청 문교부의 한국직원들은 교육적 선각자, 교육전문가 집단이었다. 둘째, 교육관계 전문가들은 한국의 교육이념으로 홍익인간의 이념을 내세웠다. 홍익인간의 이념은 새교육 운동으로 결실되도록 기대되었다. 새교육 운동은 초기 주창자들의 진술에 의하면, 한국 특유의 실정과 미국의 진보주의 교육실천 방법이 가미된 것이었다. 예를 들어 미군정초기 미국측 교육관계 인사들은 실용적인 한국교육의 재건을 새교육으로 도모하려고 했었다. 보다 적극적으로는 피통치국으로서의 한국(참고: 라우터베크, 1948)에 "미국식의 교육제도를 세우려고"(참고: Meade, 1951, p.213)까지 생각했었다. 반면, 한국 측 교육관계 인사들은 정치적 입장에서 민족주의의 보급·실천의 수단으로 홍익인간의 이념과 실천론을 거론했던 것이다. 따라서 다섯 가지 교육원리는 민족주의적 민주주의 실천용 원리였었던 셈이었다. 결국 동상이몽의 교육정책, 교육실천의지·현상이 초기, 한국교육현장에 노출되었던 것이었다. 셋째, 홍익인간의 교육이념 아래 제시된 한국 대학교육의 목적은 인재양성이었다. 인재양성의 기준은 사회·정치적 기준과 학문적 성취였었다. 즉 해방 당시부터 강조되어 온 사회규범에 합당한 사람을 양성하는 일이었다. 또한, 학문적으로 능력 있는 사람을 양성하는 일이었다. 결국 사회적으로 지도력 있는 사람을 양성하는 일이었다. 만약, 학생이 도의·도덕교육에 실패한다면, 그 학생은 사회적 일탈자로 판단될 수밖에 없었다. 또한, 새로운 학문을 따라 오지 못하는 사람은 무능아로 낙인찍히게 되었다. 개혁가, 교육전문가들이 처방해 놓은 규준, 원칙을 준수하지 못하는 사람은 사회적 문제아로 평가받을 수도 있었다. 한마디로 교육전문가 집단의 이성, 감성, 이념에 철저히 동조할 수 있는 사람들의 양성을 대학교육의 목표로 숨겨 놓았던 것이었다. 다시 말해서, 일정한 지위·신분집단 양성을 대학교육의 주요기능으로 간주했던 것이었다.

교육전문가들의 처방, 규준, 원칙, 이념이 문제시된 적은 거의 없었다. 왜냐하면 선각자, 지도자, 교육자들은 교육에 관해 보통 이상의 일가견, 식견, 지식, 기술을 갖고 있는 집단들로 판단되기 때문이었다. 그런 특권을 한국사회에서 향유했었기 때문이다. 넷째, 결국 교육전문가, 개혁자, 식자들은 미군정 초기부터 한국교육 위에 전문가 집단으로서 군림했던 것이었다. 이들 교육선각자, 지도자, 전문가들은, 일반적으로, 외국유학의 경험이 있었다. 또한, 정치적으로 일정한 영향력을 발휘하고 있었다. 특정 정치정당과 연결되어 있기도 했었다. 또한, 대학교육 관계 인사들은 정치적 정당의 이해관계를 직·간접적으로 반영하는 일반 단체와도 연결되고 있었다. 예를 들어 김성수, 유억겸, 현상윤은 한민당과 일정한 연관을 맺고 있었다. 백낙준, 최규동, 현상윤 등은 흥사단과도 일정한 연관을 맺고 있었다(참고: 김종범, 1945). 이들은 대학교육에 관계된 특정한 학문적 이론, 사상을 사회정치적 상황에 따라 취사선택할 수도 있었다. 또 의도적으로 특정 이념, 이론을 폐기할 수도 있었다. 왜냐하면 사회정치적으로 부상된 교육관계 전문가들만이 대학교육에 관련된 표준화된 지식, 기술을 갖고 있다고 자부할 수 있었기 때문이다. 따라서 일반 대중은 교육전문가들의 처방을, 주는 그대로 따라야만 했었던 것이다. 이 판단은 어느 정도 옳은 것 같았다. 왜냐하면 한국교육사는 식자들이 전문적으로 처방해 준 교육관, 교육이념, 제도에 국민이 이의를 제기했다는 사료를 거의 갖고 있지 않았기 때문이었다. 한마디로 국민은 전문가들의 처방을 열심으로 따랐다는 판단만이 가능할 수 있었다. 그러나 이것은, 결코 이들 교육전문가들의 주장, 식견, 처방이 언제나 옳았다는 것을 의미하지는 않았다. 왜냐하면 홍익인간의 교육이념이 진보주의 교육실천 방법과 접목되는 데 실패했다는 주장들이 한국 교육계에 끈질기게 회자되고 있기 때문이다(참고: 한기언, 1969; 김인회, 1982). 실패한 까닭은 다양할 수 있었다. 이 가운데 네 가지 판단에 관심을 집중할 필요가 있었다. 첫째, 도입되는 외국 교육사조에 대한 정확한 이해의 결여일수도 있다는 점이었다. 둘째, 한국적인 조건·상황을 과도하게 반영, 변형시킨 기형적인 이해방식의 집착에 기인할 수도 있다는 판단이었다. 셋째, 정치사회적 도구화를 위한 수단으로 삼았었기 때문일 수도 있다는 판단이었다. 넷째, 전문가 집단의 지위·이해관계 유지를 위한 기대 이상의 과시와 지적 오만 때문일 수도 있었다는 판단이었다.

다섯째, 해방 당시부터 대학교육을 비롯한 한국교육은, 제도화될 때부터, 국민이 겪을 수도 있는 고통과 희생을 제거·감소시킬 수 있는 모습으로 조직되었다는 판단이 불가능할 수 있었다. 왜냐하면 한국 교육은, 초기 교육전문가들의 전문성으로 인해, 서구 "……교육학개론의 장을 하나하나 시행착오적으로 해본 것과 다름없이 되었다"(참고: 한기언, 1969, p.251)고 인식될 수도 있기 때문이었다. 결국 한국교육계에 등장했었던 서구 교육사조들 역시 한국 교육전문가들의 전문적 소양, 전문성이라는 표준화된 것을 국민들에게 기대 이상으로 처방해 본 실험일 수도 있다는 판단마저 가능한 셈이었다. 즉 행동주의, 항존주의, 본질주의, 개조주의, 실존주의, 인본주의 등의 여러 학문적 사조들(참고: 한기언, 1979)은 교육전문가들의 전문적 입장을 강화시키는 수단으로 한국 교육계에 등장했었을 지도 모른다는 판단이 가능했던 것이다. 따라서 다양한 교육이론·사조를 근간으로 하는 교육학적 처방이 한국의 대학현장에 침투했다 하더라도, 이들의 사조는, 결코, 국민이 겪을 수 있는 고난과 희생을 감소·제거시키는 데 커다란 공헌을 했을 리 없었을는지도 모르는 일이었다. 오히려, 불행을 경험할 가능성만을 시대적으로 확대시켰을 것이라는 판단만이 남게 되는 것이다. 왜냐하면 첫째, 각종 교육학적 이론에 입각한 처방을 숙지하지 못하는 국민들과 학생들은 무능력자 혹은 일탈자로 낙인찍혔을 것이기 때문이다. 둘째, 이들 특정한 학문적 처방, 기술들은 특정 교육학자들의 학문적 전문성의 이해관계를 반영하고 있을 뿐이었기 때문이다.

그러나 해방 당시의 교육전문가·지도자·개혁가들의 사회와 교육에 대한 개혁의지와 한국교육에 대한 열성을 결코 부정할 수는 없는 것 같았다. 왜냐하면 이들 전문가들이 한국의 교육을 외국 교육·정치지도자들에게 예속시키기 위해 학문적 전문성을 동원했다는 강력한 증거가 체계적으로 발견되지 않고 있기 때문이다. 교육전문가들이 해방 이후 나름대로 한국의 교육발전을 위해 일정한 시각으로 교육의 문제를 논의했다는 판단을 부인할 만한 체계적인 실증적 자료를 가질 수 없었기 때문이었다. 결국 해방 당시의 교육 전문가들은 한국교육에 관해 특이한 일방적 방식으로 관여했다고 판단하는 편이 오히려 타당할는지도 모르는 일이었다.

확증적인 자료의 미비에도 불구하고 본 연구는 초기 교육학계 지도자, 전문가들에 의해 통제되지 못한 편견이 한국 대학교육이 경험할 수 있는 불행과 희생을 방조했었을는지도 모른다는 판단을 부인하고 싶지는 않았었다. 판단보류의 까닭이 다음 장에서 상세하게 논의된다.

다음 장에서는, 일부 사립 고등교육기관 운영자들의 기업정신이 학생, 국민들이 겪을 수도 있는 불행을 어떤 식으로든 제거하지 못해 왔다는 점을 논의하게 된다. 오히려, 이들 기업주의적 육영가 들은 한국 대학교육이 경험할 수 있는 희생과 불행의 농도를 짙게 하여 방조·활용했었을 것이라는 가정을 논의하게 된다. 왜냐하면 한국의 고등교육의 성장은 이들 고등교육기관 운영자들에 의해서도 특수한 방식으로 유도되어 왔었기 때문이었다.

4. 大學運營創設者들의 大學敎育 企業化意志

한국교육십년사 간행회(1960)와 Werth(1949)의 기록에 의하면, 1944~1945년경 한국에는 19개 정도의 고등교육기관이 존립해 있었다. 반면, 오천석(1964)의 기억에 의하면, 1943년경 조선에는 약 20개 정도의 고등교육기관이 있었다. 따라서 해방 전까지의 조선에는 최소한 19~20개 정도의 고등교육기관이 존속했었던 것 같다. 1948년 대한민국정부수립 당시에는 42개의 고등교육기관이 한국사회에 등장하게 되었다(참고: 김종찰, 1979, p.53).이어, 1954년경에는 고등교육기관이 약 65개로 불어나게 되었다(참고: 문교부, 1958, p.96). 결국 한 가지 경향이 고등교육계에 나타났었던 셈이었다. 격동·혼란기에도 불구하고, 한국사회에서의 고등교육기관 급증화 현상은 마치 "燎原의 불같이 일어나는……대학운동"(참고: 김성식, 1950, p.2)과 흡사했던 경향을 보여주고 있었다. 대학설립 운동의 정당성은 인재양성, 지도자 양성에 있었다(참고: 유진오, 1962). 결국 한국의 고등교육기관이 어쩔 수 없이 팽창될 수밖에 없었던 원인이 있었던 셈이었다. 원인은 대체로 두 가지로 요약필 수 있었다. 첫째, 미군정 때 채택된 서구식 자유방임적 고등교육 정책이 대학설립 운동을 촉진했던 것 같았다. 무엇보다도 중요했던 요인이 있을 수 있었다. 둘째, 당시(1952~1954년) 문교장관들(예: 백낙준, 김법린)의 개방 고등교육 정책이 빚어낸 결과일 수 있었다(참고: 김종철, 1979). 한국의 고등교육 기회는 초기

교육지도자·혁신가, 교육관계 전문가들의 개혁의지에 의해 확대될 수 있었던 셈이었다.

그러나 '대학설립운동'의 실제는, 출발부터 얼마 안 되는 기업주의 식 육영론자들의 치부(致富)를 위해 불붙기 시작하였다는 사실이 간과될 수는 없었다(참고: 왕학수, 1958). 왜냐하면 일부사립 고등교육기관 설립운영자 들의 치부의욕이 미군정 초기부터 고등교육계에 뚜렷이 나타나고 있었기 때문이었다. 기업주의 지향적 육영가들의 치부의욕은 미군정 교육당국의 문교정책에 유효적절하게 대처하면서 한국 교육계에 부상되기 시작했다.

예를 들어 미군정 기간 3년 동안 23개의 대학이 신설되었다. 고등교육기관 설립수에 있어서 혁신적이었다. 그러나 고등교육기관의 급증이 우연적인 것은 아니었다. 정책적으로 뒷받침 받은 개혁적 확장이었다. 이 당시 대학설립 운동을 뒷받침한 사회 정치적 정책이 있었다. 그것은 토지개혁 정책이었다. 문교당국은 토지개혁을 염두에 두고 대학신설 정책을 입안, 추진했었다. 미군정청 문교관계자들은 토지개혁을 전제로 한 대학설립 기준령을 제정하기 시작했다. 이 때 중요하게 부상된 것이 있었다. 그것은 재단법인 설치에 관한 것이었다. 즉 일정한 기본재산을 소유한 재단법인만이 대학을 설립할 수 있도록 규정했다. 이런 규정 역시 막연하게 만들어진 것이 아니었다. 무엇인가를 이미 계산에 넣고 만들어진 고등교육 정책이었다. 예를 들어 한국교육십년사 간행회(1960)에 의하면,

> "대학설립이 무한히 계속되리라고는 생각하지 아니하였다. 그 이유는 토지개혁을 예상한 때문이다. 교육기관 설립은 재단법인이라야만 했으며 재단법인은 일정한 기본재산을 가져야 되므로, 그 당시 대학설립 기본재산은 주로 토지였다. ……그러므로 만일, 과도정부 말기까지 토지개혁이 실시된다면 재단을 구성할 기본재산에 극히 제약을 받을 것이므로, 그 시기에는 대학설립인가 신청도 그다지 없을 것이라는 예측을 한 것이다."(p.94)

　　그러나 유억겸 문교부장의 판단은 잘못 된 것으로 나타나기 시작했다. 잘못되었다기보다는 기업주의적 육영가들에 의해 시험당한 것 같기조차 했었다. 왜냐하면 "……군정 초기에 각처에서 난립한 대학 설립기성회 간부들이 기성회 명칭하에 적산입수(敵産入手)에 광분"(참고: 한국교육십년사 간행회, 1960, p.96)하는 등의 기업성을 보여 주고 있었기 때문이었다. 그럼에도 불구하고, 유억겸은 육영자의 양심을 믿기로 했었다. 즉 "유지들이 탕재를 각출하여 우리 손으로 우리 교육기관을 설립하려고 하는데, 국가가 못할 바에야 어떻게 억제하겠느냐, 시작이 반이니 시작만 해 놓으면 교육기관 경영자인 만큼 양심적으로 육성할 것이다"(참고: 한국교육십년사 간행회, 1960, p.94)라고 육영자들을 믿어버렸던 것이었다. 육영가들에 의한 대학설립의 필요성은 이미 1895년 유길준의 「서유견문」(1976)에서도 나타나고 있었다. 유길준은 구미의 대학들이 지역사회의 유지·육영가들의 현실에 의해 설립되고 있음을 특별히 지적·추천한 바 있었다. 조선에도 이런 육영가들의 출현이 필요함을 역설했었다. 결국 미군정 당국의 한인 문교 관계자들은 유지들에 의한 대학설립을 구체화 시킬 대의명분도 갖고 있었던 것이다. 대의명분이 대의명분스레 지켜졌던 사례도 있을 수 있었다. 예를 들어 고려대학교는 1949년부터 재단법인 중앙학원에 의해 경영되고 있었다. 1946년 당시 고려대학교의 재원은 충분하지 않았던 것 같았다. 따라서 "김성수는 서울 안암동, 종암동, 미아리 고개에 걸쳐 있는 약 50만 평의 귀속재산 및 국유임야를 불하하여 학교부지로 삼았다. 이때, 김연수는 2천석, 이활이 1천2백 석 지기의 토지를 희사하고, 소병곤이, 또한 1백 석 지기의 토지를 기부하여"(참고: 손인수, 1981, pp.102-103) 기존 고등교육기관의 재원을 뒷받침한 유례도 있었다.

　　그러나 미군정기 문교당국의 정책은 계속 빗나가도록 유도되고 있었다. 어쩌면 문교행정의 정책이 꼬여 가고 있었던 것 같았다. 일들이 꼬이는 이유는 전문가들의 상습적 비능률성과 단견에 기인할 수도 있었다. 즉 전문적 무능의 경향은, 전문가라고 자부하면 할수록 극에 달하는 경향이 있기 때문이었다(참고: Peter & Hull, 1969). 예를 들어 대학운영을 둘러싸고 일부대학의 이사회, 대학장, 후원회 간부 사이의 알력이 한국 사회에서 노골화되기 시작하였다. 다시 말해서, 학문이라는 상품에 관한 주도권 다툼이 이사회, 대학장, 후원회 간부 사이에 심화되기 시작했었다. 그러나 미군정 초기 문교당국은 일제 때와 비슷한 대학설립 정책을 유지시켰다. 즉 사립대학이 재단법인에 의해서만 설립되도록 규정한 것이었다. 또한, 대학운영을 위해, 재단법인은 이사회를 두도록 규정했었다. 따라서 사립대학의 경우, 운영권은 이사회 소관이었다. 이사회는 해당 고등교육기관 설립을 가능하게 하는 재단법인의 의결기관으로서의 기능을 갖고 있었다. 결국 재단법인은 해당 고등교육기관의 기본재산을 관장·운영하는 물적단체(物的團體)의 성격만을 소유하게 되는 셈이었다(참고: 한국교육십년사 간행회, 1960). 한마디로 재단법인의 의결기관인 이사회는 해당 고등교육기관의 설립목적을 달성하기 위해 필요한 자금충당, 운영을 전담하는 기능을 최대한 발휘해야만 되는 것이었다.

영세한 재단법인이 대학을 위해 제 기능을 충분히 발휘할 리가 없었다. 따라서 대학행정의 경험이 풍부했던 유억겸 문교부장은 대학의 원활한 운영을 위한 묘방을 찾았다. 그것은 고등교육기관에 후원회를 설치하도록 하는 묘책이었다. 그러나 위원회는 이사회, 대학장에게 일정한 형식으로 압력을 가하는 세력으로 대학사회에 등장해 버렸다. 또한, 교직원에 대한인사권, 학교운영의 경제권을 갖고 있는 이사회는 대학장의 권한을 가능한 한 축소시키려 했다. 심지어, 학교경비의 예산을 학장에게 사전에 알려 주지도 않았다. 단지, 시키면 시키는 대로 따라 오라는 식이었다.

이사회와 후원회 사이의 갈등도 심화되었다. 즉 후원회는 후원회비를 제공하는 그 이상으로 학교행정에 일정한 영향력을 행사하려 했던 것이었다. 결국 후원회 임원과 이사회, 대학장의 삼자 사이에 치열한 삼파전이 발생하는 예가 한국 대학사회에 허다하게 나타나게 되었다(참고: 한국교육십년사간행회, 1960, p.48). 따라서 문교당국의 감독도 강화되게 되었다. 예를 들어 대학설립의 요건을 강화하기도 했다. 신문보도에 의하면(참고: 동아일보, 1946. 12. 3, P.2), 새로 대학을 설립할 경우, 대학설립기금을 1억 원 정도로 인상시켰다. 기존 대학의 경우, 설립기금은 4천 8백만 원 정도로 동결되었다. 예외 없이 신실 대학의 경우, 133만평 정도의 전답은 최소한 재단법인의 재산으로 소유하고 있어야 했다. 기존 대학의 경우는 63만평으로 낙착시켰다. 도서 역시 최소한 5만권 정도는 구비하도록 규정했다. 이어, 재무보고 양식을 제정, 행정권을 발동시키기도 했다. 그러나 문교당국의 행정적 규제에 대처하는 이사회의 전략도 다양했다. 학교 행정가 및 운영자들은 허위기재, 조령모개, 가공인물기재 등의 수법을 학교운영에 도입하기 시작했다. 따라서 학장, 이사회, 후원회 사이의 갈등은 문교당국의 행정감독에 아랑곳하지 않고 더욱 고질화되게 되었다. 결국 문교당국의 행정적 능력은 한계에 도달하게 된 셈이었다. 예를 들어 한국교육십년사 간행회의 진술에 의하면, 미군정 초기 문교당국은 이렇게 참아 주어야만 했었다.

"문교부에서 재단경리에 관한 세밀한 보고양식을 제정하여 감독하였으나 대부분이 허위기재이므로 그 진상을 파악하기는 매우 곤란하였다. 분규의 대부분의 원인은 경리 면에 있었다. 원래, 학생으로부터의 징수금 중 후원회비는 후원회 계정으로, 수업료는 재단 계정으로 각각 영입되는 것인데 재단 측에서는 후원회 명목만 설정하고 실제 인물은 없든지 또는, 있다 하더라도 재단에서 자의로 움직일 수 있는 자를 내세워 놓아 분리된 경비를 자유로 이용한다든가, 또 이사회에서 학교경비의 예산을 학장에게 사전에 영달해 주지 아니하는 등의 처사는 그 전부가 분규의 원인이 된 것이다."(1960, p.98)

미군정 초기 일부 사립대학 운영자들에 의한 치부욕은, 한마디로 고등교육이라는 육영사업을 기업화시켰던 셈이었다(참고: 이규환, 1975).
그러나 문제는 정당한 기업정신으로 육영사업을 추진시키려 했던 것이
아니었다는데 있었다. 예를 들어 이숭녕(1957)은 한국의 대학이 마치
일반시장과 비슷하다고 비판한 바 있다. 이숭녕의 기억에 의하면, 초기
한국 대학은 부정입학, 정실입학의 온실이었다. 심지어, 교수에게 학생
1명씩 부정, 혹은 정실입학시키도록 강요까지 하였다.

> "대학에 따라서는 학기 도중에 얼마라도 학생이 취학하게 되어,
> 일금 ×만원으로 학적을 얻을 수 있다는 이 사실은 대학사회의 글자
> 그대로의 타락이 아닐 수 없다. 입학기에 교수에 1인씩 배당이 가는
> 것을 필자도 ×대학에서 경험한 일이 있었고, 채점과 사정회의에서
> 擇定된 수보다 개강을 하고 보니 무더기의 '야미' 입학을 보고 놀란
> 일도 있다."(이숭녕, 1957, p.210)

대학교육을 기업의 한 장면으로 판단하는 입장은 최근의 공립대학
에서도 발견된다. 그러나 이들이 퇴폐적인 운영방법을 대학교육에
도입하였다는 증거는 없다. 단지, 본 장에서는 대학교육을 커다란 기
업·사업과 견줄 수도 있다고 판단하는 일부 공립고등교육계 식자들
의 입장을 예시하기 위해, 그들의 식견을 인용할 뿐이다. 예를 들어
어느 비사립대학(교) 최고 책임자는 그의 취임사를 이렇게 시작하고
있었다. 즉,

> "대학의 위기는 여기에 있습니다. ……대학교는 한국 최대의 관학
> 으로 국가의 가장 큰 사업체입니다. 국가가 하는 많은 사업 가운데
> 투자순위를 따져 보면 그것은 백의 공장건설보다도 중요한 사업일
> 것이라는 것은 더 말할 필요도 없습니다. 그러나 그간……대학교에
> 대한 정부의 투자는 극히 부족한 것이었던 것입니다. 따라서 국가는
> 어떠한 회생을 무릅쓰고라도 이 침체상을 극복해야 할 것입니다.
> ……"(한기언, 1969, p.280).

　　다시 말해서, 국민은 어떠한 희생을 무릅쓰더라도 공립대학의 중
흥을 위해 납세해야 한다는 것이 이 대학(교) 학(총)장의 의지였던
것이다. 그는 국민을 위해 대학(교)이 구체적으로 무엇을 해줄 수 있
는가에 거의 관심을 갖고 있지 않았던 셈이었다. 일부 사립대학(교)
경영진도 예외가 아니었다. 표현은 보다 구체적이었다. 예를 들어 어
느 사립 고등교육기관의 경영진은 해당 고등교육기관을 사기업(私企
業)으로 해석하기까지 하는 것이었다. 예를 들어 "사학은 엄밀한 의
미에서 사기업적 성격이 있다. 그 까다로운 사립학교법인에 의해 이
사 등 임원을 선임하였는데 주인보고 나가라면 어쩌자는 거냐"(참
고: 한국일보, 1980. 4.16, p.3)하는 식으로 해당 고등교육기관을 하
나의 사기업으로 비유하고 있기도 한 실정이다.

　　따라서 일부사립 고등교육기관운영자들의 기업성은 다양하게 나타
날 수밖에 없는 셈이었다(참고: 한국일보, 1981. 3. 20, p.11; 중앙일
보, 1978. 1. 18, p.7; 한국일보, 1980. 4. 16, p.3). 예를 들어 1961
년에는 교육에 관한 임시특례법이 제정되었다. 교육에 관한 임시특
례법은 일부대학의 정비를 불가피하게 만들었다. 왜냐하면 임시특례
법은 네 가지 주요 골자를 골격으로 하고 있었기 때문이었다. 첫째,
입시제도의 국가관리, 둘째, 대학정비, 셋째, 학사고시제, 넷째, 교수
실적 심사제를 골격으로 하고 있었기 때문이었다. 한마디로 부실 고
등교육기관을 정비하려고 겨냥하고 있었기 때문이었다. 따라서 일부
사립 고등교육기관 운영진은 긴장할 수밖에 없었다. 긴장하는 가운
데 4년제 대학 71개교 중36%인 21개교가 정비되었다. 679개의 학
과는 532개의 학과로 축소되었다. 이어, 1966년에는 대학정원령이
실시되게 되었다. 대학정원령 역시 일부사립 고등교육기관 운영진의
각성을 촉구하기 위한 물리적 처치방법이었다. 그러나 일부 사립고
등교육기관 운영진들은 교묘히 교육법 제114조를 활용하기도 했다
(참고: 이형행, 1979). 왜냐하면 교육법 제114조는 대학에 공개강좌
와 청강생을 받을 수 있다고 명시하고 있었기 때문이었다. 따라서

일부 기업주의적 대학운영자들은 청강생들의 등록금을 학교 운영기금 혹은 경영의 수단으로 삼기까지 했다.

청강생의 등록금이 치부의 수단이 되었다는 주장은 그리 과장된 것이 아닌 것 같았다. 왜냐하면 1969년도 국회의 문교행정 특별감사위원회가 조사한 사립대학 실태조사결과(참고: 윤용남, 1969)는 한국의 일부사립대학이 청강생의 등록금 활용으로 인해 재벌로 군림되고 있었음을 지적하고 있었기 때문이었다. 예를 들어 많은 사립대학들은 "한결같이 수많은 정원외 학생, 청강생들을 뽑았고, 학생들로부터 받은 납입금은 재단에 유입시키거나 교육 이외의 목적에 사용해 왔고, 시험성적과는 관계없이 돈 많이 내는 학생을 부정입학 시켰으며 부정졸업장을 남발해 왔다. 불과 5년 또는 10년 동안에 재단의 재산이 100배, 1,000배씩 기하급수적으로 늘어났으나, 그 재산은 학교를 위해 투자되거나 교수들의 처우를 높여주는 데는 한푼도 사용되지 않았다."(참고: 윤용남, 1969, p.125).

결국 한국에서 최고의 재산증대율을 보여 준 지방의 'ㅈ'대는 설립 후 19년 동안에 1,900배의 재산증식현상을 이룩하기도 했다(참고: 윤용남, 1969). 그러나 정원 이외의 학생선발, 청강생 모집은 대학 단독의 결정에 의한 것만은 아닌 것 같았다. 왜냐하면 문교행정 특별감사위원회에 출두, 증언하게 된 어느 사립대학 총장은 이렇게 증언·진술하고 있었기 때문이었다. 즉,

"……과거 문교부장관은 20~30%의 정원외 학생을 모집해도 좋다고 묵인한 적이 있으며, 65년 권오병 문교장관은 정원외 학생을 신고하면 양성화해 준다고 해서 이를 인정해 준 일이 있다. 이래서 정원외 학생모집은 하나의 관례가 되어 왔다."(윤용남, 1969, p.127)

문교부에 의한 정원외 학생입학에 대한 묵인 여부의 확인을 생략하더라도, 한 가지 사실이 지적될 수 있다. 즉 일부 사립대학이 국

가행정력을 적절히 활용하면서 기업의 의지를 극대화시켜 왔음을 지적할 수 있다. 기업의지의 발로는 다양하게 전개될 수도 있다. 심지어, 입시전형료까지 치부의 수단으로 등장할 수 있었다. 예를 들어 신문보도(참고: 중앙일보, 1978. 1. 18. p.7)에 의하면, 사립대학들은 입시전형료까지 크게 인상하고 있었다. 즉 원서대를 50~200%씩 인상하기도 했었다. 1978년 현재, 전국 57개 사립대학이 전형료로 받은 액수는 약 8억 원 이상이 될 것으로 판단된 적이 있었다. 심지어, 기업성을 조직적으로 확대·운영하기 위해, 일부사립 고등교육기관 운영자들은 '족벌체제'를 갖추기까지도 했었다. 예를 들어 총(학)장과 이사장직을 부부가 맡기도 했다. 총(학)장의 자녀들을 주요보직에 임명하기도 했다(참고: 한국일보, 1980. 4. 16, p.3). 교수나 교직원은 총(학)장의 부하같이 행세하도록 기대되었었다. 예를 들어 신문의 보도(참고: 한국일보, 1980. 4. 16, p.3)에 의하면,

> "……학교의 교수나 교직원은 예외 없이 총장파와 이사장파로 갈라진다. ……'두 파는 하다못해 학교 수위자리 하나 가지고도 끝까지 싸웁니다.' H대학의 한 학생은 이렇게까지 극언을 서슴지 않는다. '총장파든 이사장파든 어느 쪽에든지 끼지 않으면 곤란합니다. 언제 밀려날지 모르는 불안 속에서 지내야 해요. 보직교수요? 그것은 어떻게 보면 두 파가 싸워 얻는 전리품적 성격을 갖고 있어요. 이기는 쪽이 거의 독점하게 마련이니까요.'……'총장이 퇴근할 땐 교수들이 차에까지 쫓아가 부동자세를 취합니다.'

이런 유형의 판단이 과장되어 있는 것이 아니라면, 한국의 일부대학은 기업주의 원칙을 과다하게 고등교육기관에도 적용시키고 있다고 판단할 수밖에 없는 셈이었다(참고: 조선일보, 1983. 2. 23, p.3).
　사립대학의 재정적 수입은 거의 학생들의 수업료와 등록금에 의존한다. 학생들의 공납금이 사립 고등교육기관의 주요 재정원이었다는 사실은 미군정 초기에도 예외는 아니었다. 결국 학생들이 내야하는 등

록금은 다른 어떤 교육비보다 고액이어야만 했다(참고: UNESCO UNKRA 교육계획 사절단, 1952). 이런 현상은 최근에도 예외가 아니다. 예를 들어 1966년부터 1978년동안 사립대학 총수입 가운데 83.73%가 학생공납금에 의해 충당되고 있었다. 동문, 육영사업 관심가들에 의한 기부금과 보조금은 사립대학의 재정에 커다란 기여를 해주고 있지 못하는 것으로 나타나고 있다. 왜냐하면 13년 동안(1966~1978년), 사립대학의 재정수입 가운데 불과 13%만을 점유했었던 항목이 기부금이었기 때문이었다. 각종 보조금 역시 1.56% 미만에 머물러 있었다(참고: 표 45). 한마디로 사립대학운영자들은 학생들의 공납금을 효과적으로 징수, 활용하는 방법을 찾을 수밖에 없었던 셈이었다.

표 45. 사립대학 재정수입의 항목별 · 연도별 상황*

연 도	총 계 (A)	학생 공납금 (B)	기부금 (C)	보조금 (D)	B/A (%)	C/A (%)	D/A (%)
1966	3,577,877	2,883,645	929	54,258	80.5	0.025	1.51
1967	4,564,570	3,696,980	1,208	1101,061	81.0	0.026	2.21
1968	6,119,018	4,708,522	929	97,153	77.0	0.015	1.28
1969	7,524,361	5,676,393	—	263,707	75.4	—	3.50
1970	9,835,434	8,014,393	11,155	92,507	81.5	0.11	0.94
1971	11,146,561	9,542,970	23,968	86,937	85.6	0.21	0.77
1972	14,124,619	11,868,434	30,698	435,165	81.0	0.21	3.08
1973	15,289,639	12,811,244	50,326	213,793	83.8	0.32	1.39
1974	19,836,906	17,811,569	26,739	189,836	89.8	0.13	0.95
1975	27,971,638	24,831,265	—	327,649	88.8	—	1.17
1976	36,617,360	32,377,487	52,081	331,232	88.4	0.14	0.90
1977	46,790,073	41,100,079	47,747	476,452	87.8	0.10	1.01
1978	60,083,663	50,985,157	65,761	775,656	84.9	0.10	1.29

<주> 교비여산에 의함.
* 김종철. 「한국고등교육연구」. 서울: 배영사, 1979, p.865의 도표 50을 필요에 따라 수정했음.
자료: 「문교통계연보」. 1966~178.

결국 사립 고등교육기관의 학생 공납금에의 높은 의존도는 두 가지 부정적인 결과를 초래할 수밖에 없었다. 즉 첫째, 일반서민들의 가계 압박과, 대학에서 학과편제의 비학문성을 유발시켰다. 매년 강행된 공납금 인상은, 약 8년 동안(1965~1972년) 등록금 인상률을 일반 물가상승률보다 평균 5배가 넘게끔 만들어 버렸다. 예를 들어 신문보도(참고: 한국일보, 1978. 3. 9, p.4)에 의하면, 한국사회에서의 교육비 인상률은 엄청났었다. 왜냐하면 10년 동안(1968~1978년) 약 11배가 올랐었기 때문이다. 배종근(1975)의 연구에 의하면, 사립대학(교) 문과계열의 공납금은 8년 동안(1965-1972년) 일반 물가보다 평균 4.14배나 상승했다. 임금에 대비했을 때, 공납금 인상률은 평균 1.56배를 웃돌았다. 결국 교육비는 물가와 임금에 비해 해마다 상당히 높게 증가해 온 셈이었다. 따라서 교육비는 일반 가정의 가계를 침식하는 요인 가운데 해가 가장 큰 요인이 되고 있었다(참고: 표 46). 배종근의 판단에 의하면, 가계를 압박하는 교육비 인상에 대한 책임은 학교경영자 측에 있을 수밖에 없었다. 왜냐하면 한국의 대학교육 여건이 학교경영자 측의 일방적 결정에 의해 대학교육비가 조정·통제되도록 기형화되어 있기 때문이었다.

표 46. 사립대학 교육비의 가계탄력성*

	공납금/물가 (A)	공납금/임금 (B)	가계탄력성 (A＋B)
1965~67년	5.15	1.51	6.66
1967~69	4.13	1.70	5.83
1969~70	3.58	1.74	5.32
1970~72	3.70	1.32	5.02

자료: 1) 경제기획원. 「한국통계연감」. 1972, p.278.
　　　2) 「조선일보」. 1973. 1. 31
　　　<주> 학교공납금은 사립대 문과 기준임. 임금은 광업사자 임금임.
* 배종근, 고육격차의 현실과 과제. 「교육학 연구」, 1975. 13(3), p.25 인용.

표 47. 각급 학교교육에 대한 1인당 사교육비 점유율*

(기준년도: 1969년)

학 교 별	1인당 사교육비	사교육비 총액
국민학교	6,753원(5.73%)	37,970,876,448원(45.71%)
중 학 교	17,606(14.95)	20,210,265,248(24.33)
고등학교	25,838(21.94)	14,040,524,228(16.90)
대학(초급대학 포함)	57,604(48.92)	9,542,678,640(11.48)
기타 학교	9,940(8.84)	1,404,633,436(1.69)
총 계	117,741(100)	83,059,978,000(100)

* 대한상공회의소 한국경제연구센터. 「경제발전과 교육투자」. 서울: 대한상공회의소 한국경제연구센터, 1973, p.70의 자료를 본 연구에 맞게 변형시킨 것임.

결국 대학교육은 일반국민들의 경제적 회생을 감소, 혹은 제거시켜주고 있다고 판단할 수 없다는 결론이 가능하게 되었다. 왜냐하면 대학운영자들은, 일반 국민들이 자녀들의 대학교육을 위해 가계를 최대한 긴축시키도록 방조하고 있었기 때문이었다. 예를 들어 대학교육을 위해 국민들이 부담해야 하는 1인당 사교육비는 초등학교 교육을 위한 사교육비보다 9배 이상이나 많았었다(참고: 표 47).

표 47에 의하면, 사교육비 총액 중 대학교육에 관한 사교육비는 11.48%에 불과했다. 그러나 대학교육을 위한 1인당 사교육비는 48.92%를 차지하고 있었다. 즉 여타 학교교육보다 가장 소모부담이 많았던 셈이었다. 결국 대학교육에 대한 1인당 사교육비 투자는 일반국민의 가계를 희생시키는 결정인자로 등장하고 있었던 셈이었다. 신문보도(참고: 한국일보, 1976. 12. 4)에 의하면, 자녀 1명을 25세까지 양육하는데 드는 총 경비는 약 7,665,000원 정도이었다. 이 중 교육비가 52%(3,987,000원)를 점유했다. 한국일보의 보도는 경제기획원의 자료를 토대로 한 것이었다. 그러나 다른 신문보도(참고: 중앙일보, 1981. 1. 31, p.5)에 의하면, 초등학교부터 대학(교)까지 부모가 내야 할 학자금 부담액은 약 1천 1백만 원 정도였다(1981년도 불변가격). 이중 공납금의 비율이 39.1%였었다. 결국 부모가 받는 월급 중 매달 2% 정도가 교육비로 소모되고 있었다(참고: 한국일보,

1978. 3. 9, p.4). 1981년도 기준으로 판단한다면, 대학교육에 투자·
소모되는 1인당 사교육비는 여타 학교교육에 대한 투자보다 더욱더
서민의 가계를 압박하고 있게 된다. 왜냐하면 1970년도 당시 서울에
서 과외비로 소비된 현금적 가치는 약 260억원에 달했었기 때문이
었다(참고: 동아일보, 1972. 8. 14, p.6). 다시 말해서, 표 47에 나타
난 초등학교, 중학교, 고등학교 사교육비중 과외수업비의 점유율은
1970년 현재 초등학교가 17.15% 중학교가 21.25%, 고등학교가
19.78%에 달했었다(참고: 대한상공회의소 한국경제연구센터, 1973,
p.69). 따라서 과외수업비에 대한 소모가 거의 배제된 1981년도 기
준으로 판단했을 때, 대학교육자체에 투입·소모되게 되는 1인당 사
교육비는 초·중·고등학교에 대한 1인당 사교육비보다 엄청나게 클
것이라는 판단이 가능한 것이다.

표 48. 가계의 월소득별 학생 1인당 연평균 사교육비*

(기준년도: 1976년, 단위: 원)

	1~5만	5~10만	10~15만	15~20만	20~25만	30만 이상
초등학교	11,907	23,922	36,396	45,889	52,295	96,904
국·공립	11,907	23,362	33,232	40,567	44,137	69,577
사 립	—	70,605	74,604	75,292	97,165	169,995
대 학 교	132,319	150,513	130,325	141,494	171,806	170,116
국공·립	121,500	136,143	112,516	103,614	159,021	131,684
사 립	181,007	160,093	143,682	175,660	183,609	193,492

* 한국교육개발원. 「교육재정의 현황과 문제」. 서울: 한국교육개발원, 1978, p.194의
　표 9를 편의상 변형시켰음.

　　대학교육에 대한 사교육비 소모율은 부모의 계층별·학력별 차이
에 관계가 없는 것 같았다. 단지, 빈부와 능력의 차이에 관계없는
수준으로 일반 국민들의 희생을 강요하고 있을 뿐이었다. 예를 들어
표 48에 의하면, 서민가계의 월소득별(학교급별) 학생 1인당 사교육
비는 초등학교와 대학을 대비했을 때 크게 차이가 났다. 즉 초등학

교에 투자되는 1인당 사교육비는 소득이 높을수록 더욱더 큰 비중을 차지했다. 그러나 대학교육을 위한 1인당 사교육비 투자는 그런 경향을 보여 주지 않고 있었다. 소득의 높낮이에 관계없이 균등했다. 예를 들어 1~5만원의 소득을 갖고 있는 가정과 30만 원 이상의 소득을 가진 가정과의 차이는 대학의 경우 37,797원이었다. 그러나 초등학교의 경우는 85,057원이나 되었다. 즉 소득수준에 따라 초등학교용 교육비는 대학교육비보다 2.5배나 차이(비율)가 나고 있었다.

표 49. 부모의 평균학력별 학생 1인당 연평균 사교육비*

(기준년도: 1976년, 단위: 원)

	1~6년	7~9년	10~12년	13~18년
국민학교	13,385	18,919	34,438	63,521
국·공립	13,385	17,963	32,300	50,520
사 립	−	52,706	76,849	107,831
대 학 교	150,227	152,421	154,934	167,303
국·공립	118,562	126,327	121,325	154,141
사 립	181,892	171,805	178,348	173,386

* 한국교육개발원. 「교육재정의 현황과 문제」. 서울: 한국교육개발원, 1978, p.194 의 표 9를 편의상 변형시켰음.

또한, 사립초등학교의 경우, 30만 원 이상의 소득을 갖고 있는 가정은 10만원 정도 소득의 가정보다 1인당 사교육비로 2배 이상을 투자·소비했다. 그러나 사립대학의 경우, 못사는 사람이나 잘사는 사람이나 거의 같은 액수를 1인당 사교육비로 투자해야만 했다. 다시 말해서, 경제적 형편이 어려워도 대학교육에 대한 후원규모는 유사해야 했다. 서민가정이라도, 대학교육을 위해서는, 경제적 형편이 충분한 가정이 투자·소비하는 유형으로 그들의 가계를 압박해 두어야 했다.

표 49 역시 대학교육에의 1인당 투자는 부모의 평균학력에 관계없이 동일한 것 같다고 제시하고 있다. 즉 교육을 못 받은 부모라고 해도 대학교육을 받은 부모만큼 자녀를 위해 대학교육에의 경제적 투자를

계속하고 있음을 보여 주고 있다. 그러나 초등학교의 경우는 달랐다. 왜냐하면 표 49는 교육경험이 많은 가정일수록 초등학교 교육을 위해 많은 경비를 지출하고 있음을 보여 수고 있었기 때문이었다.

표 50. 대학생 1인당 연간 사교육비*

(단위: 원)

항 목	1968년	1970년
교과서 구입비 〉 부교재 구입비	15,119원(27.40%)	20,286원(33.86%)
학 용 품 비	10,211(18.46)	7,347(12.31)
단체활동비	2,600(4.70)	3,050(5.09)
특수활동비	7,230(13.07)	4,824(8.05)
검사 · 고사지대	57(0.10)	0(0)
사회봉사비	414(0.74)	426(0.71)
학교위생비	7,238(13.08)	9,879(16.49)
교 통 비	5,662(10.23)	5,406(9.02)
지정용품 및 통학용품비	2,359(4.26)	3,345(5.58)
과외수업비	388(0.70)	468(0.78)
숙 식 비	4,028(7.28)	4,871(8.13)
총 계	55,035(100)	59,902(100)

* 대한상공회의소 한국경제연구쎈터. 「경제발전과 교육투자」. 서울: 대한상공회의소 한국경제연구쎈터, 1973, p.69. 표 Ⅱ-64를 편의상 변형시켰음.

대학교육을 위해 소모되는 1인당 교육비 중 숙식비는 극소에 달했다. 즉 평균 10% 미만(참고: 표 50)에 불과했다. 교통비 역시 평균 10% 정도에 불과했다. 결국 대학교육을 위해 투입되는 경비 중 80% 정도가 대학교육에의 직접적 경비였던 셈이었다. 대학교육에의 직접적 경비 중 50% 정도는 교과서와 학용품비로 소비되고 있었다. 대학교육을 위해 교과서 구입에의 투자가 과다함에도 불구하고 본 연구에서 나다난 경험적 자료 분석결과에 의하면, 가정에 비치하고 있는 서적 수와 학업성취와는 통계적으로 의의 있는 상관관계가 없는 것으로 판단되었다(r=.048).

결론적으로, 대학교육을 위한 과다한 개인당 사교육비 투자는 일반 서민가정의 경제적 정신적 희생과 불행을 제거시키고 있다는 판단을 불가능하게 만들고 있었다. 왜냐하면 자녀의 대학교육을 위해, 경제적 형편이 여의치 않은 가정마저도 경제적 형편이 허락하는 가정이 부담하는 만큼, 일정한 교육비 투자·소비를 강요당하고 있었기 때문이다. 또한, 도시가계의 소득수준보다 훨씬 낮은 농촌가계마저 도시거주자들이 교육을 위해 투자·소모하는 만큼, 혹은 그 이상으로 교육비 조달을 위해 생활비를 줄이도록 강요당하고 있었기 때문이었다(참고: 배종근, 1975).

한마디로 대학교육을 위해, 낮은 가계소득을 갖고 있는 일반 가정 역시 부유한 가정과 거의 같은 정도로 대학교육비를 가계에서 할애·소비하게 만드는 한국의 대학교육이 일반 국민의 희생과 불행을 감소시키는 모습으로 조직된 것이라고 수긍할 수만은 없었던 것이다. 결국 교육의 질, 기대, 수요가 실제적으로 국민의 고통과 희생의 제거와 무관한 대학교육과, 국민의 경제적 고통의 제거가 실질적으로 정책에 반영되지 않는 "오늘의 현상에서 교육만이 질적 향상을 위한 교육비 지출의 강요 또는 교육투자의 총액은 허구"(참고: 배종근, 1975, p.26)일 수도 있는 셈이었다.

두 번째의 부정적 결과에 의하면, 수업료를 대학운영 경비와 주된 수입원으로 삼고 있는 일부 기업주의식 대학운영자들은 대학의 학과 편제를 비전문화 시키는 데도 일익을 담당했었다. 한국 대학의 학과 편제는 미국대학의 기업주의식 대학만큼이나 다양하다. 학과를 지칭하는 명칭도 다양하다. 그러나 다양한 명칭이 학문적 전공의 특수성만을 의미하지 않았다. 오히려, 학생 증원을 위한 방편으로 동과이명(同科異名)하는 경향이 있는 것 같았다. 학생정원 증원에 따른 수업료 확보를 위한 방편으로 한 개의 전 공학과는 서로 다르게 불리는 경향이 있는 것 같았다. 예를 들어 영문학과, 영어영문학과, 영어교육과, 외국어학과 등으로 같은 계열의 학과가 세분되고 있는 실정이다(참고: 함홍근, 1982, p.33). 함홍근의 조사에 의하면, 한국의 대학에 있는 학과는 262개 정도로 구분될 수 있었다. 인문계 학과가49개, 사회계 학과가 37개, 예·체능계 학과가 39개, 자연계학과가 137개 등으로 세분되어 있었다. 학문의 다양성·전문성이 보장되는 것처럼 보이기조차 했다. 그러나 이런 주장은 과장되어 있다. 왜냐하면 "이러한 학과명칭은 과거의 대학팽창과정에서의 문교행정의 난맥상과 대학행정의 무계획성"(참고: 함홍근, 1982, p.33) 속에서 가능했었을 뿐이기 때문이다. 이점 역시 미국의 사경과 흡사했다. 왜냐하면 Hutchins(1936, 1961)는 미국 대학의 행정, 교과과정의 난맥상을 이렇게 지적했었기 때문이다. "이 세상에서 누워 떡먹기식으로 하기 쉬운 일 중의 하나가 미국대학(교)이 학생들에게 가르치는 우습고 철딱서니 없는(hilarious) 교과목의 명단을 작성하는 일이기 때문이었다. 도대체 이런 쓸데없는 교과목들은 대학이라는 교육기관의 이성적 목적에 부합되지 않는 것이다. 또한, 고등 교육적인 일관성도 찾아볼 수가 없는 것이다."(p.xiii).

결국 문교행정의 허약상과 대학행정의 무계획성은 일부사립 고등교육기관 운영자들의 기업성과 역사적으로 조화되고 있는 셈이었다. 왜냐하면 미군정 초기부터 한국의 일부 사립대학은 문교행정의 와중 속에서 교묘히 증식되어 왔기 때문이다. 예를 들어 미군정 초기 문교행정 당국자들은 사립대학의 시설 준비, 학문적 전문성 등에 큰 신경을 기울인 것 같지 않았다. 유진오의 기억은 한국 대학성장의 한 단면을 증명하고 있었다.

미군정시대의 어떤 교육관계 회합에서 나는 대학교육을 소홀히 생각하는 경향에 대하여 발언하다가 코를 뗀 일이 있다.
'선생 주장대로 하다가는 우리나라에서는 대학은 못 세우고 말겠소. 구미의 대학들이 훌륭한 시설을 갖추고 있으니까 선생은 그 학교들이 처음부터 그런 시설을 갖추고서 출발한 줄 아시오? 하바드 대학도 처음에는 통나무 위에 학생들을 앉혀 놓고 강의를 했다지 않소?' 논자들에 의하면, 일인들이 농업학교로 쓰던 건물과 시설이면 그대로 농과대학으로 쓰기에 족하고, 공업학교의 건물과 시설이면 그대로 공과대학으로 쓰기에 족할 것이었다(1962, p.88).

결국 대학 교육과정은 마치 식당의 차림표처럼 구색을 맞추는 식으로 변질될 수도 있었던 셈이었다. 즉 Moore가 지적한 것처럼, 한국의 대학교육과정 역시 중요한 것과 쓸모없는 것을 구별하기 어렵게 변질시켜 놓고 있는 셈이었다. Moore(참고: 김경동, 1981, p.46)에 의하면;

"교과과정은 점점 더 하나의 캐프테리아 식당처럼 되어 간다. 교과과정이 어떤 옹호할 수 있는 합리적인 지적 과정을 거친, 자원을 적절히 활용한 결과를 나타낸다고 주장할 재간이 없기 때문에, 대학은 교과과정에 관한 토론을 되풀이하면서 시간낭비나 하든지 아니면 전략의 결여를 하나의 미덕의 차이로 끌어올리는 따위의 짓이나 하지 않으면 안된다. 중요한 것과 쓸모없는 것을 구별할 길이 없다는 것이 전문적인 사색가들에게는 결코 자랑스러운 상징이랄 수가 없다. 이론적으로 말해서 그것은 가장 강한 자의 권리를 양보한다는 뜻이지만, 실제에 있어서는 대학이 최고입찰자에게 서비스(용역)를 팔고 가장 큰 뇌물을 바치는 이에게 타협을 한다는 말이 된다."

따라서 일부 한국의 사립교육기관이 학생·국민들의 불행과 희생을 감소시키는 방향으로 교육과정을 운영하거나 대학의 행정기구를 합리화시켜왔다는 판단을 결코 내릴 수 없게 된 셈이었다. 왜냐하면 역사적으로 대학의 운영자들은 시국변화에의 추종의지를 교묘하게 표시하곤 했었기 때문이었다. 또한, 한국의 교육사는 육영가가 정치적으로 어떻게 적응해 왔는가를 증명하는 교육학적 정치사와 흡사했었기 때문이다(참고: 오천석, 1964, p.515). 예를 들어 사립대학의 경우, 총(학)장의 권한은 제한되어 있기 마련이다. 대학총(학)장의 행동반경은 이사진들의 의결권에 의해 제한되게 된다(참고: Smith, 1974; Hoffman, 1966). 대학의 행정권자는 이사진의 기업적 요구에 순응해야만 하는 셈이다. 이사장을 포함한 이사진들은 시대적 변화에 둔감한 것처럼 대처한다. 왜냐하면 빠른 판단은 기업성을 침해시킬 수도 있기 때문이다. 심지어, 기업적 이익에 매우 신속한 처방을 내려야 할 때에도 이해득실을 고려한 나머지, 한동안 침묵을 지키게 된다(참고: Hoffman 1966). 일부 사립 고등교육기관 운영자들이 보여 주는 기이한 점잖음은 새로운 변화가 요구될 때일수록 보다 뚜렷이 부각되고 있는 셈이다. 따라서 대학총(학)창은 경영자의 기업적 감시와 필요에 따른 점잖은 태도의 의미를 판단하면서 일련의 결정을 내려야 한다.

그러나 실제로 이사진들의 침묵이나 점잖은 태도가 부각될 때마다, 대학총(학)장은 운영자들의 요구가 어떤 것인지를 너무 잘 알고 있게 된다. 왜냐하면 이미 학교행정가들은 이런 일들에 익숙해져 있기 때문이다. 또한, 운영자들은 그들의 이해관계를 신속하게 파악하는 사람을 대학행정의장으로 임명하기 때문이다. 다시 말해서, 이사진들의 기업적 의지와 기업가적 자질을 구비한 사람을 대학의 총(학)장으로 상을 가능성이 높기 때문이다. 따라서 대학의 최고 행정자는 기업적 경영진들이 새로운 변화와 처방에 어떻게 대처하겠는지를 잘 알고 있는 셈이다(참고: Smith, 1974). 경영진들의 침묵, 점잖은 태도는 어떤 형태로든지 새로운 변화와 처방이 주는 충격을 가능한 한 완화시키라는 의도로 해석될 수도 있다. 또는, 새로운 변화를 최대한 늦은 속도로 수용하라는 암시로 제시되기도 한다. 그러나 변화에 대한 완화, 늦은 속도로의 수용은 결국 시국변화에의 처방에 대학행정가들이, 기업주의적 운영진을 대신해서, 적극적으로 대처하라는 의미를 다른 식으로 표현하는 것에 불과할 수도 있는 셈이었다.

만약, 이 주장이 과장된 것이 아니라면, 대학은 시대가 요구하는 처방에 매우 민감하게 대처하고 있는 것이다. 즉 사회·정치적 변화가 주는 처방의 효과가 사라지기도 전에, 또 다른 사회·정치적 사태가 내려 주는 처방에 또 다른 식으로 적응해야 하는 것이다. 다시 말해서, 처방에 대한 적응 및 활용 효과가 나타나기도 전에 또 다른 처방을 받아야만 하는 것이다. 심지어, 대학운영자들은 대학교육의 혁신을 위해 대학인 스스로 제시한 각종의 제안에 대해 적절하게 적응하지도 못하고 있다. 예를 들어 실험대학제도 실시와 관련된 대학의 문제는 대학전문가 때문에 더욱 악화된다는 인상만을 남겨놓고 있는 실정에 있다(참고: 한국일보, 1978. 3. 21, p.4; 중앙일보, 1977. 3. 8, p.4). 따라서 어떤 처방의 효과가 어떤 식으로 대학교육에 나타나고 있는지 구체적으로 파악할 수가 없었던 셈이었다. 연속적인 사회·정치적 처방에의 추종의지는, 대학으로 하여금 사회적 감시의 역할을 포기하게 만들었다. 다시 말해서, 사회·정치적 처방의 정당성에 대한 분석·감시의 능력이 마비되게 만들었던 것이었다. 만약, 이런 주장 역시 옳은 것이라면, 대학은 약물중독 현상에 걸려 있는 환자와 흡사하다. 약물중독 증세로서 나타날 수 있는 결과는 만성숙취, 무력증에의 침잠일 수밖에 없는 것이다. 만성숙취의 현장으로서의 대학현실은 어느 정도 한국의 대학교육을 설명하는 데 도움을 줄 수 있다. 왜냐하면 1970년대의 한국의 고등교육 현실은 무력증 만개의 시대로 평가되고 있기 때문이다(참고: 대한교육연합회, 1980, p.57). 대한교육연합회(1980)의 진술에 의하면, 1970년대의 한국의 고등교육 현실은 재량권이 제거되고, 발언권이 제거된 무력증 만연의 상태였다. 따라서 한국의 고등교육기관에는 수동성, 소극성, 무관심만이 팽배하게 되었다. 또한, 타율에 의해 맥빠진 연구·교육, 내보이기 위한 사회봉사만을 강행했던 것으로 인식되고 있었다. 그러나 "'무력감'이 캠퍼스를 지배하고 있을 때에(도) 대학의 행정은 날로 '권력'을 새삼 환기"(참고: 대한교육연합회, 1980,

p.57), 강화시켜 나갔음에 주목할 필요가 있었다.

　결국 한국의 대학교육은 국민들이 겪을 수도 있는 고통을 제거할 수 있는 모습을 갖추어 왔다고 판단될 수는 없는 셈이었다. 왜냐하면 일부대학기관의 운영자들은 세 가지 일들을 해방 이래 적극적으로 강행해 왔기 때문이었다. 첫째, 구국적 육영가와 공인(公人)으로서의 대학 운영자들은 인재양성의 정당성과 필요성만을 현실과 유리된 채 국민들에게 주지시켰었기 때문이다. 둘째, 기업주의적 교육자로서의 그들은 고등교육기관의 양적 팽창만을 증식시켜 왔기 때문이었다. 셋째, 행정관리자로서의 그들은 대규모의 관료주의적 대학행정 체제를 구축해 왔었기 때문이었다. 한마디로 고등교육기관의 설립과 더불어 자기 자신들의 기업적 이력을 성공적으로 쌓아온 사람들이 국민의 고통과 회생을 감소·제거시키는 모습으로 대학교육을 조직시켜 왔을 리 없다.

5. 大學生集團의 特權意識化

한국의 대학생들은 미군정 초기부터 일정한 특권의식을 누려왔던 것 같았다. 왜냐하면 대학생들은 한국을 이끌어갈 정치적·사회적 지도자의 자질을 갖고 있는 집단으로 인정받고 있었기 때문이었다. 예를 들어 해방된 바로 다음 날 열렸던 역사적인 행사 중의 하나가 대학생에 관계된 것이었다. 서울에서 개최된 학도대회였다. 8월 17일에는 건국학도대가 결성되었다. 8월 29일에는 조선학도총궐기대회가 서울 부민관에서 개최되었다(참고: 정세현, 1967, p.138). 9월 1일에는 학병동맹이 결성되었다(참고: 한국교육십년사 간행회, 1960, p.9). 일련의 학도대회는 대학생들의 정치적·사회적 역량을 과시해 줄 수 있는 공식적 행사들로 부각되었다. 즉 공안유지, 일제기관접수, 문자수호, 일제경찰 무장해제 등을 실행하기 위한 목적을 갖기도 했다. 일제경찰의 무장해제 및 경찰서 접수는 순조롭지 않았다. 강행 도중 두 명의 대학생이 잔여 일제경찰의 발포로 희생되는 불상사가 일어나기도 했다. 해방 후 피살된 최초의 학생들은 연희 전문학교 학생들이었다. 이들 두 명은 성북경찰서의 무장해체를 강행하다가 피격되었다(참고: 연세대학교 창립 80주년 기업사업회원회, 1969, p.459).

한마디로 대학생집단의 사회·정치적 역량과시, 지도자적 자질, 특권의식은 정치참여로부터 시작되었던 것이었다. 정치참여 과정 중 희생은 불가피했던 셈이었다. 대학생들의 정치참여는 해방 후에도 계속되어 왔다. 예를 들어 '반탁학생연맹'이 결성(1946년 1월 7일)되고, 찬탁을 위한 '재경학생행동통일촉성회'가 결성(1946년 1월 9일)되기도 했다. 이어, 국립 서울대학교 설치안에 대한 찬·반 대립은 반탁학생연맹을 '전국학생총연맹'으로 변신하게 만들었다. 좌·우익 합작을 위해 '민주학생연맹'이란 단체도 조직되었다. 결국 1949년 4월 20일 학도호국단이 결성, 발족되게 되었다. 국가주도인 학도호국단은 뚜렷한 목표를 갖고 있었다. 첫째, 조국방위, 둘째, 민족문화 앙양, 셋째, 민족도덕 발전 도모이었다. 따라서 한국 대학생의 지도자적 자질은 다양한 정치적·사회적·문화적 소양과 이념을 대표하는 각종 단체와 더불어 부각되기 시작했던 셈이었다.

　1950년대, 1960년대에도 대학생들에 의한 정치적 의사표현, 참여 의욕은 결코 좌절되어 본적이 없었다(참고: 정세현, 1967). 한마디로 한국 대학생들의 특권의식은 미군정 당시부터 정치적 사회참여로 일관되어 온 셈이었다(참고: Oh, 1975). 사회·정치적 특권의식은 학원에까지 스며들었던 것 같았다. 군정 이후 최초로 학원 안에서 교수·학생·행정가 사이에 불화가 일어난 적이 있었다(참고: 동아일보, 1946. 6. 7, p.2). 사건은 숙명여자전문학교에서 일어났다. 사건의 내용은 간단했다. 이사회에서 신임 교장으로 임숙재를 임명했다. 이에 교수단이 일차적으로 반발했다. 교수단의 반발이 차츰 강의실에까지 확산되었다. 학생들은 교수단의 의견에 반발했다. 이어, 학생동맹이 결성되었다. 교수와 학생 사이의 인신공격이 뒤따랐다. 결국 교수단은 일주일의 휴교를 선언하기에 이르렀었다. 한마디로 행정가와 교수들 사이에 나타난 불협화음의 현장 속에 학생집단의 이해관계가 개입했던 것이었다. 학생집단에게도 대의명분이 있었다. 그것은 학원수호, 전전한 대학교육 육성으로 집약되고 있었다. 예를 들어 숙명여자전문학교 사건의 주모자로 퇴학을 당하게 되었던 홍진옥 및 김재순은 이렇게 자기들의 입장을 천명하고 있었다;

"우리는 퇴학을 맞을 아무런 이유도 없습니다. 설혹, 어떠한 이유가 있다 하더라도 우리는 이미 각오하고 있습니다. 다만, 학(學)됨의 진실한 자유, 명랑숙전 재건만을 갈망합니다."(동아연보, 1946. 6. 7, p.2)

정치적 갈등, 학원 안의 혼란에도 불구하고 대학생들의 특권의식은 사회적으로 인정받고 있었다. 예를 들어 1950년 3월경 '희망'지에는 백낙준(1963)의 글이 이렇게 한국 대학생들의 특권을 묘사하고 있었다. 내용은 대학생의 특권과 책임에 관한 것이었다.

"……제군은……특권계급이다. ……봉건사회의 특권은 전습적이었으므로 유위유능한 사람들보다도 무위무능한 자들이 누리었다. 그런데, 오늘 제군이 특권을 가지게 된 것은 전습적인 것도 아니요, 무위무능하다 하여 부여한 것도 아니다. 우리 사회와 국가는 제군에게 저러한 특권을 부여하는 동시에, 그 특권에 부수 하는 책임과 의무 이행을 요구하고 있는 것이다. ……그러면, 대학생 제군에게 부과되어 있는 책임과 의무는 무엇인가?
제군은 민족문화의 전수자요, 동서고금의 지식을 온축한 자들이요, 원만한 인격자일 것이요, 민족의 지도자요, 국가의 동량이요, 사회의 증진이요, 세계의 시민이다. 이 민족과 이 국가가 제군이 가지고 있으리라고 믿는 지식과 기술이여 인격적 감화를 요하기 때문에 제군의 지도를 구하는 것이다."(1963, pp.753-754)

국가에 대한 대학생들의 책임의식은 1950년대에도 두드러지게 한국 교육사에 나타나고 있었다. 예를 들어 한국동란 기간에 조국을 위해 많은 대학생들이 전쟁에 자원입대하였다. 1950년 6월 27일 서울대 문리과 학생을 필두로 한 20여 명의 대학생들이 국방부 정훈국을 찾아갔다. 이들은 군당국에게 학도로서 보국할 길을 열어달라고 호소했다. 그 결과 학도의분대가 조직되게 되었다. 6월 29일에는 수원에서 비상학도대가 조직되었다. 한마디로 대학생들은 학도전투대의 일원으로 전선에 자원 참가했던 것이다. 학도전투대 대원 중 1,394명의 학도가 전사하기도 했다(참고: 한국교육십년사 간행회, 1960, p.366).

사회에 대한 사명의식에도 불구하고, 대학생들의 특권의식은 필요 이상의 방종으로 변질되기도 했음에 주목할 필요가 있었다. 예를 들어 정부는 동란 피란 중에도 대학생(고등사범 포함)에게 징병보류제도를 법적으로 마련해 준 바였었다. 즉 한국동란 발발 전인 1950년 2월 28일 재학생징집연기 잠정령이 대통령령으로 공포, 실시되게 되었다. "국가백년 지대계를 위해서는 대학생의 학업은 계속되어야 한다는 원칙(과)……민주주의 발전을 위한 국민 문화수준 향상"(참고: 한국교육십년사 간행회, 1960, p.151)을 지속하기 위해 대학생에게 징집보류의 특전을 부여했던 것이었다. 따라서 많은 학생들이 천시 중에도 학업을 계속할 수 있었다. 예를 들어 1952년 2학기 서울대학교에서는 약 4,400명이 징집보류 혜택을 받게 되었었다(참고: 서울대학교 30년사 편찬위원회, 1966, p.135).

학문지속에 대한 특전에도 불구하고, 많은 학생들은 대학생의 신분을 징병을 피하기 위한 수단으로 활용하기도 했다(참고: 이형행, 1979; 김종철, 1979). 물론, 모든 학생이 무조건 징집보류 혜택을 받을 수 있었던 것은 아니었다. 최소한 대학생으로서의 신분과 학업을 지속적으로 연마할 수 있는 사람들에게만 징집보류 혜택이 주어졌었다. 왜냐하면 전시 학생징집보류 인정제에서 탈락되는 기준으로 각 대학은 다섯 가지 점을 중시했었기 때문이었다. 첫째, 학업성적이 60점에 미달된 학생, 둘째, 매학기 15학점 이상에 해당되는 수업을 받지 않은 학생, 셋째, 매학기 군사훈련 시간수 가운데 5분의 4이상 출석하지 않은 학생, 넷째, 문교부 인가 없이 개설된 야간부 등록학생, 다섯째, 병적 관계상 서류구비 미비자들은 징집보류 혜택을 받을 수 없었다. 한마디로 건실하고 학업 할 수 있는 자들만이 미래의 지도자로서 대학에 계속적으로 남아 공부할 수 있었던 셈이었다.

그러나 대학생에 대한 기대는 무너지기 시작했다. 왜냐하면 징집연기 혜택을 받은 학생들이 학업을 게을리하기 일쑤였기 때문이었다. 대학강의에의 결석도 부지기수였었다. 또한, "극장, 다방 등에 출입하거나 또는 사치에 흐르는 학생도"(참고: 한국교육십년사 간행회, 1960, p.155) 부지기수였었다. 심지어 학생의 강도사건, 학생의 위조지폐사건, 학생의 폭행사전도 비일비재했다(참고: 최재희, 1954, pp.137-138). 따라서 대학생의 방종은 사회의 문제로 등장되기 시작했다. 결국 문교부가 풍기 단속을 강화하기 위한 조처를 강구했다. 어쩌면 촌스러울 수도 있었다. 왜냐하면 대학생에게 제복, 제모를 착용하도록 각 대학에 시달했었기 때문이었다. 한마디로 이 모든 사건은 대학생들에게 부여된 특권의식이 지나치게 남용되고 있었음을 시사하고 있었던 셈이었다. 일부 대학생들의 특권은 대학 강의실에서까지 발휘되기도 했었다. 마치, 정치적 모리배의 기질처럼 내보이고도 있었다. 예를 들어 시험을 부정으로 치루기 일쑤였었다. 한마디로 동란 후 한국사회의 혼탁이 있는 그대로 대학생들의 특권의식과 연결되어 대학사회에도 나타나고 있었다. 이숭녕(1957, p.210)의 기억은 이렇게 진술되고 있었다.

"학생 측은 어떤가 하면, 대학에 따라서 시험에 있어서 「컨닝」의 성행이다. X대학에서는 수험 중 강독교수를 협박했다는 소식도 들렸다. 사회의 혼탁을 비분강개하던 그 학생이 시험장에서 컨닝선수인 것을 어찌하랴. 학교에 따라서는 「視而不見」으로 모른 체한다. 모씨가 Z대학에서 영어시험을 課하고 감독을 본 일이 있었다. 평시 불과 10여 명이 출석하더니 시험이 되자 백 명이나 나와 감독교수 면전에서 「콘사이스사전」을 펴고 야단이기에 제지를 하니 듣지를 않았으므로 모씨는 격분하여 한 자를 잡아친 일이 있었다. 그랬더니, 학생이 「학생을 때린 반민주적 선생은 나가라」하고 항의가 들어와 야단이 났었다. 「대학과 컨닝」은 한국 대학사회의 또 하나의 특징이 될 것인데 필자의 경험으로도 시험지를 들고 컨닝을 하러 우왕좌왕하며 서로 일러 주느라고 소란한 대학을 보았다. 이것이 대학인지 사기강습소인지 구별이 곤란하여 학생에 대한 교수의 권위는 비참한 것이다.”

대학생들에 대한 이숭녕의 체험담은 타당한 것으로 평가될 수 있었다. 왜냐하면 대학생 스스로 대학생들의 오만에 대해 분노하고 있었기 때문이었다. 한 대학생은 스스로 학교 교실현장에서 경험했던 것을 이렇게 진술하고 있었다. 대학생 스스로 지성인, 문화인이라고 우쭐대는 허구와 기형화된 특권의식을 이렇게 민망스럽게 자탄하고 있었다;

"사회의 불의나 부패를 규탄하면서도 시험장에서는 컨닝을 하는 학생이었다. 평소에는 십여 명이 강의를 받고 있지만 시험시기만 되면 강의실은 초만원을 이루는 현상은 학교에 따라서 그 비중의 차이는 있다 하더라도 이제는 상식화될 정도다. 외국에 비교해서 시설의 부족을 한탄하지만 막상 도서관에 가보면 시험 때를 제외하고는 슬플 정도로 한산하다. 대학생은 지성인이라고 우쭐거리지만 돗데기 시장 같은 데서 들을 수 있는, 또는 볼 수 있는 언행들은 허다하다. 심지어, 교수들의 뒷통수에 어느 정도의 조소쯤은 태연히 보내기도 한다. 회장선거에 모략과 금전이 따르는 것쯤은 이제 전통화(?) 된 것 같다. 여학생들은 사치에만은 철저히 부지런하다(물론, 전부는 아니지만). 그래서 여자대학은 유행의 근원을 만들고 있다고 종종사회의 비난을 받는데 인색치 아니하다."(김동렬, 1966, p.203)

한마디로 대학생들은 어지러운 사회분위기를 활용, 그들의 자세를 학원가에서까지 흩트려 놓았던 셈이었다. 출세, 지도자양성 등에 대한 사회·정치 지도자, 교육자, 고등교육 개혁자들의 과잉강조가 대학생들을 기대하지 않은 특권의식으로 유도했었던 셈이었다. 대학생들의 특권의식을 기대 밖의 방향으로 유도시켰던 사회적 분위기는 세 가지 방향으로 논의 할 수 있었다.

첫째, 특정 국립대학에 대한 특정 지원책을 원인으로 꼽을 수도 있었다. 다시 말해서, 인재양성을 위해 특정 고등교육 기관에 대한 집중적인 지원이 학벌위주의 분위기를 조성시켰던 것이다. 예를 들어 군정 초기 문교당국이 가장 먼저 고등교육을 정책적으로 처리했던 것 중의 하나가 국립서울대학교 설치안이었다. 국립서울대학교 설치안은 학제·기구상 미국식을 모방한 것이었다(참고: 한국교육십년사 간행회, 1960). 인문계 단과대학과 자연계 단과대학을 묶어 종합대학교로 만드는 미국식학제를 모방했다. 그러나 국립서울대학교 설치에 관한 이념은 미국식이 아니었다. 한국식이었다. 왜냐하면 미국에는 그 당시에도 국립대학 제도가 없었기 때문이었다(참고: Brubacher & Rudy, 1958, 1976). 예를 들어 미국초기 대통령들은, 1대에서부터 6대까지, 미국에 있어서 국립대학교의 설립 필요성을 역설했었다. 최초의 필요성은 1787년부터 제기되었었다. Washington, Jefferson, Madison, John Quincy Adams 등의 대통령은 국립대학 설치안을 의회에 특별히 제출, 비준받기를 시도했었다. 심지어, Washington대통령은 미국국립대학 설치를 위해 유산을 남기기도 했었다. 그러나 끝내 국립대학은 설립될 수가 없었다. 의회의 인준을 받을 수가 없었기 때문이었다. 그 대신 의회는 국립대학교의 개념을 어느 정도 포용하고 있는 식의 학술기관을 설립하기로 하였다. 결국 1846년 Smithonian Institution이 국립대학 대신 설립되게 되었다. 국립대학안은 계속 1930년대까지 연방의회에 제출되었었다. 그러나 통과되지 못했다. 이유는 세 가지로 요약될 수 있었다. 첫째, 국립대학교가 기존 정부부처와 기존 사립대학교의 기능과 일들을 반복할 뿐일 것이라는 이유 때문이었다. 둘째, 국립대학설치를 위해 연방정부의 과다한 과세정책이 예견되었었기 때문이었다. 셋째, 고등교육기관에 대한 연방중앙집권당국의 정치적 간섭이 우려되었기 때문이었다. 사립대학의 자유와 중앙정부의 정치적 간섭에 대한 우려는 Harvard University의 Eliot총장에 의해 노골화 되었었다. 결국 미국의 국립대학은 어떤 형식이든 존재하지를 못 했던 것이다.

한국정부가 미국식학제와 대학운영 기구를 모방했음에도 불구하고, 미국식이 아닌 국립대학을 한국사회에서 설치했던 것은 한국식일 수밖에 없었던 셈이었다. 실제적으로, 서울대학교 창설의 주역은 미군정청의 미국인 교육관계자들이 아니었다. 한국인 관리들에 의해 주도되었다(참고: 서울대학교 30년사 편찬위원회, 1976).

서울대학교 창립에 관계된 국립서울대학교설치령에 의하면, 서울대학교는 "부족한 인적·물적 자원을 최대한 활용함으로써 교육의 질을 향상시키고 국가재정을 가장 유용하게 쓰려는"(참고: 서울대학교 20년사 편찬위원회, 1966, p.4) 목적 때문에 설립되었었다. 실제적으로 해방직후부터 한국사회에 있어서 서울대학교에 대한 재정적 지원은 절대적이었던 것으로 나타난다. 예를 들어 이인기(1976)의 기억에 의하면, 1953회계년도 당시 서울대학교 예산액은 문교예산의 12.8%에 해당되었다. 또한, 책정된 문교예산중 대학교육비는 82.88%를 차지했었다. 한마디로 1953년경 문교부 예산 가운데 대학교육비 항목은 서울대학교를 위한 것이었다는 판단을 내릴 수도 있게 되었었다. 그러나, 1960년대 이래 서울대학교 예산은 계속 삭감되어 왔다. 따라서 영재교육을 할 수가 없다는 비관적인 감정도 서울대학교 관계자, 학계에 회자되었었다(참고: 이인기, 1976; 한기언, 1969).

그러나 이인기의 기억은 서울대학교 20년사 편찬위원회가 제공한 사료와는 차이가 나고 있었다. 왜냐하면 이인기의 기억은 서울대학교 당국자가 제공한 서울대학교 예산이 대학교육비와 문교예산에서 점유하는 비율보다 과소평가되고 있었기 때문이었다(참고: 표 51). 표 51에 의하면, 서울대학교 예산은 1948년 당시 문교예산의 22.61%를 차지했다. 또한, 대학교육비의 93.4%를 차지했다. 한마디로 문교예산 가운데 대학교육비는 서울대학교 예산을 위한 것이었다고 판단해도 무방한 셈이었다. 예를 들어 17년 동안(1948~1965년) 서울대학교 예산은 대학교육비의 평균 75.3%를 차지했다. 17년 동안 집행된 총교육비 가운데 평균 7.81%가 서울대학교 예산으로 집행되었었다.

표 51. 정부예산과 문교예산 및 서울대학교 예산 대비*

연 도	정부예산 (A)	문교예산 (B)	B/A (%)	교육비 (C)	C/B (%)	대학교육비 (D)	D/C (%)	서울대학교예산 (E)	E/D (%)	E/C (%)
1948	19,601,000	1,745,634	8.9	1,550,123	89.7	422,755	27.2	394,646	93.3	25.5
1949	91,110,000	10,416,960	11.4	9,422,776	66.5	799,530	8.4	746,170	93.3	7.9
1950	242,960,000	13,822,202	5.7	12,690,509	91.8	1,292,715	10.1	1,145,498	88.6	9.0
1951	617,860,000	16,019,163	2.6	15,268,697	95.3	1,727,000	11.3	1,446,470	83.7	9.5
1952	2,150,760,000	42,880,808	2.0	40,523,081	94.5	8,291,793	20.4	5,837,484	71.6	14.4
1953	6,068,310,000	159,301,959	2.6	152,198,686	95.5	29,089,228	19.1	20,329,096	69.8	13.4
1954	14,239,160,000	597,230,208	4.2	575,106,086	96.3	107,803,658	18.7	61,879,934	57.4	10.8
1955~56	28,143,940,000	2,633,304,185	9.3	2,543,245,771	96.8	318,687,250	12.5	135,448,970	42.5	5.3
1957	35,003,430,000	3,283,129,980	9.4	3,216,495,570	97.9	382,006,267	11.8	158,275,110	41.5	4.9
1958	41,096,960,000	4,458,046,330	10.8	4,335,717,700	97.3	558,537,083	12.8	214,896,060	36.5	4.9
1959	40,022,370,000	5,986,386,940	14.9	5,876,222,860	98.2	459,715,436	7.8	204,70,210	44.4	3.5
1960	41,995,450,000	6,381,347,330	15.2	6,237,115,320	97.7	396,797,140	6.3	179,779,950	45.3	2.8
1961	61,422,930,000	7,598,209,220	12.4	7,408,048,520	97.5	582,355,280	7.8	293,670,440	50.4	4.0
1962	69,481,150,000	10,367,630,100	14.9	10,147,412,840	97.8	816,129,090	8.0	357,476,220	45.0	3.5
1963	76,322,551,400	10,916,095,800	14.3	10,523,260,500	96.4	1,087,868,800	10.3	427,500,900	39.2	4.1
1964	75,396,156,600	12,226,584,300	16.2	11,796,831,300	96.5	51,218,888,900	10.3	472,098,900	38.7	4.0
1965	84,853,795,700	13,457,177,600	15.85	13,037,664,400	69.9	1,801,645,400	13.8	702,047,200	38.9	5.4

자료: 1. A, B, C항……1965년도 예산 참고자료 및 부속서류, p.4.
2. D, E항……Fy 1964, 1965 세입세출항목 명세서(문교부 발행).
* 서울대학교 20년사 편찬위원회. 「서울대학교 20년사」. 서울대학교 출판부, 1966, p.537. 중 E/C는 본 연구자가 첨가시켰음.

다시 한번, 서울대학교 예산규모를 이해하기 위해 연세대학교 예산과 비교해 보자. 물론, 해석할 매는 주의가 필요하다. 왜냐하면 연세대학교와 서울대학교 사이에는 단과대학수, 학생수, 직원수, 설비 등의 요인들이 비등하게 대비되지 않기 때문이다. 따라서 비교의 목적과 해석은 예산액의 크기를 평면적으로 비교, 유추 해석하는 선에서 만족해야 할 것이다.

표 52. 연세대학교의 경상비와 서울대학교 예산의 비교

연 도	연세대학교(A)[*]	서울대학교(B)[**]	A : B
1946	약, 6,000,000원	(불 명)	
1948	(불 명)	394,646원	
1952	8,996,734.02	5,837,484	154.1%
1953	25,624,370.10	20,329,096	126.0
1954	46,357,837.67	61,879,934	74.9
1955	89,663,262.17	135,448,970	(비교불능)
1956	272,362,730.00		
1960	56,333,904	179,779,950	31.3
1961	68,770,574	293,670,440	23.4
1962	70,301,538	357,476,220	19.6
1963	91,896,823	427,500,900	21.4
1964	104,207,861	472,098,200	22.0
1965	131,551,351	702,047,200	18.7

* 연세대학교 80주년 기념사업위원회. 「연세 80년사」. 서울: 연세대학교 출판부, 1969. p.476. p.569, p.891에서 해석가능한 경상비만 발췌했음.
** 서울대학교 20년사 편찬위원회. 「서울대학교 20년사」. 서울: 서울대학교 출판부, 1966, p.537에서 서울대학교 예산액만 발췌했음.

표 52에 의하면, 1948년도 서울대학교의 예산은 1946년도 연회대학교의 예산의 15.2%정도에 지나지 않았었다. 이 당시 연희대학교 예산의 25%가 미국재단 기본수입금으로 충당되었다. 1946년도 연회대학교의 예산은 6백만 원이었다(연세대학교창립 80 주년 기념사업

위원회, 1969, p.476). 1954년까지 연희대학교 예산의 평균 30% 정
도는 외부위원회의 기부금, 모금, 재단수입금으로 충당되었다. 예를
들어 1956년경에는 연희대학교 경상비의 76%가 후원회 보조금이었
다(연세대학교창립 80주년 기념사업위원회, 1969, p.704). 따라서 이
당시 연희대학교의 예산은 서울대학교 예산액과 거의 비등했다. 그
러나 후원회 보조 및 기타 수입이 평균 13%선으로 머물 때의 연세
대학교 경상비(1960~1965년)는 서울대학교 예산의 평균 22.73% 정
도에 지나지 않았다(참고: 표 52). 한마디로 정부는 서울대학교를 위
해 집중적 투자, 재정적 후원을 강행하고 있었던 셈이었다.

결국 서울대학교는 "민족여망의 최고 학부"로서(서울대학교 30년사
편찬위원회, 1976, p.7) 등장·인식되기 시작했다는 주장을 거침없이
할 수 있었던 셈이었다. 왜냐하면 서울대학교 출신들은 학계, 언론계,
법조계, 관료계, 예술계 등을 석권하다시피 한 것으로 주장되고 있기
때문이었다(참고: 서울대학교 30년사 편찬위원회, 1976). 인재를 만들
기 위한 혜택도 많았다. 예를 들어 미국의 재정지원 (1952~1963년)을
활용하는 한국식자들의 태도부터가 서울대학교의 육성을 의도적으로
계상하고 있었다. McGinn과 그의 동료들(1980)은 1952년부터 1963년
까지 미국에 의해 제공된 기술지원이 서울대학교 육성을 의도적으로
겨냥했던 것이라고 지적한 바 있다. 결론적으로, McGinn은 서울대학
교에 대한 집중적 육성은 사회 계층 사이의 괴리현상만을 야기시켰다
고 지적하여야만 했다. 즉;

　"……아동의, 특히 농촌아동의 초등학교 교육에도 충분한 시설이
　없었던 때에 대학교에 막대한 교육비를 지출하였던 것은 이미 경제
　적으로 부유한 사회계층을 더욱 지원한 결과를 초래하였다고 볼 수
　있다. 초등학교 교육시설 건설에 7천만 불이 책정되었으나 모두 사
　용되지는 않았고, 비록 이것이 모두 초등교육 부문에 투입되었다고
　하더라도 약 5백만 명의 아동이 혜택을 받았으므로 아동 1인당 지
　원액은 약 14불 정도이었다. 반면에, 서울대학교에 대한 1,700백만

불의 지원은 최대로 계산하여 각 대학의 132,000명이 직·간접적인 혜택을 받았다고 볼 수 있으며, 이 경우 학생당 지원액은 약 130불에 해당한다. 그러나 실제로 17,000명의 서울대 학생들만이 그 혜택을 받아 왔다고 보아지며 학생 1인당 지원액은 약 1,000불에 이른다. 더욱, 정부의 교육예산이 초등학생 1인에 비하여 대학생 1인에게 13배나 크게 지출되었고 근로자의 대학입학은 높은 사교육비와 입시제도 등으로 제한되었음에 비추어 고등교육에 대한민국의 기여는 오히려 고소득층에 부를 재배 분시키는 역할을 하였다고 볼 수 있다."(p.105.)

혜택은 교사를 양성하기 위한 서울대학교 사범대학에도 돌아가고 있었다. 예를 들어 사범대학 재학 전학생 가운데 70%가 1개월에 1인당 8,000원(圓)씩 국가로부터 보조받고 있었다(참고: UNESCO UNKRA 교육계획 사절단, 1952, p.74). 이 당시 사범대학생들이 받은 1개월의 장학금은 대학총장의 봉급의 10% 정도에 해당되었다. 따라서 출세하기 위해 학생들은 서울대학교로 몰릴 수밖에 없었던 셈이었다. 예를 들어 1967년도 서울대학교 신입생 가운데 68%가 한국의 800여 고등학교 중 단지 28개의 일류 고등학교 출신 졸업생들에 의해 충원되었었다(참고: Oh, 1975). 결국 서울대학교의 입학에 대한 여망은 국민들로 하여금 최소한 '서울 대학'(서울에 있는 대학들)에는 입학시켜야 한다는 식으로 변질되게까지 만들었던 것이다.

둘째, 국민과 정치교육 지도자들에 의해 강조된 특정 문과 및 사회과 계통 교육에의 집착이 대학생들의 특권의식을 조장시켰을 수도 있었다. 예를 들어 미군정시대에 있어서도 한국 대학생들에게는 인기학과가 있었다. 그 학과는 정치학과 및 문과계통 학과이었다(참고: 연세창립 80주년 기념사업추진회, 1969, p.465). 예를 들어 경성대학 예과 입학시험 가운데 문과입학시험 경쟁률은 13.4 : 1이었다. 반면, 이과계열은 6.6 : 1이었다. 법과대학의 경우 경쟁률은 8.3 : 1이었다. 경성사범대학 입학경쟁률은 4.3 : 1이었다. 한마디로 문과계열 경쟁률이 다른 계열학과 입학경쟁률보다 높았던 셈이었다(참고: 동아일보, 1946. 7. 12, p.2).

미군정청 교육관계자들의 판단에 의하면, 해방직후 한국 고등교육계가 필요로 했던 것은 문과계통 졸업생들이 아니었다. 필요하다고 강조되었던 것은 이공계통 졸업생들이었다. 그러나 학생들의 일반적 관심은 전통적인 인문과계통 학과(liberal arts courses)에 집중되었다. 이유가 있었다. Werth(1949)의 판단에 의하면, 첫째, 문과계통학자들이 전통적으로 한국사회에서 높은 사회적 대접을 받고 있었기 때문이었다. 둘째, 일제가 직업보장, 관리등용의 수단으로 문과계통 졸업자들에게 특별 우대한 기억이 국민의 뇌리에서 벗어나지 못하고 있었기 때문이었다. 셋째, 과학기술 분야에 대한시설, 설비투자가 대학사회에 충실하게 설비되어 있지 않았기 때문이었다. 그러나 보다 중요했던 이유가 있었다. 그것은 문과계동 학문에 대한 강조가 사회 지도자들의 의식 속에 지나치게 침잠되어 있었다는 점이었다.

결국 기술자 양성에 대한 해방 한국의 절실한 필요성(crying need)에도 불구하고, 대학생들은 법학, 경제학, 문학, 언어학, 정치학 등의 인기학과에 몰려들게 되었던 것이었다. 따라서 인문계통 학과의 중요성에 대한 과장된 강조는, 해방 후 한국 고등교육을 빛 좋은 개살구(an empty shell appearance)로 만들어 놓아버렸던 것이었다(참고: Werth, 1949, p.309). 또한, 대학생들은 속빈 조개껍질 같은 고등교육을 통해 그들의 특권의식을 교육 개혁자와 더불어 공생, 변형시켜 나가도록 유도되고 있었던 셈이었다.

셋째, 인재양성을 과잉강조한 한국의 사회적 분위기는 대학생들의 특권의식을 교양인·지성인화 시켜버렸다. 다시 말해서, 대학졸업장의 가치를 필요이상으로 현금화, 유통화 시켰던 것이었다. 결국 한국 대학교육을 졸업장의 고질병(diploma disease) 속에서 허덕이게 만들어 놓았다. 대학생들을 형식적이나마 교양인화, 지성인화시키는 데 동원되었던 대학의 교과과정도 다양했다. 그 교과과정은 교양과목이라고 판단할 수 있었다. 대학교과에 교양과목이 삽입된 것은 현대적 한국고등교육사의 출발과 궤도를 같이 했다. 왜냐하면 미군정시대부터 교양교육이 대학의 교과로서 강화되었기 때문이다. 미군정시기 교양과목으로 중요하게 취급되었던 것의 하나가 외국어 과목이었다. 영어는 제1외국어의 위치를 확보했었다. 이수 학점수도 높게 배당받았다. 국어학점수와 비중이 같았다. 예를 들어 국어나 외국어는 8학점씩 이수되어야만 하였다(참고: 한국교육십년사 간행회, 1960; 서울대학교 30년사 편찬위원회, 1979).

교양과목은 일반 초·중·고등학교 교과과정에는 전혀 나타나지 않고 있다. 왜 대학교육에만 교양과목이 구비되었는가? 무슨 이유 때문에 대학교육과정에만 교양과목이 구비되어 있어야만 되는가? 대학교육을 진지하게 논의하는 사람일수록 대부분, 교양과목의 필요성으로 지도자적·지성인적 자질 함양을 열거하곤 한다(참고: 한기언, 1969). 한기언은 교양과목의 필요성이 세 가지 입장에서 논의되어야만 함을 지적한 바 있다. 첫째, 지도자적 자질을 함양하기 위해 교양과목이 필요하다. 둘째, 전공분야의 내용을 보다 풍부·심화하기 위해 요청된다. 셋째, 민주시민의 자질을 키워주기 위해 교양과목이 필요하다고 지적했다.

지도자적 자질 함양, 전공과목을 심화시키기 위한 준비, 민주시민 자질 함양을 위해서는 가르치는 교수들도 지성을 자랑하는 수준급의 인사이어야 한다고 주장되었다. 따라서 권위자, 지도급인사, 교수, 지도자들이 교양과목 강의실 시상 필요하게 된다. 가르치는 내용도 독창적이어야 한다. 수준도 높아야 된다. 왜냐하면 "……대개 현행 대학 교양과목의 수준이나 내용이 고등학교의 그것의 되풀이에 가깝고 담당교수 또한 비교적 학문적 연륜이 오래된 교수로 구성되지 않는 경향이고 보니"(참고: 한기언, 1969, p.297) 학생들이 교양과목에 흥미를 느끼지 못하기 때문이다. 교양과목에 흥미를 못 느끼면 지도자의 소양도 길러질 수 없다. 대학교육의 근본이 흔들리게 된다. 결국 있을 수 없는 일이다. 따라서 일부 사립 고등교육 기관에서는 해당 대학총장이 교양과목 중의 일부를 맡아 강의한 적이 있었다. 학점배정과 학점관리도 엄격했었다. 예를 들어 일간신문은 교양과목 수강생 가운데 한 학생의 교양과목 수강 인상기를 이렇게 보도하고 있었다.

> "총장이 직접 나서서 민주시민 특강이란 걸 합니다. 여기 안들어가면 체육학점이 안나오죠. 밝은 사회운동을 위해 G.C.S. 실천론을 들어야 합니다. G.C.S.는 선의, 협동, 봉사의 첫 글자들이에요. 이에 관한 책이 있는데 그게 오토피아라는 겁니다. 1학년이면 반드시 읽고 레포트를 내도록 되어있는데 안 내면 국어학점이 안 나오죠."(한국일보, 1980. 4.13, p.3)

'오토피아' 교양과목이 민주시민 자질 함양, 지도자적 자질 함양, 전공을 위한 대비에 직접적으로 영향을 주는지 어떤지에 대해서는 불분명했다. 그러나 한 가지 분명한 사실은 지적될 수 있었다. 그것은 최소한·학교에 따라 민주시민, 지성인, 교양인, 전공의 심화를 위한 교양과목의 의미가 형편에 따라 다르게 이해될 수도 있다는 점이었다. 지성인을 위한 교양과목이수에 대한 대학생들의 반응은 비지성적이었다. 차라리, 폭력적이었다. 혹은, 절대적 무관심으로 표현되곤 했다. 모든 교양과목에 대한 가치를 하나로 묶어 폐기처분하곤 했었다. 과정상 빨리 끝내야 할 것으로 판단했었다. 졸업 안시키기 위한 제도적 장치로도 이해했었다. 일간신문들의 판단에 의하면, 학생들은 졸업하기 위해, 교양과목에 대해 무성의하기까지 했었던 것이었다.

　결국 지성인의 교양은 전문가나 학자들의 처방대로 나타날 수가 없었던 셈이었다. 따라서 학생들에게 있어서 중요했던 것은 교양과목이 아니었다. 졸업에 필요한 학점이수가 중요했었다. 교양인답다고 평가받을 수 있는 졸업장 획득이 중요했던 것이었다. 교양인으로 자처할 수 있고, 지성인으로 변신시켜 줄 수 있는 구매력을 갖고 있는 졸업장이 필요했던 것이었다. 따라서 한국의 대학생이 갖고 있는 학문적 태도 역시, 자기세대와 다음 세대들이 겪을 수 있는 불행과 희생을 제거시키는 대학을 만드는 데 결정적으로 공헌했다고 판단 받을 수만은 없었던 셈이었다.

　제3부에서는 한국고등교육의 성장에 관여한 세 집단의 이해관계가 논의되었다. 즉 정치지도자, 사회개혁자, 교육·학자 등 일련의 교육개혁관계 전문가 집단, 기업주의적 대학운영집단, 학생집단의 문제들을 논의했었다. 분석과 논의의 효율을 위해 동원했던 자료는 주로 미군정 초기부터 1950년대 초기에 한국 교육계에 회자되었던 한국 고등교육관계 자료이었다. 본 연구의 사료를 제한한 이유가 있었다. 그것은 논의의 초점과 해석의 명확성을 기대하고 싶어서였었다.

結論 : 韓國 大學敎育을 위한 示唆點

본 연구는 이렇게 요약될 수밖에 없었다. 한국의 교육개혁가들의 개혁의지, 대학운영자들의 기업화의지, 대학생들의 특권의식 향유의지 등은 한국의 대학으로 하여금 일반 국민들이 겪을 수 있는 고통, 희생의 감소 및 제거와는 상관없이 양적으로만 성장하도록 촉진했다고 요약될 수 있었다. 또한, 실제적으로 국민들의 불행을 제거하거나 감소시키는 방향으로 대학의 교육이 조직·성장되어 온 것 같지도 않았다고 요약될 수 있었다. 따라서 대학교육의 결과는 현세대에게 기대 이상으로 나타나 줄 수가 없었다. 다시 말해서, 한국의 대학은 해방 이후 현대적인 모습을 가질 때부터, 이미 소수 교육전문가들의 사회정치적 이해관계, 소수 대학운영자들의 기업적 이해관계, 소수 대학생들의 사회참여에 대한 이해관계 사이의 갈등 등을 한국 대학의 고질적인 속성으로 내재시켰던 것 같았다. 한마디로 이들의 이해관계는 한국 대학교육의 불행을 감소시키는 데 전혀 도움을 줄 수 없었다.

교육운영가, 정치적 개혁가, 학생집단 등의 집단적 이해관계는 대학교육 현장을 갈등과 반목의 장소로 만들었던 것이다. 다시 말해서, 각 집단은 자신들의 이해관계가 대학교육의 현장에 반영되도록 유도·갈등해 왔던 것이다. 따라서 한국 대학교육의 목표, 이념, 기능에 대한 공통적인 합의가 있을 수 없었던 셈이었다. 서로서로 갈등하는 여러 개의 편법과 전략만이 한국 대학교육 속에 시의(時宜)를 타는 목표와 기능으로 부각될 뿐이었다. 학문의 전당을 고수하는 상아탑으로서의 대학기능, 사회에 대한 봉사를 강조하는 대학기능, 사회정치적 사회화 기관으로서의 대학기능, 사회적 이동 및 일정한 교양집단 형성기관으로 서의 잠재적 대학기능의 강조 등은 나름대로의 이해관계를 위한 전략이었다. 전략 사이의 갈등이, 조정·화합되지 않은 채, 한국대학교육 속에 침잠되도록 구조화되었던 것이다. 따라서 한국 대학교육은 현재의 대학생들에게 기대 이하의 영향력을 행사할 수밖에 없었다.

따라서 한국 대학교육은 갈등과 부조화에 의해 확신을 금지당한 세대를 양산하도록 조직되어 왔을 뿐이었다. 믿을 것이 없다는 것만을 믿게 만드는 세대를 길러 놓도록 조직화되어 왔을 뿐이었다. 결국 대학이 만들어낸 지적 처방이란 것에 국민들 모두가 혐오를 느끼게 만드는 분위기를 영속화시킬 뿐이었다(참고: 김재원, 1965). 김재원은 불신, 불확신, 혐오를 느끼게 만드는 한국의 대학교육을 '대학당국'의 원인으로 이해하고 있었다. 김재원에 의하면, 한국의 대학교육은 개인에게 미래를 빼앗고 있는 곳에 불과했었다. '내'가 없는 홍익인간을 만들려고 했을 뿐이었다. 김재원은 이렇게 한국 대학교육의 문제를 지적하고 있었다;

　　"개인이 없는 홍익인간, '내'가 참석치 않는 세계와 인간과 사회를, 그 구조를 16년 동안 배우고 나면 우리는 제 번호는 세지 않고 넘어가는 어리석은 돼지가 되어버린다. '나'로부터 시작되어야 했다. 그러나 우리나라의 교육은, '지도적 인물'과 엘리트를 양성한다는 대학교육은 철저히 나를 버리라고 요구했다. 대학은 제 중생을 교육하는 곳도 아니고 지사를 기르는 곳도 아니다. 하나의 착실한 생활인을 기르는 곳이다. 그러나 대학은 나를 잊으라고 한다. '나'도 없고 '우리'도 없다. ……대학은 영향보다는 식견이 많은 인간으로 우리를 키웠고, 현실은 식견보다 영향이 많은 인물을 요구한다. 불쾌

한 것을 이상이라고 믿는 것이 현실이기에, 현실은 대학이 키워온
이상주의자들의 꿈을 파괴한다.”(김재원, 1965, p.186)

한국의 대학교육은 이해관계 집단들의 갈등으로 인해 대학생들을
어떻게 교육해야 하는지에 대한 현실적 감각을 준비하지도 않고 있
을 뿐이었다. 현실적으로 대학교육의 영향력은 제한되게 될 뿐이었
다. 바로 이러한 한국대학교육의 실제적 한계가 본 연구의 경험적
결과(참고: 본 책의 제2부)에서 구체적으로 지적되었다.

한국 고등교육사에 있어서, 각 집단 사이의 이해관계는 결코 조화
된 형식으로 표출된 적이 없었다. 상황과 경우에 따라 조화된 것처
럼 비추어 졌었을 뿐이었다. 이해집단들이 보여준 갈등의 모습은 사
회·정치적 변동, 시대적 요구에 따라 다른 형식으로 대학교육 속에
숨어 있게 될 뿐이었다. 즉 시대적·정치적·사회적 변화에 따라, 특
정 집단의 이해관계가 반영된 대학교육의 기능과 목적이 뚜렷하게
돌출 될 수도 있다. 그러나 집단적 이해관계의 갈등은 시대적 변화,
사회·정치적 상황이 변화하면 변화하는 대로, 대학교육 속에 깊숙
이 숨어버리곤 했던 것이다. 강조되는 내용도 달라졌다. 예를 들어
학사징계의 강화, 특정 학문분야에 대한 집중적 투자 등은 시대적
변화에 따라 뚜렷이 부각되기도 하고, 말없이 사라지기도 했었던 것
이다. 한마디로 한국 대학교육사는 각 이해집단들의 이해관계를 대
변하는 대학교육과 관련된 전략 사이의 갈등이 없었던 때가 한번도
없었음을 지적해 주고 있었다.

각 이해집단 사이의 갈등이, 상호조화 되지 않은 채, 한국 대학교
육 속에서 서로 다른 모습으로 성장할 수 있었던 이유가 있을 수 있
었다. 그 이유는 상식적이었다. 왜냐하면 각 집단은 그들의 이해관계
를 국가·사회발전을 위한 대학교육의 기능과 동일시하였기 때문이
었다. 예를 들어 한국대학의 양적 팽창은 교육개혁가의 사회·정치
적 의지와 일부 기업주의 지향적 육영의지에 의해 가능할 수 있었던

것이다. 즉 사회·정치적 개혁의지와 기업의 의지가 한국 대학 팽창의 견인차 역할을 위해 미군정 초기부터 발휘되었었다. 경우에 따라 각각의 의지들이 만들어 낸 대학이라는 작품은 최악의 조잡품으로 이해될 수도 있었다. 그러나 각 집단의 이해관계는 공식적인 문화적 통로를 통해, 지식인의 지성과, 정치지향적인 개혁가들의 개혁의지 속에서 국가발전을 위해 쓰일 수 있는 원동력으로 표현되곤 했었다. 개혁의 의지는 육성·보호되어야 할 중요한 사회적 가치로 시대적 변혁과 더불어 공생되곤 했었다. 결국 대학교육에 관련된 각 집단들의 이해관계는 경우에 따라 침소봉대될 수밖에 없었던 것이다. 사회정치적 공헌 가능성이 단시일 안에 증명될 수는 없었다. 따라서 증명되지도 않을 시간적인 변인을 염두에 둔 채, 대학교육에 관한 이해관계들은 대학교육의 결과에 대한 약속의 가짓수만 증대시켜 놓았던 것이다. 한마디로 서로 다른 대학관, 대학의 속성, 이념, 기능, 대학교육의 결과와 기대에 대한 논쟁들만이 난무될 뿐이었다. 결국 각기 다른 전략들은 한국 대학의 이념, 대학조직, 대학의 구성원, 대학운영자집단들에 의해 서로 다르게, 조화 없는 갈등으로 한국 대학사회에 돌출 될 수밖에 없었던 것이었다.

본 연구는 개혁가집단, 대학운영자집단, 대학생집단 사이의 갈등을 제한된 사료(1945∼1950년대 초반)로서 조망·논의하였다. 문제제기는 간단했다. 왜 한국대학교육은 시대적 조류, 교육개혁가·교육전문가의 개혁의지에 적응하기만 했어야 했는가였었다. 원인을 캐는 문제는 본 연구의 경험적 연구자료가 우리를 기대 이하로 실망시켜 주었기 때문에 제기되었다. 본 연구의 경험적인 자료에 의하면, 한국대학교육은 대학생들에게 대학교육의 효과 및 결과라고 판단되는 각종 정치사회화, 사회성, 학업성취, 대학에 대한 만족도, 지위추구욕 등의 가치와 신념을 강력히 인지·내면화시키는 데 실패하고 있었기 때문이었다. 제한된 고등교육 및 교육 일반의 사료로서 한국 고등교육의 문제를 논의했을 때, 본 연구는 두 가지 시사점을 얻을 수 있었다. 첫째, 서구 대학교육의 제도와 이념의 이식과, 둘째, 한국 대학교육의 토착화 문제를 둘러싼 의존성·다양화 문제처리에 대한 시사점을 얻을 수 있었다. 무엇보다도, 한국 대학교육은 서구의 대학교육 이념을 토착화시키는 데 현실적으로 성공하지 못했던 것 같았다. 다시 말해서, 서구로부터 이식해온 대학교육 제도·가치관의 질과 양에 질적으로 상응하는 비율의 한국적인 영향과 요구를 가미·융합시키는 데 기대 이상으로 성공한 것 같지는 않았던 것 같았다. 서구의 대학교육제도, 이념, 내용의 한국적 수용·토착화 문제는 역사적으로 두 가지 영역에서 논의될 수 있었다. 첫째, 교육개혁 지도자의 개혁의지와, 둘째, 대학조직의 토착화 문제영역에서 서구 대학교육제도의 한국적 수용을 논의해 볼 수 있었다.

첫째, 초기 교육지도자들은 교육제도이식에 상응하는 토착화의 문제에 미약하나마, 신경을 쓴 것은 사실인 것 같았다. 예를 들어 1950년대는 신교육·새교육 운동의 시대였었다. 한국적 새교육의 모습은 미국의 진보주의교육이론, 이념의 재현만은 아니었다. 왜냐하면 한국의 새교육을 "우리사회에 맞고 우리 사회를 끌고 나갈 한국적인 고도의 교육의 창건"(김법린, 1953, p.2) 현상으로서 진단했었기 때문이었다. 한국의 '새교육'은 한국적 사회정치적 이념을 반영시킨 일종의 사회·정치적 지배용 이념이었다.

대학교육은 새교육 운동의 정상을 차지할 수밖에 없었다. 왜냐하면 대학은 한국의 사회정치적 이념을 도덕적으로 수용, 내면화시키고 있는 인재를 양성하도록 주문 받고 있었기 때문이었다. 그러나 한국에 도입된 새교육의 전략이, 한국의 교육현장을 미국의 진보주의 교육의 이론과 실천을 위한 또 다른 적용현장으로 변형시키게 만들었던 것도 주지의 사실이었다. 결국 한국적 홍익인간의 이념을 실현하기 위한 새교육 운동과 미국의 진보주의 교육실천론의 접목현상은 기대 이상으로 성공적이라고 할 수가 없었다. 홍익인간 이념의 구현을 제대로 완성시킬 수 없었던 약점에도 불구하고, 한 가지 점만은 부인할 수 없었다. 한국의 개혁자, 교육전문가, 교육실천가들이 민주주의를 교육적 이념으로 삼았다는 점은 부인될 수 없었다. 한국 대학교육의 지상과제 역시 민주주의를 이해·실천하는 지도자양성을 강조했었다. 예를 들어 민족주의적 민주주의를 실현하기 위해 도입된 미국의 단선형 교육제도의 채택과정에도 한국적 실정이 고려되었다(참고: 오천석, 1964). 국립대학교 설립(예: 서울국대안과 부산국대안)에 관한 요청도 한국인 교육관리에 의해 제기되었다(참고: 서울대학교 30년사 편찬위원회, 1976; 오천석, 1964). 미군정 초기 교육심의회의 구성 역시 한국교육관리에 의해 체계적으로 제안되었다(참고: 오천석, 1964). 한국인 교육관리들은 민족주의자의 이상을 교육의 이상으로 삼기 위한 최대의 노력을 보여 주었던 셈이었다. 미군정장관과 미군정청 미국인 교육관계자들은 교육심의회 구성에 직접적으로 반발했던 것으로 기록되고 있다. 이 당시 국립대학교설립안 역시 미국식은 아니었다. 왜냐하면 미국에는 국립대학제도가 없었기 때문이었다. 지금도 미국에는 국립대학 제도가 없다. 권력의 집중화를 막기 위해서였다.

"미군정 통치 아래에서도"(참고: 라우러 베크, 1948) 한국 측 교육계 인사들은 시의에 맞는 문제들을 선택했던 것으로 평가받을 수도 있었던 셈이었다. 예를 들어 초급대학격인 동양대학관(경희대학교 한의과대학의 전신)이 한국 측 교육개혁자들에 의해 설립될 수 있었다. 한국 측 교육계 인사들은 양의학에 비해 비과학적이라고 지적받던 동양의학의 위치를 미군 측 교육담당자들에게 재삼 확인시켜 주었던 셈이었다. 동양대학관의 설립은 한국 측 교육계 인사들의 네 가지 입장을 대변하고 있었다. 첫째, 한약과 한의의 진단·처방의 효과에 대한 재인식, 둘째, 한의약에 대한 한국민의 선호도가 있다는 사실에 대한 재인식, 셋째, 한국 농촌경제의 실정을 고려했다는 점, 넷째, 지방에 있어서 양의의 부족에 대한 현실적 대처 등을 대변하고 있었다. 결국 해방 당시 개혁지향적 교육지도자들이라 할지라도 특정분야에 관해서 한국적 특수성, 전통성을 유지하려고 노력했던 셈이었다.

한국사정을 고려하였음에도 불구하고, 당면 교육문제를 해결하려고 동원했었던 교육정책은 서구 교육제도를 한국에 토착화시키기에는 비효율적인 것 같았다. 왜냐하면 첫째, 교육관계 인사들의 구성에 문제가 있었기 때문이었다. 특정 소양, 특징정치정당·단체와 연결된 인사들만이 한국의 교육문제를 보수주의적 개혁의지로 논의할 수 있었다(참고: 진덕규, 1979; 윤형섭, 출판일 불명; 송남헌, 1976). 민주주의 민족전선(1946)의 진술에 의하면, 초창기 교육지도자들은 정치적 흐름에 직·간접적으로 연루되어 있었다. 또한, 미군정기 교육계 식자들은 교육에 대해 매우 보수적인 입장을 취하고 있었다. 둘째, 교육에 관계된 수많은 문제제기들은 구국·민족주의라는 이념으로 위압되기 일쑤였었기 때문이었다. 개혁가들은 교육의 문제 해결용으로 충격의 효과가 큰 사회·정치적 이념을 내세우는 처방책을 즐겨 썼었다. 셋째, 교육계 지도자들의 교육개혁의지는 서구 교육학의 각 장을 시대별·항목별로 점검해 보는 식으로 연습적이었기 때문이었다.

한국적 홍익인간 교육이념의 지성적 표현인 한국 대학교육과 미국의 진보주의 교육에 관한 실천론은 성공적으로 접목될 리가 없었던 셈이었다. 왜냐하면 한국의 교육현장은 언제나 실험실화되기만 했었기 때문이었다. 예를 들어 한국에 내한했던 각양각색의 한국 교육관계 연구사절단들이 한국 교육계에 일반적으로 공헌한 것이 하나 있었다. 그들이 한국교육에 대한 다양한 처방을 내려 주었다는 점이었다. 처방하는 기술·전략 등을 한국 전문가들에게 일깨워 주었었다. 한국교육은 이들의 처방에 일차적으로 민감해야했다. 그뿐만이 아니었다. 외국전문가들이 내려 준 처방을 한국 교육전문가들은 그들 나름대로 재처방했다. 다양한 경제·학문적 이해관계에 기초해서 재처방했다. 한국교육은 외국전문가, 국내전문가들이 내려준 처방과 기술에 계속적으로 적응·재적응해야만 했던 피실험자와 비슷했던 셈이었다. 무엇인가 긍정적으로 큰 결과를 나타내 보여 줄 실험대상자였었던 셈이었다. 그러나 한국 고등교육은 교육전문가들의 처방대로 완치되지도 못했다. 또한, 효과적으로 변모해 주지도 않았던 것이었다. 교육전문가들의 이해관계만이 학문발전이라는 이름 아래 한국 대학교육 속에 삼투, 침잠되어 가고 있었을 뿐이었다.

결국 우리는 한 가지 교훈을 분명히 제시받을 수 있었다. 국민들의 가치관·규범·관행(mores)등은 교육전문가들의 개혁의지대로 쉽게 변화하지 않는다는 사실이었다. 즉 국민들의 사고방식은 역동적(dynamic)이라기보다는 일정한 형식으로 안정되어 있다(stable)는 교훈을 얻을 수 있었다.

해방된 이래, 한국의 교육관계자, 개혁자들은 자기들의 개혁의지만을 신봉했었다. 마침내, 한국의 교육관계자, 개혁가들을 행·재정적, 정신적으로 지원하던 서구의 교육계획사절단마저 한국의 교육개혁가·전문가들을 향해 이렇게 충고할 수밖에 없었다.

　　"그렇게도 짧은 시일 안에 해방을 위하여 감수성과 적성을 더 많이 보여준 국민이 또 있는가. 극히 곤란한 조건 밑에서 좋은 학교를 유지하고자 다수의 한국인 교육가는 현재 희망을 갖고 있다. 향상에 대한 다수의 열성은 눈물겨운 것이었다. 이러한 현 상태에 있어서 한 가지 위험성은 변경에 너무나 열중한 나머지 한국의 현상에 비추어 적·부적에 대한 충분한 평가 없이 우방인들을 가르치는 방향으로 변경하려는데 너무도 성급하다는 것이다."(유네스코·운크라 교육계획사절단, 1952, p.93; 강조점 첨가)

교육제도의 이식에 관한 논의가 치열했음에도 불구하고, 대학조직의 토착화 문제는 거의 논의되어 온 것 같지 않았다. 대학 교과과정의 구성, 대학운영의 토착화 문제는 큰 관심거리가 아닌 것 같았다. 미군정 초기에 제안된 대학교과과정이 한국 교육계에 토착화될수 있게 조직되었다는 증거를 발전할 수도 없었다. 한국교육사는, 왜 외국어에 대한 학점배당이 한국어 과목에 대한 학점배당과 대등해야만 되었는가에 대해 아무런 언급도 없었다. 예를 들어 교양과목 중 외국어(제1 외국어) 학점배당은 국어에 대한 학점 배당과 동일했었다(참고: 서울 대학교 30년사 편찬위원회, 1976; 고윤석, 1973). 미군정시 6년제 전 문학교 공업교육과정 구성에 있어서 중점을 두었던 교과 역시 외국어 였다(참고: 한국교육십년사 간행위원회, 1960). 예를 들어 각 학년마 다 배워야 할 각 과목의 시간배당 가운데 외국어에 대한 시간배당은 전체 과목 시간배당 중 13% 정도를 차지했었다. 한국어 강독은 전체 시간배당의 8% 정도에 불과했었다. 전문교과는, 1·2학년의 경우, 전 체 과목 시간배당 중 8% 미만이었다. 3·4·5·6학년의 경우, 전문 교과에 대한 시간배정은 전체 교과시간 중 최고 41%를 배당받은 적 도 있었다. 학생들이 배워야 될 전문교과목은 실습을 포함하여 23개 의 교과로 구성되어 있었다. 한 과목당 평균 42분 정도만을 교육받아 야 했던 셈이었다. 한 가지 사실이 발견될 수 있었다. 외국어는 전 학 년 동안 1주당 평균 5.2시간을 배당 받았었다는 사실이 발견될 수 있 었다. 외국어에 대한 1주당 시간배당은 한 전문교과에 배당된 시간보 다도 1시간이나 더 많았다. 이런 판단은 전문교과 시간을 1주당 252 분으로 환산했을 때 가능했다. 전문교과에 배당된 시간이 1주당 42분 에 불과했다면, 외국어에 대한 시간배당은 전문교과보다 1주당 5시간 정도를 더 배당받게 되었던 것으로 나타난다(참고: 한국교육십년사 간행회, 1960, pp.105～106). 한국교육십년사 간행회는 시간배당이 주당인지, 월별인지, 학기별인지를 구별하지 않았다. 강길수(1980) 및 홍웅선(1979) 등에 의한 교과편제 및 시간배당분식에 의하면, 6년제 공업교육과정 계획에 나타난 시간은 1주 40시간을 기준으로 한 시간 배당임을 알 수 있었다. 국어과목이 배당 받은 시간은 전학년 동안 평 균 3시간 정도였었다. 전문공업교육 교과는 전 학년 평균 1시간 정도 였었다. 따라서 공업교육과정 역시 전문공업 교육보다는 교양과목에 치중되어 있었음을 발견할 수 있었다.

　그러나 왜 공업교육을 연마하는 학교교과 과정이 필요 이상의 교양과목에 큰 비중을 두어야만 되었는지, 아무런 설명이나 근거가 제시되지 않고 있었다. 다시 말해서, 왜 전문공업교과가 기대 이하로 낮은 시간배당을 받아야만 되는지에 대해 교육적인 주석이 한국 교육사에서는 뚜렷하게 제시되고 있지 않았다. 단지, 누군가가 그렇게 시작했기 때문에 따르고 있다는 답습의 원리가 대학교육 과정 구성의 보이지 않는 기준으로 등장하고 있었던 것 같았다. 혹은, 정치적 타협이 교과과정 구성에 중요했던 것 같았다. 예를 들어 강길수(1980)의 기억에 의하면, 교육과정 시간배당 기준령을 둘러싸고 교육학자, 정치가 등의 식자·전문가·관계자들은 서로 갈등, 종용, 상호불신, 타협했던 것 같았다. 왜냐하면 "……문교부에서 교육과정연구위원회를 중심으로 이 사업(즉 시간배당기준령 작성: 저자 주)을 추진시키다가 단기 4286년(1953)에 이르러 각과 교수요목 제정심의회와 합동하여 연 28회의 회합을 갖고 회의참석 연인원 700여 명의 숙의 끝에, 단기 4282년 7월에 심의를 끝마치어"(강길수, 1980, p.296; 방점첨가) 만들어진 것이 바로 교육과정 시간배당 기준령이었기 때문이었다. 정규 4년제 대학의 교과과정도 예외는 아니었다. 예를 들어 졸업을 위해 대학생들이 이수하여야 할 총 학점 역시 모호한 기준을 따르고 있는 것 같았다. 심지어, 부과되는 이수학점의 많고 적음은 시대적 상황, 학교시설의 확충 정도에 따라 서로 다르게 시대적으로 규정되었던 것 같았다(참고: 합종규, 1971; 한국교육십년사 간행회, 1960).

대학운영의 토착화 방안 역시 처음부터 정책적으로 잘못 유도되었던 것 같았다. 인재를 키우겠다는 고등교육기관 육영가들의 양심을 믿는 것이 잘못일 수는 없었다(참고: 한국교육십년사간행회, 1960). 그러나 일부 육영가들의 육영의지 속에 편승된 기업의지까지 믿었던 것은 잘못이었다. 일부 육영적 기업가들의 기업의지는 군정 초기 토지개혁 때부터 부각되기 시작했었다. 토지개혁을 중심으로 일부 기업적 육영가들이 숨겨놓은 고등교육의 운영에 대한 육영적 신뢰는 처음부터 한국 대학교육을 그릇되게 유도할 수밖에 없었다(참고: 한국교육십년사 간행회, 1960; 조용범, 1973; 신용하, 1980). 토지개혁을 전제로 한국 고등교육의 기회확대 정책은 대학교의육 운영을 한국식으로 토착화하려는 한 방편일 수도 있었다. 왜냐하면 토지개혁을 전제로 한 한국 고등교육기관의 확충은 미국 고등교육기관의 확충방법과 달랐기 때문이었다. 예를 들어 미국 고등교육기관의 발흥은 정부에 의한 토지잉여정책 (Land-grant-colleges)에 기인했었다(참고: Brubacher & Rudy, 1976). 따라서 왜 한국 고등교육 육성정책이 토지개혁 때문에 부정적인 영향을 받았는지에 대해서는 계속 연구되어야 할 과제 중의 하나로 제시되게 된다. 왜냐하면 한국교육사는 단지, 토지개혁이 고등교육의 육성, 운영, 확충에 결정적으로 부정적인 영향을 주었다고만 기록해 놓고 있을 뿐이었기 때문이었다(참고: 한국교육십년사간행회, 1960, p.98). 그러나 농지위원회소속 간부, 특정 정치정당의 입장, 육영가로 자처한 교육계의 유력자들이 농지개혁의 의지를 교육적으로 적절히 남용한 데에 큰 원인이 있었던 것 같았다고 추론할 수는 있었다(신용하, 1980, pp.245-261). 왜냐하면 "……지방의 유력자는 그들의 소작지를 분묘지로 가강하거나 학교재단 등에 편입하여 실제로 농지개혁을 회피"(신용하, 1980, p.255)하는데 전력투구했었기 때문이었다. 일부 기업적 육영가들이 행한 학교재단에의 농지·자작지 편입은 처음부터 육영을 위한 것이 아니었던 셈이었다. 단지, 농지개혁에 의해 침식당할 수 있는 그들의 이해관계, 피해를 극소화시키기 위한 수단으로 학교재단 설립, 대학 설립 등을 급진적으로 도모하였을 뿐이었다.

따라서 "……몇 몇 기성재단을 제외하고는 (대)학교 자체가 그 간판을 이 교사 저 교사로, 또 그 경영주를 이 재단에서 저 재단으로 바꿔 가는 형편"(대학교육과, 1958, p.69)이 한국 대학의 난립·성숙사였던 것이었다.

일부 대학 육영자의 기업적 의지는 처음부터 문교당국자, 교육개혁가의 의지를 손상시키고 있었던 셈이었다. 일부 육영적 사업가들은 미군정당국과도 적절한 관계를 맺고 있었던 것 같았다. 일부 육영가는 적산·귀속재산을 싼 값으로 구입, 대학운영비라는 명목으로 재투자하기도 했던 것 같았다. 예를 들어 미군정청은 귀속재산의 일부를 여론의 반대 속에서 처분하기 시작했었다. 미군정 고문관의 재량 아래 2억 4천 5백만 원어치의 귀속재산을 한국의 신흥 유지들에게 불하했었다. 그러나 실세는 146억 원에 달하는 것이었다는 점에 주목할 필요가 있었다. 왜냐하면 1947년 2월 현재의 물가지수에 의하면, 2억 5천만 원에 불하한 귀속재산은 8,000여 호의 주택, 2,000여 척의 선박, 5,000여 개소의 소기업에 달했었기 때문이었다. 현실 시가가 146억 원이나 되었기 때문이었다. 결국 2억 5천만 원은 1947년 물가지수에 의한 가격이 아니었던 셈이었다. 해방 이전에 일제가 적용, 통제하던 장부가격일 뿐이었다(참고: 조용범, 1973, p.187).

결국 우리는 또 한 가지 교훈을 얻을 수 있었다. 교육개혁가들의 개혁의지와 대학교육 육성에 대한 기업성, 대학운영자들의 양심을 사회정책(예: 농지개혁, 적산·귀속재산 처분 등)과 연결시켜 설명할 때, 우리는 두 번째 교훈을 얻을 수 있었다. 그것은 문교정책자들이 처음 입안했던 것을 성공적으로 수행하기 위해서는 강력히 통제·점검해야 할 일들이 실질적으로 준비되어 있어야 한다는 교훈을 얻을 수 있었다. 예를 들어 원래 계획에 제시되어 있던 지원책 이상의 재정적·물량적 투자, 지원 노력, 행정적 조정, 심리적 인내, 강력한 통제들이 필요하다는 교훈일 수가 있었다.

본 연구가 제한된 고등교육 사료를 취급하면서 얻었던 세 번째 교훈이 있었다. 외국사조 도입을 위한 다양화된 경로(channels)를 유지해야 한다는 교훈이었다. 한국 대학교육은 서구의 교육제도, 이념, 내용을 다변화된 경로를 통해 점검, 토착화시킬 필요가 있다는 교훈을 얻을 수 있었다. 외국 교육사조의 참고·활용이 필요한 것이라면, 외국 교육사조 참고의 통로가 획일적으로 한곳으로만 연결·의존되어서는 안될 것이라는 교훈을 얻을 수 있었다. 결국 한국 대학교육을 위해 다양한 경로의 참조집단이 고려되어야 하는 셈이었다(참고: Han, 1982). 문화적 제국·식민주의를 극복하기 위해서라도 한국 대학교육의 이념·내용의 참고대상이 꼭 특정한 하나의 외국 국가이어야만 될 필요가 없는 셈이었다. 더욱이, 참고는 모방을 위한 것이어서는 안될 것이다. 그들이 하지 못하는 것을 한국의 대학교육에서 해보기 위한 참조용이어야 할 것이다.

　대학교육의 기능을 일반적으로 연구·봉사·교수(teaching)라고 분류하는 일은 이제 한국 고등교육계에서도 상식이 된 것 같았다. 예를 들어 한국의 대학(총)장들이 표현한 대학관은 한결같이 연구·봉사·교수 등으로 집약되고 있었다. 물론, 표현되는 양식은 다양했었다. 그러나 표현되고 있는 단어, 용어 사용의 상이함에도 불구하고, 대학교육의 기능에 대한 한국 대학교 총장들의 입장은 연구·봉사·교수로 요약되고 있었다(참고: 조선일보, 1981. 3. 26, p.12; 한국일보, 1980. 8. 24, p.3; 동아일보, 1980. 7. 9, p.6; 한국일보 1980. 8. 27, p.6: 동아일보, 1980. 9. 4, p.6; 한국일보, 1980. 8. 29, p.6; 한국일보, 1981. 3. 5, p.5; 한국일보, 1981. 6. 2, p.6). 대학에서의 교수, 연구, 봉사의 세 기능은 중세적 대학의 본래적 기능은 아니었음에 주목할 필요가 있었다. 교육·연구·봉사의 복합적 세 기능은 미국의 주립대학들이 정부로부터 받은 일정한 토지를 모체로 설립되기 전까지는 구체적으로 언급되지 않고 있었다. 심지어 '상아탑'을 고집하던 Hutchins(1936) 역시, 자기의 저서 「미국의 고등교육」이 문고본으로 재판(1961) 될 때 비로소 서문에 대학교육의 세 기능으로 교수(social accomodation), 연구(research), 사회봉사(vocational certification)를 지적하였을 뿐이었다. Hutchins는 왜 대학교육이 영재만을 만드는, 혹은 학문만을 위한 상아탑이어야 하는가에 대한 새로운 문제제기를 긍정적으로 수용했던 것이었다. 서구인인 어느 대학교 한국 대학총장(참고: 조선일보, 1980, 10.26. p.4)은 한국 대학교육을 다른 식으로도 표현하고 있었다. 대학교육을 "낙관적으로 젊은이들을 다루는 경기(game)"라고 표현한 바 있었다. 그는 '경기'의 뜻이 무엇인지 구체적으로 밝혀놓고 있지 않았다. 경기에 대한 미진한 해석에도 불구하고, 그 외국인 대학총장의 논지는 두 가지 양식으로 검토해 볼 필요가 있었다. 대학자체의 문제와, 대학 밖과의 문제로 검토해 볼 필요가 있었다. 즉 대학 안에서의 교육은 교수·연구·봉사를 후원하기 위한 공정한 기준을 갖고 있는 사회·문화적 경기일수 있다는 점을 시사받을 수 있었다. 대학 밖과의 연결문제에 있어서, 대학교육이라는 경기의 기준은 국민이 경험할 수 있는 희생과 불행을 완화, 혹은 제거시킬 수 있느냐 하는 것과 연결될 수도 있을 것이다. 각종 경제·사회·정치·문화적 처방에의 적응보다는 감시의 기능을 발휘하고 있느냐하는 것과 연관된 기준일 수도 있는 것이었다.

역량에 관계없이, 한국의 대학총장들은 문제의식을 결여한 사람들로 부각되고 있었다(참고: 고영복, 1968). 고영복은 대학총장들의 문제의식 결여를 한국 대학(교)총장들의 졸업축사 내용분석으로부터 도출하고 있었다. 고영복의 판단에 의하면, 한국의 대학(교)총장들은 세 가지 정도의 고루한 상식을 반추하면서 자기만족화하고 있었을 뿐이었다. 첫째, 시국을 감안한 현실감각의 고취, 둘째, 후진성 극복에 대한 상식적 진술, 셋째, 인격수양에 대한 복고적 훈화만을 강조할 뿐이었다. 한마디로 한국지성의 항로개척에 대한 구체적인 확신을 찾아 볼 수가 없었다. 경청할만한 것도 없었다. 고영복은 이렇게 이야기할 수밖에 없었다.

"……총장의 발인에서 들을 만한 것이 없다면, 그것은 일종의 직무유기라고 비난을 받아도 할 말이 없을 것이다. 총장들의 문제의식의 결여는 바로 한국 대학생기질의 침체와 직접적으로 유관한 것이고 우리나라 대학 속에 안겨진 많은 모순이 좀처럼 해결되지 않는 이유도 이러한 총장들의 나태와 무기력을 통해서 실명될 수 있을

성싶다.”(고영복, 1965, p.51)

한마디로 한국대학운영의 이상은 대학총장으로부터 기대될 성질이 아니었던 셈이었다. 왜냐하면 대학총장직 역시 대학교육을 둘러싼 다양한 이해관계나 세력 사이의 갈등이 빚어내는 그 현장에서 생존하려고 갈등·타협하는 존재로 부상되고 있기 때문이었다.

대학은 기관의 성격상, 사회정치적 처방에 만성적인 적응을 도모하기 위한 곳으로는 비효율이다. 또한, 부적절하다. 왜냐하면 대학 아닌 일반 하급 교육기관이, 보다 더 적극적으로, 내려진 사회·정치적 처방에 효과적으로 대치할 수 있기 때문이다. 이들 일반 교육기관에는 사회적 이해관계들이 한 가지 양식으로 나타나기 때문이다. 이들 하급 교육기관의 주요 기능은 사회화로 요약되기 때문이다.

과연, 한국의 대학교육은 국민의 여망과 지지를 얻고 있는가? 아니다. 왜 그런가? 기대할 것이 없었기 때문이었다. 따라서 우리가 얻을 수 있었던 마지막 교훈이 있었다. 그것은 대학교육이 국민의 여망과 여론을 배반하지 않는 감시의 망루이어야만 할 것이라는 교훈을 얻을 수 있었다. 왜냐하면 대학교육의 결과와 효과는 차라리 잠재적이었기 때문이었다. 대학졸업장 수여행위를 가장 두드러지게 나타내 주는 일이 대학교육의 현시적 결과일 뿐이었다. 결국 대학교육의 기능을 식자들의 상식대로교수의 기능·연구의 기능·사회봉사의 기능으로 대분해야만 한다고 할 때에도, 대학교육의 세 가지 기능은 각종의 사회적 처방 및 대학자체의 처방에 대한 적응·재적응을 도모하기 위한 것일 수는 없는 것이다. 오히려, 적응·재적응보다는 각종 처방·재처방에 대한 이성적 강시의 망루를 포기, 구축하는 기능이 대학에서 강조되어야 한다.

즉 기존적으로 대학교육에 의해 나타내 주어야 한다고 판단되었던 각종 기능이 잠재적 교육효과를 위한 것이라고 판단된 이상, 또한 그런 기능은 사회생활을 시작할 때부터 어차피 가속화된다고 판단된 이상, 대학이 할 수 있는 일은 제한되게 된다. 학문적으로 대학이 국가와 사회의 발전을 위해 학생들에게 할 수 있는 일은 제한되게 된다. 이성의 망루에서 졸지 않는 이성적 감시의 능력을 일깨워야 한다. 이러한 주장은 상식에 속한다. 진부한 느낌마저 든다. 한국 대학교육에 대한 상식적 요구를 당위적 차원에서 재론한 까닭이 있었다. 그것은 한국의 대학교육이 이제 상식마저 통하지 않는 곳으로 변신되어 가고 있다는 비판들이 한국사회에 끊임없이 제기되고 있기 때문이다. 따라서 한국의 대학교육에 대한 새로운 이해의 재구성화는 절대적으로 필요했던 것이었다. 대학교육에 대한 새로운 이해, 활동체계의 재구성화는 한국 대학교육이 고등교육기관스러워야 할 진정한 의미를 재발견하는 데 도움을 줄 것이다.

국민 모두가 이해할 수 있는 상식이 대학교육을 지배할 때, 한국의 대학(교육)은 학생들에게 무엇인가를 교육시키는 곳으로 부각될 것이다. 한국 대학의 각종기능·속성·이념 등이 개혁자, 기업가, 학생 등 특수신분·지위집단에 의해 만들어지는 각종의 사회적 처방·재처방을 이성적으로 분해시키는 것들로 집약·재구성될 때, 한국의 대학은 후세가 묻는 책임에 대한 질문에 당당하게 대답할 수 있을 것이다. 본 연구에는 결론스런 끝맺음이 없는 셈이다. 따라서 유명인·전문가다운 대안제시도 없게 된다. 제시된 대안 때문에 또 다른 문제가 야기될 것 같아서 대안제시를 삼갔어야 했다. 본 연구는, 서론에서 밝혔듯이, 한국 고등교육이 당면하고 있는 문제에 대한 근원을 교육의 사회학적 안목으로 건전하게 의심하고자 시도했었다. 굳이, 본 연구의 결론을 내린다면, 그것은 이렇게 끝맺어야 될 것이다. 의심받지 않는 고등교육의 현실이 되어야 한다고 끝맺어야 할 것이다.

附　錄

Ⅰ. 研究方法論

研究對象 및 標集節次

본 연구는 12개 대학 2,000명의 대학생(회수: 1,171명)을 연구대상으로 삼았었다. 대학생들을 연구대상으로 삼았을 때 몇 가지 장점이 있었다. 첫째, 대학생들은 연구조사라는 개념을 어느 정도 파악하고 있는 집단이었다. 따라서 연구에 적극적으로 협조할 수 있다고 가정할 수 있었다. 둘째, 대학생들의 이용은 표집 등의 연구과정에 있어서 경제적이었다(참고: Brookover, 1965). 셋째, 무엇보다도 대학생은 대학교육에 있어서 소비자로서의 욕구를 지닌 집단이다. 즉 일정한 목적을 위해 대학교육에 임하고 있는 것이다. 따라서 대학생들의 입장, 욕구의 관점, 반응을 집약·분석하는 것은 대학교육의 결과연구에 있어서 중요한 한 부문으로 판단되었었다.

본 연구에 투입된 연구대상은, 외형에 있어서, 다단계 군집무선표집(multistage cluster random sampling) 방법에 의해 표집된 것이다. 그러나 실제에 있어서, 본 연구는 임의적인(accidental) 표집방법(참고: Kerlinger, 1964)에 의해 연구대상을 표집한 것이나 다름없게 변질되었다. 왜냐하면 다단계 군집무선표집 절차가 연구수행 과정 동안 본의 아니게 수정되곤 했었기 때문이었다. 따라서 연구결과의 일반화에는 일정한 제한점이 있을 수 있는 셈이었다. 연구결과의 일반화에 대한 본 연구의 제한점은 본 연구를 대학교육 결과에 관한 탐색적, 혹은 예비적 연구(exploratory study)로서 부각시키고 있다는 것이다. 독자들은, 탐색적 연구로서의 성격이 본 연구에 투입된 변인, 분석방법(즉 중다상관회귀분석법)에서도 노출되고 있음을 감지할 수 있을 것이다.

본 연구에는 연구대상 표집과정상, 몇 가지 기록해 둘 사실들이 있었다. 첫째, 본 연구는 전국 1개 도(제주도 제외) 1개 대학 선정원칙을 세웠었다. 배포된 질문지에 지역별 반응의 차이가 있을 것으로 예측되었기 때문이었다. 각 대학의 선정은 무선적 표집에 의했다. 즉 각 도에 설립되어 있는 각 대학에 일련번호를 배정하여 무선적으로 1개교씩 뽑았었다. 그러나 이 원칙은 서울지역과 부산지역에서 변칙적으로 적용되었다. 왜냐하면 첫째, 서울에서는 3개교를 표집했기 때문이다. 또한, 부산지역에서도 2개교를 표집했기 때문이었다. 서울, 부산지역에 대한 편중적 표집은 대학생수와 대학수를 고려한 결과이었다.

둘째, 서울지역 소재 대학을 표집할 때, 연구자가 재직하고 있는 대학교는 무선표집 원칙에서 제외시켰다. 결국 연구자가 속해 있는 대학교를 제외한 2개 대학만 무선적으로 표집했던 것이다. 그러나 서울지역에서 무선적으로 선정된 1개 대학에서 질문지 실시가 불가능한 사태가 발생했다. 일련의 학원사태와 관련된 대학안의 경직된 분위기가 대학교육 결과에 관한 질문지 실시를 불가능하게 만들었다. 따라서 질문지 실시가 불가능한 대학 대신 협조가 능한 대학을 표집대상으로 임의, 변경할 수밖에 없었다. 연구자의 소속 대학선정과 협조 가능한 대학의 선정은 본 연구수행상 연구의 편의와 효율성을 도모하기 위한 응급조치였었다.

셋째, 질문지에 응답할 대상들은 사실상 임의적으로 선택되었다. 즉 협조 가능한 교수를 동해서 선정된 각 대학(교) 소속 학생 100명씩에게, 미리 우송된 질문지에 응답하게 했다. 연구수행상 무선표집이 사실상 불가능했었기 때문이었다.

　임의적 표집대상에서 뚜렷하게 고려되었던 조건도 있었다. 응답자
들의 전공은 가능한 다양해야 한다는 점이었다. 따라서 임의적으로
교직과목, 혹은 교양과목 이수 학생들이 질문지 실시의 1차 대상자
들일 수밖에 없었다. 그러나 질문지 배포와 실시과정에 있어서 변칙
적인 경우가 나타났었다. 왜냐하면 지방의 2개 대학교는 특정 전공
분야(예: 심리학, 행정학) 학생들만의 반응을 받을 수밖에 없었기 때
문이었다. 따라서 처음부터 밝혔듯이, 본 연구는 대학교육 결과에 대
한 탐색적 연구로서, 연구결과의 해석과 일반화에 신중을 기할 필요
가 있었다. 나타난 결과를 확대해석하거나, 응용·인용할 매에 일정
한 제한을 가할 필요가 있는 셈이었다. 본 연구에 투입된 표집 대학
및 표집 사례수는 표 53과 같았다.

표 53. 표집 대학과 표집사례수

도(시)	대　학　교	표　집　사　례　수	대학설립별 유형
서울특별시	H대학교	80명	사　　립
	S사대	95	사　　립
	Y대학교	190	사　　립
경　　기	I대	98	사　　립
강　　원	K대학교	57	국　　립
경　　북	Y대학교	100	사　　립
부산직할시	B대학교	95	국　　립
	D대학교	86	사　　립
충　　남	M대	85	사　　립
충　　북	C대	90	사　　립
전　　남	J대학교	96	국　　립
전　　북	W대학교	99	사　　립
계	12대학(교)	1,171	사립: 9, 국립: 3

側定道具

본 연구는 대학교육의 결과를 측정하기 위해 대학생들에게 대학생 활동 조사 질문지를 배포, 각 문항에 반응하게 했다. 배포된 질문지에는 대학의 속성, 여가활동, 사회성 태도, 지위추구, 정치사회화, 대학의 행정, 교수의 강의, 면학 분위기, 학생들의 사회적 배경 등에 관련된 176개의 문항이 삽입되어 있다. 각 문항은 다음 절에서 제시되는 것과 같이 항목별로 세분되어 있다(참고: 부록 Ⅱ). 부록 Ⅱ에서는 각 항목에 대한 대학생들의 원점수(rawscore) 상태의 반응빈도가 제시되었다. 본 연구와 다른 가정(assumptions), 연구방법을 갖고 있는 독자들을 위해 본래의 문항과 반응사례수가 제시되었다. 다른 연구자의 연구편의와 자료 재해석을 위해 본 연구의 기초자료는 연세대학교 전산실 컴퓨터에 기억·보관되어 있다.

1. 大學의 屬性에 관한 質問

한국 대학의 속성을 알아보기 위해 (문항 1-8) 본 연구는 대학의 성격, 대학교육의 당위성 등을 일반적으로 기술한학자들의 글을 원문에 충실하게 재인용했다. 왜냐하면 각기 인용된 학자들의 글은 대학의 일정한 속성을 대변하고 있다고 판단되었기 때문이었다. 예를 들어 Bird(1975)의 글(문항 3)은 대학의 지위집단형성 효과를 대변한다고 판단되었다. 왜냐하면 Bird의 글 가운데 "대학은 많은 사람들에게 책을 읽고, 박물관을 찾고, 테니스를 치고, 외국어로 쓰인 요리 메뉴와 씨름하도록 가르쳐 왔다. 졸업장은 직장으로 향하는 길을 통과하게 해주는 든든한 여권" 이라는 글귀는 대학의 지위집단형성 결과를 집약적으로 묘사하고 있다고 판단되었기 때문이었다.

Jaspers(1973)의 글(문항 5)은 철학적 대학관을 대변하는 것으로 판단되었다. 왜냐하면 인용된 Jaspers의 글은 전인교육을 위한 대학교육의 성격은 '소크라테스'적이며, 의미 있는 자유를 위한 형성과정이라고 주장하고 있기 때문이었다. 정치사회화에 대한 대학교육의 결과는 본 연구의 질문지에서 이규호(1981)의 글로 대변되고 있다. 왜냐하면 인용된 이규호의 글(문항 1)은 정신교육, 법과 질서의 존중을 강조하고 있다고 판단되었기 때문이었다. 즉 이규호는 "국가의 법은 악법이라도 그것이 고쳐질 때까지는 지켜야 한다는 것을 대학생들이 인식해야 한다"고 주장함으로써, 대학교육의 사회정치적 사회화의 중요성을 강조하고 있었기 때문이었다. 따라서 이규호의 글은 본 연구에서 대학을 의료기관형으로 이해하는 입장에서 인용된 것이다.

문항 7은 Kerr(1963)의 글을 인용한 것이다. 인용된 Kerr의 글은 대학을 기업주의의 입장에서 대변하는 것으로 판단되었다. 왜냐하면 인용된 Kerr의 글은 모순투성이 조직체로서의 대학이 사회의 변화에 민감히 대처해야 할 것을 강조하고 있기 때문이다. 또한, 조직의 효율성을 위한 행정력의 강화를 주장하고 있기 때문이었다.

대학의 속성에 관해 일정한 반응을 하게 한 후, 이어 본 연구에 참여한 각 대학생들은 자기가 반응한 대학의 특성이 어느 정도 자기 대학(교)안에서 강조, 혹은 현실적으로 부각되고 있는가를 반응하도록 요구받았었다. 반응은 '매우 그렇다'로부터 '전혀 그렇지 않다' 등 5단계 경정적에 예시하도록 요구되었다.

2. 學生들의 學業成就

본 연구는 학생들의 지적·학업적 성장을 측정하기 위해 두 가지 작업을 시도했다. 첫째, 응답자가 스스로 자기의 평량평균(GPA) 점수를 보고하도록 했다. 둘째, 1982학년도 1학기 질문지실시를 협조해 준 교수들에게 1982학년도 1학기 해당과목의 중간고사 점수를 별도로 제공하도록 부탁하였다. 중간고사 점수는 개인이 스스로 보고한 평량평균 점수의 신뢰성을 간접적으로 판단하기 위한 보조자료로 활용되었다.

3. 學生들의 背景變因

응답자들의 가정배경과 사회경제적 배경 정도(문항 169-176)를 파악하기 위해 본 연구는 학생들에게 자기 부모의 학력, 수입, 직업 정도를 응답하도록 요청했다. 특히, 가정의 수입 정도를 파악하기 위해, 최근 조사 보고 된 신문자료가 본 연구에 이용되었다(참고: 한국일보, 1982. 3. 28, p.5). 경제기획원 사회통계조사 결과(한국일보, 1982. 3. 28, p.5)에 의하며, 한국의 전국 가구수는 7,971,000세대였다. 한달 수입이 9~35만원 정도 수준에 있었던 세대는 전체 가구수 가운데 65.8%를 차지했다. 한달에 1백만 원 이상의 소득을 갖고 있는 가구수는 전체 가구 가운데 1% 정도에 불과했다. 일반적으로, 전체 가구의 평균소득은 월 24만 1천원이었다.

본 연구는, 경제기획원의 통계와 신문의 보도를 토대로, 한국의 전체가구수의 소득을 5등분했다. 즉 8만 원 이하, 9~19만 원, 20~49만 원, 50~69만 원, 70만 원 이상 등으로 5등분했다. 본 연구는 평균소득범위, 즉 중위층을 20~49만 원 선으로 설정했다.

가정의 재산 정도를 파악하기 위해, 학생들에게 가정에 있는 물건 중재형적 가치가 있는 것들을 모두 반응하게 했다. 학생들에게 전화, 냉장고, 오디오 음향시설, 피아노, 자동차, 서재, 자택, 에어컨, 세탁기 소유 여부를 반응하게 했다. 지적된 물품들은 한국사회에서 재산과 부의 정도를 대변하고 있다고 판단되었기 때문이었다. 경제기획원 및 한국일보(1982. 3. 28, p.5)의 조사에 의하면, 한국의 전체 가구의 40% 정도가 아직도 셋방살이를 하고 있었다. 방 한 칸을 약 3명 정도가 공유하고 있는 것으로 추정되었다. 따라서 서재 유무, 자택 유무 등은 재산보유 정도를 측정할 수 있는 자료로서 쓰일 수 있었다. 한국일보의 보도에 의하면, 전화 보유율은 아직까지 전체 가구의 25% 미만에 불과했다. 냉장고 보유율 역시 37%정도에 머무르고 있었다. 반면, TV 보유율은 85%정도였다. 따라서 본 연구는 TV 보유 정도는 재산의 정도를 측정하기 위한 항목으로 부적절하다고 판단하였다. 한국일본의 보도에 의하면, 도시 근로자들의 한 달 평균소득은 34만원 정도였었다. 월 소득 가운데 38.4%가 식료품비로 쓰였다. 21.3%는 주거비로, 9%정도는 피복구입비로, 8%정도는 광열비로, 24%는 잡비(교통비, 약값 등)로 소모하고 있었다. 결국 피아노, 에어컨, 세탁기, 자동차, 오디오 음향시설 등은 도시 근로자들이라도 한번에 구비하기는 어려운 문화시설류라고 판단될 수 있었다. 따라서 이들 시설들은 어느 정도 재산의 상징으로서 대변되고 있는 셈이었다.

4. 社會政治的 社會化

본 연구는 대학생들의 사회정치적 사회화의 결과를 파악(문항 66-84)하기 위해 두 가지 작업을 시도했다. 첫째, 권력분포에 대한 대학생들의 태도를 측정하고자 했다. 둘째, 사회정치현상에 대한 일반적인 성향을 측정하고자 했다.

첫째, 사회·정치에 대한 일반적 성향과 태도 측정(문항 72-84)을 위해, 본 연구는 Delamater, Katz와 Kelman(1968)이 만든 국가정치 참여 정도 척도(National Involvement Scales)를 참조했다. 특히, 국가정치 참여 정도 척도 가운데 상징적(symbolic) 반응과 규범적(normative) 반응을 한글의 어감에 맞게 의역했었다. 정치사회화측정 척도의 신뢰도를 측정하기 위해본 연구는 연대생 120명에게 예비조사를 실시하였다. 조사결과, 내적일관도를 측정하기 위한 Cronbach의 알파계수(Coefficient α)는. 59이었다. 알파계수 .59는 정치사회화측정척도문항 가운데 4번과 12번 문항을 삭제했을 때 나타난 내적일관도 측정 신뢰계수이었다. 둘째, 권력분포에 대한 태도(문항 66-70)를 측정하기 위해 본 연구는 Form과 Rytina(1969)가 개발한 권력분포에 관한 이념적 신조 척도(Ideological Beliefs on the Distribution of Power in the United States)를 번역하여 학생들에게 응답하게 했다. Form과 Rytina가 개발한 권력분포 척도는 복수민주주의론자, 권력엘리트론자, 갈등론자(conflict theorist)의 논지를 집약시켜 각 이론의 의견에 응답자들이 어떻게 반응하는가를 측정하도록 고안되었다.

권력분포 척도는 권력분포를 세 가지 관점에서 파악했었다. 첫째, 복수민주주의론자는 Riesman의 입장을 대변했다. 즉 국가권력이 다수의 집단에 분포되어 있다고 판단했다. 둘째, 소수집단 정치·사회구조 독점론은 Mills의 입장을 대변했다. Mills는 소수 권력엘리트가 국가를 통치하고 있다고 주장한다. Mills는 실제로 정상에 있는 사람들은 다수가 아니라고 주장했다. 단지, 일정한 사회문화적 배경을 비슷하게 공유하는 소수들이 지배한다. Mills는 소수의 권력엘리트들이 사회, 문화, 경제 구조 위에 일정한 통치권력을 행사하고 있다고 판단하는 것이다. 셋째, 고전적 갈등론자들의 입장에 의하면, 한 나라의 정치권력은 기업가에 예속되어 있다고 판단된다. 예를 들어 Form과 Rytina는 고전적 갈등론자 들의 입장(참고: 문항 70)을 다음과 같이 설명한다. 즉 "실제로 대기업가들에 의해 이 나라는 통치된다. 대기업가들의 총수들이 주요 정당을 지배한다. 대기업가들이 의도하는 대로 정부의 정책과 행정기구가 움직여진다"라고 묘사하고 있었다. 이런 견해는 한국 정치계에서도 발견할 수 있는 일들 가운데 한 부분일 수도 있었다. 한때, 대기업가들은 정치에 민감하였으며 권력에 유착되어 한국의 정계를 요리해왔던 것도 부정할 수 없는 사실들이었기 때문이다(참고: 박병윤, 1982).

본 연구는 대학생들로 하여금 한국의 정치권력 현상을 대변할 수도 있다고 판단된 문항에 일차적으로 반응하게 한 후, 판단된 정치권력 속성이 어느 정도 현실적으로 강조되며 타당한가를 표시하도록 요구했다. 학생들은 '매우 그렇다'로부터 '전혀 그렇지 않다' 등 5단계 평정 눈금에 반응하도록 요청받았다.

5. 學校敎育 雰圍氣에 대한 判斷

본 연구는 대학생들에게 학교환경(예: 학과장, 학교행정직원, 학생, 각종 서클, 복지 시실, 일반적 학원분위기)에 대해 갖고 있는 선호도를 파악하기 위해 54문항을 개발하여 예비조사를 실시했다(문항 85-139). 각 문항(예: 우리 학과장의 행정지도력은 탁월하다)은 예와 아니오에 반응하도록 조직되어 있다.

학교 교육환경에 대한 만족도판단 척도는 두 영역으로 분류되었다(문항 85-108). 일반적으로, 학과장, 학교 행정직원, 고용원 및 시설에 대한 대학생들의 태도를 측정하기 위한 것이었다. 본 연구에서는 첫째 영역(문항 85-108)을 편의상 학교 행정직원에 대한 판단 척도라고 명명했다. 둘째 영역(문항 109-139)은 대학생들에 의한 일반적 학교환경 및 분위기에 대한 판단 정도를 알아보기 위한 부분이었다. 예를 들어 "우리 대학은 면학 분위기를 조성하고 있다"와 같은 항목(참고: 문항 109)에 대한 대학생들의 반응을 알아보려고 시도했다. 학교 행정직원에 대한 판단 정도, 일반적 학교환경 및 분위기에 대한 판단 정도는 연구과정상 편의에 따라 분리, 혹은 복합(composite)하여 본 연구결과 해석에 활용될 수 있었다.

학교교육에 대한 만족도 판단 척도의 신뢰도를 알기 위해 Kuder-Richardson의 내적 일관도(K-R 20 일반식) 측정을 시도했다(N＝120). 조사결과, 학교 행정직원에 대한 판단 척도(문항 85-108)는 .77의 신뢰도계수(단, 문항 100은 제외)를 얻었다. 반면, 일반적인 학교 분위기에 대한 판단 척도는 .85의 Kuder-Richardson의 신뢰도계수를 갖고 있었다.

6. 敎授의 講義에 대한 判斷

본 연구는 교수의 강의에 대한 대학생들의 판단을 측정하기 위해 여섯 가지 변인을 고려하였다. 즉 교수의 강의태도, 강의내용의 조직, 강의를 통한 학생들 사이의 상호작용촉진 정도, 교수와 학생들 사이의 유대 정도, 교수강의의 폭, 평가, 과제들에 대한 학생들의 판단을 고려하였다.

교수의 강의에 대한 학생들의 판단은 교수의 강의 개선을 위해 사용할 수 있는 유용한 방법 가운데 하나로 평가되어 왔다(참고: Beatty & Marsh, 1974; Dressel & Lorimer, 1961; Dressel, 1976; Genova, Madoff Chin & Thomas, 1976; Gilmore, 1975; Heywood, 1977; Kelley, 1951; Little field, 1975; Marco, Murphy & Quirk, 1974; Miller, 1974). 본 연구는 편의상 University, of Southern California에서 사용하고 있는 교수의 강의 평정 척도를 참조하였다. 이 가운데 일부가 한국 대학의 강의 실정에 맞게 번안되었다. 본 연구에 투입된 교수의 강의에 대한 학생들의 평정 척도는 1981년도 봄 학기 연세대학교 교직과목(학교와 지역사회) 이수학생(N=216)에게 실시된바 있다. 3개월 동안에 걸쳐 실시된 검사-재검사 실시에 있어서 본 척도는. 74의 검사-재검사 신뢰도를 갖고 있었다. 또한, 1982학년도 1학기에 실시된 조사(N=120)에서 교수의 강의에 대한 판단 척도는. 93의 높은 Cronbach의 내적일관성 신뢰도계수(α)를 보여 주었다. 각 문항은 5단계 평정척으로 구성되어 있다(예: 매우 그렇다 =5점, 전혀 그렇지 않다=1점).

7. 社會的 地位追求 및 社會性態度

본 연구는 대학생들의 사회적 지위추구와 사회성 태도를 측정하기 위해 여섯 가지 측정도구를 활용했다. 여섯 가지 도구는 사회성대도 측정과 지위추구에 대한욕망(정도) 등 두 가지 유형으로 대별된다.

　　대학생들의 사회성 태도를 측정하기 위해 권위주의 척도(차재호, 공정자와 윤문숙, 1973), 경청태도척도(한준상, 1975), 일반 사회성 척도 등 세 가지 척도가 본 연구에 활용되었다. 또한, 대학생들의 지위 추구 정도를 측정하기 위해, 대학생들의 여가활동(문항 9-16) 조사, 학력별 대인관계 유지판단(문항 27-30), 사회적 지위추구 척도 (문항 17-26)가 활용되었다.

　　첫째, 사회적 지위추구 척도는 Kaufman(1957)의 Status-Concern Scale을 참조하였다. Kaufman의 척도 문항 가운데 일부는 한국 실정을 고려하여 변형하여 활용하였다. Kaufman의 Status-Concern Scale은 사회적 지위, 사회적 이동 등에 대한 학생들의 태도를 측정한다고 판단되고 있다. 척도는 10문항으로 구성되어 있다. 각 문항은 5단계 평정눈금(예: 매우 그렇다=5점, 매우 그렇지 않다=1점)을 갖고 있다. 한국에서 실시된 Kaufman 척도의 신뢰도는 연구상 사용 가능한 것으로 판단되었다. 실제로 본 연구자가 연대생(N=120)을 대상으로 예비조사를 실시했을 매, 변형·변안된 Kaufman의 사회적 지위추구 척도는 Cronbach 신뢰도계수인 .64의 내적 일관도 알파계수를 갖고 있었다.

　　둘째, 여가활동 정도를 측정하기 위해 대학생들에게 영화, 모임, 운동경기, 야외활동, 연주회 관람, 박물관·전시회 관람, 특정 유흥업소 활용 정도를 반응하게 했다. 특히, 지난 한달 동안 어느 정도 각 유형별 여가 생활에 해당되는 활동을 추구했는가를 반응하게 했다. 반응결과는 각 항목별로 점수화되었다. 즉 0회, 1~2회, 3~4회, 5~6회, 7회 이상별로 각각 1, 2, 3, 4, 5점을 주어 계량화시켰다.

　　셋째, 학력에 의한 대인관계 유지 정도를 파악하기 위해, 본 연구는 학생들에게 가상적인 질문을 제기했다. 즉 학력이 각기 다른 대기업가에게 다른 조건과 환경을 통제했을 때, 각 기업가는 어느 정도의 대인관계를 갖고 있겠는가를 판단하도록 요구했다. 어떤 학력의 소유자가 어느 정도의 인간관계를 맺게 되겠는가를 학생들이 판단하도록 유도하기 위해서였다.

넷째, 일반 사회성 태도 척도(문항 31-40)는 10문항으로 구성되어 있다. 각 문항은 5단계 평정눈금(예: 1점＝매우 그렇지 않다. 5점＝매우 그렇다)을 갖고 있다. 일반 사회성 태도 척도는, 대학생들과 특별한 사회적 책임관계나 이해관계가 없는 다른 사람들에 대한 대학생들의 일반적 태도를 알아보기 위해 개발되었다. 예를 들어 본 척도는 "사람들이 서로 멀리 떨어져 인간관계를 맺지 않는 편이 우리의 생활을 나아지게 할 것이다"(참고: 문항 36) 등에 대한 학생들의 태도를 판단하고 있다. 연대생(N＝120이상을 상대로 실시된 예비조사 결과 일반 사회성 태도 척도는 .71의 알파계수(Cronbach의 내적 일관성 신뢰도계수)를 갖고 있었다(단, 문항 31, 37은 제외).

다섯째, 한준상(1975)이 제작한 경청태도 척도는 10문항으로 구성되어 있다. 각 문항 역시 5단계 평정눈금을 갖고 있다(예: 매우 그렇다＝ 5점, 전혀 그렇지 않다＝1점). 한준상은 1973년 서울시내 교사들(N＝58)에게 6개월 간격으로 검사-재검사를 실시했었다. 검사-재검사를 통해 나타난 신뢰도계수는 .87이었다. 1982년 가을 연대생(N＝120)에게 실시하여 나타난 Cronbach의 알파계수는 .72이었다(단, 문항 57-59는 삭제).

여섯째, 차재호, 공정자와 윤문숙(1973)이 제작한 권위주의 척도 역시 10문항으로 구성되어 있다. 각 문항은 예, 아니오로 응답하게 되어 있다. 차재호, 공정자와 윤문숙은 미국 California F-Scale(형식 45와 50)을 한국 실정에 맞게 재구성했었다. 1973년 당시 84명에게 실시된 검사-재검사 신뢰도 검사를 통해 권위주의 척도는 비교적 신뢰로운 척도로서 평가 받았었다. 왜냐하면 검사-재검사 신뢰도계수가. 84였었다. 반면, 미국에서 대학생과 성인에게 실시되었던 California F-Scale의 검사-재검사 신뢰도계수는 .81이었다. 그러나 1982년 연대생(N＝120)에 실시한 결과, 차재호, 공정자와 윤문숙의 권위주의 척도는 .52의 알파계수를 갖고 있었다(단, 문항 15는 제외).

8. 硏究問題 및 統計的 處理方法

　본 연구는 대학이 사회발전을 위해 존재한다는 가정 아래, 대학교육의 결과와 대학교육의 문제점·한계 등을 밝혀보고자 했다. 대학교육의 결과를 밝혀 보기 위해 통계적인 관점에서 본 연구는 네 가지 문제제기를 우회적인 방식으로 제기했다. 첫째, 한국의 대학은 어떤 속성을 갖고 있다고 판단되는가? 첫째 질문은 학생들이 한국 대학의 속성을 어떻게 이해하고 있는가 하는 학생들의 대학관, 태도, 판단을 묻는 것이었다. 둘째, 대학교육의 결과에 중요한 영향을 끼치는 변인들이 있는가? 있다면 어떤 변인들인가? 셋째, 대학교육의 결과에 작용하고 있다고 판단되는 변인들은 각기 다른 대학관에 의한 대학교육의 결과에 얼마만큼의 힘(magnitude)을 갖고 있는가? 넷째, 한국 대학교육의 한계는 무엇인가? 왜 한국의 대학교육은 문제투성이로 부각되고 있는가?

　둘째와 셋째 질문은 연구의 통계적인 처리과정상 다른 형식으로 변형, 표현될 수도 있었다. 즉 첫째, 종속변인(즉 대학교육의 결과변인들)에게, 큰 영향을 주지 않는 변인들은 어떤 변인들인가? 다시 말해서, 종속변인과 그럴듯한 인과율의 관계(spurious causal relation)를 노출시키고 있다고 판단되는 변인은 어떤 것들인가? 둘째, 종속변인과 독립변인 사이에서 작용하는 매개변인들(intervening variables)이 갖고 있는 힘의 크기는 어떠한가? 등으로 새로이 표현될 수도 있었다. 네 번째의 문제제기는, 첫 번째·두 번째·세 번째의 문제제기가 통계학적으로 응답된 뒤, 역사·사회학적인 관점에서 응답되었다. 제한된 교육사적 자료에 의해 응답되게 되었다. 네 번째의 문제제기에 대한 자세한 논의는 제3부에서 시도되었다.

　제기된 세 가지 문제들에 응답하기 위해 본 연구는 필요에 따라·단순상관 관계 분석, 행로분석 (path analysis), 중다상관 관계분석 (multiple regression analysis)을 시도했다. 행로분석은 변인들 사이의 관계를 필요에 따라 변칙적으로 도식화시켜 놓은 모형에 입각하여 처리되기도 했다.

예를 들어 첫째, 중다상관관계 분석에서 중요한 계수는 표준화된 회귀계수(즉 Beta치)이다. Beta계수는 회귀방정식에 있어서, 종속변인에 직접적으로 영향을 미치는 하나의 독립변인의 영향정도를 계량화시킨 것이다. 따라서 Beta치는 회귀방정식에 투입된 변인 가운데 해당 독립변인 이외의 변인들을 통계학적으로 통제하게 된다. 결국 Beta치는 부분상관관계계수와 같은 의미를 갖게 된다. Beta치와 단순상관관계계수 사이의 차이는 두 가지 경우를 상정한다. 단순상관관계계수는 변인들 사이에 통계학적 통제가 없는 상태에서의 표준화된 기본적인 회귀계수와 같은 속성을 갖고 있게 된다. 즉 첫째의 경우는 회귀공식에 투입되지 않은 변인들이 일정한 영향을 발휘하고 있을 경우이다. 둘째의 경우는 종속·독립변인 사이에 일정한 매개변인이 작용하고 있는 경우이다. 따라서 연구자는 일정한 선택을 가해야했다. 첫째의 경우와 둘째의 경우 가운데 어느 하나를 선택해야 했다.

본 연구는 후자를 택했다. 왜냐하면 본 연구는 이미 각 변인 사이의 인과관계를 임의적으로 상정시켰기 때문이다. 즉 독립·매개·종속변인사이에 일정한 인과관계를 이론적으로 가정했었기 때문이다. 한마디로 본 연구는, 연구자의 분석적 필요에 따라, 각 항목마다 이론적으로 상정해 놓은 변인들 사이의 인과관계를 분석하려고 시도했었다. 또한, 변인들 사이의 인과관계에 의미 있는 해석도 가하려고 시도했다.

둘째, 독립변인과 종속변인 사이의 간접적 관계 역시 중다상관관계 분석에 있어서 중요했다. 독립변인과 종속변인 사이의 간접적 관계는 r치와 b치 사이의 차이(difference)를 의미한다. r치와 b치 사이의 차이는 매개변인에 의한 것이다. 즉 독립변인(x)과 종속변인(y) 사이의 간접적 관계는 제3의 변인(i)에 의한 것이다. 따라서 x와 y사이의 간접적 관계는, 회귀방정식에 투입되어 있었던 독립변인(x)과 다른 독립변인

(i)인 rix와, i변인이 y변인에 직접적으로 영향을 준 상태, 즉 biy 사이의 상관관계가 곱해져 나타난 상관관계인 것이다. 다시 말해서, 두 가지, 즉 rix, biy의 곱(product)은 간접적 관계의 정도를 의미하게 된다. 반면, x변인과 y변인 사이의 모든 간접적 연관과 y에 대한 x의 직접적 영향의 합(sum)은 Beta치로 나타난다. 바로 이 합은 기본적인 단순상관 관계계수(zero-order correlation) 가 되는 것이다.

본 연구는 제기된 문제들에 응답하기 위해 각 대학교육 결과를 예측하는 회귀방정식을 상정했다. 그러나 제시된 단순모형에 나타난 각기의 대학교육의 결과를 논의하면서, 필요에 따라 단순모형이 변형되게 됨에 주목할 필요가 있었다. 일반적인 기본모형을 고수하지 않고 있다는 사실이 본 연구를 개설적, 혹은 탐색적 연구로서 부각시키고 있다.

본 연구는 대학교육의 결과를 보다 역사적·사회학적인 입장에서 파악하려고 시도했다. 왜냐하면 교육결과에 관한 기존 연구모형은 일반적으로 심리학적인 방향에서 논의되어 왔었기 때문이다. 심리학자들과 사회학자들은 교육결과의 원인에 대해 서로 다른 견해를 갖고 있다. 심리학자들은 교육결과가 개인의 인성(personality)에 의해 서로 다르게 나타난다고 판단한다. 심리학자들에게 있어서 한 개인의 인성은 독립된 단위(an isolated unit)로서 이해된다. 심리학자들은 개인들이 활동하는 사회적 환경에 비교적 낮은 관심 눈 갖고 있게 된다.

심리학자들은 대체로 여섯 가지 정도의 개인적 특성 변인이 교육결과(educational outcomes)를 결정한다고 판단하고 있다. 학업 결과에 학생의 성숙도(social maturity in the student role), 정서적 안정성(emotional stability). 학업성취동기(achievement motivation), 인지적 유형(cognitive style), 독립심(achievement through independence), 복종심(achievement through conformance) 등의 요인이 크게 작용하고 있다고 판단한다(참고: 표 54).

표 54. 학업성취 결과를 결정하는 심리학적 변인군*	
심리학적 변인들	학업성취 결정요인
개인의 사회적 성숙도	올바른 학업태도, 긍정적인 학교관, 낮은 적대감
개인의 정서적 안정감	시험에 대한 낮은 불안감
성취동기	높은 학업서위의욕
인지적 유형	문제해결을 위한 높은 응용력, 적응력
독 립 심	낮은 충동성, 내향성, 높은 진취성
복 종 심	—

* Lavin, D. E *The prediction of academic performance.* New York: John wiley & Sons, 1965.

심리학자들에 의하면, 교육결과는 사람의 인성에 따라 서로 다르게 나타나는 셈이었다. 결국 심리학자들이 주요하게 다루는 연구주제는 어떠한 사람인가(what kinds of students)에 대한 것이라고 판단할 수 있었다. 따라서 심리학자들의 연구문제는, "개인의 인성은 교육결과에 일정한 영향력을 끼치고 있는가"에 한정되는 셈이었다.

사회학자들은 심리학자들의 연구방법에 동의한다. 연구에 동원되는 변인들의 타당성도 수긍한다. 그러나 과대평가하지는 않는다. 왜냐하면 어떠한 사람인가를 파악하는 연구문제에 대한 대답은 어느 정도 순환논증적인 상태를 벗어나지 못하기 때문이다. 학업의 결과는 개인의 인성적 차이에 기인한다는 결론은 학업결과를 실명하는 데 결정적인 설득력을 발휘하지 못하고 있기 때문이다. 예를 들어 피로의 원인이 무엇인가에 대한 대답을 지쳐있기 때문이라고 것과 마찬가지이기 때문이다.

교육결과를 연구하는 교육의 사회학자들은 심리학자들과 두 가지 점에서 다른 입장을 견지한다. 첫째, 교육의 사회학자들은 개인의 사회적 배경이 개인의 인성적 차이에 관계없이 교육의 결과에 영향을 주는가 하는 문제에 보다 큰 관심을 집중시킨다. 둘째, 교육의 사회학자들은 교육결과에 영향을 주는 개인의 인성적 특성이 모든 사람들에게 일정한 양식도 없이 무선적으로(randomly) 배분되어 있다고 생각하지는 않는다. 개인의 인성적 특성은 사회구조, 구조 속의 위치 등과 관련하여 보다 체계적으로(systematically) 배분되어 있다고 판단한다. 사회구조적 환경특성이 개인의 인성적 특성에 일정한 영향을 미치고 있다고 판단한다.

전자는 교육의 사회학자들이 교육결과를 사회심리학적으로 접근하고 있음을 시사한다. 사회심리학적 접근방법은 역할 사이의 상호작용과 교육결과 사이의 관계를 강조한다. 학생과 교사사이의 상호작용이 교육결과에 어떠한 영향을 끼치는 가하는 문제가 연구주제로 설정된다. 예를 들어 학생 역할에 대한 교사와 학생 사이의 융화관계 정도와 학업성취 사이의 관계 파악 등이 연구되게 된다.

후자의 연구방법은 교육결과와 환경 사이의 관계를 규명하는 사회학적 접근법이다. 본 연구에서 제시된 기본모형은 후자의 연구방법론을 지지하고 있다고 볼 수 있다. 본 연구는 학업성취에 일정한 영향을 끼치는 환경·인구학적 속성의 힘을 밝혀보는 것이었다. 한마디로 환경의 중요성을 강조하는 연구들은 한 가지 가정을 갖고 있는 셈이었다. 환경변인들은 교육결과에 큰 영향을 끼친다는 가정을 갖고 있는 셈이었다. 왜냐하면 환경들은 개인의 인성에 관련된 일정한 형식(certain uniformities)과 속성을 상징하고 있기 때문이다. 예를 들어 한 가정의 사회경제적 지위는 그 가정의 구성원에게 일정한 영향을 발휘하게 된다. 서로 다른 가정의 사회경제적 배경을 갖고 있는 학생들은 서로 다른 삶의 현장에서 살고 있다고. 판단된다. 다시 말해서, 서로 다른 가치관, 삶의 방식 등을 배우게 된다. 결국 학생의 사회경제적 지위는 교육결과에 관련된 다양한 태도, 가치, 동기등을 상정하고 있는 셈이다. 따라서 사회경제적 배경은 교육결과 측정에 있어서 독립변인이 될 수 있는 것이다.

Ⅱ. 大學敎育, 大學生에 관한 質問紙와 統計的 分析結果[*]

大學의 屬性에 관한 質問

다음은 대학의 속성에 관한 유명한 사람들의 글들입니다. 어느 글 월이 우리 대학의 특성이나 현실을 가장 잘 대표한다고 생각되십니까? 잠깐만 생각하십시오. 판단하시기에 많은 시간이 필요없습니다. 해당되는 문항 하나에 ○표해 주시고, 그 문항 밑에 계속되는 부속 질문에도 ○표로 응해 주십시오(즉 해당정도가 얼마만한지 지적해 주십시오). 한번 한 문항에 ○표하시면 그 다음 문항에는 반응하지 말아 주십시오.

1. (우리) 대학은 정신교육을 위한 마지막 기회와 장소로서 부각되고 있다. 만약, 지도층이 법과 질서를 지키지 않는 상황을 생각해 보면 그것은 끔찍한 일이다. 국가의 법은 악법이라도 그것이 고쳐질 때 까지는 지켜야한다는 것을 대학생들은 인식해야 한다. 대학에서의 정신교육은 면학과 학문연구, 책임 있는 기술습득을 통해서 이루어 진다. 대학에 있어서 진리를 사랑하는 마음은 정신교육의 기반이다.

---

* 통계적 결과 생략 및 문항삭제: 무응답자가 의의로 많았거나, 척도의 신뢰계수 추정시 적합하지 않았던 내용이라고 판단된 문항은 생략, 또는 삭제하였음(문항 번호: 78, 79, 41~65, 85~164; 37,57~59, 75, 83, 100, 137~139).

	사례 빈도수	상대빈도(%)
반 대	783	66.9
찬 성	208	17.8
무 응 답	180	15.4
계	1,171	100.0

2. 만약, 이러한 주장이 우리 대학이 강조하는 이상과 현실이라면, 이러한 주장은 우리 학교에서 얼마나 강조됩니까?

```
|----|----|----|----|----| *
1    2    3    4    5
```

	1	2	3	4	5	무응답	계
사례 빈도수	6	36	65	65	36	963	1,171
상대빈도(%)	.5	3.1	5.6	5.6	3.1	82.3	100.0

* 1. 전혀 그렇지 않다.
  2. 거의 그렇지 않다.
  3. 그저 그렇다.
  4. 대체로 그렇다.
  5. 매우 그렇다.

3. (우리) 대학은 사회적 영향력을 얻기 위한 전통적인 길로 인식되고 있다. 대학교육의 교과과정과 환경 속에는 권력자의 취향에 맞는 어떤 기능이 숨어 있다. 대학은 많은 사람들에게 책을 읽고, 박물관을 찾고, 테니스를 치고, 외국어로 쓰인 요리메뉴와 씨름하도록 가르쳐 왔다. 졸업장은 직장으로 향하는 길을 통과하게 해주는 든든한 여권과 같다. 사실, 대학졸업자들이 우월하고 바람직한 자질을 지닌 것은 그들이 이미 그러한 우월성을 지니고 있었기 때문이다. 대학 총장들은 자기 대학을 향상시킬 수 있는 최선의 방도는 훌륭한 입학생을 모집하는 것이라는 점을 잘 알고 있다.

	사례 빈도수	상대빈도(%)
반 대	731	62.4
찬 성	258	22.0
무 응 답	182	15.6
계	1,171	100.0

4. 만약, 이러한 주장이 우리 대학이 강조하는 이상과 현실이라면,
   이러한 주장은 우리 학교에서 얼마나 강조됩니까?

	1	2	3	4	5	무응답	계
사례빈도수	4	21	56	130	49	911	1,171
상대빈도(%)	.3	1.8	4.8	11.1	4.2	77.8	100,0

5. (우리) 대학교육은 전인격을 감싸는 데 성공할 수 있는 경지까지
   그 사람의 고유한 인간성을 고양시키는 것으로 판단된다. 이 인
   간성은 논쟁의 경험, 이해력, 타인의 관점과 평형이 되게 사고하
   는 능력, 솔직함, 수양과 일관성 등을 말한다. 그러나 이런 인간
   성 유형은 의식적인 목적이 아닌, 대학 생활을 봉해 저절로 얻어
   지는 부산물이다. 결국 대학교육은 성격에 있어 소크라테스적이
   다. 대학교육은 의미 있는 자유라는 목표를 향한 형성과정이다.

	사례 빈도수	상대빈도(%)
반 대	709	60.5
찬 성	282	24.1
무 응 답	180	15.4
계	1.171	100.0

6. 만약, 이러한 주장이 우리 대학이 강조하는 이상과 현실이라면,
   이러한 주장은 우리 학교에서 얼마나 강조됩니까?

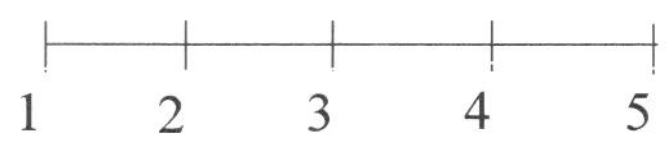

	1	2	3	4	5	무응답	계
사례빈도수	10	61	96	86	29	889	1,171
상대빈도(%)	.9	5.2	8.2	7.3	2.5	75.9	100.0

7. (우리) 대학은 모순투성이의 조직체로서 부각되고 있다. 대학은
   단일 공동사회가 아니다. 여러 개의 작은 사회가 모여 있는 복합
   적 형성체이다. 대학의 목적은 이미 정해져 있다. 그것은 영원한
   진리의 보존, 새로운 지식의 창조이며, 그들의 진리와 지식이 인
   류의 봉사에 보답할 수 있을 때는 언제라도 그 봉사를 개선하는
   일이다. 그러므로 목적은 이미 있는 것이다. 다만, 그것을 실현하
   는 수단이 경합관계에 있는 활발한 분위기 속에서 항상 개선되어
   가지 않으면 안된다. 탐구해야 할 목적이 한 가지만이 아니기 때
   문에 특정한 집단만을 위해서 봉사해서는 안된다.

	사례 빈도수	상대빈도(%)
반 대	751	64.1
찬 성	240	20.3
무 응 답	180	15.4
계	1,171	100.0

8. 만약, 이러한 주장이 우리 대학이 강조하는 이상과 현실이라면,
   이러한 주장은 우리 학교에서 얼마나 강조됩니까?

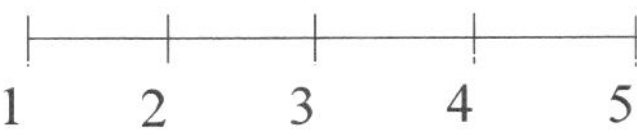

	1	2	3	4	5	무응답	계
사례빈도수	15	62	72	74	18	930	1,171
상대빈도(%)	1.3	5.3	6.1	6.3	1.5	79.4	100.0

餘暇活動에 관한 調査

다음은 여러분의 여가활동에 관한 항복들입니다. 이것들을 읽고
지난 한달 동안 당신이 어떻게 했는지를 ○표로 알려 주십시오.

9. 영화구경

	1	2	3	4	5	무응답	계
사례 빈도수	480	555	85	20	13	18	1,171
상대빈도(%)	41.0	47.4	7.3	1.7	1.1	1.5	100.0

* 1. 0회
  2. 1~2회
  3. 3~4회
  4. 5~6회
  5. 7회 이상

10. 모음 및 클럽활동 참가

	1	2	3	4	5	무응답	계
사례빈도수	271	408	226	95	157	14	1,171
상대빈도(%)	23.1	34.8	19.3	8.1	13.4	1.2	100.0

11. 운동경기 관람

	1	2	3	4	5	무응답	계
사례빈도수	483	347	181	58	86	16	1,171
상대빈도(%)	41.2	29.6	15.5	5.0	7.3	1.4	100.0

12. 낚시, 캠핑 등의 야외활동

	1	2	3	4	5	무응답	계
사례빈도수	486	556	77	26	12	14	1,171
상대빈도(%)	41.5	47.5	6.6	2.2	1.0	1.2	100.0

13. 가벼운 운동(볼링, 소프트볼, 테니스 등)

	1	2	3	4	5	무응답	계
사례빈도수	557	333	146	54	63	18	1,171
상대빈도(%)	47.6	28.4	12.5	4.6	5.4	1.5	100.0

14. 나이트클럽, 빠 등에서 여흥즐기기

	1	2	3	4	5	무응답	계
사례빈도수	897	196	41	8	9	20	1,171
상대빈도(%)	76.6	16.7	3.5	.7	.8	1.7	100.0

15. 연주회, 연극 등 관람

	1	2	3	4	5	무응답	계
사례빈도수	574	452	86	20	9	30	1,171
상대빈도(%)	49.0	38.6	7.3	1.7	.8	2.6	100.0

16. 박람회, 박물관, 전시회 등 관람

	1	2	3	4	5	무응답	계
사례빈도수	536	502	77	26	7	23	1,171
상대빈도(%)	45.8	42.9	6.6	2.2	.6	2.0	100.0

社會的 地位追求 判斷 尺度

17. 사회적 지위를 높이려는 욕망은 학력이 높을수록 강하다.

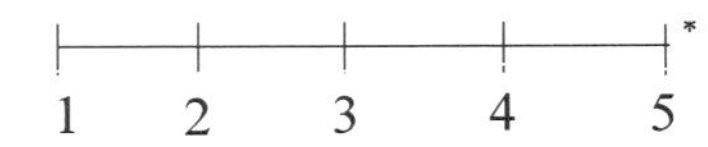

	1	2	3	4	5	무응답	계
사례 빈도수	79	119	126	442	402	3	1,171
상대빈도(%)	6.7	10.2	10.8	37.7	34.3	.3	100.0

* 1. 전혀 그렇지 않다.
  2. 거의 그렇지 않다.
  3. 그저 그렇다.
  4. 대체로 그렇다.
  5. 매우 그렇다.

18. 사회적으로 존경받는 사람을 만들기 위해, 대학교육은 개인에게 문화인의 소양을 키운다.

	1	2	3	4	5	무응답	계
사례빈도수	63	176	284	465	180	3	1,171
상대빈도(%)	5.4	15.0	24.3	39.7	15.4	.3	100.0

19. 친구를 선택할 때 중요한 것은 그 친구가 문화인으로서의 소양을 갖고 있는가 여부를 고려하는 일이다.

	1	2	3	4	5	무응답	계
사례빈도수	120	314	367	219	73	6	1,171
상대빈도(%)	10.2	26.8	31.3	24.9	6.2	.5	100.0

20. 성공적인 삶을 영위하기 위해서, 대학교육을 받을 필요가 있다.

	1	2	3	4	5	무응답	계
사례빈도수	95	210	271	417	172	6	1,171
상대빈도(%)	8.1	17.9	23.1	35.6	14.7	.5	100.0

21. 가능하면 이름 있는 좋은 동네에 거주할 필요가 있다.

	1	2	3	4	5	무응답	계
사례빈도수	168	278	320	281	118	6	1,171
상대빈도(%)	14.3	23.7	27.3	24.0	10.1	.5	100.0

22. 높은 사회적 지위를 사람들은 고등교육을 받은 사람들이다.

	1	2	3	4	5	무응답	계
사례빈도수	73	157	227	534	172	8	1,171
상대빈도(%)	6.2	13.4	19.4	45.6	14.7	.7	100.0

23. 사교성을 다진다는 것은 문화인이 되기 위한 조건이다.

	1	2	3	4	5	무응답	계
사례빈도수	55	225	356	391	135	9	1,171
상대빈도(%)	4.7	19.2	30.4	33.4	11.5	.8	100.0

24. 대학교육은 사회적 지위를 높이기 위한 수단이다.

	1	2	3	4	5	무응답	계
사례빈도수	125	217	277	410	131	11	1,171
상대빈도(%)	10.7	18.5	23.7	35.0	11.2	.9	100.0

25. 사람은 죽어서 이름을 남겨야 한다. 사람이 죽은 후 이름을 남
기기 위해 대학교육은 필요하다.

	1	2	3	4	5	무응답	계
사례빈도수	369	398	252	105	41	6	1,171
상대빈도(%)	31.5	34.0	21.5	9.0	3.5	.5	100.0

26. 유식한 사람은 일반적으로 고등교육을 받은 사람들이다.

	1	2	3	4	5	무응답	계
사례빈도수	85	189	275	490	113	19	1,171
상대빈도(%)	7.3	16.1	23.5	41.8	9.6	1.6	100.0

學歷別 對人關係 維持判斷 調査

여기 "K"라는 성을 갖은 대기업가 4명이 있습니다. 이들 기업가들은 같은 환경, 조건을 갖고 있습니다. 그러나 이들의 학력은 서로 다릅니다. 만약, 학력만을 고려한 후, 이들의 사회적 인간관계를 판단해야 한다고 상정해 봅시다. 만약, 여러분이 이들의 사회적 인간관계의 폭을 판단해야 될 입장에 있다면, 각 학력의 소유자는 사회적으로 얼마만한 사회적 인간관계를 맺게 되겠습니까?

27. 무학(학력이 초등학교 미만)의 기업가

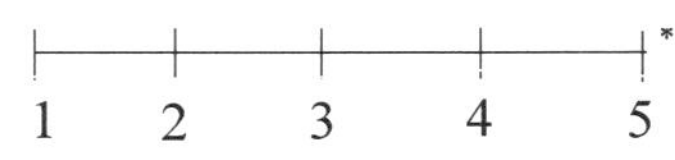

	1	2	3	4	5	무응답	계
사례 빈도수	187	413	254	94	52	171	1,171
상대빈도(%)	16.0	35.3	21.7	8.0	4.4	14.6	100.0

* 1. 전혀 폭넓은 인간관계를 맺지 못한다.
  2. 거의 폭넓은 인간관계를 맺지 못한다.
  3. 그저 그렇다.
  4. 대체로 폭넓은 인간관계를 맺는다.
  5. 매우 폭넓은 인간관계를 맺는다.

28. 중·고등학교 정도 학력의 기업가

	1	2	3	4	5	무응답	계
사례빈도수	28	176	526	228	55	158	1,171
상대빈도(%)	2.4	15.0	44.9	19.5	4.7	13.5	100.0

29. 대학(교)졸업의 기업가

	1	2	3	4	5	무응답	계
사례빈도수	20	65	225	529	236	96	1,171
상대빈도(%)	1.7	5.6	19.2	45.2	20.2	8.2	100.0

30. 대학원 이상의 학력소유 기업가

	1	2	3	4	5	무응답	계
사례빈도수	32	120	296	413	175	135	1,171
상대빈도(%)	2.7	10.2	25.3	35.3	14.9	11.5	100.0

一般的 社會性態度 尺度

31. 요즘 공공연히 들먹여지는 일들에 대해서는 걱정할 필요가 없다. 자우지간 나는 그런 일에 상관하지 않을 것이다.

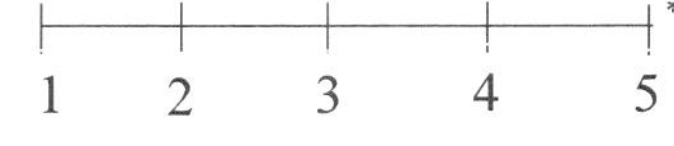

	1	2	3	4	5	무응답	계
사례 빈도수	1	4	5	1	1	1,159	1,171
상대빈도(%)	.1	.3	.4	.1	.1	99.0	100.0

* 1. 전혀 그렇지 않다.
  2. 거의 그렇지 않다.
  3. 그저 그렇다.
  4. 대체로 그렇다.
  5. 매우 그렇다.

32. 누구나 자기가 살고 있는 지역사회나 국가에 봉사해야 한다.

	1	2	3	4	5	무응답	계
사례빈도수	48	75	193	444	403	8	1,171
상대빈도(%)	4.1	6.4	16.5	37.9	34.4	.7	100.0

33. 학교에서 교수와 원만한 인간관계를 맺은 사람은 취업 후에도 윗사람과 원만한 인간관계를 맺게 된다.

	1	2	3	4	5	무응답	계
사례빈도수	53	165	283	480	182	8	1,171
상대빈도(%)	4.5	14.1	24.2	41.0	15.5	.7	100.0

34. 언제나 모든 사람에게 착한 일을 할 수는 없다. 따라서 학우에게 무안을 주는 것이 나쁜 것은 아니다.

	1	2	3	4	5	무응답	계
사례빈도수	56	173	298	395	233	16	1,171
상대빈도(%)	4.8	14.8	25.4	33.7	19.9	1.4	100.0

35. 자기의 직무를 최선을 다하여 수행해야 한다. 그것은 모든 사람의 의무인 것이다.

	1	2	3	4	5	무응답	계
사례빈도수	74	30	53	255	749	10	1,171
상대빈도(%)	6.3	2.6	4.5	21.8	64.0	.9	100.0

36. 사람들이 서로 멀리 떨어져 인간관계를 맺지 않는 편이 우리의 생활을 나아지게 할 것이다.

	1	2	3	4	5	무응답	계
사례빈도수	63	51	87	316	644	10	1,171
상대빈도(%)	5.4	4.4	7.4	27.0	55.0	.9	100.0

37. 나는 학교에서 자발적으로 학과, 또는 학교의 일들을 맡아 활동
    하기를 좋아한다.(삭제)

38. 어떤 일이든 의도했던 대로 일을 끝내지 못했을 때, 나는 실패
    한 것 같은 감정이 생긴다.

	1	2	3	4	5	무응답	계
사례빈도수	67	167	166	487	275	9	1,171
상대빈도(%)	5.7	14.3	14.2	41.6	23.5	.8	100.0

39. 성공적인 사람은 인간관계가 원만한 사람들이다.

	1	2	3	4	5	무응답	계
사례빈도수	53	137	223	473	274	11	1,171
상대빈도(%)	4.5	11.7	19.0	40.4	23.4	.9	100.0

40. 직장을 자주 바꾸는 사람은 상사와의 인간관계가 원만치 못한
    사람들이다.

	1	2	3	4	5	무응답	계
사례빈도수	55	241	351	412	103	9	1,171
상대빈도(%)	4.7	20.6	30.0	35.2	8.8	.8	100.0

權威主義 尺度

　당신의 의견에 가장 가까운 문항에 ○표를 적어 넣어 주십시오.
한 문항도 빠짐없이 대답해 주십시오.

＊ 빈도결과 생략

　　　예　　　아니요

41. (　　) (　　) 착한 아이라면 윗사람에게 복종하고 존경할 줄
알아야 한다.

42. (　　) (　　) 일을 열심히 한다면, 못살 사람이 없을 것이다.

43. (　　) (　　) 사람들이 젊었을 때에는 반항적인 생각을 가질
수도 있으나, 나이가 들면 그런 생각을 없애거
나 가라앉혀야 한다.

44. (　　) (　　) 사돈이 논 사면 배가 아프다는 말은 점잖은 사
람에게는 당치도 않은 말이다.

45. (　　) (　　) 고통을 겪지 않고는 참으로 가치 있는 것을 배울
수 없다.

46. (　　) (　　) 요즈음 젊은이들은 엄하게 다루어서 가정과 나라
를 위해 일할 수 있는 정신을 길러 주어야 한다.

47. (　　) (　　) 명예를 더럽히는 자에게는 반드시 벌을 주어야
한다.

48. (　　) (　　) 강간과 같은 죄를 범한 자는 감옥에만 집어넣을 것
이 아니라 능지처참에 처해야 한다.

49. (　　) (　　) 부모의 은공을 모르는 자는 금수와 같다.

50. (　　) (　　) 파렴치한, 불량배, 불구자를 무슨 수를 써서든
지 없앨 수만 있다면, 사회문제는 일어나지
않을 것이다.

51. (　　) (　　) 걱정이 있을 때는 생각을 돌려서 기분좋은 일
에 열중하는 것이 가장 좋다.

52. (　　) (　　) 사람은 약자와 강자로 갈라진다.

54. (　　) (　　) 요즈음은 별별 사람이 다 섞여 살기 때문에, 병
에 전염되지 않도록 특히 조심해야 된다.

55. (　　) (　　) 요즈음의 성생활은 눈뜨고 볼 수 없을 정도로
문란해졌다.

傾聽態度　尺度

　다음은 어떤 사람이 여러분들에게 자기의 의사를 이야기하는 장면에 관계된 것들입니다. 읽으시면서 해당 항목에 ○표 해주십시오.

　* 빈도결과 생략

56. 어떤 사람이 이야기할 때, 그 사람의 이야기에는 아랑곳하지 않고 다른 사람과 이야기를 해도 무방하다

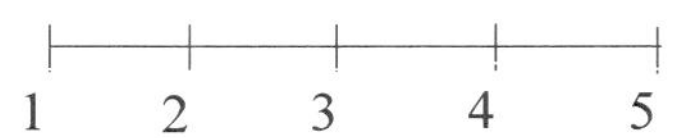

57. 어떤 사람이 책임 있는 이야기를 해도 큰 신경을 쓰지 않는다. (삭제)

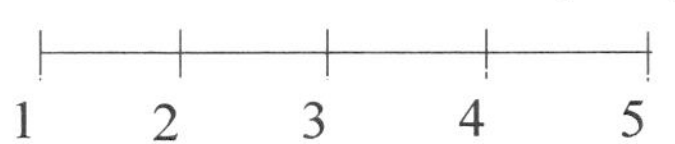

58. 어떤 사람이 불성실한 태도로 이야기할 때에는 그 사람의 말버릇을 고쳐주고 싶다.(삭제)

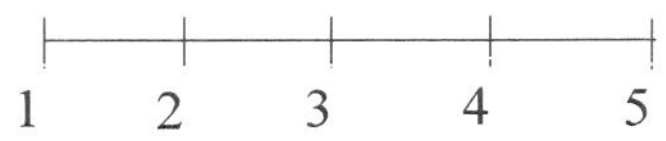

59. 어떤 사람이 잘못된 이야기나 불필요한 이야기를 건넬 때는 화가 치민다. (삭제)

60. 어떤 사람이 이야기할 때, 계속 그 사람이 그가 말하고자 하는 바를 분명히 밝히도록 끊임없이 격려하고 싶다.

61. 남이 이야기할 때, 연필을 두들기거나 책장을 넘겨 소음을 내도
상관이 없다.

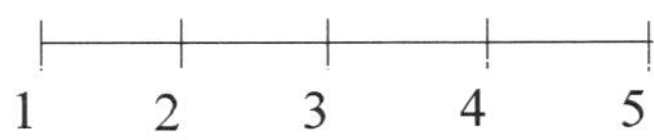

62. 남이 이야기할 때, 그 사람이 자기의 의사를 밝히도록 충분한
시간과 여유를 주어야 한다.

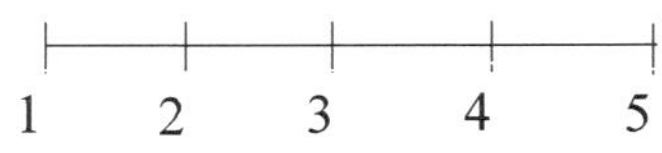

63. 남이 이야기할 때, 그 사람의 이야기 취지를 이해하기 위해, 그
사람이 처한 처지를 충분히 이해해야 한다.

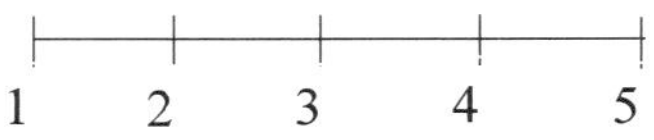

64. 남이 이야기할 때, 그 사람의 의견을 공격하거나 논쟁을 해도
무방하다.

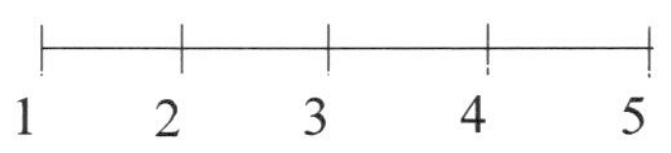

65. 남이 이야기할 때, 그 사람이 이야기한 것 중 미진한 부분을 충
분히 설명하도록 보충 질문을 해야 한다.

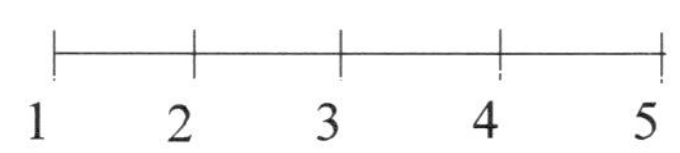

政治權力分布에 관한 調査

다음은 권력분포에 관한 서로 다른 세 가지의 견해들입니다. 각

견해는 우리나라의 정치권력을 표현할 수도 있습니다. 너는 항목이 가장 한국의 정치권력을 잘 표현한다고 판단하십니까?

66. 이 나라는 어느 특정집단에 의해 통치되는 것은 아니다. 반대로, 노동계, 경영계, 종교계 등과 같이 많은 다양한 집단들이 중요한 국가정책을 결정한다. 각 집단들은 주요 정당에게 영향력을 행사한다. 이 과정에서도 어는 한 집단을 지휘할 수는 없다. 그러나 각 집단에서 개인의 능력과 업적은 출세를 보장하게 만든다고 판단된다.

	사례 빈도수	상대빈도(%)
반　　대	922	78.7
찬　　성	123	10.5
무　응　답	126	10.8
계	1,171	100.0

67. 만약, 위에서 지적한 한국의 정치권력분포 형태가 사실이라면, 과연 그러한 정치권력분포 형태는 한국사회에서 얼마나 표출되고 있습니까?

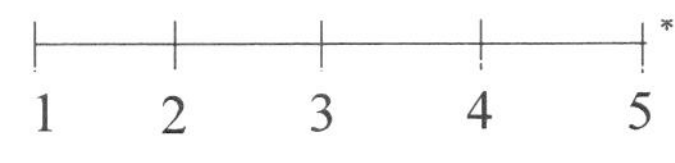

	1	2	3	4	5	무응답	계
사례 빈도수	2	13	33	56	19	1,048	1,171
상대빈도(%)	.2	1.1	2.8	4.8	1.6	89.5	100.0

* 1. 전혀 표출되지 않는다.
2. 거의 표출되지 않는다.
3. 그저 그렇게 표출된다.
4. 대체로 표출된다.
5. 매우 뚜렷하게 표출된다.

68. 실제로 정상에 있는 소수 사회·문화적 집단의 사람들이 이 나라
    를 통치한다. 이들은 대학교육이라든가, 일정기관의 동창관계, 문
    화적 소양, 종교관계 등으로 결속된 집단들이다. 육·해·공군의
    고위 책임자들, 몇몇의 영향력 있는 국회의원들, 정부의 고위관리
    들이 통치한다.

	사례 빈도수	상대빈도(%)
반 대	160	13.7
찬 성	886	75.7
무 응 답	125	10.7
계	1,171	100.0

69. 만약, 위에서 지적한 한국의 정치권력분포 형태가 사실이라면,
    과연 그러한 정치권력분포 형태는 한국사회에서 얼마나 표출되
    고 있습니까?

	1	2	3	4	5	무응답	계
사례빈도수	30	29	55	398	372	287	1,171
상대빈도(%)	2.6	2.5	4.7	34.0	31.8	24.5	100.0

70. 실제로 대기업가들에 의해 이 나라는 통치된다. 대기업들의 총
    수들이 주요 정당을 지배한다. 즉 대기업가들이 의도하는 대로
    정부의 정책과 행정기구가 움직여진다.

	사례 빈도수	상대빈도(%)
반 대	1,009	86.2
찬 성	36	3.1
무 응 답	126	10.7
계	1,171	100.0

社會政治的　性向　調査

72. 국가가 위기에 처해 있을 때, 정부시책을 비난하는 사람은?
　　1) 애국자일 수 있다.　　　　　　　　　　　(　　)
　　2) 경우에 따라 다르다.　　　　　　　　　　(　　)
　　3) 절대 애국자일 수 없다.　　　　　　　　　(　　)

	1	2	3	무응답	계
사례 빈도수	156	903	110	2	1,171
상대빈도(%)	13.3	77.1	9.4	.2	100.0

　　* 사회·정치적 성향 조사 문항에서 각 내역은 해당 문항의 응답번호와 동일함.

73. 국기의 하기식, 혹은 애국가가 울려 퍼질 때 부동자세를 취하지
　　않는 행위는?
　　1) 애국자일 수 있다.　　　　　　　　　　　(　　)
　　2) 경우에 따라 다르다.　　　　　　　　　　(　　)
　　3) 절대 애국자일 수 없다.　　　　　　　　　(　　)

	1	2	3	무응답	계
사례 빈도수	151	792	225	3	1,171
상대빈도(%)	12.9	67.6	19.2	.3	100.0

74. 경축일에는 집에서 국기를 게양한다.
　　1) 그렇다.　　　　　　　　　　　　　　　　(　　)
　　2) 아니다.　　　　　　　　　　　　　　　　(　　)
　　3) 기억 안 난다.　　　　　　　　　　　　　(　　)

	1	2	3	무응답	계
사례 빈도수	1,028	78	52	13	1,171
상대빈도(%)	87.8	6.7	4.4	1.1	100.0

75. 국군의 힘을 의심하는 것은? (삭제)

   1) 괜찮다.   (   )

   2) 관심 밖의 일이다.   (   )

   3) 비정상이다.   (   )

   4) 비애국자이다.   (   )

   5) 모르겠다.   (   )

76. 우리 사회에 무언가 비정상적인 요소가 잠재되어 있다고 비판하는 사람이 애국적일 수는 없다.

   1) 그렇다.   (   )

   2) 아니다.   (   )

   3) 모르겠다.   (   )

	1	2	3	무응답	계
사례 빈도수	104	938	118	11	1,171
상대빈도(%)	8.9	80.1	10.1	.9	100.0

77. 우리 사회를 비판하는 외국사람을 볼 때,

   1) 모욕적인 감정이 앞선다.   (   )

   2) 외국인이 틀린 생각을 한 것이라고 판단된다.   (   )

   3) 경우에 따라 다르다고 판단된다.   (   )

   4) 있을 수 있다고 판단된다.   (   )

   5) 그 외국인이 옳다고 판단된다.   (   )

	1	2	3	4	5	무응답	계
사례빈도수	198	39	313	586	21	14	1,171
상대빈도(%)	16.9	3.3	26.7	50.0	1.8	1.3	100.0

78. 훌륭한 한국인이라면 어떠한 일을 해야 되겠는가? 생각나는 대로 한 가지만 적으십시오. (통계적 결과 생략)

79. 훌륭한 사회인이라면 어떠한 일을 해야 되겠는가? 생각나는 대로 한 가지만 적으십시오. (통계적 결과 생략)

80. 설령, 나의 의견과는 다르더라도 정부가 요구하는 것이 있다면, 그 요구에 기꺼이 응해야 한다는 주장도 있습니다. 이 주장을 어떻게 생각하십니까?

　1) 전적으로 찬성.　　　　　　　　　　　　(　　)

　2) 대중의 의견이 그렇다면 찬성.　　　　　(　　)

　3) 선택의 여지가 없이 따라야 한다.　　　　(　　)

　4) 사람, 또는 문제되는 항목에 따라 다르다.　(　　)

　5) 반대한다. 왜냐하면 인간은 비판할 권리를 갖고 있기 때문이다.

　　　　　　　　　　　　　　　　　　　　(　　)

　6) 반대한다. 왜냐하면 정부가 언제나 옳을 수는 없기 때문이다.

　　　　　　　　　　　　　　　　　　　　(　　)

	1	2	3	4	5	6	무응답	계
사례빈도수	22	216	20	486	141	267	19	1,171
상대빈도(%)	1.9	18.4	1.7	41.5	12.0	22.8	1.6	100.0

81. 현행 소득세를 50% 인상하는 법인이 국회에서 통과되어 곧 실시단계에 있다고 가정해 봅시다. 이럴 경우,

　1) 따지지 않고 인상된 소득세를 내겠다.　　(　　)

　2) 남들이 안낸다면 나도 안내겠다.　　　　(　　)

　3) 이유불문하고 안내겠다.　　　　　　　　(　　)

	1	2	3	무응답	계
사례 빈도수	573	316	219	63	1,171
상대빈도(%)	48.9	27.0	18.7	5.4	100.0

82. 다음 중 가장 바람직한 것은 어느 것입니까?
   1) 정부는 모든 사람에게 예외 없이 군복무를 이행하도록 명령해
     야 한다.   (   )
   2) 정부는 사람들에게 군복무를 권면하는 정도에서 그쳐야 한다.
                                    (   )
   3) 정부는 군복무의 문제를 개인의 의사에 일임해야 한다.
                                    (   )

	1	2	3	무응답	계
사례 빈도수	619	371	168	13	1,171
상대빈도(%)	52.9	31.7	14.3	1.1	100.0

83. 다음 중 가장 바람직한 것은 어느 것입니까? (삭제)
   1) 정부는 모든 사람에게 예외 없이 납세하도록 명해야 한다.
                                    (   )
   2) 정부는 사람들에게 납세를 권하는 정도에서 그쳐야 한다.
                                    (   )
   3) 정부는 납세의 문제를 개인의 의사에 일임해야 한다.
                                    (   )

84. 다음 중 가장 바람직한 것은 어느 것 입니까?
   1) 정부는 모든 사람에게 예외 없이 아동들을 학교에 입학시키도
     록 명령해야 한다.   (   )
   2) 정부는 사람들이 아동들을 학교에 입학시키도록 권면하는 정도
     에서 그쳐야 한다.   (   )
   3) 정부는 자녀의 학교입학 문제는 개인의 의사에 일임해야 한다.
                                    (   )

	1	2	3	무응답	계
사례 빈도수	688	271	203	9	1,171
상대빈도(%)	58.8	23.1	17.3	.8	100.0

學教 行政職員과 施設에 대한 滿足度 調査

* 빈도결과 생략

85. 우리 학과장의 행정지도력은 탁월하다.

　　　예 (　　　　)　　　아니오 (　　　　)

86. 우리 학과장의 학문적 지도력은 탁월하다.

　　　예 (　　　　)　　　아니오 (　　　　)

87. 우리 학과장의 학과 안의 교과과정 발전에 대한 지도력은 탁월하다.

　　　예 (　　　　)　　　아니오 (　　　　)

88. 우리 학과장은 학과 안의 학생들에게 존경을 받고 있다.

　　　예 (　　　　)　　　아니오 (　　　　)

89. 우리 학과강의 학생지도 능력은 탁월하다.

　　　예 (　　　　)　　　아니오 (　　　　)

90. 학과장의 일반적 활동은 우리 학과의 발전을 위한 것이다.

　　　예 (　　　　)　　　아니오 (　　　　)

91. 학과 시간표는 학생들의 수업 상황을 충분히 고려한 것이다(예: 시간중복 피하기).

　　　예 (　　　　)　　　아니오 (　　　　)

92. 학과 시간표가 작성될 때 학생들의 의견이 반영된다.

　　　예 (　　　　)　　　아니오 (　　　　)

93. 대학행정 사무직원은 학생들의 요구상황에 친절하게 응답한다.

　　　예 (　　　　)　　　아니오 (　　　　)

94. 학생처(과) 행정직원은 학생들의 요구상황에 친절하게 응답한다.

예 (   )   아니오 (   )

95. 교무처(과) 행정직원은 학생들의 요구상황에 친절하게 응답한다.

예 (   )   아니오 (   )

96. 도서관 사서들은 학생들의 요구상황에 친절하게 응답한다.

예 (   )   아니오 (   )

97. 보건소(혹은 양호과) 행정직원들은 학생들의 요구상황에 친절하게 응답한다.

예 (   )   아니오 (   )

98. 수위들은 학생들의 요구상황에 친절하게 응답한다.

예 (   )   아니오 (   )

99. 학생회관 시실은 사용하기에 불편이 없다.

예 (   )   아니오 (   )

100. 매학기 등록기간은 등록하기에 알맞다.(삭제)

예 (   )   아니오 (   )

101. 각종 대학 발행 증명서들은 알아보기 쉽게 작성되어 있다.

예 (   )   아니오 (   )

102. 학교 행정직원들은 아첨에 쉽게 넘어간다.

예 (   )   아니오 (   )

103. 어떤 학교 행정직원들은 지겨운 듯 일을 한다.

예 (   )   아니오 (   )

104. 학교 행정직원들은 그들이 항상 옳고 학생들은 항상 그른 것처럼 행동한다.

예 (   )   아니오 (   )

105. 학교 행정직원들은 학생들이 그들을 무서워하기를 바라는 것처럼 행동한다.

예 (   )   아니오 (   )

106. 학교 행정직원들은 두목인 체 한다.

예 (   )   아니오 (   )

107. 하교 행정직원들은 형편없는 인물들이다.

　　　　예 (　　　　)　　　　아니오 (　　　　)

108. 식당에서 사먹는 식사는 값에 비해 형편없다.

　　　　예 (　　　　)　　　　아니오 (　　　　)

學校零圍氣(勉學零圍氣)에 대한 滿足度 調査

* 빈도결과 생략

109. 우리 대학은 면학 분위기를 조성하고 있다.

　　　　예 (　　　　)　　　　아니오 (　　　　)

110. 나는 학과목들이 잘못 가르쳐진다는 생각을 한다.

　　　　예 (　　　　)　　　　아니오 (　　　　)

111. 나는 학교에서 나의 장래에 도움이 되는 것들을 배우고 있다.

　　　　예 (　　　　)　　　　아니오 (　　　　)

112. 나는 학교에서 나의 지금 도움이 되는 것들을 배우고 있다.

　　　　예 (　　　　)　　　　아니오 (　　　　)

113. 유리 학교의 클럽이나 다른 학생활동들은 학생파벌에 의해 움
　　 직이고 있다.

　　　　예 (　　　　)　　　　아니오 (　　　　)

114. 우리 대학(교)의 학생들은 유치하다.

　　　　예 (　　　　)　　　　아니오 (　　　　)

115. 학생들은 학교활동에서 공정하게 대접받는다.

　　　　예 (　　　　)　　　　아니오 (　　　　)

116. 우리 대학(교) 학생들은 속물 같다.

　　　　예 (　　　　)　　　　아니오 (　　　　)

117. 대체로 나는 우리 학교의 학생활동에 참가하고 있다.

　　　　예 (　　　　)　　　　아니오 (　　　　)

118. 우리 학교의 학생들은 정말로 학교를 사랑한다.

　　　예 (　　　　)　　　아니오 (　　　　)

119. 나는 교수들의 학생지도 방법이 마음에 든다.

　　　예 (　　　　)　　　아니오 (　　　　)

120. 수업시간은 따분하다.

　　　예 (　　　　)　　　아니오 (　　　　)

121. 교수들은 학생활동에는 관심이 없는 것 같다.

　　　예 (　　　　)　　　아니오 (　　　　)

122. 우리 학교에는 규칙이 너무 많다.

　　　예 (　　　　)　　　아니오 (　　　　)

123. 교수들은 학생들의 활동을 빈정대는 편이다.

　　　예 (　　　　)　　　아니오 (　　　　)

124. 문제가 생겼을 때, 교수들은 기꺼이 학생들을 돕는다.

　　　예 (　　　　)　　　아니오 (　　　　)

125. 나는 학교를 다니고 싶지 않다.

　　　예 (　　　　)　　　아니오 (　　　　)

126. 꼭 나와야 하는 것이 아니라면, 나는 대학(교)을 나오고 싶지
않다.

　　　예 (　　　　)　　　아니오 (　　　　)

127. 수업은 지루하고 재미없다.

　　　예 (　　　　)　　　아니오 (　　　　)

128. 배우는 학과목들이 내게 어떤 도움이 되는지 분명하지 않다.

　　　예 (　　　　)　　　아니오 (　　　　)

129. 나는 실제로 대화할 수 있는 교수들이 없다고 생각한다.

　　　예 (　　　　)　　　아니오 (　　　　)

130. 교수들은 종정 내가 중요한 인물인 것처럼 느끼게 해준다,

　　　예 (　　　　)　　　아니오 (　　　　)

131. 교수들은 우리의 능력을 낮게 평가한다.

예 (　　　)　　　아니오 (　　　)

132. 교수들은 신경질적으로 학생들을 대한다.

예 (　　　)　　　아니오 (　　　)

133. 교수들은 엄격하게 학생들을 대한다.

예 (　　　)　　　아니오 (　　　)

134. 어떤 교수들은 학생들에게 악의를 가지고 있다.

예 (　　　)　　　아니오 (　　　)

135. 교수들은 학생들에게 친숙해지려고 한다.

예 (　　　)　　　아니오 (　　　)

136. 어떤 교수들은 게으르다.

예 (　　　)　　　아니오 (　　　)

137. 우리 대학(교)를 창설한 사람의 이름을 외우고 있다.(삭제)

예 (　　　)　　　아니오 (　　　)

138. 우리 대학(교) 학(총)장의 이름을 알고 있다.(삭제)

예 (　　　)　　　아니오 (　　　)

139. 우리 학과의 교수님 이름을 전부 기억한다.(삭제)

예 (　　　)　　　아니오 (　　　)

敎接의　講義態度

* 빈도결과 생략

140. 강의할 매에 우리 대학 교수는 열의가 있다.

1　　2　　3　　4　　5

141. 강의를 활기차게 이끌어 갔다.

1　　2　　3　　4　　5

142. 교수는 유머를 사용하면서 설명의 효과를 높였다.

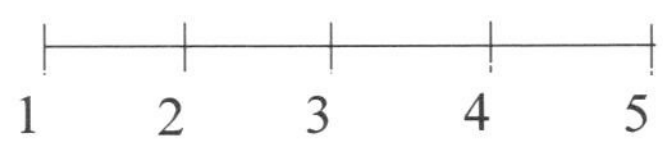

143. 교수의 강의스타일 흥미로워서 학습에 도움이 되였다.

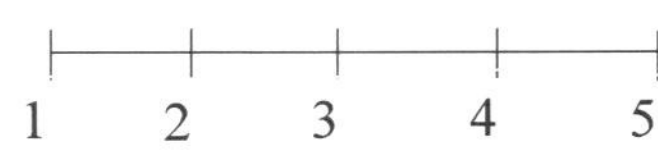

講義內容의 組織

* 빈도결과 생략

144. 교수의 실명은 명쾌했다.

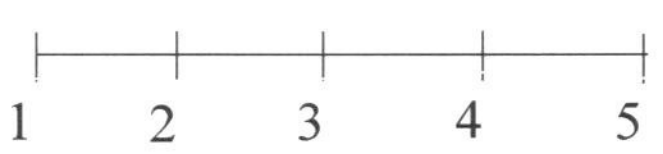

145. 주제는 주의 깊게 파악·설명되었다.

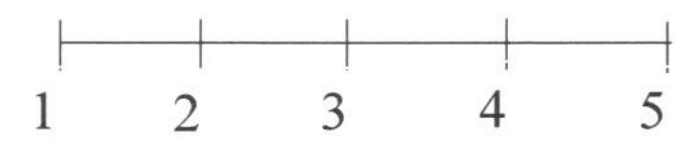

146. 제시된 강의목표와 실제 가르치는 내용은 잘 부합되었다.

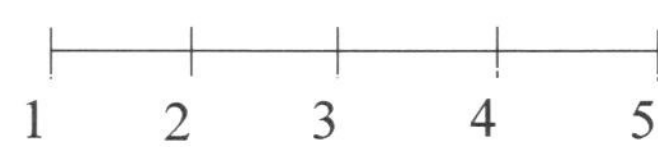

147. 노트필기가 용이했다.

修講生들의 相互作用

* 빈도결과 생략

148. 학생들은 토론에 참가하도록 고취되었다.

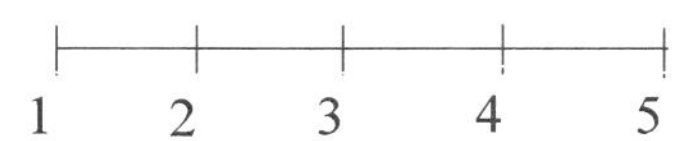

149. 학생들은 배운 것을 공유하도록 유도 받았다.

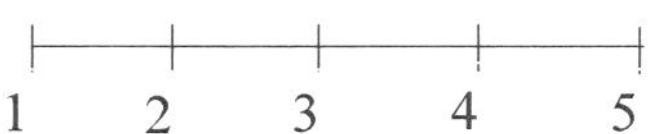

150. 학생들의 질문이 장려되었으며, 교수의 대답은 신중했다.

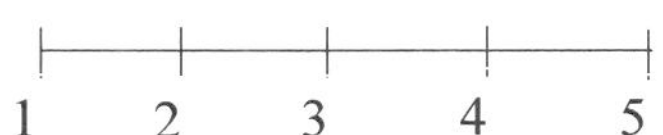

151. 학생들의 주장이나 생각이 자유로이 발표되었다.

敎授·學生사이의 紐帶

* 빈도결과 생략

152. 우리 대학 교수는 강의시간에 학생들에게 친절했다.

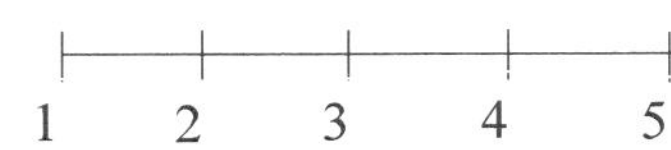

153. 수업시간 외에도 학생면담이 허용되었다.

154. 교수는 학생들에게 진정한 관심을 갖고 있었다.

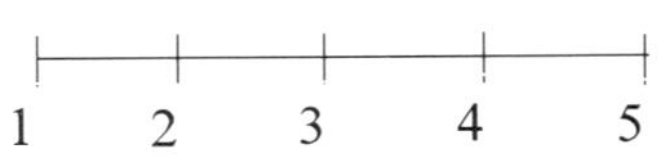

155. 교수는 학생들과의 상담을 쾌히 응할 것 같았다.

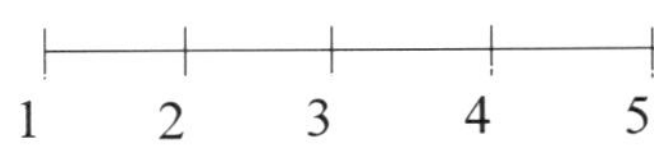

講義內容의 幅

* 빈도결과 생략

156. 교수는 여러 이론들을 서로 비교했다.

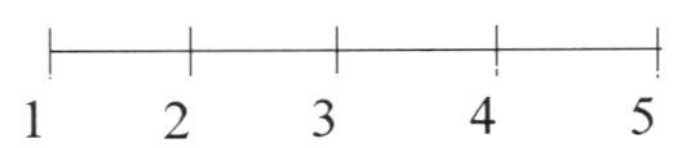

157. 교수는 이론과 개념들의 배경이나 근원을 밝혀 주었다.

158. 교수는 필요할 때에는 자신의 의견을 다른 의견과 상호 비교했다.

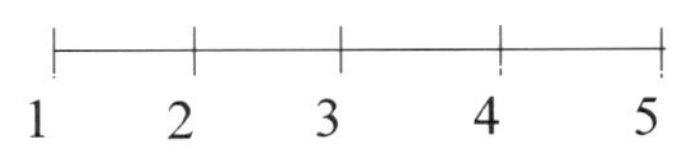

159. 교수는 해당 분야의 현재 발전추세를 제시했다.

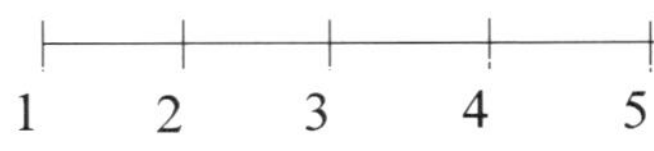

評　　價

* 빈도결과 생략

160. 과제물은 평가되어 학생들에게 되돌려졌다.

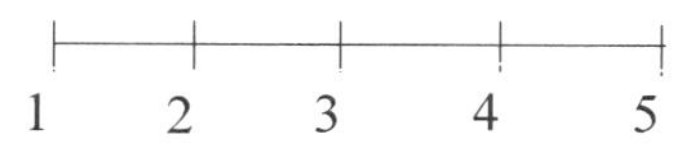

161. 학생들의 학습결과는 공정히 평가되었다.

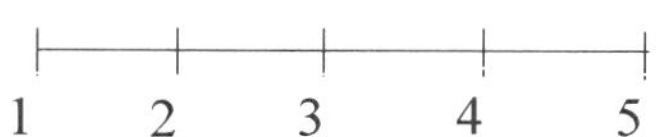

162. 평가·시험 등은 교수가 강조했던 강의 내용을 평가하는 것이
었다.

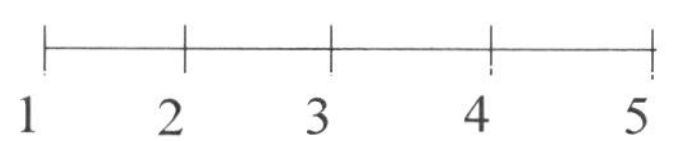

課題物 賦課

163. 요구된 독서물은 수업이해에 도움이 되었다. (빈도결과 생략)

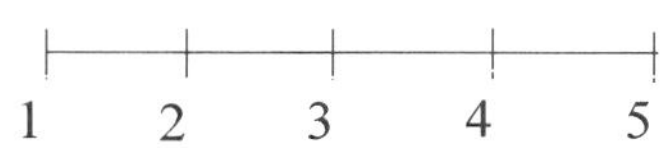

164. 보고서 (과제물)는 강의내용을 이해하는 데 도움이 되었다. (빈
도결과 생략)

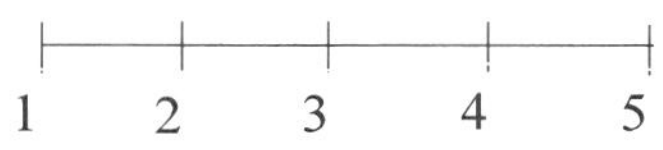

165. 나의 현재까지 평량평균

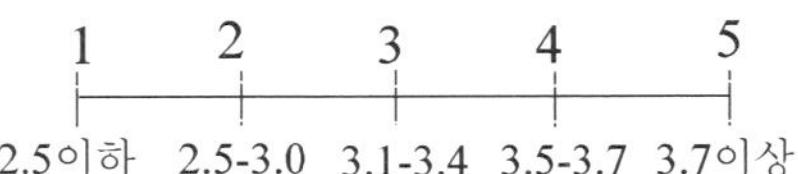

	1	2	3	4	5	무응답	계
사례 빈도수	71	399	364	127	46	164	1,171
상대빈도(%)	6.1	34.1	31.1	10.8	3.9	14.0	100.0

* 각 내역의 일련번호는 문항의 응답번호와 동일함.

166. 학년

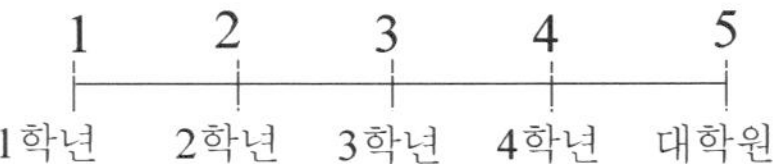

	1	2	3	4	5	무응답	계
사례빈도수	120	439	472	109	1	30	1,171
상대빈도(%)	10.2	37.5	40.3	9.3	.1	2.6	100.0

167. 전공분야

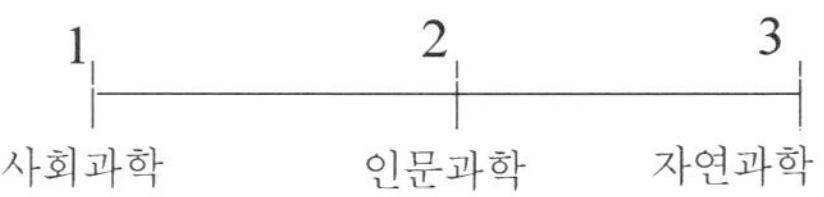

	1	2	3	무응답	계
사례 빈도수	235	622	266	48	1,171
상대빈도(%)	20.1	53.1	22.7	4.1	100.0

168. 강의점수(삭제)

169. 아버지의 최종학력

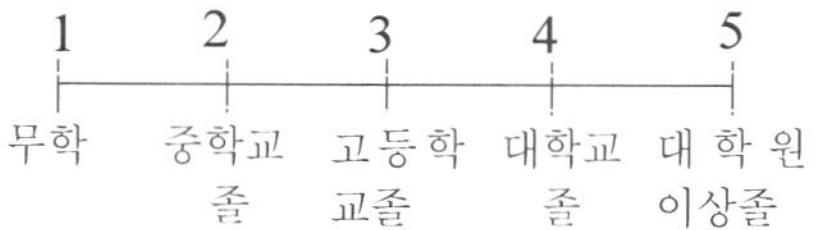

	1	2	3	4	5	무응답	계
사례빈도수	81	225	401	371	46	47	1,171
상대빈도(%)	6.9	19.2	34.2	31.7	3.9	4.0	100.0

170. 어머니의 최종학력

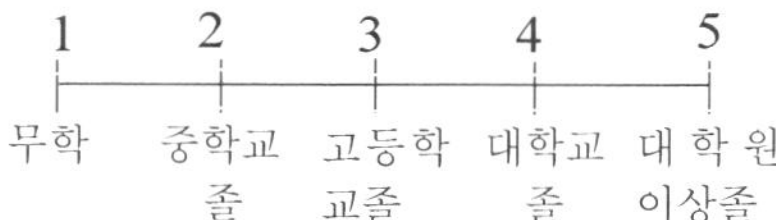

	1	2	3	4	5	무응답	계
사례빈도수	155	481	401	69	2	63	1,171
상대빈도(%)	13.2	41.1	34.2	5.9	.2	5.4	100.0

171. 아버지의 월소득

1) 8만원 이하　　　　　　　　　　　　（　　　）
2) 9~19만원　　　　　　　　　　　　　（　　　）
3) 20~49만원　　　　　　　　　　　　（　　　）
4) 50~69만원　　　　　　　　　　　　（　　　）
5) 70만원 이상　　　　　　　　　　　　（　　　）

	1	2	3	4	5	무응답	계
사례빈도수	61	140	490	191	156	133	1,171
상대빈도(%)	5.2	12.0	41.8	16.3	13.3	11.4	100.0

172. 어머니의 월소득

1) 8만원 이하　　　　　　　　　　　　　　　　（　　　）
2) 9~19만원　　　　　　　　　　　　　　　　（　　　）
3) 20~49만원　　　　　　　　　　　　　　　　（　　　）
4) 50~69만원　　　　　　　　　　　　　　　　（　　　）
5) 70만원 이상　　　　　　　　　　　　　　　　（　　　）

	1	2	3	4	5	무응답	계
사례빈도수	645	106	105	15	20	280	1,171
상대빈도(%)	55.1	9.1	9.0	1.3	1.7	23.9	100.0

173. 아버지의 현재 직업

1) 학력이 필요 없는 직종이나 무직　　　　　　　　（　　　）
2) 중·고등학교 정도의 학력을 요구하는 직업　　　（　　　）
3) 최소한 전문대학의 학력을 요구하는 직업　　　（　　　）
4) 최소한 대학 학력을 요구하는 직업　　　　　　　（　　　）
5) 최소한 대학원 이상의 학력을 요구하는 직업　　（　　　）

	1	2	3	4	5	무응답	계
사례빈도수	324	256	181	243	26	141	1,171
상대빈도(%)	27.7	21.9	15.5	20.8	2.2	12.0	100.0

174. 어머니의 현재 직업

1) 학력이 필요 없는 직종이나 무직　　　　　　　　（　　　）
2) 중·고등학교 정도의 학력을 요구하는 직업　　　（　　　）
3) 최소한 전문대학의 학력을 요구하는 직업　　　（　　　）
4) 최소한 대학 학력을 요구하는 직업　　　　　　　（　　　）
5) 최소한 대학원 이상의 학력을 요구하는 직업　　（　　　）

	1	2	3	4	5	무응답	계
사례빈도수	790	115	21	20	2	223	1,171
상대빈도(%)	67.5	9.8	1.8	1.7	.2	19.0	100.0

175. 우리 집에 있는 것에 모두 ○표 하십시오.

1) 전화　　　　　　　　　(　　　) 6) 서재　　　　　(　　　)
2) 냉장고　　　　　　　　(　　　) 7) 자택　　　　　(　　　)
3) 오디오 음향시설　　　　(　　　) 8) 에어컨　　　　(　　　)
4) 피아노　　　　　　　　(　　　) 9) 세탁기　　　　(　　　)
5) 자동차　　　　　　　　(　　　)

	1	2	3	4	5	6	7	8	9	무응답	계
사례빈도수	53	74	138	186	218	177	129	66	59	71	1,171
상대빈도(%)	4.5	6.3	11.8	15.9	18.6	15.1	11.0	5.6	5.0	6.1	100.0

* 1에서부터 9까지는 각 학생의 가정에서 소장, 활용하고 있는 품목의 수를 의미
함. 즉 한 학생의 점수가 9일 경우, 이 학생의 가정은 9개 품목을 전부 다 갖고
있음을 의미함.

176. 우리 집 서재 혹은 공부방에 꽂혀 있는 책의 수(만화책, 월간
　　 지 제외)

1) 10권 미만　　　　　(　　　) 4) 51~70권　　　　(　　　)
2) 11~30권　　　　　(　　　) 5) 71~100권　　　(　　　)
3) 31~50권　　　　　(　　　) 6) 101 권 이상　　(　　　)

	1	2	3	4	5	6	무응답	계
사례빈도수	18	47	116	152	190	6060	42	1,171
상대빈도(%)	1.5	4.0	9.9	13.0	16.2	51.8	3.6	100.0

Ⅲ. 韓國의 大學敎育에 관한 評論分析 要約[*]

* 평론·연구물 분석은 본 연구를 위해 무선적으로 표집된 42 편의 대학교육 관계 평론물·연구물을 대상으로 시도한 것임(무순).

필 자	제목, 출처	문제제기(논제)	발견, 주장 제안
백현기	대학교육의 한 모퉁이: 지식층 실업의 질과 관련하여. 이화, 1961, 15(16), 28~31.	1950 년대 말부터 1960 년대 초반까지 나타난 사회상황과 대학교육과의 제 관계 고찰	1) 지식층의 질적 저하는 형식에 치중하는 교육에 기인. 개성 신장 면에 있어서는 취약성유도. 2) 지식층 실업은 대졸자를 합리적으로 수용할 수 없는 사회구조에 기인.
박대선	국가발전을 위한 대학교육의 사명. 사상계, 1968. 2, 178, 16~25.	국가발전에 공헌하기 위해 해결되어야 할 대학의 문제; 대학의 관리, 대학의 교과과정 및 지도개선, 대학생의 지도, 교수의 연구활동, 대학의 봉사활동	대학의 사명인 교수와 연구를 가능하게 하는 대학 자치권의 보장 필요; 현행 교과과정의 문제, 구두설명 및 필기 위주의 강의에 따른 문제점, 뚜렷한 목표의식을 가진 대학생의 양성, 교수의 여구활동에 따른 환경적·물질적 개선 및 봉사활동의 적절한 선정 필요.
김종철	근대화에 있어서 교육의 역할. 교육평론, 1966. 7, 93, 22~26	근대화 과정에 있어서 대학교육이 담당해야 할 역할	1) 근대화를 위한 교육의 기능 강조; 성격개조, 인간개조, 각종 엘리트양성, 인력개발, 연구 등의 기능 강화, 사회적 통합기능 강화. 2) 한국교육의 나아갈 길; 교육발전전략 수립(국가적인 장기 정합 계획 수립. 교육투자 배분, 실업교육, 과학·기술의 진흥). 교육의 기회균등 보장, 민주시민교육의 개선, 교육구조의 개혁을 위한 실험·추진; 새로운 과학·기술의 도입, 교육운영 방법의 변혁.

필 자	제목, 출처	문제제기 (논제)	발견, 주장, 제안
이철범	대학은 최대의 자본이다. <u>교육평론</u>, 1967. 1, 99, 36~40.	우리나라에서 교육은 가장 위대한 자본인가?; 한국의 역사적 현실에서 교육의 사명은 무엇인가?	한국의 교육은 소지적이다(예: 졸렬한 교육정책, 교육의 본질과 국가적 사명을 망각한 교육행정가, 사회의 소비적인 구저 만연). 사회와의 단절; 인격의 형성이란 말은 냉소의 대상, 인격이나 고등교육보다 '돈벌이'를 하겠다는 의식 우선.
정범모	국가발전에 있어서의 교육과 교육자의 역할. <u>교육평론</u>, 1947. 7, <u>189</u>, 62~63.	교육과 교육자의 역할	교육계획의 현명한 균형 요청; 교육정책의 획일화에 끼워 맞춰지지 않기 위해 교육자는 자율성을 보장받아야 한다.
최동회	국가와 민족의 대학 <u>고대신문</u>, 1967. 1.	대학의 사명에 대한 인식	대학에 대한 올바른 이해와 평가의 필요성; 대학의 사명은 우릴 인류의 훌륭한 유산전수와 영구에 있다.
이순근	대학인의 사명. <u>정경연구</u>, 1968. 3, 17~21.	대학인의 사명은 무엇인가?	1) 대학생의 현실상황; 원서에 대한 독서부족, 외국어 연마부족으로 독서력 저하, 우리의 고서를 기피하여 전통에 대한 인식부족, 실험부족으로 독서력 저하, 우리의 고서를 기피하여 전통에 대한 인식부족, 실험부족으로 인한 실용적 학문의 부족. 2) 사회인으로서의 (대학 졸업후) 사명; 화랑정신의 구현, 예술면에서 옛 기술을 계승, 현실에 이용하는 창조적 활동, 고유의 종교를 발전시킴, 유교를 근대화하여 전통적인 문화로 향상시킴, 노력과 근면으로서 성취하려는 동기.
한준택	산업시대와 대학의 역할. <u>홍익</u>, 1976, 18, 98~107	산업시대와 대학의 역할.	한국의 경우-경제개발계획 및 모든 분야에 대학교수를 중심한 전문가의 두뇌를 조직적으로 활용; 사회간접자본과 자원개발조사연구위원회가 모두 대학교수로 구성됨. 산업시대에 소요되는 인적자원의 배출. 결국 대학은 산업시대의 주동 역할을 담당한다.

필 자	제목, 출처	문제제기 (논제)	발견, 주장, 제안
김증한	국가이념과 대학의 목적. <u>사상계</u>, 1961, <u>9(4)</u>, 152~157.	대학은 국가목적과 별개로 독자적인 목적존재 여부.	대학의 목적은 민주주의 국가의 기초를 공고히 하고 ,후진성을 극복 하는데 이바지할 지도자의 양성. 학문의 자유를 침해하지 않는 범위 안에서 국가의 후견적 역할 강화 필요. 그러나 대학자율권 보장은 우선되어야 한다.
윤은식	대학의 사회적 사명.<u>인하</u>, 1974. 11, <u>11</u>, 216~217	새로운 대학의 위치와 대학인의 자세 모색.	확고한 신념과 책임감으로 진리를 추구; 시대적 요청과 조국의 난관을 예민하게 감득; 사회적 사명을 완수; 애국적인 자세와 능동적인 정신력무장 필요.
한국일보	졸업생들이 본 대학과 사회. <u>한국일보</u>, 1961. 3. 19.	대학을 나오는 젊은이의 발걸음이 무거운 이유; 한국의 대학이 대량생산제로 전락하는 이유	한국의 대학교육은 학문의 깊이도 없고, 현실에 적응하기 쉬운 길로도 인도하진 않는다. 대학생활의 불만(적성, 취직, 대학교육이 기대에 어긋남, 교수진, 대학의 평판), 즉 강의의 현실적 거리, 전공과 먼 직장 적응 등은 한국 대학의 특징. 상아탑적인 학문의 자세와 현실과의 유대 필요.
문형만	대학은 사회에 무엇을 봉사할 수 있는가? 용봉 (전 남 대), 1974, 5, 75~80.	현 사회·경제·정치·문화의 취약성과 새 대학의 모색.	일본 식민지치하의 경험, 남북분단, 서구식 민주제도의 무비판적 수용은 한국 교육발전의 저해요소. 대학은 인간화, 교육의 과학화, 교육의 사회화를 추진해야 함.
이한빈	국가발전과 근대화를 위한 대학의 장기계획. 서울대학교 행정대학원, <u>행정농촌</u>, 1968, <u>2(6)</u>, 11~22	새로운 대학의 기능과 대학 장기계획의 구체적 방향.	대학의 교수기능, 훈련기능, 연구기능, 봉사기능을 체계적·지속적으로 추진하기 위해 장기적인 대학발전계획 필요. 실물·재정적 지원, 유동성 있는 교수진의 편성의 학사계획과 제1세대 교수진의 수준을 따를 수 있는 제2세대 육성필요. 비학문적 훈련을 갖고 있는 사람들로 구성되어 있는 현 행정구조 쇄신 필요.
이중학	대학교육과 국방의식. <u>교육평론</u>, 1968. 8, <u>170</u>, 16~23.	국가 안전보장에 대한 대학교육 역할의 반성.	국방문제는 군인들의 영역에 속하고 학교교육은 상관할 바가 아니라는 사고방식 불식필요. 군대교육은 본질상, 임무본위의 교육이다. 국민의 생존과 평화를 위해 국방의 문제는 학교교육의 기본요소로서 취급할 필요성 절감.

필 자	제목, 출처	문제제기 (논제)	발견, 주장, 제안
이강국	한국 대학의 진단: 현상을 중심으로. <u>개척자</u>(경상대), 1975, 12, 92~99.	가정 경제와 대학원; 대학과 사회; 시험제도와 대학.	본래적인 대학의 의미 위에 한국 사회가 당면한 문제를 타개할 수 있는 대학이념 정립의 필요; 지역사회발전과 학문발전을 위한 학파 형성 추진필요.
정범모	국가발전과 대학의 사명. <u>청량원</u>, 1965. 10, 10, 18~20.	대학의 독립, 상아탑적 대학의 사명.	한국 대학의 문제는 책임회사; 지도자 사이의 갈등; 전문적 지도력의 부재이다. 대학의 사명은 대학의 책임 반성, 자아확립, 전문적 리더쉽 양성과 교육·연구·봉사에 있다.
유형진	대학교육과 국방문제. <u>새한신문</u>, 1971. 2. 15, 591.	인간형성과 군사교육.	전국민의 정신개조의 필요성; 투철한 국가관 확립 시급; 군사교육보다 국민정신교육이 우선 되어야 한다.
이종재	인력수요와 대학정원 정책. <u>교육연구</u>, 1978. 6, <u>11(6)</u>, 16~22.	인력수요의 개념; 인력수요 추정과 정원정책; 고등교육의 사회적 수요 문제.	인력수요 추정과 정원정책 재고되어야; 인력수요 추정의 입장을 한정. 인력수요 추정을 교육성장의 준거로서만 활용; 10년 이상 장기 추정보다 3~4년의 단기 인력수요 추정이 유효. 입시제도, 대학등록금정책, 학사운영, 취업정보체제의 재검토가 우선적으로 필요.
김종철	대학의 역할과 대학의 문제. <u>정경연구</u>, 1974. 4, <u>111</u>, 94~103.	한국 대학의 역사와 사회적 공헌; 재학의 역할과 대학에 대한 새로운 도전; 대학의 당면 과제와 개혁의 방향	대학의 근본 역할은 고도의 지적 문화 계승 및 발전; 고급인력 재지 전문인력의 중심적 공급원; 사회적 봉사의 기능; 국가발전을 위한 대학의 역할 개선 필요; 비판적 사고, 창조적 문제해결력 배양, 산학협력체제 강화, 민족사관 정립.
왕학수	대학교육의 과제. <u>고대문화</u>, 1970. <u>11</u>, 16~31.	대학 교육이념의 시대적 변화; 국가발전의 단계와 대학교육; 중진국가에 있어서의 대학교육; 중진국가에 있어서의 대학교육; 한국의 70년대 대학교육.	대학 교육의 개혁단행필요; 정부와 학계와 사회와 언론이 일치하여 적극 후원 필요; 대학원 교육의 강화 필요
이항녕	대학교육의 시정. <u>새교육</u>, 1957, <u>9(1)</u>, 118~119.	대학교육의 시정; 대학생의 실력 충실책.	대학의 본래 사명 달성을 위한 시설·교수진 확보 필요; 형식주의 타파와 실력주의 전향 필요.

필 자	제목, 출처	문제제기 (논제)	발견, 주장, 제안
한동일	한국 대학교육제도의 결함과 문제점. <u>성균</u>, 1970, <u>24</u>, 1 9~67.	대학의 목적과 본질에 관한 문제; 대학의 개성 상실.	대학은 사회의 역사적·시대적 제약을 받으면서 그 제약을 극복해 가는 기관이다; 대학설립과 운영자 측의 책임, 현행 대학제도를 규정하는 법규와 운용의 획일성 지양되어야; 대학의 이념을 실현하는 관건인 교과과정 구성의 문제는 재검토되어야 한다.
김선복	현대 대학교육의 방향. <u>동대신문</u>, 1970. 11. 9, <u>468</u>, 2	대학교육의 과제; 인간의 비개체성과 개성몰락의 문제	인간교육이 우선되어야 ;교양교육을 위해 독자적인 교양학부 과정 개편의 필요성 절감.
김두헌	대학의 본질. <u>건대문화</u>, 1975, <u>5</u>, 84~89	대학교육의 목적; 도서와 시설; 오락과 과외활동의 문제	대학의 목적: 전문적인 지식 전수, 인격양성, 학술연마; 학생 문제: 개별지도 체제, 과외활동의 선도, 자습의 도서 촉진 필요; 교수 문제: 학술연구 및 연구실·학과별 과목 담당 교수진의 배정, 실함·실습의 시설 강화. 대학 전반: 과학재단의 육성, 대학 격차의 평준화.
김태규	국가발전과 대학교육. <u>국 회 도 서 관 보</u>, 1975. 8. 9, <u>12(6)</u>, 7~9.	교육에 대한 노력은 건전한 방향으로 발전되고 있는가; 국민들의 교육관; 대학교육과 국가발전의 관계.	학벌 숭배사상, 학교 편중사상, 공리주의적 교육관이 지배적; 대학은 전문교육과 인간교육, 한문의 연구가 유기적으로 일체화 되어야 한다.
이규환	바람직한 대학교육의 방향. <u>목화</u>(동덕여대), 1977, <u>6</u>, 258~263.	대학교육의 문제.	갈등의 이유: 정부―국가발전에 유인한 고등인력 양성기대; 학생―흥미와 욕구 고려, 학생중심의 대학교육 주장; 학구형―자녀의 사회적 지위를 높이는 준비과정으로서의 대학교육 기대; 교수-학문을 교수·연구하는 성역으로서의 대학 기대.

필자	제목, 출처	문제제기 (논제)	발견, 주장, 제안
김태길	한국교육 20년의 반성: 무엇이 교육의 병리냐? 사상계, 1966. 2, 38~45.	1945년 이후 20년 동안 양적으로 눈부신 발전을 한 이면에 질적으로 깊이 병든 학교 교육의 실정 반서; 1) 죄 많은 과정의 18년, 2) 인간교육의 실패, 3) 교육열과 향학열의 비상발열	집권당국의 교육문제에 대한 깊은 이해 필요; 사학 경영자들은 올바른 교육적 동기와 육영사업 본연의 자세를 갖추어야함.
이 중	국가발전과 사학. 교육논총, 1976. 2, 5, 98~106.	한국 사학의 자율성과 국가·사회발전을 위한 정책적 개선의 문제.	사학의 현실; 영리적·상업주의적 태도, 사학의 자주성과 공공성에 대한 인식 결여, 국가의 사학에 대한 정책 미비; 공교육제도의 확충과정에서 사학의 보임을 위한 사학 자체의 반성과 국가정책의 개선요청.
이숭녕	대학교육의 회고와 전망. 새교육, 1957. 1, 9(1), 24~30.	해방 이후 혼란한 대학의 모습; 대학의 발전을 위한 전망.	우리 실정에 맞지 않는 대학의 난립; 응모자의 정원미달 사태, 실력 저하, 교수진의 절대부족, 학교시설의 부족유명 무실하게 된 교수회. 발전을 위한 고찰; 대학정비필요, 대학의 학생수 축소 조성, 교수의 신분보장.
이규호	대학의 이념과 미래에의 적응. 학생생활연구 (숙명여자대학교 학생지도연구소), 1970, 4, 73~76.	대학의 본질적 기능(연구·교육·봉사)과 우리나라 대학의 정상적 발전.	실용주의적 풍조로 인해 한국 대학은 정신적인 이념 상실; 기업적 교육기관으로 전락; 기초학문·지식전수와 학문연구 보장 필요.
이규호	대학, 교수, 행정. 신동아, 1969. 9, 101, 132~138	불투명한 대학이념; 교수의 경제적 보수, 연구비 지급, 시설의 문제.	교양교육을 바탕으로 한 직업교육 필요성 절감; 대중교육을 위한 충분한 공간과 시설의 확보 필요.
조덕송	대학은 꼭 나와야만 하는가 여성동아, 1968. 4, 6, 118~123.	교육법과는 판이한 불구적 교육; 비뚤어진 대학관.	불구적 교육은 국민들의 몰지각한 대학관(형식주의, 간판주의), 영어교육기관으로서 대학 전락; 고등유민 양산.

필 자	제목, 출처	문제제기 (논제)	발견, 주장, 제안
이선근	국가발전과 대학. <u>교육평론</u>, 1976. 7, <u>213</u>, 81~83.	사학의 공헌	개성 있는 교육 목표와 교육과정 구비필요; 공립학교와 다를 특수성 지녀야 한다; 학파와 학풍 지녀야 한다.
지명관	대학의 가치와 국가 권력. <u>사상계</u>, 1969. 8, <u>196</u>, 121~127.	대학과 국가 권력 과 의 관계	대학의 양적 팽창은 학과 사이의 불균형 현상 유도, 대학의 자치와 국가권력의 관계는 양방적 관계; 국가권력은 지원하면서도 지배하진 않는 관계를 수립해야 대학의 자율성이 형성 된다.
조덕현	국가발전에 기여하는 대학교육의 방향. <u>청파교육</u>(숙대), 1970. 9, 151~155	정치와 대학교육의 관계.	대학은 정치사회화 추진의 역할 담당해야 한다; 지역차 축소 및 사회정화의 선도적 역할 담당해야 한다.
오기형	한국 대학교육과 봉사활동. <u>교육평론</u>, 1970. 6, <u>140</u>	대학의 본질, 기능 및 사명 규명; 한국대학교육과 대학생 봉사활동.	대학의 봉사활동은 대학과 사회의 간격을 좁히고 유대를 강화하는 수단.
김영돈	대학 교육행정의 당면과제. <u>문교월보</u>, 1960. 7, <u>54</u>, 18~20.	대학 교육행정의 당면과제.	1) 학원의 민주화, 2) 각 대학의 질적 향상, 3) 사학의 육성 선행되어야: 대학교육의 질적 향상을 위해 대학의 자치기능 촉진시켜야 한다.
이숭녕	대학사회를 친다. <u>사상계</u>, 1957. 5, 204~211.	경영자의 독재; 교수의 자기비판; 부정과 영리의 문제.	대학은 외부로부터 침입 당할수 없는 권위를 지녀야 한다. 1) 경영자의 독재: 대학발전의 암은 횡포, 독재를 막기 위한 노조와 비슷한 권익옹호 단체 육성 필요. 2) 교수의 자기비판: 잇속 있는 실무진으로 빠져 관리로 전업; 학문 연구를 최고의 사명으로 숙지, 스스로 정진해야.
류상근	대학의 이념과 사명. <u>새교육</u>, 1967. 3, 32~34.	우리나라 대학의 사명 문제.	대학은 총체적인 학문의 전당이어야 한다. 교양인의 배출필요.

필　자	제목, 출처	문제제기 (논제)	발견, 주장, 제안
임만직	국립대학 운영의 문제점과 그 개선안. <u>교육연구</u>, 1974. 5, 24~26.	국립대학 운영의 문제점.	1) 국립대학 운영의 문제점: · 재정상의 문제; 정부보조 미약, 교육비 상승. · 제도상의 문제; 대학의 지도체제, 허약, 학과의 규모 영세, 초급대학 교육의 비활성화, 대학원 빈약, 외국에 비해 학구열 저조. 2) 해결책: 교육비 충당을 위해 납입금 인상, 장학제도 확충; 국립대학을 정부기관으로부터 분리; 초급대학 교육의 확충-고등교육의 대중화 실현.
김동열	한국 대학의 사명. <u>동아</u>(동아대), 1966, <u>6</u>, 196~210.	한국 대학의 사명.	대학의 자기각성 중심 1) 대학 경영자: 대학 경영자의 학교행정 간섭, 독재권 사용; 대학교육의 목적과 사명에 입각한 태도 요청. 2) 대학 교육자: 불비된 제도 다 부족한 환경을 이유로 연구에 태도는 불식되어야 한다. 3) 대학생: 출세의 수단이 아닌 진정한 의미의 학업풍토 조성.
배종근	사학과 경제 발전: 국가발전과 사학. <u>사학</u>, 1976. 10, <u>1</u>, 63~69.	우리나라 경제발전 상황에 있어서의 사학의 기여도 문제.	사학의 교육인구는 전인구의 1/5; 중등교육 단계에서는 60%의 비중; 사학의 교육투자는 총교육투자의 1/3; 사학의 재산규모는 우리나라 GNP와 거의 같다; 개인적 손해를 감수, 사학이 공립보다 국가 발전에 큰 공헌을 한다.
대학신문	대학의 이상적 설계: 국가의 대학교육 정책. <u>대학신문</u>(서울대), 1959. 5. 11	대학교육에 있어서의 국가의 임무.	현재의 대학을 능률적인 직업교육에로 전환시켜야; 대학원의 학술연구 실적의 향상을 위한 방책의 연구 시급.
김정환	국가발전과 사학의 소임. <u>고대논총</u>, 1976. 2, <u>5(19)</u>, 114~120.	사학의 공공성과 자율성; 사학의 행정과 재정; 사학의 발전책.	교육의 공공성이 지나치게 강조될 때 정치의 도구로 전략한다; 사학은 뚜렷한 사학의 이념을 정립해야; 사학재단 이사들의 사명의식 정립해야; 공립에서 불가능한 창의적·독자적인 내용 및 방법을 선정, 실시함에 있어서 자율성 확보되어야 한다.

필 자	제목, 출처	문제제기 (논제)	발견, 주장, 제안
임한영	대학교육의　원점과 허점. 광장, 1975. 7, 18~ 19.	최근 한국 고등교육 계에 회자되고 있는 혁신이라는 개념을 어떻게 이해할 것인 가?	대학교육에 관한 빈번한 변혁 때문 에 대학생은 희생의 속죄양이 될 수도 있다. 체계적 이론과 경험을 바탕으로 하지 않는 대학교육의 개 혁은 문제만을 야기시킬 뿐이다. 결 국 한국의 대학은 이조시대의 성균 관이나 국학의 고전적 학풍의 원점 에로 되돌아 가야한다.

Ⅳ. 각 大學(校)의 設立目的과 理念 要約[*]

* 각 대학(교)의 목적과 이념 분석은 본 연구를 위해 무선적으로 표집될 33개 대학의 요람을 분석한 것임. 각 항목에 관한 내용은 요람에 기재되어 있는 것만을 기재했음.

	대학(설립)목적	교훈, 교육이념, 교시	학 생 수	출 처
건국대학교	본 교는 대한민국의 교육정신에 입각하여 국가와 인류사회 발전에 필요한 학술의 심오한 이론과 그 광범하고 정치한 응용방법을 교수·연구하는 동시에 역전한 사상을 함양하고 지도적 인격을 도야하며 유위한 국가동량의 재를 양성함을 목적으로 한다.	교훈: 의·신·성	1,515명	건국대학교 요람'81-82
경희대학교	본 대교는 전문 학술에 관한 심오한 이론과 응용방법을 교수·연구하면 전인교육을 통한 고매한 민주주의적 품격 도야를 기함으로써 문화 복지사회 건설에 역군이 될 수 있는 유익한 지도자 양성을 목적으로 한다.	교육이념: 전인교육, 정서교육, 미주교육. 교훈: 학원의 민주화, 사상의 민주화, 생활의 민주화.		경희요람 '82
고려대학교	본 대학교는 민주교육의 근본이념에 기하여 국가와 인류사회 발전에 필요한 학술의 심오한 이론과 그 광범정치한 응용방법을 교수·연구하는 동시에 지도적 인격을 도야함을 목적으로 한다.		4,310명(최소 졸업정원)	고려대학교 일람 '82

대학(설립)목적		교훈, 교육이념, 교시	학생 수	출 처
중앙대학교	본 대학교는 우리나라의 교육 근본이념 아래 국가와 인류사회 발전에 필요한 학술의 심오한 이론과 광범하고 정치한 응용방법을 교수·연구하며 아울러 지도적 인격을 도야함을 목적으로 한다.	교훈: 의에 죽고 참에 살자.	2,525명	중앙대학교 요람 ’79
국제대학	본 대학은 대한민국의 교육이념에 입각하여 국가와 인류사회 발전에 필요한 제 학문의 심오한 이론과 그 광범 정밀한 응용방법을 교수·연구하고, 아울러 기독교적 인격도야와 건전한 사상을 함양하여 유능한 지도적 인재를 양성함을 목표로 한다.	학훈: 지·인·용	360명 (입학이원) 280명 (졸업정원)	국제재학요람 ’82·83
단국대학교	본 대학교는 대한민국 교육정신에 입각하여, 국사사회와 인류발전에 필요한 제학문의 심오한 이론과 광범 정치한 응용방법을 교수·연구하고, 인격을 함양하여 유위한 동량을 재를 양성함을 목적으로 함.	교시: 진리·봉사	4,342명	단국대학교 요람 ’82-83
부산대학교	본 대학교는 대한민국 교육의 근본이념에 입각하여 국가사회와 인류문화 발전에 필요한 학술의 심오한 이론과 그 광범하고 정치한 응용 방법을 교수·연구하며, 사회의 급격한 변화에 적응할 수 있는 지도적 인격을 도야함을 목적으로 한다.		4,290명 (졸업정원)	부산대학교 요람 ’81
부산 여자대학	본 대학은 대한민국 교육의 근본이념에 입각하여 학문의 심오한 이론과 응용방법을 교수·연구하는 동시에 널리 지식을 교수하고 인격을 도야하여 국가사회의 발전에 공헌할 수 있는 유능한 지도 여성을 양성함을 목적으로 한다.	진, 선, 미, 신애.	800명 (입학정원)	부산 여자대학 요람 ’80

	대학(설립)목적	교훈, 교육이념, 교시	학 생 수	출 처
국민대학교	본 대학교는 대한민국의 교육정신에 입각하여 국가와 인류사회 발정에 필요한 학술의 심오한 이론과 그 광범 정치한 응용방법을 교수·연구하고 아울러 지도적 인격을 양성함을 목적으로 한다.		1,500명	국민대학교 요람 '82
숙명 여자대학교	본 대학교는 대한민국의 교육이념에 입각하여 국가와 인류사회 발전에 필요한 학술의 심오한 이론과 그 광범 정치한 응용방법을 교수·연구하여 지덕을 겸비한 여성 인격을 도야함을 목적으로 한다.		1,320명 (졸업정원)	숙명 여자대학교 요람 '81
이화 여자대학교	본 교는 대한민국의 교육이념과 기독교 정신을 바탕으로 하여 학술의 깊은 이론과 그 광범하고 정밀한 응용방법을 교수·연구하며, 인격을 도야하여 국가와 인류사회의 발전에 공헌할 수 있는 지도 여성을 양성함을 목적으로 한다.			이화 여자대학교 안내 '82-83
연세대학교	본 대학교는 기독교 정신에 기하여 학술의 심오한 이론과 광범정치한 응용방법을 교수·연구하며, 국가와 인류사회 발전에 공헌할 지도적 인격을 도야함을 모적으로 한다.		4,200명 (졸업정원) 5,460명 (입학인원)	연세대학교 요람 '82
세종대학	이 대학은 민주교육 이념과 기독교 정신을 바탕으로 하여 한글로 창제하신 세종대왕의 훈민대업의 이념에 따라 학술을 연구하고 교수하여 민족과 인류 사회의 발전에 공헌할 인재의 양성을 목적으로 한다.	목표: 영재교육 학훈: 덕성, 창의, 봉사, 실천,	1,287명 (모집인원) 990명 (졸업인원) 495명 (최소정원)	세종대학 요람 '82
서울 여자대학	본 대학은 대한민국 교육이념과 기독교 정신에 입각하여 인류사회에 공헌할 수 있는 학리와 기술을 교수하며, 아울러 건전한 사상과 봉사정신이 강하고 원만한 인격을 겸비한	이념: 지적교육과 아울러 도의실천 교육 및 기술교육을 실시, 수준 이하의	650명 (졸업정원)	서울 여자대학 오늘의 모습 '82-83

	대학(설립)목적	교훈, 교육이념, 교시	학 생 수	출　처
	여성지도자 양성을 목적으로 한다.	사회와 농촌의 개척적 선봉자를 양성함. 학운: 지·덕·술		
숭전대학교	본 교는 기독교 정신과 민주교육의 근본이념에 입각하여 심오한 학술적 이론과 그 응용방법을 가르쳐 국가, 사회 및 교회에 봉사할 지도자 양성을 목적으로 한다.		3,060명 (최소 졸업정원)	숭전대학교 요람 '82
성심 여자대학교	본 대학은 카톨릭교 및 대한민국의 교육이념에 입각하여 국가와 사회발전에 필요한 학술의 심오한 이론과 그 광범하고 정치한 응용방법을 교수·연구하는 동시에 지도자적 인격을 도야하며 기술과 기능을 습득함을 목적으로 한다.	목표: 하나의 세계를 이룩하는데 바쳐져야 할 동서양이 갖는 최선의 것들을 종합하고 합력함.	760명	성심 여자대학 요람 '81-82
관동대학	본 대학은 성경 진리에 입각하여 기독교의 신앙을 심화하고 인격을 도야하여 학술의 심오한 이론과 광범한 응용방법을 교수하여 예수그리스도의 정신으로 국가와 인류사회 발전에 공헌·봉사할 수 있는 지도자 양성을 목적으로 한다.	교훈: 믿음·소망·사랑 1. 진리를 탐구하자(믿음). 2. 지도적 인격을 연마하자(소망). 3. 남을 위하여 봉사하자 (사랑)	1,330명 (입학정원) 1,020명 (졸업정원)	관동대학 요람 '81
서강대학교	본 대학교는 우리나라 민주교육 이념과 카톨리적 세계관에 입각하여 진리를 탐구하고 학술을 연구·교수하며 진리에 따라 스스로를 이끌고 남을 지도하여 나라와 이류사회 발전에 공헌할수 있는 인제를 양성함을 목적으로 한다.	이념: 카톨릭 한국예수회에서 운영하는 서강대학교는 학생들로 하여금 그 자신, 제 나라, 나아가서는 세계의 여러 문제들을 이해하고 그것들을 해결할	660명	서강대학교 요람 '78

	대학(설립)목적	교훈, 교육이념, 교시	학 생 수	출　처
		수 있는 능력을 갖추어 다른 사람들의 업적을 평가할 줄 아는 동시에 자기의 책임을 인식할 줄 아는 성숙성숙을 구유케함.		
목원대학	그리스도 정신으로 교회와 사회에 몸바쳐 일할 유능한 인재를 양성함을 목적으로 설립된 고등교육기관으로 각자의 택한 분야에서 전문적 지식과 능력을 갖추어 인류사회에 기여하는 지도자를 키워내는 것, 진리탐구, 봉사 정신, 개척정신을 강조한다.	학훈: 진리, 사랑, 봉사.	760명	목원대학 요람 ’81
서울대학교	본 교는 국가와 인류사회 발전에 필요한 학술의 심오한 이론과 그 광범정치한 응용방법을 교수하고 연구개발하는 동시에 학술여구의 지도 능력과 독창력을 함양하며, 협동정신이 풍부한 지도자적 인격을 도야하고 연구와 사회의 각 전문분야에 필요한 인재로 양성하여 이 나라와 사회의 발전을 위하여 이 나라와 사회의 발전을 위하여 적극적으로 공헌함을 목적으로 한다.		3,315명 (입학정원)	서울대학교 요람 ’81-82
한국외국어 대학교	자유와 민주주의 사상에 입각하여 학생 각 개인의 개성창달과 지도적인 인격을 도야하여 장차 국가와 사회복지에 공헌할 수 있는 유능한 인재의 양성(교육이념)	신념: 진리, 평화, 창조.		한국외국어 대학교 일람 ’81
한양대학교	본 대학교는 민주교육의 근본이념과 사랑의 실천인 건학정신에 입각하여 국가와 인류사	건학정신: 사랑의 실천		한양대학교 요람 ’82

	대학(설립)목적	교훈, 교육이념, 교시	학 생 수	출 처
	회 발전에 필요한 학술의 심오한 이론과 광범하고 치밀한 응용방법을 교수·연구하며 아울러 지도적 인격을 도야함을 목적으로 함.			
성 균 관 대 학 교	본 대학교는 학술의 심오한 이론과 응용방법을 교수·연구하는 동시에 육학정신을 바탕으로 한 민주교육 이념을 원만히 실천할 인격을 도야하며 국가에 이바지할 지도적 인재의 육성을 목적으로 한다.		2,720명	성균관대학교 요람 '80
한국 해양대학	본 대학은 대학민국의 교육정신에 입각하여 국가사회와 인류발전에 필요한 해사활동에 관한 심오한 이론과 광범 정치한 응용방법을 교수·연구하고 아울러 인격의 도야와 건전한 사상을 함양하여 유위한 동량의 재를 양성	학훈: 인격의 완성, 진리의 탐구, 7대양 제패, 바다에 매골, 명랑한 가정.	520 (졸업정원)	한국 해양대학 요람 '80
포항간호 전문대학	본 대학은 대한민국 교육이념에 입각하여 국가 산업발전에 필요한 전문적인지식과 이론을 교수·연구하고 재능을 연마하여 국가사회 발전에 필요한 중견 직업인 양성을 목적으로 한다.			포항간호 전문대학 요람 '79
경찰대학	1. 호국안민의 민주경찰상정립, 2. 학위 수준의 이론과 응용방법 습득, 3. 경찰지식의 전문화와 실무능력의 배양, 4. 지·덕 겸전의 지도적 인격 도야.	학훈: 조국, 정의, 명예.		경찰대학 요람 '81
광 운 공과대학	본 대학은 대한민국의 교육정신에 입각하여 전자공학에 관한 이론과 그 응용방법을 교수·연구하여 철저한 기술교육을 실시함과 아울러 인격을 도야하고 건전한 사상을 함양하여 국가사회 발전에 공헌할	설립자훈: 근면성실, 검소절약, 탐구실천. 학훈: 참빛	690명 (입학정원)	광 운 공과대학 요람 '80

대학(설립)목적	교훈, 교육이념, 교시	학 생 수	출 　 처
	수 있는 직업인으로서의 전자 공학계 기술자의 양성을 그 목적으로 한다.		
송원실업 전문대학	본 대학은 대한민국 교육의 근본이념에 입각하여 국가 산업 발전에 필요한 전문적 인 지식과 필요한 전문적인 지식과 이론을 교수·연구하고 재능을 연마하여 국가사회 발전에 필요한 중견 직업인을 육성함을 목적으로 한다.	학훈: 자존 의지 독창. 건학이념: 1. 민족의식 이 투철한 한 국인의 양성, 2. 국가가 요 청하는 생산 적인 기술인 의 양성, 3. 충효를 숭 상하는 더덕 인의 양성,	**1,196**명 (입학정원) **1,140**명 (졸업정원)	송원실업 전문대학 요람 '80
삼육대학	본 대학은 우리나라 미주교육 이념과 그리스도교 정신에 입각하여, 고상한 품성과 건강한 신체와 건전한 지력을 갖춘 지도자와 선량한 시민 및 제칠일 안식일 예수재림교의 사역자를 양성함과 아울러 그리스도교 교리와 그 실천 방법에 관하여 치밀히 연구함을 목적으로 한다.	이념: 덕·지·체의 능력 계발 교훈: 진리, 사랑, 봉사.	**416**명 (입학인원) **320**명 (졸업정원)	삼육대학 요람 '82-83
창 　 원 기능대학	본 대학은 교육과 훈련을 통하여 국민교육 헌장의 이념을 구현하고 기능 관리 및 지도 능력을 배양함과 아울러 관련 기능을 확대시킴으로써 기능자의 기본소양을 함양시켜 국가 발전에 필요한 기능 자요원을 양성한다. 교육목표: 국민교육헌장 이념의 구현, 기능장의 기본소양 함양, 기능관리 및 지도능력의 함양 관리기능의 확대 및 향상.	방침: 1. 산업 역군의 초석이될 고급 기능관리자의 양성, 2. 기능장 교육의 선도적 역할과 확대, 3.산학협동의 긴밀한 유대 추진, 교훈: 성실, 창의, 실천. 교시: 자립	**280**명	창 　 원 기능대학 요람 '82

	대학(설립)목적	교훈, 교육이념, 교시	학 생 수	출 처
국 립 군산수산 전문대학	본 대학은 대한민국 교육의 근본이념에 입각하여 수산분야에 대한 전문 지식과 이론을 교수 연구하고 재능을 연마하여 국가사회 발전에 필요한 중견직업인을 양성함을 목적으로 한다.	교시: 자립	400 명 (입학정원)	국 립 국산수산 전문대학 요라 '80
계명대학교	본 대학교는 기독정신과 대한민국의 교육정신에 입각하여 학술의 심오한 이론과 광범하고 정치한 응용방법을 교수하고 연구하며, 국가와 인류사회 및 교회 발전에 공헌할 지도적 인격을 도야함을 목적으로 한다.	교육이념: 진리와 정의와 사랑의 나라를 위하여. 교육지표: 학문의 탁월성 추구와 탁월한 학문의 윤리성 앙양.	3,040명 (졸업정원)	계명대학교 요람 '81
목포대학	본 대학은 국가와 인류 사회 발전에 필요한 학술의 심오한 이론과 광범 정치한 응용 방법을 교수 연구하는 동시에 지도적인 인격을 도야하는 것을 목적으로 한다.	교시: 창조, 봉사, 덕의.	800명 (졸업정원)	목표대학 요람 '81

참 고 문 헌

강길수. **한국 교육행정사 연구초**. 서울: 재동문화사, 1980.

강위조. **일본통치하 한국의 종교와 정치**. 서울: 대한기독교서회, 1977.경제기획원 조사통계국. 한국 표준직업분류. 서울: 경제기획원, 1960.

경제기획원 조사통계국. **한국 표준직업분류**. 서울: 경제기획원, 1970.

경제기획원 조사통계국. **한국 표준직업분류**. 서울: 경제기획원, 1980.

고려대학교 교육연구실. 대학생 이해를 위한 일 조사연구: 고대학생을 대상으로, **새교육**, 1956, 18(4), 116.

고범서. 대학의 이념과 정책. **대화**, 1974. 4, 44, 14-22.

고영복. 총장들은 이렇게 말했다. **정경연구**, 1968. 4, 48-55.

고영복. 한국 학생운동의 역사적 고찰. 유네스코 한국위원회(편). **학생문제연구**. 서울: 유네스코 한국위원회, 1970.

고영복. 한국 대학생의 의식과 사상. **현대사회**, 1932, **봄호**, 18-39.

고윤석. 한국문리대 교육의 연혁과 현황. 서울대학교 문리과대학(편). **한국 문리과대학 교육의 성격과 방향**, (출판사 불명), 1973.

고홍화. **고교생의 직업관에 관한 비교연구**. 중앙대학교 대학원 석사학위 논문. 1961.

공보부. **혁명정부 1년간의 업적**. 서울: 공보부, 1952.

구혜영. 전화 속에서 싹튼 지적 열망이. **정화**, 1982. 4, 75-76.

국가보위 입법회의 도서관. **한국 박사 및 석사학위 논문 총목록**. 서울: 국가보위입법회의 도서관, 1980.

권용만. 대학생활적응에 관한 조사연구. **석우**(춘천교대학보), 1968. 1, 4, 22-28.

김경근. **언론매체와 사회교육간의 관계**. 한국정신문화연구원 사회연구실, 1982.

김경동. **발전의 사회학**. 서울: 문학과 지성사, 1979.

김광석, 박군경. **한국 경제의 고도성장요인**. 서울: 한국개발연구원, 1979.

김기석. 대학교육론. **새교육**, 1953. 4, 5(1), 6-12.

김기수. **한국 대학생의 의식구조에 관한 연구 – 정치문화적 분석을 중심으로 –**. 연세대학교 행정대학원 석사논문, 1978.

김남순. 여대생들의 대인행동유형 연구. **교육학연구**, 1978, 16(1), 5-15.

김대환. 한국인의 민족의식에 관한 연구. 한국정신문화연구원(편). **한국의 사회와 문화**. 경기: 한국정신문화연구원, 1980.

김동렬. 한국 대학의 사명. **동아**(동아대), 1966, 6, 196-210.

김동욱. 좌우익 대립과 혼돈의 와중에서. **정화**, 1982. 4, 74-75.

김두헌. 현대 대학교육 문제에 대한 관건: 우리나라 대학교육에 있어서 긴요한 과제는 무엇인가? **교육평론**, 1959. 12, 19, 30-35.

김두헌. 대학의 본질. **건대문화**, 1975. 5, 84-89.

김란수. 사회성의 교육. 서울특별시 교육위원회(편). **전인교육의 이론과 실제**. 서울: 서울특별시 교육위원회, 1979.

김란수, 김만규, 한종철. **한국 고등교육개혁의 방향모색**. 서울: 천풍인쇄주식회사, 1973.

김려생. 전남대학생들의 여가활동에 관한 연구. **논문집**(전남대), 1974, 235-262.

김법린. 새교육의 본의. **교육문화**, 1953, 창간호, 2.

김복선. 현대 대학교육의 방향. **동대신문**, 1970. 11. 9, 468, 2.

김봉수. 학교생활에 관한 본 대학생들의 태도에 관한 연구. **서울교대 학생지도연구**, 1974. 1-12.

김상협. 한국대학교육의 개혁방향. 박대선(편). **고등교육의 개혁**. 서울: 연세대학교 출판부, 1973.

김선양. 사학이 한국교육 근대화에 끼친 영향-국가 발전과 사학. **사학**, 1976. 10, 1, 51-55.

김성식. **대학사**. 서울: 금룡도서주식회사, 1950.

김성식. 학생운동과 현실참여. **교육평론**, 1965. 7, 81, 22-24.

김성대. 5.·6이후의 청년심리: 청년심리의 일반성과 5.16이후의 학생심리. **사상계**, 1962, 10(5), 214-221.

김영모. 한국 사회의 교육 기회에 대한 사회계층적 분석. **진단학보**, 1975, 35, 123-165.

김영봉. **우리나라 교육의 수요형태 및 경제성장 기여 분석**. 서울: 한국개발연구원, 1975.

김영봉. 맥긴과 그의 동료들. **한국 경제의 근대화과정 연구, 한국의 교육과 경제발전**. 한국개발연구원, 1930.

김영식. 대학의 당면문제와 그 진로. **새교육**, 1975. 1, 243, 25-27.

김영식. 인생관가 교육. **교육관리기술**, 1976. 8, 28-29.

김영철, 공은배. **대학시설기준 연구**. 서울: 한국교육개발원, 1981.

김원중. **사무직원과 대학생의 인간관계에 관한 연구**. 연세대학교 교육대학원 석사학위 논문, 1972.

김인선. 대학도서관 및 자료이용, 교육의 필요성에 관한 고찰. **문우**(연세대), 1982, 60-94.

김인회. 교수의 현황과 문제점. **새교육**, 1969. 2, 172, 34.

김인회. 문화식민지 교육경향과 그 탈피의 몸부림. **월간조선**, 1982. 8, 346-379.

김용섭. 한말·일제하의 지주제 일 사례: 고부 김씨가의 지주경영과 자본전환. **한국사연구**, 1978, 19.

김재건. **대학교수의 효율성과 지각성향간의 상판관계연구**. 연세대학교 교육대학원 석사학위 논문, 1978.

김재원. 대학교육당국론. **세대**, 1955. 3, 180-193.

김정환. 국가발전과 사학의 소임. **고대논총**, 1976. 2, 114-120.

김종서, 이홍우. 한국의 교육과정에 대한 외국교육학자의 관찰. **교육학연구**, 1980, 18(1), 82-99.

김종범. **해방전후의 조선진상**. 서울: 조선경제연구사, 1945.

김종철 외. **대학교육 내용에 관한 종합적 연구 - 대학교수 자질향상에 관한 연구 - **. 서울: 중앙교육연구소, 1967.

김종철. 한국의 교육제도와 교육행정에 미친 미국문화의 영향. **아세아연구**(고려대), 1967. 6, 93-106.

김종철. 국가발전을 저해하는 교육의 제요인. 정범모, 정원식(편). **교육과 국가발전**. 서울: 교육출판사, 1963.

김종철. 대학의 역할과 대학의 문제: 사회·국가의 발전과 역할의 제문제. **정경연구**, 1974. 4, 111, 94-103.

김종철. **한국고등교육연구**. 서울: 배영사, 1979.

김증한, 국가이념과 대학의 목적. **사상계**, 1961, 9(4), 152-157.

김태규. 국가발전과 대학교육. **국회도서관보**, 1975. 8, 7-9.

김태길. 파이오니어로서의 자세: 대학생과 모럴의 개조. **사상계**, 1962. 4, 93-101.

김태길. 한국교육 20년의 반성: 무엇이 교육의 병리냐?. **사상계**, 1966. 2, 33-45.

김태길. **한국 대학생의 가치관**. 서울: 일조각, 1967.

김태완. 한국 대학생의 세대의식. **청년연구**, 1978. 1, 69-98.

김혁동. **미군정하의 입법위원 위원**. 서울: 범우사, 1974.

김 홍. 223개의 대학부설연구소. **세대**, 1963. 7, 118-136.

나간채. 사회계층에 마른 가치관의 차이에 관한 연구 - 교육 가치를 중심으로. **대학원 논문집**(고려대), 1980.

나동성. **교육대학 학생들의 사회계층적 배경과 교육활동**. 연세대학교 교육대학원 석사학위 논문, 1970, 297-321.

나병술. 대학에 있어서 생활지도의 문제점. **문경**(중앙대학교 문리대학보), 1964. 2, 144-156.

나영균. 스튜던트 파워의 공과. **교육평론**, 1969. 10, 132, 30-35.

남우현, 정창영. **우리나라 교육투자의 경제적 가치분석**. 서울: 한국개발연구원, 1973.

내무부. **직업분류**. 서울: 내무부, 1960.

대학신문. 대학의 이상적 설계: 대학교육의 국가정책. **대학신문**(서울대학교), 1959. 5.11.

대학신문. 대학생은 왜 고민하나? **대학신문**(서울대학교), 1963. 4. 15.

대학신문사 편집국장. 대학교육의 가치지향. **대학신문**(서울대학교), 1970. 3. 16.

대한교육연합회. **한국의 교육**. 서울: 대한교육연합회, 1956.

대한교육연합회. **대한교련 30년사**. 서울: 대한교육연합회, 1977.

대한교육연합회. **한국교육연감: 1979-1980**. 서울: 대한교육연합회, 1980.

대한교육연합회. **한국교육연감: 1981. 1982**. 서울: 대한교육연합회, 1982.

대한상공회의소 한국경제연구센터. **경제성장과 교육투자**. 서울: 대한상공회의소, 1973.

동아일보. 여성취업 생계수단이 아닌 삶. **동아일보**, 1982. 5. 26, 7.

리챠드, 라우터 베크. **한국 미군정사**. 서울: 국제신문사, 1948.

메이슨, E. S., 김만제, 퍼킨스, D. H., 김광석, 콜, D. C. **한국 경제사회의 근대화**. 서울: 한국개발연구원, 1981.

무어, 배링톤. **인간불행의 사회학**. 김경동(역). 서울: 문예출판사, 1981.

문교부. **대한민국의 교육재건**. 유네스코 운크라 파한 교육계획사절단 최종보고서. Paris: 출판사 불명, 1953.

문교부. 대학교육과 대학교육행정의 십년사. **문교월보**, 1958. 9, 41, 65-87.

문교부 대학원평가위원회. **석사 및 박사 학위논문 제목 목록 1975-1977**. 서울: 문교부, 1978.

문교부. **한국교육 30년**. 서울: 문교부, 1980.

문교부. **문교통계연보**. 서울: 문교부, 1981.

문선재. **고등교육기관 목적의 분석적 연구**. 연세대학교 대학원 박사학위논문, 1981.

문형만. 대학은 사회에 무엇을 봉사할 수 있는가? **용봉**(전남대), 1974. 8, 5, 75-80.

미주 라성과 하와이 재미한국 연합위원회. **해방조선**. 라성: 미주라성 재미한국 연합위원회 집행부, 1948.

민두기. 한국학자논 산고. **사상계**, 1963. 1.

민주주의 민족전선(편). **조선해방 1년사**. 서울: 문우인서관, 1946.

박내회. **산업구조의 변화에 따른 한국 기업과 산업교육의 현실과 개선안**. 연세대학교 교육대학원 산업교육 학술회의에서 발표된 논문, 1982. 4. 21.

박대선. 국가발전을 위한 대학교육의 사명. **사상계**, 1968. 2. 178, 16-25.

박대선(편저). **대학과 국가발전**. 서울: 교육출판사, 1968.

박병윤. **재벌과 정치**. 서울: 한국양서, 1982.

박상만. **한국교육사**(상권). 서울: 대한교육연합회, 1958.

박상호. 대학교육발전의 저해요인과 바른 자세. **인하**(인하공대), 1971. 12, 8, 209-214.

박성자. 서울여자대학생의 계층구조. **사회학지**(서울여자대학), 1967, 42-57.

박용헌. **청소년의 정치사상 의식구조 분석**. 서울: 국토통일원, 1974.

박은목. 제2차 대전이후 한국교육의 역사적 의미. **한국교육사학**, 1982, 4, 9-33.

박이문. 한국에서 교수란 무엇인가. **월간조선**, 1982. 5, 242-250.

박준희. 대학교육의 방향과 문제점. **이화학보**, 1960. 10.

박준희: 한국대학교육의 맹점: 학원의 자유. **이대학보**, 1964. 9. 7

박준희. **한국인의 교육관 – 비교문학적 고찰 –**. 서울: 정익사, 1980.

박진근, 정익주, 홍정수. 취업준비와 방향. **만남**(연세대 학생상담소), 1982, 2(2), 2-4.

배   곤. **교육의 기본 이념**. 대구: 동서문화사, 1951.

배종근. 교육격차의 현실과 과제. **교육학연구**, 1971, 1 (3), 21-26.

배종근. 교육투자의 해부. **월간조선** 1980. 9. 96-105.

배종근. 사학과 경제발전-국가발전과 사학. **사학**, 1976. 10. 1, 63-69.

백낙준. **한국의 현실과 이상**. 서울: 동아출판사, 1963.

백완기. 한국사회에서 엘리트의 형성과정. 유네스코 한국위원회(편). **경제발전과 사회계층**. 서울: 유네스코 한국위원회, 1981.

백완기. 한국인의 정치의식. **대학주보**(경희대), 1982. 5. 17.

백현기. 대학교육의 한 모퉁이: 주로 지식층 실업과 필과 관련해서. **이화**, 1961, 15 (16), 28-31.

변형윤 외. **인력개발의 현황과 과제**. 서울: 대한상공회의소 한국경제연구 센터, 1971.

서광열. 사회봉사기능으로서의 대학. **월계춘추**(광운공대), 1975, 182-186.

서명원. 고등교육의 새로운 방향. **학생생활연구**(숙대학생지도연구소), 1979. 4, 82-89.

서재문. **한국 교육대학생의 정치사회화에 관한 연구 – 정치적 태도, 신념 중심으로 –**. 충남대학교 교육대학원 석사학위 논문, 1976.

서울대학교 20년사 편찬위원회. **서울대학교 20년사**. 서울: 서울대학교 출판부, 1966.

서울대학교 30년사 편찬위원회. **서울대학교 30년사**. 서울: 서울대학교 출판부, 1976.

서울대 대학원 학원자유수호위원회. **대학개혁의 기본방향**.(출판사 불명), 1971,

손인수. 대학의 이념과 방향. **홍익**(홍대), 18, 1976. 86-97.

손인수. 한국 고등교육사상원의 3주류 – 그 역사적 특성을 중심으로 –. **인문과학(연세대)**, 1963. 9, 173-194.

손인수. **한국 교육문화의 이해**. 서울: 배영사, 1981.

손인수. 한국사학사-대한민국 정부수립과 사학. **사학**, 1981, 겨울, 94-105.

송남헌. **해방 30년사**. 서울: 성문각, 1976.

숙대신보. 졸업반 취직경향. **숙대신보**, 1965. 11. 25.

숙대 학생생활지도연구소. 숙대생의 가치관. **학생생활연구**, 1970, 4, 21-42.

숙명여대 학생생활지도연구소. 한국 대학생의 문제(연구보고서). **사학**, 1971, 2.

신동아. 대학다운 대학이라는 것. **신동아**, 1981. 7, 78-93.

신동욱. 교수의 지위. **새교육**, 1972. 1, 67-78.

신용하. **한국근대사와 사회변동**. 서울: 문학과 지성사, 1680.

심종섭. 대학의 학생지도와 장학. **새교육**, 1962. 2, 172, 40.

심종섭, 원호식. 한국 대학생의 학생실태와 그 개선에 관한 연구. **학생연구**(서울대 학생지도연구소), 7(2), 1-9.

아세아문제연구소. 한국의 교육제도와 교육행정에 미국문화의 영향. **아세아연구**(아세아문제연구소 창설 10주년 기념호), 1967.

안덕자, 표경회. 이대생의 문제경향. **학생생활연구** Ⅷ(이화여자대학교 학생생활연구지도부), 1971, 3-12.

안호상. 우리 교육의 진로와 문교행정의 지향. **새교육**, 1949. 3. 12-33.

양재옥. 이화여자대학교의 풍토분석. **심리연구**(이화여자대학교 사범대학 교육심리 연구회), 1969, 10, 52-57.

엄기준. 대학교육과 사회적 필요. **인하공대신문**, 196, 172.

연세대학교 출판위원회(편). 진리와 자유의 기수들. 서울: 연세대학교 출판부, 1982.

연세창립 80주년 기념사업추진회. **연세대학교사**. 서울: 연세대학교 출판부, 1969.

오계회. **해방 후 한국사회의 교육기회균등과 교원의 사회적 이동**. 연세대학교 대학원 석사학위 논문, 1964.

오기형. **교육발전논문집**. 서울: 출판사 불명, 1980.

오기형. 한국 대학교육과 봉사활동. **교육평론**, 1970. 6, 140.

오기형. 한국 대학교육과 직업준비과정에 관한 직업분석적 연구. **연세대학 논문집**, 1954. 3, 117-135.

오천석. **민주교육을 지향하여**. 서울: 을유문화사, 1960.

오천석. **한국신교육사**. 서울: 현대교육총서 출판사, 1964.

오천석. **발전한국의 교육이념 탐구**. 서울: 배영사, 1973.

오천석. **노병의 오솔길**. 서울: 대한교육연합회, 1974.

오천석(역). **민주주의와 교육**. 서울: 교학도서주식회사, 1978.

오탁번. 영원한 서장, 영원한 출발. 유네스코 한국위원회(편). **보람 있는 대학생활**. 서울: 유네스코 한국위원회, 1979.

왕학수. 한국의 대학이 걸어 온 10년의 길. **사조**, 1953. 10, 113-121.

왕학수. 대학교육의 과제. **고대문화**, 1970. 11, 16-31.

우석대학 학생지도연구소. 대학생의 성격분석. **학생지도**(우석대학학생지도연구소), 1976, 2, 94-101.

유길준, **서유견문**. 김태준(역). 서울: 박영사, 1976.

유네스코 한국위원회. **학생문제연구**. 서울: 유네스코 한국위원회, 1970.

유네스코 운크라 교육계획사절단. **한국의 교육상황 예비조사보고서**. 부산: 출판사 불명, 1952.

유상근. 대학의 이념과 사명. **새교육**, 1957. 3, 32-34.

유영남. 대학생의 시간사용에 관한 조사. **중대 학생지도연구**, 1971.

유영준. 대학생 이해를 위한 일 조사연구. **새교육**, 1966. 4, 138, 116-121.

유영준. **대학 사무직원의 사기에 관한 연구 - 시내 3개 사립학교를 중심으로**. 연세대학교 경영대학원 석사학위 논문, 1963

유인종. 고등교육. **새교육**, 1975. 8, 69-73.

유인종. 대학교육의 문제점과 대책. **산정연구**, 1976. 5, 11, 61-64.

유진오. 우리나라 대학의 회고와 전망. **사상계**, 1962. 4, 86-92.

유형진. **국민소득과 교육비부담에 관한 연구**. 건국대학교 교육연구소, 1973.

유형진. 대학교육의 문제점. **대학주보**(경희대), 1971. 5. 18, 431, 2.

유형진. 대학교육과 국방문제. **새한신문**, 1971. 2. 15, 591.

육태성. 대학교육의 문제점과 해결책. **교육평론**, 1963, 113, 43-58.

윤근식. 대학교육은 어디로 갈 것인가? **새한신문**, 1975. 4. 17, 2.

윤근식. 한국사회구조와 대학원생의 진로문제. **새교육**, 1969. 4, 174, 183.

윤용남. 「우골탑」 특강 방청기. **월간중앙**, 1969. 3, 124-133.

윤은식. 대학의 사회적 사명. **인하**(인하대), 1974. 11, 11, 216-217.

윤익한. 정치적 소용돌이 속에 공부는 뒷전으로. **정화**, 1982. 4, 76-77.

윤제술. 사립학교 초창기의 운영담. **교육평론**, 1959. 9, 16, 48-49.

윤입중. 교육대학 교육의 실상과 문제. **새교육**, 1976. 1, 267, 21-23.

윤형모. 입시지도와 졸업 후 진로 지도. **교육평론**, 1967. 2, 21-23.

윤형섭. **미군정의 정치적 충원에 관한 연구**. 연세대학교 정법대학 정치외교학과, 출판일 불명.

이강국. 한국 대학의 진단ㅡ현상을 중심으로. **개척자**(경상대), 1975, 12, 92-99.

이계학. 대학의 현황과 문제. **목화**(동덕여대), 1977. 6, 242-250.

이규호. 대학의 이념과 미대의 적응. **학생생활연구**(숙명여자대학교 학생지도연구소), 1970, 4, 73-78.

이규호. **교육과 정치**. 서울: 제일출판사, 1972.

이규호. 우리나라 **젊은 지성인들에게**. 서울: 문우사, 1981.

이규호. **국민윤리교육의 이론과 실제**. 서울: 문우사, 1981.

이규호. 제1회 한국 교육자 대상 시상식ㅡ이 문교장관 격려사. **한국일보**, 1982. 6. 11, 10.

이규환. 대학인구는 제한해야 한다. **새교육**, 1966. 2.

이규환. 비교교육학·한국교육학연구사 편집위원회(편). **한국교육학연구사**. 서울: 한국교육학회, 1973.

이규환. 대학고육과정의 구성에 대한 고찰. 김계숙 박사 고희기념논총 간행위원회(편). **김계숙 박사 고희기념 논문집**. 서울: 김계숙 박사 고희기념논총 간행위원회, 1975.

이규환. 바람직한 대학교육의 방향. **목화**(동덕여대), 1977, 258-263.

이문용. **대학졸업생의 동태 조사**. 서울: 중앙교육연구소, 1966.

이상구. **미군정 연구**. 단국대학교 대학원 석사학위 논문, 1962.

이선근. 국가발전과 사학. **교육평론**, 1976. 7, 81-83.

이성근, 윤인경. **새 교육과정 개발을 위한 기술계 교육과정 운영실태 조사**. 서울: 한국교육개발원, 1981.

이성진. **한국 대학생의 문제의 분석과 대학생 지도에 관한 연구**. 서울대학교 대학원 석사학위 논문, 1960.

이숙경. **미군정기 민주화의 성격과 민주주의 교육이념의 한계**. 이화여자대학교 대학원 석사학위 논문, 1982.

이순근. 대학인의 사명. **정경연구**, 1933. 3, 38, 17-21.

이숭녕. 대학교육의 회고와 전망. **새교육**, 1951. 1, 9(1), 24-30.

이숭녕. 한국 대학생의 기질: 성실한 학구 태도와 강열한 애국심. **신사조**, 1962, 1(3), 98-131.

이숭녕. 대학사회를 친다. **사상계**, 1957. 5, 204-211.

이영기. **교육투자의 경제성장에 대한 기여도 측정에 관한 연구**. 학술조성연구(사회과학계), 서울: 문교부, 1971.

이영덕, 김신복, 이상주. **국가발전에 대한 교육의 기여(1945-75)**. 서울: 한국교육개발원, 1976.

이영일. 용기와 열망의 시절. 유네스코 한국위원회(편). **보람 있는 대학생활**. 서울: 유네스코 한국위원회, 1979.

이영치. 오늘의 대학가 실태. **교육평론**, 1972. 3, 26-31.

이영호. 한국 국민의 정치관. **신동아**, 1970. 3.

이영호. 한국인의 국가관. 한국정신문화연구원(편). **한국의 민족문화**. 경기: 한국정신문화연구원, 1979.

이인기. **교육과 사상**. 서울: 형설출판사, 1976.

이인찬. **한국 학생지도를 위한 대학생의 태도 및 제도연구－서울대학교의 경우를 중심으로－**. 서울대학교 행정대학원 석사학위 논문. 1966.

이종복. 군가 속에서 보낸 학창시절. 유네스코 한국위원회(편). **보람 있는 대학생활**. 서울: 유네스코 한국위원회, 1979.

이종성. 한국 고등교육기관의 목표 조사. **연세교육과학**, 1982. 21, 1-13,

이종재. 인력수요와 대학정원정책. **교육연구**, 1978. 6, 11(6), 16-22.

이종재. **한국 교육의 정치경제학 서설－재수생 문제 상황, 대책, 접근방법에 대한 재음미를 중심으로－**. 서울: 만조, 1980.

이종학. 대학교육과 국방의식. **교육평론**, 1968. 8. 170, 16-23.

이종훈. 미군정 경제의 역사적 성격. 한길사(편). **해방전후사의 인식**. 서울: 한길사, 1979.

이 중. 국가발전과 사학. **논총**(고대), 1978. 2, 5, 98-106.

이철범. 대학은 최대의 자본이다. **교육평론**, 1967. 1, 99, 36-40.

이철위. 변화의 시점에 서서. 유네스코 한국위원회(편). **보람 있는 대학 생활**. 서울: 유네스코 한국위원회, 1979.

이철주(역). **대학의 사명**. 서울: 을유문화사, 1971.

이충원. **경성제국대학**. 서울: 다락원, 1980.

이충원 외. **한국 대학써클활동의 종합적 분석**. 청주: 충북대학교, 1978.

이칭찬. **미군정하의 한국초등교육**. 연세대학교 석사학위논문, 1973.

이한빈. 국가발전과 근대화를 위한 대학의 장기 계획. **행정논총**(서울대학교 행정대학원), 1968. 12, 6(2), 1-22.

이항녕. 대학교육의 시정. **새교육**, 1957. 2, 8(1), 118-119.

이형행. 대학교육의 실상과 그 문제. **새교육**, 1977. 1, 267, 61-64.

이형행. 학교법인 대학 이사회의 구성과 기능. **교육학연구**, 1975, 13(1), 15-28.

이형행. 한국 고등교육정책의 면천과정 소고. **연세교육과학**, 1979, 16, 23-32.

이형행. 학교법인 이사회의 구성과 조직에 관한 연구. **연세논총**, 1980, 16(1), 51-66.

인력개발연구소. **한국직업사전**. 서울: 인력개발연구소, 1969.

임만직 외. 국립대학 운영의 문제점과 그 개선안. **교육연구**, 1974. 5, 68, 24-26.

임종국. 일제말 친일군상의 실태. 한길사(편). **해방전후사의 인식**. 서울: 한길사, 1979, 172-247.

임한영. 대학교육의 원점과 허점. **광장**, 1975. 7, 18-19.

장병림. 권외 학생의 학내외적인 문제. **새교육**, 1969. 3, 173, 73-75.

장석우 외. 대학교육의 반성. **교육연구**(중앙대학교), 1964. 3, 9-98,

전경숙, 최기숙. 대학생과 사회인의 가치관 비교 조사. **교육심리학연구회**(이화여대 사대), 1970, 11, 56-57.

전용신. 한국 대학생의 정치적 태도. **논문집**(고려대학교), 1969, 15, 32-52.

정범모. 국가발전과 대학의 사명. **청량원**(서울대 사범대학), 1965. 10, 10, 18-20

정범모. 국가발전에 있어서의 교육과 교육자의 역할, **교육평론**, 1974. 7, 189, 62-63.

정세현. 한국 학생의 정치적 발언의 전통. **신동아**, 1967. 8, 36, 132-145,

정원식 외. 대학생의 인간성에 대한태도. **학생연구**(서울대), 1968. 1, 5 (2), 60-62.

정일형. 해바후 인사행정의 실제, **법정**, 1946, 9.

정재철. 대학교수. **새교육**, 1975. 4, 246, 88-91.

정지웅. 대학의 사회적 기능과 역할. **새교육**, 1972. 12, 218, 26-31.

게이 콘웨이. 고등교육문화의 스타일. **국회도서관보**, 1970. 6, 36-43.

조경환. 육영빙자 교세확장의 학원재벌은 사라졌는가. **정화**, 1982. 5, 104-105.

조덕송. 대학은 꼭 나와야만 하는가? **여성동아**, 1968. 4, 6, 118-123.

조덕송. 오늘의 대학과 대학생활권 문제. **교육평론**, 1969. 10, 132, 21-29.

조덕현. 국가발전에 기여하는 대학교육의 방향. **청파교육**(숙대), 1970. 9, 151-155.

조선일보. 재단 횡포 아직 남아 있다. **조선일보**, 1983. 2. 23, 3.

중대학보, 대학교육의 문제점. **중대학보**, 1970. 6, 127-133.

조용범. **후진국 경제론**. 서울: 박영사, 1981.

중앙교육연구소. **소보**, 1967, 8(3), 28.

중앙교육연구소. **대학교육내용에 관한 종합적 연구**. 서울: 중앙교육연구소, 1967.

중앙교육연구소. **연간 투입되는 교육비 총액 추정: 1968 학년도를 중심으로**. 서울중앙교육연구소, 1969.

지명관. 대학의 자치와 국가권력. **사상계**, 1969. 8, 196, 121-127.

진덕규. 미군정의 정치사적 인식. 한길사(편). **해방전후사의 인식**. 서울: 한길사, 1979, 33-63.

진보영. **대학과 국가의 관계에 대한 비교 연구**. 서울대학교 교육대학원 석사학원. 논문, 1971.

차경수. **발전교육이론**. 서울: 교육출판사, 1977.

차경수. 발전교육론의 업적과 과제. **교육평론**, 1976. 12, 82-92.

차재호, 공정자, 윤문숙. 권위주의척도 작성보고. **연구노트**(서울: 한국행동과학연구소), 1973. 6, 173-177.

최기순. 대학생 활동의 양상과 방향. **정경논총**(숙명여자대학교 정경학생회), 1970, 5, 158-166.

최동희. 국가와 민족과 대학. **고대신문**, 1967. 1.

최동희. 한국 대학생의 새로운 가치관. **청량원**(서울대 사범대학), 1971. 4, 3, 37-39

최명관. 한국 대학의 문제점과 그 해결점. **숭전대**, 1971, 13, 18-25.

최민지. 일제하 기자운동의 전개. **창작과 비평**, 1977. 가을, 창작과 비평사.

최재희. 해방 전 학생과 해방 후 학생. **신천지**, 1954. 8, 137-141.

최정훈. 대학교수의 효율성 측정에 관한 연구: 개념형성단계와 지각향상으로 측정한 대학교수의 효율성. **새교육**, 1970. 7, 189, 113-118.

최정훈, 한종철. **대학생활 개선을 위한 기초조사 연구**. 서울: 연세대학교학생 지도연구소, 1970.

최종진. **한국 교육투자의 경제적 효과에 관한 분석**. 중앙대학교 대학원 석사학위논문, 1973.

최현배. **조선민족 갱생의 도**. 서울: 정음사, 1962.

최현숙. **한국 교육기회의 불평등에 관한 연구**. 중앙대학교 석사학위 논문, 1981.

코리아 리크루트. 4대그룹의 인사정책. **코리아 리크루트**, 1982. 5, 6-9.

크리스챤 아카데미. 한국 대학의 방향과 과제. 서울: 크리스챤 아카데미, 1982.

하몬드 지. 대학교육의 당면 과제. **교육평론**, 1960. 5, 32-35.

한국개발연구원. **우리나라 교육비, 교육수요 형태 및 교육의 경제성장기여 분석**. 서울: 한국개발연구원, 1975.

한국교육개발원. **고등교육의 기회확대 및 질관리**. 서울: 한국교육개발원, 1979.

한국교육개발원, **교육재정의 현황과 문제 – 교육비 분석 연구**. 서울: 한국교육개발원, 1977.

한국교육개발원. **한국인의 교육관 – 유형적 특성과 갈등**. 서울: 한국교육개발원, 1981.

한국교육십년사 간행회. **한국교육십년사**. 서울: 풍문사, 1960.

한국일보. 대학생이 본 한국의 장대. **한국일보**, 1965. 11. 23.

한국일보. 소시민의 자화상……우리들의 생활일기. **한국일보**, 1982. 3. 28, 5 -8.

한국일보. 졸업생들이 본 대학과 사회. **한국일보**, 1961. 3. 19.

한국일보. 한국의 직업인들. **한국일보**, 1982. 5. 9, 5.

한기언. **한국교육사상사 연구**. 서울: 서울대학교 출판부, 1969.

한기언. **한국사상과 교육**. 서울: 일조각, 1973.

한기언. 한국 교육학 정초의 역사적 자기 전개. 이인기 박사 고희기념논문집 간행위원회(편). **교육학논총**. 서울: 이인기 박사 고희기념논문집 간행위원회, 1976.

한기언. 현대의 교육. 오천석 외(편). **교육사**. 서울: 현대교육총서출판사, 1962.

한기언. **대학의 이념: 대학의 전통과 개혁의 지표**. 서울: 세광공사, 1979.

한기언. 한국교육철학의 학사적 연구. **제1회 한국학 국제학술회의 발표논문**, 경기: 한국정신문화연구원, 1979. 12, 17~20.

한동일. 한국 대학교육제도의 결함. **성균**(성균관대학보), 1970, 24, 59-67.

한배호. 한국정치문화의 주요 경향. 한국사회과학연구소(편). **한국 사회론**. 서울: 민음사, 1980.

한준상. 초등학교 교사들의 경청태도 조사연구. **교육학연구**, 1975, 13(1), 58-63.

한준상(편저). **새로운 교육학**. 서울: 한길사, 1981.

한준상. 종속이론과 교육. **대학주보**(경희대), 1982. 4. 19, 3.

한준상. 한국 평생교육의 사회학적 기초. 김란수, 김인희, 오인탁, 이성호, 한준상. **평생교육론**. 서울: 문음사, 1982.

한준상. **한국 대학의 발전모형 개발을 위한 조사연구**. (미간행 연구보고서). 경기: 한국정신문화연구원, 1982.

한준택. 산업시대와 대학의 역할. **홍익**(홍대), 1976, 18, 98-107.

함의영. 한국의 정치문화와 대학생지도의 과제. 박대선(편). **대학과 국가 발전**. 서울: 교육출판사, 1968.

함종규. 커리큘럼으로 본 대학교육 반세기. **숙대신문**, 1971. 3. 11, 5.

함홍근. 미래를 향한 대학의 기능─역사적 관점에서─. 이화여자대학교 동서문제연구소(편). **2,000년의 한국과 오늘의 대학**. 서울: 이화여자대학교 동서문제 연구소, 1982.

허 현. **인간과 제4혁명**. 서울: 허현 교수 유고문집 간행회, 1967.

현승종. 강의, 시험, 서클: 실생활을 통해서 본 오늘의 대학생. **사상계**, 1962. 4, 102 ─109.

현승종. 대학교수가 본 한국 학생. **사상계**, 1968. 11, 187, 43-47.

현승종. 대학, 교수, 학생. **신동아**, 1969. 9, 101, 132-133.

홍승기. 자기동일성 위기 속에서. 유네스코 한국위원회(편). **보람 있는 대학생활**, 서울: 유네스코 한국위원회, 1979.

홍승직. 대학교수의 가치관. **사상계**, 1965. 10, 154─164.

홍승직. 대학생은 무엇을 생각하고 있나? ─가치관 예비조사에 의하여─**사상계**, 1962, 10(4), 118-127.

홍승직. 젊은 세대의 가치관. **사상계**, 1961. 10, 64-71.

홍승직. **지식인의 가치관 연구**. 서울: 삼영사, 1972.

홍승직. 가치지향의 변화. 한국사회과학연구소(편). **한국사회론**. 서울: 민음사, 1980.

홍승직. 대중문화와 청소년. 한국정신문화연구원(편). **한국의 사회와 문화**. 경기: 한국정신문화연구원, 1980.

홍웅선. **교육과정 신강**. 서울: 문음사, 1979.

홍웅선. 대학의 교수법. 연세대학교 문과대학(편). **문과대학 교수방법 개**

선을 위한 세미나 보고서. 서울: 연세대학교 문과대학, 1979.

홍웅선. 새로운 교육이론의 수용. 중앙교육연구소(편). **20년지**(1953-1973). 서울: 중앙교육연구소, 1973.

홍웅선, 이형행. **사학법인 수익재산의 활용방안에 관한 연구**(발행일, 발행소 불명).

홍웅선, 이형행. 재수생의 누적과 그 실태에 관한 연구. **인문과학**(연세대), 1976, 35, 129-184.

황응연, 김태련. 대학생의 전공 분야에 대한 적응도. **한국문화연구원 논총**(이화 여대), 1970, 15, 273-294.

황응연. 대학에 있어서의 학생지도. **새교육**, 1972. 9, 215, 122-129.

황응연. 한국 대학생의 과외활동. **청년연구**, 1980. 3, 1-16.

황정규. **한국 학생의 의식구조 - 차이와 정성요인에 관한 연구 -**. 고려대학교 교육문제연구소, 1979.

황정규. 고등교육의 질. 한국교육개발원(편). **교육제도 발전의 방향모색**. 서울: 교육과학사, 1980.

Abbott, J. *Student life in a class society*. Oxford: Pergamon Press, 1971.

Abbott, J. The effects of social class on student life. In H.J. Butcher &E. Rudd(Eds.), *Contemporary problems in higher education*. London: McGraw-Hill, 1972.

Adams, D. *Higher education reforms in the Republic of Korea*. USOE Bulletin, 1964, No.27, Washington D.C.: U.S. Government Printing Office, 1965.

Almond, G.A., & Coleman, J.S (Eds), *The politics of developing areas*. princeton, N.J.: Princeton University Press, 1960.

Althbach, P.G Students politics. In S.M. Lipset(Ed.), *Student politics*. New York: Basic Books, 1967.

Altbach, P.G., Laufer, R.S., & Mcvey, S.(Eds.), *Academic supermarkets*. S.F.: Jossey-Bass, 1971.

American Education Team (1954-55). Curriculum handbook for the schools of Korea. 서명원 (역), **교육과정 지침**. 서울: 중앙교육연구소, 1956.

Anderson, C.H., & Murray, J.D.(Eds.), *The professors*. Cambridge, Ma.: Schenkman, 1971.

Anderson, G.L. The organizational character of American colleges and universities. In T. Lunsford(Ed.), *The study of academic administration. Boulder*, Co.: WICHE, 1963

Archer, M.S. (Ed.), *Students, university, and society*. London: Heineman, 1972.

Archibald, G.C. On the measurement of inputs and outputs in higher education. In K.G. Lumsden(Ed.) *Efficiency in universities*. Amsterdam: Elsevier Scientific Publishing, 1974.

Arrow, K.J. Higher education as a filter. In K.G. Lumsden(Ed.), *Efficiency in universities*. Amsterdam: Elsevier Scientific Publishing, 1974.

Astin, A.W. *Four critical years* S.F.: Jossey-Bass, 1978.

Attiyeh, R., & Lumsden, K.G. Educational production and human capital formation. In K.G. Lumsden(Ed.), *Efficiency in universities*. Amsterdam: Elsevier Scientific Publishing, 1974.

Bae, C.K. The contribution of education to economic growth in Korea, 1960-1974. In Korean Comparative Education Society(Ed.), *Proceedings*. 3-5 July 1980, Seoul, Korea.

Bakke, E.W. Roots and soil of student activism. In S.M. Lipset(Ed.), *Student politics*. New York: Basic Books, 1967.

Baldridge, J.V. *Power and conflict in the university*. New York: John Wiley & Sons, 1971.

Baltzell, E.D. Religion and the class structure. In S.M. Lipset & R. Hofstadter(Eds.), *Sociology and history: Methods*. New York:

Basic Books, 1968.

Beard, R.M. Empirical studies of teaching methods. In H.J. Butcher & E. Rudd(Rds.), *Contemporary problems in higher education.* New York: McGraw-Hill 1972.

Beaton, R.M. Empirical studies of teaching methods. In H.J. Butcher & E. Rudd(Rds.), *Contemporary problems in higher education.* New York: McGraw-Hill 1972.

Beaton, A.E. The influence of education and adility on salary and attitudes. In F.T. Juster(Ed.), *Education, income, and Human behavior.* New York: McGraw-Hill, 1975.

Beatty, B., & Marsh, H.W. *Students' evaluations of instructional effectiveness: Research and a survey instrument.* ERIC No. ED 141413, May 1974.

Beck, H.p. *Men who control our universities.* New York: King's Crown Press, 1947.

Becker, H.S. What do they really learn at college? *Trans-action,* 1964, 14-17.

Bell, D. *The coming of post-industrial society.* New York: Basic Books, 1973.

Ben-David, J. The growth of the professions and the class system. *Current sociology,* 1963-1964, 12, 256-277.

Ben-David, J. *American higher education.* New York: McGraw-Hill, 1972.

Benett, N. *Teaching styles and pupil progress.* Cambridge, Ma.: Harvard University Press, 1967.

Benjamin, H. **민중교육의 본질**. 성내운(역), 서울: 연세대학교 출판부, 1974.

Bennett, W.S. Educational change and economic development. In K.I. Gezi(Ed.), *Education in comparative and international perspectives*. New York: Holt Rinehart and Winston, 1971.

Berg, I. *Education and jobs*. New York: Praeger, 1970.

Berger, P.L. Pyramid of sacrifice. New York: Basic Books, 1974.

Bills, R.E. *A system for assessing affectivity*. Alabama: The University of Alabama Press, 1975.

Bird, C. *The case against college*. New York: David Mckay, 1975.

Blau, P.M., & Duncan, O.D. *The American occupational structure*. New York: Wily, 1967.

Blau, P.M.., & Scott, W.R. *Formal organizations: A comparative approach*. S F.: Chandler, 1962.

Blaug, M. The productivity of universities. In M. Blaug(Ed.), *Economics of education*(2). Middlesex: Penguin Books, 1968.

Blaug, M.(Ed.), *Economics of education*(1). Middlesex: Penguin Books, 1968.

Bourdieu, P., & Passeron, J.C. *Reproduction culture and education*. Beverly Hills, Ca.: Sage, 1977.

Bowen, H.R. *Investment in learning*. S.F.: Jossey-Bass, 1978.

Bowen, W.G. Assessing the economic contribution of education. In M. Blaug(Ed.), *Economics of education*(1). Middlesex: Penguin Books, 1968.

Bowles, S., & Gintis, H. *Schooling in capitalist America*. New York: Basic Books, 1976.

Boyce, E.M.A comparative study of overachieving and underachieving college students on factors other than scholastic aptitude. *Dissertation Abstracts*. 1956, 16, 20088-2089.

Brainard, W.C. Private and social risk and return to education. In K.G. Lumsden(Ed.), *Efficiency in universities*. Amsterdam: Elsevier Scientific Publishing., 1974.

Braungart, R.G. The sociology of generations and student politics: A comparison of the functionalist and generational unit models. *Journal of Social Issues*, 1974, 30(2), 31-54.

Bredstein, B. *The culture of professionalism*. New York; W.W. Norton, 1976.

Bresee. C.W. Affective factors associated with academic underachievement in high school students. *Dissertation Abstracts*. 1957, 17, 90-91

Bridge, R.G., Judd, C.M., & Moock, P.R. *The determinants of educational outcomes*. Cambridge, Ma.: Bllinger, 1979.

Brivce-Briggs, B.(Ed.), *The new class*. New Brunswick, N.J.: Transaction Books, 1979.

Brookover, W.B., Gottlieb, D., Lehmann, I.J., Richards, R., Thaden, J.F., & Vener, A.M. *The college student*. New York: The Center for Applied Research in Education, 1965.

Brown, D.G.A scheme for measuring the output of higher education. In Ben Lawrence, Geoge Weathersby, & Virginia W. Patterson (Eds.), *Outputs of higher education: Their identification, measurement, and evaluation*. Boulder, Co.: WICHE, July 1970.

Brubacher, J.S., & Rudy, W. *Higher education in transition*. (3rd ed.) New York: Harper & Row, 1976.

Bullock, p. *Aspiration vs. opportunity*. Ann Arbor: The University of Michingan, 1973.

Burn, B.B., Altbach, P.G., Kerr, C., & Perkins, J.A. *Higher education in nine countries*. New York: McGraw-Hill, 1971.

Burns, H.W. Social class and education in Latin America. In K.I. Gezi(Ed.), *Education in comparative and international perspectives*. New York: Holt, Rinehart and Winston, 1971.

Butche, H.J., & Rudd, E.(Eds.), *Contemporary problems in higher education* London: McGraw-Hill, 1972.

CallaWay, A. Unemployment among African school leavers. In K.I. Gezi(Ed.), *Education in comparative and international perspectives.* New York: Holt, Rinehart and Winston, 1971.

Cameron, p. Frequen. y and kinds of words in various social settings, or what the hell's going on? In A.B. Shostak(Ed.), *Sociology and student life,* New York: David McKay, 1971.

Carnoy, M. *Education as cultural imperialism.* New York: Longman, 1977.

Carson, R.O. Environmental constraints and organizational consequences: The public school and its clients. In N. S.S.E., *Behavioral science and educational administration*: Chicago: University of Chicago Press, 1964.

Chang, Y.J. *Rates of return on investment in education the case of Korea.* Seoul: Korea Development Institute, 1974.

Chesler, M.A., & Cave, W.M. *A sociology of education.* New York: Macmillan, 1981, 1981.

Coleman, J.S. (Ed.), *Education and political development.* Princeton, N.J.: Princeton University Press, 1965.

Coleman, J.S., Campbell, E.Q. Hobson, C.J., McPartland J., Mood, A.M., Weinfeld, F.O., & York, R.L. *Equality of educational opportunity,* Washington, D.C.: U.S. Government Printing Office, 1966.

Collins, R. Functional and conflict theories of educational stratification. *American Sociological Review,* 1971, 36, 1002-1032.

Collins, R. Some comparative principles of educational stratification. *Harvard Educational Review,* 1977, 47, 1-27.

Collins, R., & Ben-David. J. A comparative study of academic freedom and student politics. In S.M. Lipset(Ed.), *Student politics.* New York: basic Books, 1967.

Combs, A.W., Blume, R.A., Newman, A.J., & Wass, H.L. *The professional education of teachers*. Boston: Allen and Bacon, 1965.

Coother, P.H. Economic organization and inefficiency in the modern university. In K.G. Lumsden(Ed.), *Efficiency in universities*. Amsterdam: Elsevier Scientific Publishing., 1974.

Coster, J.K. Some characteristics of high school pupils from three income groups. *Journal of Educational Psychology*, 1959, 50, 55-62.

Counts, G.S. *The social composition of boards of education* Chicago: University of Chicago Press, 1927.

Davis, J.A. Differential college achievement of public vs. private school graduates. *Journal of Counseling Psychology*, 1956, 3, 72-73.

Davis, J.A., & Frederiksen, N. Public and private school graduates in college. *Journal of Teacher Education*, 1955, 6, 18-22.

Davis, R.E., & Prewith, K. *political socialization*. Boston: Little, Brown & Co, 1969.

Delamater, J., Katz, D., & Kelman, H. *National involvement scales on the nature of national involvement: A preliminary study in an American community*. Unpublished manuscript, Department of Sociology, University of Wisconsin, 1968.

Denison, E.F. Measuring the contribution of education to economic growth. In E.A.G. Robinson & J.E. Vaizey(Ed.), *The Economics of education* New York: St. Martin's Press, 1966.

Dreeben, R. *On what is learned in school*. Reading, Ma.: Addison-Wesley, 1968.

Dressel, P.L. *Handbook of academic evaluation*. S.F.: Jossey-Bass, 1976.

Dressel, P.L., & Lorimer, J.F. Institutional self-evaluation, In P.L. Dressel & associates. *Evaluation in higher education*. Boston: Houghton Mifflin, 1961.

Eckert, R.E. *Outcomes of general education*. Minneapolis: The University of Minnesota Press, 1943.

Eddy, E.D. *The college influence on student character*. Washington, D.C..: American Council on Education, 1959.

Educational Testing Service. Institutional testing program: Summary statistics 1953-1954. ETS Archives Microfiche (No.40). Princeton, N.J.: E.T.S., 1954.

Educational Testing Service. *Undergraduate assessment program guide*. Princeton, N.J.: E.T.S., 1976.

Entwistle, J.J. students and their academic Performance in different types of institution. In J.J. Butcher & E. Rudd(Ed.), *Contemporary problems in higher education*. London: McGraw-Hill, 1972.

Esmer, Y. Political mobilization economic development: A confirmatory factor analysis. In J.W. Meyer & M.T. Haman(Ed.), *National development and the world system*. Chicago: The University of Chicago Press, 1979.

Ethel-Venables, p.The study of higher education in Britain. In J.J. Butcher & E. Rudd(Ed.), *Contemporary problems in higher education*. London: McGraw-Hill, 1972.

Feldman, K.A., & Newcomb, T.M. *The impact of college students*. S.F.: Jossey-Bass, 1969.

Feldmesser, R.A. Social status and access to higher education: A comparison, of the Unithed States and the Soviet Union. In K.I. Gezi(Ed.), *Education in comparative and international perspectives*. New York: Holt, Rinehart and Winston, 1971.

Fisher, J.E. *Democracy and mission education in Korea*. Seoul:

Yonsei University Press, 1970.

Fiske, E.B. State university seeks to expand its reputation outside New York. *The New York Times*, June 29-July 3, 1981.

Flexner, *A. Universities: American, English, German*. New York: Oxford University press,, 1930.

Form. W., & Rytina, J. Ideological beliefs on the distribution of power in the Unites States. *American Sociological Review*, 1969, 34, 19-31.

Freeman, R.B. On mythical effects of public subsidization of higher education. In L.C. Solomon & P.J. Taubman(Eds.), *Does college matter?* New York: Academic Press, 1973.

Gasset, J.O.Y. *Mission of the University*. New York: W.W. Norton, 1944.

Gerth, H., & Mills, C.W. (Eds.), *From Max Weber: Essays in socilogy*. New York: Oxford, 1946.

Gibboney, R.A Socio-economic status and achievement in social studies. *Elementary Scholl Jouranl*, 1959, 59, 340-346.

Gilmore, G.M. The effect of factors outside the instructor's control on student ratings of instruction. ERIC No. ED 111835, June 1975.

Glick, P.C., & Miller, H.p.Educational level and potential income. *American Sociological Review*, 1956, 21, 307-312.

Goffman, E. *Asylums*. New York.: Doubleday Anchor, 1961.

Goheen, R.F. *The human nature of a university*. Princeton, N.J. Princeton University Press, 1969.

Goldsen, R.K., Rosenberg, M., Williams, R.M., & Suchaman, E.A. *What college students think*. Princeton N.J.: D. Van Nostrand, 1960.

Good, C.V. *Teaching in college and university*. Baltimore: Warwick and York, 1929.

Goodman, p. *The community of scholars*. New York: Random House, 1962,

Grant, N. Structure of higher education: Some international compaisons. In R.E. Bell & A.J. Youngson(Eds.), *Present and future in higher education*. London: Tavistock, 1973.

Grundmann, H. 이광주(역), 중세대학의 기원. 서울: 탐구당, 1977.

Han, Z.S. Domestication and diversification of curriculum in Korean Schools. *The Sung Kyun Times*, Oct. 25, 1982.

Hapgood, D. *Diplomaism*. New York: Donald W. Brown, 1971.

Harbison, F. & Myers, C.A. *Education, manpower and economic growth*. New Delhi.: Oxford & IBH Publishing, 1964.

Harbison F. Myers, C.A Quantitative indicators of human resource development. In K.I. Gezi(Ed.), *Education in comparative and international perspectives*. New York: Holt, Rinehart and Winston, 1971.

Harrington, T.F., Jr. *The interrelation of personality variables and college experiences*. Unpublished Doctoral Dissertation, Purdue University.

Harrism S.E. *Economic aspects of higher education*. Paris: O.E.C.D., 1964,

Harvey, P., & Lannholm, G. Achievement in three major fields during the last two years of college *Graduate Record Examination Special Report*(60). Princeton, N.J.: E.T.S., 1960.

Haskins, C.H. *The rise of universities*. New York: Gordon Press, 1923.

Hatch, S. Change and dissent in the universities: An examination of the sources of protest. In J.J. Batcher & E. Rudd(Eds.), *Contemporary Problems in higher education*. London: MoGraw-

Hill, 1972.

Haven, E.W. *The sophomore norming sample for the general examinations of the college level examination program* (Statistical Report SR 64-63) Princeton, N.J.: E.T.S., 1964.

Hawkes, H.E. *College-What's the else?* New York: Doubleday, 1927

Heywood, J. *Assessment in higher education.* London: John Wiley & Sons, 1977.

Highet, G. *The art of teaching.* New Yrok: Vintage Book, 1950.

Hill, W.H., Dressel. P.L. The objectives of instruction. In P.L. Dressel & associates. *Evaluation in higher education.* Boston: Houghton Mifflin, 1961.

Hoffman, N. Von. *The multiversity.* New York: Holt, Rinehart and Winston, 1966.

Hollingshead, A.B. *Elmtown's youth.* New York: Wiley, 1949.

Hook, S. Introduction: The vationale of the problem. In S. Hook. p.Kurtz, & M. Todorovich(Eds.), *The idea of a modern university.* Buffalo, New York: Prometheus Books, 1974.

Hutchins, R.M. *The higehr learning in America.* New Heaven: Yale University Press, 1936(1961).

Hutchins, R.M. *The learning society.* New York: Praeger, 1968.

Illich, I. *Deschooling society.* New York Harper and Row, 1970.

Jackson. P.W. *Life in classrooms.* Chicago: Holt, Rinehart and Winston, 1968.

Jacob, P.E. *Changing views in college*: An exploratory study of the impact of college teaching. New York: Harper, 1957.

Jamrich, J.X., & Dressel, P.S. Surveys and studies of higher education. In P.S. Dressel & associates. *Evaluation in higher education.* Boston: Houghton Mifflin, 1961.

Jaspers, K. The idea of the university. 민준기(역), **대학의 이념**, 서울:

서문당, 1973

Jencks, C., & Riesman, D. The academic revolution, Chicago: The University of Chicago Press, 1968.

Jencks, C., & Riesman, D. The triumph of academic man. In A.C. Enrich(Eds.) *Campus* 1980: *The shape of the future in American education*, New York: Dell, 1968.

Jencks, G.E., & Associates. *Who gets ahead?* New York: Basic Books, 1979.

Johnson, G.E., & Stafford, F.p.lifetime earnings in a professional labor market: Academic economists, *Journal of Political Economy*, 1974, 82, 549~569.

Johnson, H.G. The university and the social welfares: A taxonomic exercise. In K.G. Lumsden(Ed.) *Efficiency in universities.* Amsterdam: Elsevier Scientific Publishing, 1974.

Karabel, J. Community colleges and social stratification. *Harvard Educational Review*, 1972, 42, 521-562.

Katz, D. The functional approach to the study of attitude. *Public Opinion Quarterly*, 1960, 24, 163-204.

Katz, D., & Kahn, R.L. *The social psychology of organiaations.* New york: Wiley, 1966

Katz, J. Benefits for personal development from going to college. Paper presented at the annual meeting of the Association for the Study of higher Education, Chicago, march 6-7, 1976.

Kaufman, W.C. Status, authoritarianism, and anti-semitism. *American journal of Sociology*, 1975, 62, 379-382.

Keller, J. Higher education objectives: Measures of performance and effectiveness. *In Management information systems, their development and use in the administration of higher education. Boulder,* Co: WICHE, 1969.

Kelly, F.J.(Ed.). *Improving college instruction*, Washington, D.C.: The American Council on Education, 1951.

Kerlinger, F. *Foundations of behavioral research*. New york: Holt, Rinehart and Winston, 1964.

Kerr, C. *The use of the university*. New York: Harper Torchbooks, 1963.

Kiel, Y.W. Leadership and opposition role perception among party elites. Paper Presented to the Association of Asian Studies meeting in April, 1973.

Kim, K.S. *Rates of return on education in Korea*. USAID/K, Sept. 1968.

Kraus, R., Maxwell, W.E., & Vanneman, R.D. The interests of bureaucrats: Implications of the Asian experience for recent theories of development. *American journal of Sociology*, 1979, 1, 135-155

Lall, S. Is 'Dependence' a useful concept in analysing underdevelop ment. *World Development*, 1975. 3, 26-41.

Lannholm, G.V. Educational growth during the second two years of college. *Educational and Psychological Measurement*, 1952, 12, 645-653.

lasswell, T.E. Social class and social stratification: Preface. *Sociology and Social Research*, 1966, 50, 277-279.

Lawrence, B., Weathersby, G., & Patterson, V.W.(Eds.), *Outputs of higher education: their identification, measurement, and evaluation*. Boulder, Co.: WICHE, 1970.

Learned, W.S., & Wood, B.D. *The student and his knowledge: A report to the Carnegie Foundation on the results of the high school and college examination of* 1928, 1930, 1932. Bulletin of Teaching, 1938.

Lee, J.K., Hahn, M.R., & Hong, S.M *Current status of vocational education and training in the Republic of Korea.* Korean Educational Development Institute, 1979.

Larson, M.S. *The rise of professionalism*: *A sociological analysis.* Berkeley: University of California Press, 1977.

Lee, Y.H. School experience and political competence: Korea. *Koreana Quarterly,* 1973, 15, 22-39.

Lewis, I.S. *Scaling the ivory tower.* Baltimore: The Johns Hopkins University Press, 1975.

Light, R.J., & Pillemer, D.B. Numbers and narrative: Combining their strengths in research reviews. *Harvard Educational Review,* 1982, 52, 1- 26

Lindeman, E. *Wealth and culture.* New york: Harcourt Brace, 1936.

Lipset, S.M.(Ed.), *Student politics.* New York: Basic Books, 1967.

Littlefield, J.H. *An investigation of instructor accuracy in predicting course-instuctor ratings by students.* ERIC No. ED 104951. June 1974.

Lockmiller, D.A. *Scholars on parade.* London: Macmillan, 1969.

Lumsden, K.G. The information content of student evaluations of faculty and courses. In K.G. Lumsden (Ed.). *Efficiency in universities.* Amsterdam: Elsevier Scientific Publishing, 1974.

Machlup, F. *Education and economic growth.* New York: University of New York Press, 1975.

Machlup, F. The illusion of universal higher education. In S. Hook, p.Kurtz & M. Todorovich (Eds.), *The idea of a modern university.* New york: Prometheus Books, 1974.

Malleson, N. Student wastage in the United Kingdom. In H.J. Butcher E. Rudd(Eds.), *Contemporary problems in higher education.* London: McGraw-Hill, 1972.

Marco, G.L., Murphy, R.T., & Quirk, T.J. *A classification scheme for methods of using student data to assess school effectiveness*. Research Bulletion 74-40, E.T.S. 1974.

Marris, p. *The experience of higher education*, london: Routledge and Kegan Paul, 1964.

McArthur, C.C. Subculture and personality during the college years. *Journal of Educational Review*, 1960, 33, 260-268.

McArthur, C.C. Personalities of public and private school boys. *Harvard Educational Review*, 1954 24, 256-262.

McGinn, N.F., Snodgrass, D,R., Kim, Y.B., Kim, S.B., Kim, Q.Y. *Education and development in Korea*. Cambridge, Ma.: Harvard university Press. 1980.

McGrath, E.J. The Control of higher education in America. *Educational Record*, 1936, 17, 259-272.

McKnight, A.J. The relation of certain home factors to college achievement. *Dissertation Abstracts International*, 1958, 19, 870-871.

McNeil, J.D. *Curriculum*. Boston, Ma: Little, Brown and Co., 1977.

McQuary, J.p.Some relationships between non-intellectual characteristics and academic achievement. *Journal of Educational Psychology,* 1953, 44, 215-228.

Meade, E.G. *American military government in Korea*. New York: King's Crown. 1951.

Memmi, A. *The colonizer and the colonized*. Boston: Press, 1965.

Mendel, E. *Europe vs. America: Contradiction of Capitalism*. London: New Left Books, 1970.

Miller, H.p. Annual and lifetime income and relation to education. *American Economic Review*, 1960, 50, 962-968,

Miller, R.I. *Developing programs for faculty evaluation* S.F. :

Jossey-Bass Publishers, 1974.

Mills, C.W. *The power elite*. New York: Oxford University Press, 1956.

Morgan, R.M. & chadwick, C.B. *Systems analysis for educational change: The Republic of Korea*. Florida State University, 1971.

Morris, R.T., & Murphy, & Murphy, R.J. A paradigm for the studay of class consciousness. *Sociology and Social Research*, 1966, 50, 297-313.

Mueller, K.H., & Mueller, J.H. Class structure and academic and social success. *Educational and Psychological Measurement*, 1953, 13, 486-496.

Nearing. S. Who's who among college trustee. *School and Society*, 1917, 6, 2-12.

Newman, J.H.C. *The idea of auniversity*, New York: Longmans Green, 1947.

Niblett, W.R.(Ed.), *Higher education: Demand & response*. S.F.: Jossey-Bass, 1970.

Nichols, R.C. Personality change and the college. *NMSC Research Reports,* (Vol.1), Evanston, III.: National Merit Scholarship Corporation, 1965.

Nichols, R.C. Personality change and the college. *American Educational Research Journal*, 1967, 4, 173~190.

Noland, E.W., & Bakke, E. W. *Workers wanted*, New York: Harper, 1949.

Noll, V.H. Relation of scores on Davis-Eells Games to socioeconomic status, intelligence test results, and school achievement. *Educational and Pschological Measurement*, 1960, 20, 119~129.

Oh, Byung-Hun. Students and politics. In E.R. Wright(Ed.), *Korean politics in transition*. Seattle: University of Washington Press, 1975.

Oxtoby, M. The impact of higher education: Socialization and role-learning. In H.J. Butcher & E. Rudd(Eds.), *Contemporary problems in higher education*, London: McGraw-Hill, 1972.

Pace, C.R. *Measuring outcomes of college*. S.F.: Jossey-Bass, 1979.

Parsons, T., The professions and social structure. *Social Forces*, 1939, 17, 457~467.

Parsons, T., & Platt, G.M. *The American university*. Cambridge, Ma.: Harvard University Press, 1973.

Perkins, J.A. *University in transition*. Princeton, N.J.: Princeton University Press, 1967.

Perkins, J. A Conflicting responsibilities of governing boards. In J. A. Perkins(Ed.) *The university as an organization*. New York: Mcgraw-Hill, 1973.

Perrucci, C.C., & Perrucci, R. Social origins, educational contexts, and career mobility. *American Sociological Review*, 1970, 35, 451~463.

Petter, L.J., & Hull, R. *The peter principle*. New York: Bantam Book, 1969.

Porter. L. *Degrees for sale*. New York: Arco, 1972.

Psacharopoulos, G. Estimating shadow rates of return to investment in education. *Journal of Human Resources*, 1970, 5, 34~50.

Psacharopulos, G. *Returns to education*. S.F.: Jossery-Bass, 1973.

Pullias, F.V., & Young, J.D. *A teacher is many thing*. Bloomington, In.: Indiana University Press, 1968.

Ratchick, I. Achievement and capacity: A comparative study of pupils with low achievement and high intelligence quotients with pupils of high achievement and high intelligence quotients in a selected New York City high school. *Dissertation Abstracts International*, 1953, 13, 1049~1050.

Reder, M.W. A suggestion for increasing the efficiency of universities. In K.G. Lumsden(Ed.), *Efficiency in universities.* Amsterdam: Elsevier Scientific Publishing, 1974.

Reeves, M. The European university from medieval times. In W.R. Niblett(ed.). Higher education: *Demand and response.* S.F.: Jossery-bass, 1970.

Reimer, E. *School is dead.* New York: Doubleday, 1971.

Renshaw, E.F. Estimating the return to education. *Review of Economic & Statistics*, 1960, 42, 318-324.

Rich, H.E., & Jolicoueur, P.M. *Student attitudes and academic environments.* New York: Praeger, 1978.

Richards, J.M., & Seleman, R., *Measurement of graduate school environments*, ERIC No. ED 4. Sept. 1969.

Riesman, D. *Constraint and variety in American education.* New York: Doubleday Anchor, 1956.

Riesman, D. Review of the Jacob report. American Sociological Review, 1958, 23, 732-39.

Riesman, D. Student culture and faculty values. In D. Riesman P.E. Jacob & Sanford, *Spotlight on the college student.* Washington, D.C.: Americna Council on Education, 1959.

Riesman, D., & Jencks, C. The viability of the American college. In N. Sanford(Ed.), *The American college: A psychological and social interpretation o the higher learning.* New York: Wiley, 1962.

Robinson, E.A., & Vaizey, J.E. *The Economics of education.* New York: St Martin's Press, 1966.

Roderick, G.W., & Stephens, M.D. (Ed.). *Universities for a changing world.* New York: John Wiley & Sons, 1975.

Rosen, B.C. The achievement syndrome: A psych-cultural dimension of social stratification. *American Sociological Review,* 1956, 21, 203-211.

Sanford, N. the contribution of higher education to the life of society In W.R. Niblett(Ed.), *Higher education: Demand and response.* S.F.: Jossey-Bass, 1970.

Schultz, T.W. Capital formation by education. *Journal of Political Economy,* 1960, 28, 24-28.

Schultz, T.W. *The economic value of education.* New York: Columbia University Press, 1963.

Schultz, T.W. Investment in human capital. In M. Blaug(Ed.), *Economics of education*(1). Middlesex: Penguin Books, 1968.

Searle, J.R. The Role of the faculty. In S. Hook, p.Kurtz & M. Todorovich(Eds.), *The Idea of a modern university.* New York: Prometheus Books, 1974.

Sewell, W.H., Haller, A.O., & Ohlendorf, G.W. The educational and early ocupational status attainment Process: Replication and revision. *American Sociological Review,* 1970, 35, 1014-1027.

Shuey, A.M. Academic success of public and private school students in Randolph Macon Women's College: I. The Freshman Year. *Journal of Educational Research,* 1956, 49, 481-482.

Smigel, E.O. *The Wallstreet lawyer.* New York: Free Press, 1964.

Smith, D.N. *Who rules the universities?: An essey in class analysis,* New York: Monthly Review Press, 1974.

Solmon, L.C. The definition of college quality and its impact on earnings. *Explorations in Economic Research,* 1975, 2, 537-587.

Stern, G.G. *Studies of college environment.* New York: Syracuse University Press, 1966.

Stroup, H.H. *Bureaucracy in higher education*. New York: Free Press, 1966.

Suppes, p. The promise of universal higher education. IN S. Hook, p.Kurt & M. Todorovich(Ed.), *The idea of a modern university*. New York: Prometheus Books, 1974.

Swift, W.J., & Weisbrod, B.A. On The monetary view of education's intergenerational effects. *Journal of Political Economy*, 1965, 73, 643-649.

Tanner, D., & Tanner, L. *Curriculum development*. New York: Macmillan, 1975.

Taubman, P., & Wales, T. *Mental ability and higher educational attainment in the 20th century*. New York: National Bureau of Economic Research, 1972.

Thompson, K.W., & Fogel, B.R. *Higher education and social change*. New York: Praeger, 1976.

Tolley, G.S. Why is Korea growing? 한국경제(성균관대학교), 1973. 2, 21-30.

Travers, R.M.W. Significant research on the prediction of academic success. In W.T. Donabue, C.H. Coombs & R.M.W. Travers(Ed.), *The measurement of student adjustment and achievement*. Ann Arbor: University of Michigan Press, 1949.

Trow, M. The second transformation of American secondary education. *International Journal of Comparative Sociology*, 1961, 2, 144-165.

Trow, M. *Teacher and students*. New York: McGraw Hill, 1975.

Tunes, J.T., Jacobson, P.B., & Pelleqrin, R.J. *The economic returns to education*. Eugene, Or.: C.A.S.E.A., 1965.

Unruh, J.M. New management for higher education. In D.R. Gerth, J.O. Haehn & Associates (Eds.), *An invisble giant*. S.F.:

Jossey-Bass, 1971.

Veblen, T. *The higher learning in America.* Stanford, Ca.: Academic Reprints, 1954.

Wankowski, J.A. Student wastage: The Birmingham experience. In H.J. Butcher & E. Rudd (Eds.), *Contemporary problems in higher education.* London: McGraw-Hill, 1972.

Weber, M. *Economy and society.* New York: Bedminister, 1968.

Weber, W. *Music and the middle class*: *The social structure of concert life in London, Paris and Vienna.* New York: Holmes Meier, 1975.

Werth, R. Educational developments under the South Korea. Interim Government. *School and Society,* 1949, 69, 305-309.

Wilson, R.C., Gaff, J.G., Wood, L.O., & Bavry, J.L. *College professors and their impact on students.* New York: John Wiley & Sons, 1975.

Wilson, B.R. The teacher's role: A sociological analysis. *The British Journal of Sociology,* 1962, 13, 15-32.

Withey, S.B. *A degree and what else?* New York: McGraw-Hill, 1971.

Woffle, D., & Smith, J.G. The Occupational view of education for superior high school graduates. *Journal of Higher Education,* 1956. 27, 201-213.

Wolff, R.p. *The ideal of the university.* Boston: Beacon Press, 1969.

Zwingle, J L., & Mayville, W.V. *College trustees*: *A question of legitimacy.* Washington, D.C.: Clearinghouse on Higher Education. The George Washington university, 1974.

찾아보기

방식) ; 77
지위상징 ; 230
지위집단 이론 ; 73
지위집단형성 ; 8, 28, 29, 48, 49,
    67, 68, 71, 72, 77, 81, 86,
    88, 89, 90, 93, 96, 97, 239,
    291, 382
지위집단형성형 대학관 ; 28, 48,
    67, 68, 77, 81, 86, 88, 90,
    93, 96, 291
지위추구(욕) ; 8, 81, 84, 97, 128,
    129, 130, 131, 142, 157, 159,
    160, 181, 208, 238, 242, 243,
    244, 248, 250, 251, 252, 253,
    363, 382, 388, 389
지위획득 ; 80
지체현상 ; 268, 269
직업구조의 계층화현상 ; 212
직업인 양성기관적인 대학관 ; 41
진로결정 ; 112, 214
진리추구형 대학관 ; 38
진보주의 교육실천 방법 ; 320
진보주의 교육실천론 ; 364
진보주의 교육이론 ; 364
진보주의 사상 ; 267
질적(qualitative)연구방법 ; 134,
    250
집단적 이허관계 ; 294, 312, 360,
    362
징병보류 제도 ; 347

[ㅊ]
척도 ; 156, 157, 164, 188, 189,
    194, 385, 386, 387, 388, 389,
    390, 396, 460
철학적 대학관 ; 45, 80, 86, 88,
    93, 94, 96, 97, 249, 250, 382
철학적 대학이해 방식 ; 28
청강생 ; 329, 330
체계적 오류 ; 133, 142
체면유지자 ; 52
체제욕구 ; 113
체제유지기관 ; 62
측정오류 ; 133

[ㅌ]
탐색적(개설적) 연구 ; 380, 381,
    393
토지개혁 ; 324, 369, 370
토착화 ; 316, 364, 366, 367, 369,
    370, 371
통역 정부 ; 296
특권의식(대학생들의) ; 221, 281,
    344, 345, 346, 347, 348, 349,
    355, 356, 360
특수집단 ; 67

[ㅍ]
평균소득범위 ; 384
표준화검사 ; 309

인명색인

· 저자 ·

한준상(韓駿相)　연세대학교 문과대학 교육학과 문학사
University of Southern California 교육과학 석사
University of Southern California 철학박사
현재 연세대학교 교육대학원장
주요 연구분야는 교육사회학, 청소년학, 성인교육학, 인적 자원개발(HRD)

· 저서 ·

『한국교육의 쟁점에 관한 연구』, 『신교육사회학』
『평생교육의 이론과 실제』, 『근대한국성인교육사상』
『동숭동의 아이들: 청소년의 파격문화』, 『한국성인인력개조론』
『Lifelong Education: 모든 이를 위한 안드라고지』 외 다수

韓國 大學敎育의 犧牲

· 초판 인쇄 │ 2005년　2월 23일
· 초판 발행 │ 2005년　2월 28일

· 지 은 이 │ 한준상
· 펴 낸 이 │ 채종준
· 펴 낸 곳 │ 한국학술정보㈜
　　　　　　경기도 파주시 교하읍 문발리 526-2
　　　　　　파주출판문화정보산업단지
　　　　　　전화　031) 908-3181(대표)·팩스　031) 908-3189
　　　　　　홈페이지　http://www.kstudy.com
　　　　　　e-mail(e-Book사업부)　ebook@kstudy.com
· 등　　록 │ 제일산-115호(2000. 6. 19)
· 가　　격 │ 28,000원

ISBN　　89-534-1739-2 93370　(Paper Book)
　　　　　89-534-1740-6 98370　(e-Book)